安徽师范大学文学院学术文库（第二辑）

汪裕雄美学论集

WANGYUXIONG MEIXUE LUNJI

汪裕雄 著

安徽师范大学出版社
·芜湖·

责任编辑：房国贵
装帧设计：丁奕奕　欧阳显根

图书在版编目（CIP）数据

汪裕雄美学论集/汪裕雄著．—芜湖：安徽师范大学出版社，2016.1
（安徽师范大学文学院学术文库．第2辑）
ISBN 978-7-5676-2276-0

Ⅰ.①汪…　Ⅱ.①汪…　Ⅲ.①美学—文集　Ⅳ.①B83-53

中国版本图书馆CIP数据核字（2015）第277579号

本书由安徽高校省级学科重大建设项目资助出版

汪裕雄美学论集
汪裕雄　著

出版发行：安徽师范大学出版社
芜湖市九华南路189号安徽师范大学花津校区　邮政编码：241002
网　址：http：//www.ahnupress.com/
发行部：0553-3883578　5910327　5910310（传真）　E-mail：asdcbsfxb@126.com
印　刷：虎彩印艺股份有限公司
版　次：2016年1月第1版
印　次：2016年1月第1次印刷
规　格：700×1000　1/16
印　张：25
字　数：398千
书　号：ISBN 978-7-5676-2276-0
定　价：60.00元

总 序

安徽师范大学文学院的前身是1928年建立的省立安徽大学中国文学系，是安徽省高校办学历史最悠久的四个院系之一。1945年9月更名为国立安徽大学中文系，1949年12月更名为安徽大学中文系，1954年2月更名为安徽师范学院中文系，1958年更名为合肥师范学院中文系，1972年12月更名为安徽师范大学中文系，1994年10月更名为安徽师范大学文学院。这里人才荟萃，刘文典、陈望道、郁达夫、朱湘、苏雪林、朱光潜、周予同、潘重规、宗志黄、张煦侯、卫仲璠、宛敏灏、张涤华、祖保泉、余恕诚等著名学者都曾在此工作过，他们高尚的师德、杰出的学术成就凝固成了我院的优良传统，培养出了一大批出类拔萃的各类人才。

文学院现设有汉语言文学、汉语言、秘书学、汉语国际教育等4个本科专业，文学研究所、语言研究所、古籍整理研究所、美育与审美文化研究所、艺术文化学研究中心等5个研究所（中心）。拥有中国语言文学博士后科研流动站，中国语言文学一级学科博士点，中国语言文学、艺术学理论两个一级学科硕士学位点；设有中国古代文学等10个硕士学位二级学科授权点和学科教学（语文）、汉语国际教育两个专业学位点；有1个安徽省A类重点学科（中国语言文学），3个安徽省B类重点学科（中国古代文学、汉语言文字学、中国现当代文学）；1个国家级特色专业建设点（汉语言文学专业），1个国家级教学团队（中国古代文学），两门国家级精品课程（文学理论、大学语文），1个省级刊物（《学语文》）。

文学院师资科研力量雄厚，现有在岗专任教师82人，其中教授28人，副教授35人，博士55人。2010年以来，本学科共主持省部级以上科研项目100项，其中国家社科基金项目28项（含重大招标项目1项），获得省部级以上奖励9项。教师中，有国家首届教学名师1人，享受国务院特殊津贴12人，皖江学者3人，二级教授8人，5人入选省级学术和技术带头人，6人入选省级学术和技术带头人后备人选。

走过八十多年的风雨征程，目前中文学科方向齐全，拥有很多相对稳定、特色鲜明的研究领域。唐诗研究、古代文论研究、儿童语言习得研究、古典文献研究、宋辽金文学研究、词学研究、当代文学现象研究、古典诗歌接受史研究、梵汉对音研究、句法语义接口研究等在全国居于领先地位或在学术界有较大影响。特别是李商隐研究的系列成果已成为传世经典，国务院学位委员会委员、北京大学教授袁行霈先生说，本学科的李商隐研究，直接推动了《中国文学史》的改写。

经过几代人的薪火相传，中文学科养成了严谨扎实的学术传统，培育了开拓创新的学术精神，打造了精诚合作的学术团队，形成了理论研究与服务社会相结合、扎根传统与关注当下相结合、立足本位与学科交融相结合、历代书面文献与当代口传文献并重的学科特色。

21世纪以来，随着老一辈学者相继退休，中文学科逐渐进入了新老交替的时期，如何继承、弘扬老一辈学者的学术传统，如何开启中文学科的新篇章，成了摆在我们面前的迫切任务。基于这一初衷，我们特编选了这套丛书，名之为“安徽师范大学文学院学术文库”，计划做成开放式丛书，一直出版下去。我们认为，对过去的学术成果进行阶段性归纳汇集，很有必要，也很有意义，可以向学界整体推介我院的学术研究，展现学术影响力。

关心文学院发展的朋友常常问我们：“你们自己说师大文学院历史悠久，底蕴深厚，有什么可以证明呢?”是啊，校址几经变迁，由安庆至芜湖至合肥，最终落户芜湖；校园面貌日新月异，载有历史积淀的老建筑也已被悉数推倒重建，物化的记忆只能在发黄的老照片中去追寻。能证明我们悠久历史的，能说明我们深厚底蕴的，唯有前辈学者留下的字字珠玑的精彩华章。为此，我们特别编选了本辑文集，文集作者均是已退休的前辈学者，他们有的已驾鹤仙去；有的虽然年岁已高，但仍笔耕不辍。这些优秀成果，是他们留给我们的宝贵精神财富，是砥砺我们人格的源泉，是指引我们前行的明灯，是督促我们奋进的动力。

我们坚信，承载着八十多年的历史积淀，文学院必将向学界奉献更多的学术精品，文学院的各项事业必将走向更悠远的辉煌！

储泰松

二〇一五年八月

目　录

意象与中国文化

朱光潜、宗白华美学思想研究

马恩文论研究

康德美学导引

文 艺 散 论

意象与中国文化

意象与中国文化

中国文化基本符号的构成，有一个引人注目的特点，即语言与意象的平行互补。这个“言象互动”的符号系统，作为中国传统文化观念的载体和交流媒介，深刻影响着传统文化观念的形成与传播，影响着中国人的思维方式和行为方式。中国文化的总体风貌，它那重经验、尚感悟、趋向反省内求的特色，很大程度上受制于这一符号系统，尤其是意象符号的文化功能。因此，从文化符号入手，着眼于意象的结构和功能的考察，对中国文化研究而言，不失为必要的向度和可行的途径。

一、“易象”即是意象

中国文化推重意象，即所谓“尚象”，这是每个接受过这一文化熏染的人都不难赞同的事实。《周易》以“观象制器”的命题来解说中国文化的起源；中国文字以“象形”为基础推衍出自己的构字法；中医倡言“藏象”之学；天文历法讲“观象授时”；中国美学以意象为中心范畴，将“意象具足”悬为普遍的审美追求……意象，犹如一张巨网，笼括着中国文化的全幅领域。意象符号系统，至今运转于当代文化生活之中，仍然保有自己的生命活力。

意象符号的初始源头，可追溯到中国的神话意象。郭璞《注〈山海经〉序》中所谓“游魂灵怪，触象而构”，所谓“圣皇原化以极变，象物以应怪，鉴无滞赜，曲尽幽情”，表明我国神话意象也同世界各地域各民族神话一样，其构成隐含着泛灵论、泛生论和变形的原则，其功能也是情感态度优位于认知态度。然而，当各民族迈进文明时代的门槛，在神话解体、神话向自觉的自我意识转化之际，各民族文化却各自取径，越来越明显地分道扬镳。古希腊人借助其神话“人神同形同性”的特点，通过使诸神人间化、神话世俗化的途径实现这一转化；中国人则申言“绝地天通”①，使人神分隔，将人神沟通的权能集中于巫祝卜史之手，通过“巫祝文化”向“史官文化”的过渡，实现了这一转化。殷周之际，周人承袭着远古骨卜与筮卜的双重传统，将殷人龟卜和自己的筮卜两种卜法卜理相融会，铸成《易经》这一文化宝典，成功地实现了中华民族历史上第一次文化整合。

《易经》使用的是一个复合符号系统，其中数、象、辞三个子系统被联结为整体。卜者针对欲决的疑难，因数定象，观象系辞，玩其象辞而判断吉凶，以数象辞的符号整体充当沟通天（神意或自然法则）人（人的意向行为）的媒介。“数”是神不可测的神意与天机的体现；“象”是圣人“观物取象”“立象尽意”的成果；“辞”指卦爻辞，既可“言象”，亦可言“变”，“各指其所之”②，具有很强的象征意味，是有别于日常语言的“微言”。从三者关系看，“数”是“象”的前提，是天意对“象”的限定；“辞”是对“象”的阐释和解读，又受到“象”的限定；而吉凶的判断，全靠“观象系辞”。可见，这个居间的“象”，作用最为重要。《系辞》有言：“易者，象也。”王夫之的解释是：“汇象以成《易》，举《易》而皆象，象即《易》也。”③ 唯其如此，《易经》早在春秋时代就博得了“易象”的别名④。

“易象”指的是卦画符号。这一符号看似简单，其指涉内涵却包含三个递升层级：一级是数。不论作为基本记号的两爻，还是八经卦、六十四别卦，都意味奇偶数和它们的排列组合，而数的推演所依据的法则，则归之于“圣人”所得的天启。二级是自然物象。奇偶数所意指的阴阳两爻虽然命名较晚，但《易经》将三阳爻组成的纯阳之卦“乾”归为天，三阴爻组成的纯阴之卦“坤”归为地，在这种天地相互对待的理解中，应该包含着阴阳相对并出的思想。而八卦所象征的八种自然物象（天、地、雷、风、水、火、山、

---

① 《尚书·吕刑》《国语·楚语》《山海经·大荒西经》均有“绝地天通”的记载。

② 韩康伯注：《周易·系辞》，四部丛刊景宋本，第62页。

③ 王夫之：《周易外传》，中华书局1977年版，第213页。

④ 《左传·昭公二年》：韩宣子使鲁，“观书于大史氏，见《易象》与鲁《春秋》”。

泽)，则可归为气、水、火、土，与古希腊人所称四大元素相同。[①] 六十四卦象征八种自然物象两两相对的联系和关系，暗寓四大元素之间的相生相克。三级是人文事象。它由自然物象及其相互联系所指涉，举凡农事、畜牧、畋猎、行旅、征伐、争讼、婚媾、教化等，多有涉及，不但留有远古风俗遗迹，还留有殷人的若干史影。[②] 卦象符号的三个层级，重重相互指涉，彼此构成象征类比关系，而以二分法一以贯之。数的奇偶，自然与人事，重卦中自然人事的两两相对，无不有两分法隐含其中，其最终的统摄因素是天数——充满神意的必然性。这样，《易经》便建立起具有神秘论色彩的两分类比的思维模式。

由此观之，每一卦画符号便是一个意义集束。对于欲决疑难的卜问者来说，这个符号所显示的，不仅有自然物象与人文事象的相倚相涉、相类相感，而且有天意对人意的深切关怀。当人们依照这一符号去决断疑难、判定吉凶、预测未来时，便不得不以类比推理和感悟工夫去从物象（包括自然物象与人文事象）彼此间的万千关系和联系中去寻求天机的“征兆”，作为自己意志行为的先导。这时，“易象”诚然没有摆脱神学的背景，但其中已有不可忽略的人文因素。特别是在八卦扩展为六十四卦之后，物象间的类比、象征关系成几何级数增长，再加上爻位的种种变化，“易象”指涉的内涵已极为繁复，而数的推演也已初具规范，这就为占卜者留下了随机选择、随机解说的余地，容许主观能动性的适度发挥。就是说，“易象”可以在神学和人文的双重意义上指涉认知价值和情感价值。因而就文化涵义而言，“易象”即是意象。

二、意象功能的“哲学超越”

“易象”真正走出神学背景，是在《易传》即“十翼”问世之

① 刘师培在《古学起原论》中言：“（八卦）以乾、坤、离、坎为母卦，与希腊以地、气、水、火为四行者同。”“乾为天，天即气也；坤为地，坎为水，离为火。若震、艮、兑、巽四卦，则为子卦，山传于地，泽传于水，雷生于火，风与天同，为空气。”

② 《泰》《归妹》两卦之“帝乙归妹”。《明夷》之“箕子之明夷”，《既济》《未济》之“高宗伐鬼方”，为殷人史迹之最显明者。

后。《易传》是春秋战国哲学理性思潮初兴的产物。[①]《系辞》云："一阴一阳之谓道。"这一语既出，"易象"指涉的文化学内涵全然改观。代表奇偶数的两爻被视为阴阳两元。两爻的不同排列组合，自然物象和人文事象的联系和关系，万事万物的发展变化，一概归因于阴阳两元的交互作用和彼消此长。而这一切，又最终归结于、统一于"道"的运行。如此，"易象"的符号结构，便成为统一的宇宙模式的外显形式。《易传》确认，"道"是圣人可以把握的，而所谓"阴阳不测之谓神"（《系辞》）的"神"，只不过是阴阳变化难以测度的机理而已。"道"这一最高范畴的提出，"圣人"取代"神"的地位，标志着整个《周易》实现了哲学的超越。尽管"圣人"这一理想人格免不了拖着"半神"的尾巴，尽管在天道人道之对应感通的终极原因上，还为神学目的论留有余地，以致汉易末流演为谶纬迷信，卜卦作为迷信方术在民间流传，但是，《周易》的"道"已稳固地转移到阴阳两元气的存在和运行上来。作为"形而上"的"道"统领着"形而下"的"器"，"易象"也便随之成为贯通"形下""形上"的媒介，取得了自觉人工符号的性质。

《易传》的"道"，作为"天道""地道""人道"的统一体，实兼综儒道两家的道论。由于《易经》本属周礼典籍，后来又被列为儒家群经之首，所以历代儒者对《易传》的儒学内容传注不已，发挥得淋漓尽致，而其所受道家影响则被先入为主的成见所蔽，两千多年来隐晦不显。其实，道家学说尤其是老学，在助成《周易》的哲学超越上实起过关键性的作用。

老学为《易传》宇宙论的建构提供了最初的范本。"老子是中国宇宙论的开创者。"[②] 老子的"道"，"先天地生"，自本自根，无目的，无意志，却"可以为天地母"[③]，它是宇宙的本原，万物运行的法则，万物生成变化的基始动力。在中国哲学史上，老子第一个提出并解释了宇宙的终极存在问题，成就了中国文化从经验现象世

---

① 《〈易传〉十翼》作成时代，至今未得确考。一般认为《彖》《象》两传早出，《系辞》《说卦》稍晚。李学勤先生所著《〈易传〉与〈子思子〉》（《中国文化》1989年创刊号）一文认为，整个《易传》的基本内容与结构最迟不超过子思活动年代（约前483—前402）即业已形成，其说可从。

② 张岱年：《中国哲学大纲·序论》，中国社会科学出版社1982年版，第12页。

③ 《老子》二十五章。"天地母"诸本作"天下母"，马王堆帛书甲、乙本均作"天地母"，于义为胜，据改。

界向形而上境域，从神学信仰到人类理性的伟大超越。他那“道生一，一生二，二生三，三生万物”（《老子》四十二章）的宇宙生成模式，从根本上摆脱了殷周早期文化的神学背景；他关于道“不知谁之子，象帝之先”（《老子》四章）以及“以道莅天下，其鬼不神”（《老子》六十章）的申述，表露了“以‘道’杀神”的强烈意向，表明了老学鲜明的无神论品格。夏曾佑先生曾认为，《老子》之书有冲破祷祀之说、占验之说、天命之说的积极意义①，可谓确论。老子之“道”论的这一历史功绩，在先秦诸子中，无与伦比。孔子也讲“道”，但他罕言“天道”，他的“道”就是忠恕，就是仁学。孔子的仁学固有其不可替代的理论价值和文化价值，但他偏于人道一隅，缺少老子道论那种思辨的涵盖力和宇宙模式的建构力。至于孔子对鬼神的保留态度，其天命观的神学目的论色彩，更使之在理性的自觉程度与抽象程度上远逊于老子。可以设想，离开了老子道论这个重要凭借，《易传》的天道、地道、人道一以贯之的宇宙模式怕是难以建成的。

老学更为《易传》灌注了生机哲学的思想活力。老学包含深刻的气论思想。照老子自己的阐释，所谓“道生一，一生二，二生三，三生万物”，“道”等于“无”，“一”是阴阳未剖的混沌之气，“二”是阴阳二气，“二生三”即“万物负阴而抱阳，冲气以为和”，亦如《庄子·田子方》所表述：“至阴肃肃，至阳赫赫；肃肃出乎天，赫赫发乎地；两者交通成和而物生焉。”但《老子》书中亦常将“道”等同于“一”，视为无名、无状、无物的“恍惚”，道本身即是阴阳未剖的混沌之气。“道生一”和“道一同”两命题出现矛盾，正如今人李存山同志所说：“‘道生一’实开理一元论思想之先河……‘道一同’则成为气一元论思想之嚆矢。”② 然而，这两个命题的矛盾只发生在宇宙本体论层面，一言本体为无，一言本体为有（气），而在宇宙构成论层面，则由“有生于无”的命题联结两说，肯定群生万殊都秉有阴阳两气，都秉有两气交合而成的生命和生机，仍可归于生机哲学。群生万殊包括人自身。人也由阴阳二气和合生成，肌体如此，灵魂亦然。人若能保持内心的宁静空

① 夏曾佑：《中国古代史》，三联书店1955年版，第71—72页。
② 李存山：《中国气论探源与发微》，中国社会科学出版社1990年版，第86页。

明，使阴阳二气达到和谐，“营魂（魂魄）抱一”，“专气致柔”（王弼注：“言任自然之气，致至柔之和”），在更高层次上回复“婴儿”“赤子”的本真心态，便能体认宇宙间周行不殆的大道。老子弃智去欲的“虚静”说，其要义也在此。此说一出，形而上的道，便落实到心理层面，成为心灵可以把握的东西。很明显，对道的体认，暗含着气论层面心与物的相互感通。

《易传》继承了老子的生机哲学精神，在确立阴阳两元推动万物生成变化的宇宙模式时，明显地汲取了老学的气论思想。天地合德以生万物，男女构精以生人群，刚柔相推以生变化……无一不是老学业已触及的命题。《易传》也肯定心与物之间的感通，《系辞》说：“《易》无思也，无为也，寂然不动，感而遂通天下之故。”这番话一反《周易》本有、尚动之旨，强调无思无为中的“寂然”“感通”，究其渊源，恐非老学莫属。

尤其应注意的是，老学从理论上支撑了《易传》的“尚象”思想。老子是中国历史上主张“非言”，即对语言功能进行哲学批判的第一人。他敏锐地觉察，对于道的运行所显示的精微玄理，凭借语词和概念（言与名）是难以穷尽表达的，对道的体认只能凭借意象，尤其是“大象”。照老子看，“道”是形而上的“大象”，而“大”本身可指称“道”，“大象”实即“道”之象。① “道”之有“象”，人们可通过对“象”的体悟而捕捉。这一点，老子不但反复申言，而且在《老子》一书中就提供过范例。为了强调“大象”超越经验的形而上性质，老子特别指明，它具有“无形”“无状”“惟恍惟惚”的特征，同时在恍惚之中又“有物”“有象”“有精”“有信”（《老子》二十、四十一章）。这种若有若无之“象”，是超越有限物象的意象，全靠直观感悟（通过想象）来捕捉。老子不排除物象之中有体悟出“大象”的可能性：“致虚极，守静笃。万物并作，吾以观复。夫物芸芸，各复归其根。”（《老子》十六章）从万物蓬勃生长的现象中，可以感悟到它们的本根——“道”。《老子》一书，以“水”“赤子”“母”“阴”“朴”等意象来作为“无为而无不为”的“道”的象征，并在象征与“道”的意义之间，

---

① 《老子》二十五章：“有物混成，先天地生……吾不知其名，字之曰道，强为之名曰大。”又《老子》三十五章：“执大象，天下往。”河上公注：“象，道也。”

导致感应的统一。[1] 这便是老子直观感悟的模式。

"执大象，天下往。"（《老子》三十五章）老子对"大象"符号功能的确认，使意象足以贯通形下和形上，实现了功能的超越。"大象"属于体悟中的意象，人经过反观内视，到达某种体验境界，即所谓"知常曰明"的"明"的境界。这种"道之象"，经过庄学的发挥，成为对人生境界的体验；经过王弼的阐释，则成为以"无"为本体的"义理"。这表明"大象"指涉的内涵具有向形而上境界和形而上名理两方面延伸的巨大容量。意象符号系统在中国文化中明确定位，获得了和语言符号平行发展的权利，"大象"功能的确认，应该是决定性的一步。

《易传》的观点是驳杂的，在"意象"功能上也是如此。《系辞》一方面极端重视言的功能，认定"言行，君子之枢机"，另一方面又断言"书不尽言，言不尽意"。而"言不尽意"论，正是"圣人立象以尽意"，确立《易传》整个意象符号系统的理论前提。正是在这个问题上，《易传》明显地背离了孔子"言而有信"（《论语·学而》）、"言必信，行必果"（《论语·子路》）的一贯主张，甚至也背离了他著名的"正名"学说，明显地倾向于老子的"非言"之论。"子曰：'书不尽言，言不尽意'"一语中的"子"，与其按历代儒者之见读作"孔子"，不如按其真实思想渊源读作"老子"。

老子关于"大象"指涉功能的表述，显然也有助于"易象"在形而上境域完成从指涉神意到指涉"道"的功能转换。《易传》走出神学背景后，如何用形而下的"器"之象去指涉形而上的"道"，进而"弥纶天地之道"，成为理论上一大关节。如前所述，《易传》是用重重象征和类比推理去解决这个难题的。老子的"大象"之说，用经验性物象作为意象去象征"道"，建立起意象与"道"的形而上意义的感应统一，极有可能为《易传》所借鉴。《象传》言乾卦的含义是"天行健，君子以自强不息"，以天体周行不倦的意象指涉形而上的自强不息精神，完全符合老子"大象"的符号模式。无怪乎孔颖达在注疏中直称此语系"一卦之象"的"大象"。

强调老学在《周易》哲学超越中的积极意义，并不意味着要将

① 成中英：《中国文化的现代化与世界化》，中国和平出版社1988年版，第132—141页。

《易传》划归道家所有。应当说，老学与《易传》有显然不同的哲学倾向。非但老学的“本无”论为《易传》所不取，而且在宇宙构成论上，虽然两者都重视阴阳二元，而且都主张气论，但老学重阴、主静、守柔，《易传》则重阳、尚动、崇刚，仍判然有别。至于《易传》所浸透的儒家道德伦理，更是“绝仁弃义”（《老子》十九章）的老子所不屑道者。然而，这一切并没有改变《易传》从某些方面吸取老学思想成果的事实。我们完全不必如历代儒者那样，死抱孔子作“十翼”的成见，抹杀《易传》思想的道家成分，将其尽归于儒学。《易传》作为《易经》的延伸与发挥，实是兼综儒道之作。熊十力先生指出：“易者，儒道两家所统宗也。既已博资群圣，析其违乃会其通，实亦穷极幽玄，妙万物而涵众理。”① 这个见解，不唯堪称通达，也符合《周易》原作实际。

三、“道”与“逻各斯”

“道”与“逻各斯”（Logos）这两个范畴在东西方差不多同时提出，共同标志着人类自我意识的觉醒，是世界文化史的大事。这两个范畴，都有万物本原、万物生成发展的必然性一类共同涵义，因此20世纪初，当马丁·布伯向西方人介绍道家学说时，便指出老庄的“道”与赫拉克利特的“逻各斯”相近，并用后者解说前者。② 在西方汉学，径直将“道”译作“逻各斯”的并不少见。如雅斯贝尔斯所说：“道这个概念是老子流传下来的，其原本词义是‘道路’，而后意指宇宙的秩序，也就是指人的正确行为。它是中国哲学最古老的一个基本概念，曾被翻译为理性、逻各斯、上帝、意义、正道等。”③ 在我国20世纪30年代，也有人将“逻各斯”意译为“道”。这中西两范畴的互译互释，使人们注意寻求二者内涵的共同性，以致在中西比较哲学中，将两者相提并论，在两者间求同的趋向占了上风。这种情况，在许多比较哲学论著中，至今仍不难

① 熊十力：《新唯识论》，中华书局1985年版，第240页。

② 马丁·布伯1910年为庄子的《言论和寓言选集》所作的《后记》，载夏瑞春编：《德国思想家论中国》，陈爱政等译，江苏人民出版社1989年版，第201页。

③ 夏瑞春编：《德国思想家论中国》，陈爱政等译，江苏人民出版社1989年版，第221页。

发现。

对“道”与“逻各斯”的求同比较，其意义确实不宜低估。赫拉克利特将万物本原归结为“一”，即“永恒流转着的火”，即“逻各斯”。它“循着相反的途程创生万物”，作为“创造世界的种子”等于“神”、等于“命运”、等于“必然性”。它为“人人所共有”，“灵魂所固有”①，因而可以通过思考去把握。这跟老子将“道”归结为“一”（就“道一同”的意义而言），归结为创生万物、推动万物向相反方向循环发展的混沌之气，承认它可以通过“虚静”心态下的直观感悟加以体认，用“道”取代神鬼的权能等，真算得上“殊途而同归，一致而百虑”；他们从各自的角度击破了神话时代的神学信仰，成就了“以‘道’杀神”；“以‘逻各斯’杀神”的历史功勋，为人类迎来自觉理性的曙光。很明显，将这两个范畴做求同比较，对认识中西古代朴素辩证法，认识人类哲学思想初兴的秘密，都是极为有益的。

然而，“道”与“逻各斯”同中有异，这种异同隐藏着后世中西文化的根本差别，更不可不察。关于从“道”与“逻各斯”引出的“气论”与“原子论”的区别，“有机观”和“机械观”的区别，人们已谈论得很多。但有一点似未引起学界的充分注意，那就是“道”和“逻各斯”在符号系统上的差别及其引出的中西思维方式的巨大差异。

如果说，“道”需要用超语言的意象符号指称，那么，“逻各斯”却恰恰需要用语言符号指称，而且它的原本涵义就是“言说”。在古希腊文献中，“逻各斯”涵义甚夥，据西方人自己统计，达十余种：说、言辞、叙述表达、说明、理由、原理、尊敬、声誉、采集、点数、比例、量度或尺度等。② 海德格尔指出：“Logos 的基本含义是言谈……后来历史，特别是后世哲学的形形色色随心所欲的阐释，不断掩蔽着言谈的本真含义。这含义其实是够显而易见的。Logos 被‘翻译’为，也就是说，一向被解释为：理性、判断、概

① 北京大学哲学系外国哲学史教研室编译：《古希腊罗马哲学》，生活·读书·新知三联书店1957年版，第17、18、29页。

② 杨适：《哲学的童年——西方哲学发展线索研究》，中国社会科学出版社1987年版，第173页。

念、定义、根据、关系。”[①] 由此可知，“逻各斯”的万物本原、命运、必然性等诸多初始意义，都可用“言说”[②] 这一基本含义涵盖。“逻各斯”含义在西方的衍变，基本上是在语言符号的制约下进行的。柏拉图将“逻各斯”移换为“理念”，开创了本体与现象、形而上与形而下截然两分的思维传统；亚里士多德从“逻各斯”引申出形式逻辑体系，则打开了从经验世界到达思辨的形而上世界的通道。在中世纪，“逻各斯”被视为“上帝”的别名，《约翰福音》开宗明义便提出：“逻各斯与上帝同在，逻各斯即是上帝。”这既显示着全能的上帝对精神世界的垄断，也把逻辑思辨精神带进了基督教神学。文艺复兴之后，以“逻各斯”为代表的西方语言逻辑传统，培育了近代实证科学，支持了牛顿的经典力学，带来了今日西方物质技术文明的巨大成果；同时也将古代西方的朴素辩证法培育为近代的辩证逻辑，将以几何学为代表的数学成果培育为数理逻辑，带来高度发展的逻辑思辨能力和注重分析的科学实证精神。“逻各斯”作为语言逻辑传统的表征，深深支配着西方人的思维方式和行为方式。

比照之下，以“道”为最高范畴的中国文化观念，其致思方式和传播方式借重于意象符号系统的特征，更其一目了然。这里有必要消除一种误解，即以为意象既是“超语言”符号系统便可以拒斥任何语言。不是的，正如《周易》需要象、辞并用那样，老庄的“非言”也只是要求超越日常语言，而不是不要一切语言。“道可道”，“名可名”，但这可以“言说”、可以“命名”的只是“小道”，即经验性的日常知识。至于“常道”“常名”，即形而上的永恒的大道，那就非凭借意象、凭借直观感悟不可了。而意象和直观，是需要特殊的语言表达方式与之对应的，这在老子就是“正言若反”，在庄子则是借助于寓言、重言，特别是“无心之言”——

① 马丁·海德格尔：《存在与时间》，陈嘉映、王庆节合译，熊伟校，生活·读书·新知三联书店1987年版，第40页。

② 英语《圣经》古今文本均以“word”（言说、语词）意译为“逻各斯”。我所见美国圣经公会据1611年古英文翻印本（1901年纽约汤姆逊·莱森父子出版公司出版）及现代英语流行本均是如此。现代汉语《圣经》流行本则以“道”译“逻各斯”，《约翰福音》开卷为：“太初有道，道与神同在，道就是神。”以上《圣经》各版本，均由安徽师范大学外国语学院张为元先生提供，特致谢忱。

“卮言”。雅斯贝尔斯称这一语言表达方式是“伟大的间接言传”①，这是颇有见地的。因此，严格说来，中国文化的基本符号，既非单纯的语言系统，也非单一的意象系统，而是两者互动的“言象”系统。“道”可以为“意”所把握，“言”与“象”在体认“道”中功能如何，也就成为言、象两者各自能否“尽意”的问题。这个问题，先秦儒、道、墨、名、法各家，已有不同看法，而到魏晋玄学流行之时，便演成意、象、言关系的大辩论。在这一场中国特有的哲学辩论中，王弼的意见是：“尽意莫若象，尽象莫若言。言生于象，故可寻言以观象；象生于意，故可寻象以观意。意以象尽，象以言著。”（《周易略例·明象》）这一“象尽意”之论，显然认为“象”对“道”的传达功能优位于“言”，深得老庄、《易传》之旨；又承认“象以言著”，将言、象、意视为梯级连续的符号序列，这就把言、象之间的互动关系进一步肯定下来。

言、象互动，传达以“道”为核心的文化观念——“意”，这种文化传播方式的久远运行，带来了双向后果：一方面，使中国人的构象能力、对“象”的感悟能力获得充分的发展，使中国人对事物之间的关系、联系，特别是功能性的联系，极其敏感，对“象”的感悟能上升为形而上的“理性直观”；另一方面，却也阻滞了语言逻辑功能的发展，而隐喻、象征的暗示功能则发挥得淋漓尽致，带有浓重的诗性色彩。说来不免令人扫兴，中国人在逻辑思辨力上比西方人是弗如远甚的。意象符号这负面影响所造成的中国文化传统的缺失，是无须讳言也无法讳言的。

中国有自己的语言逻辑传统，其代表便是先秦的名辩学派。在古代，它和古希腊的爱利亚学派、印度因明学的逻辑理论，堪称鼎足而三，同具异彩。但是先秦名辩学派在当世和后代，命运都颇为可悲。号称“名家始祖”的邓析，生前因其学说而获罪，为执政者所杀，身后又迭遭诋毁。他被孔子斥为“佞人”，被荀子目为“不法先王，不是礼义，而好治怪说，玩奇辞”的“小人”（《荀子·非十二子》），《吕氏春秋·离谓》则称其说为“以非为是，以是为非，是非无度，而可与不可日变”的谬说。名家巨子惠施提出过

① 夏瑞春编：《德国思想家论中国》，陈爱政等译，江苏人民出版社1989年版，第248页。

“历物十事”，当时的辩者还有“二十一事”，里面包括诸如“至大无外，谓之大一；至小无内，谓之小一”“一尺之棰，日取其半，万世不竭”之类富于科学分析精神的命题，和“小同异”“大同异”“指不至，至不绝”之类富有逻辑意义的命题（均见《庄子·天下》）。就惠施对语言形式和语言功能的分析而言，其贡献决不让爱利亚学派的芝诺。然而庄子却认为：“由天地之道观惠施之能，其犹一蚊一虻之劳者也。”（《庄子·天下》）考虑到庄惠之间交谊很深，这个断语的否定分量之重，也就可想而知了。公孙龙是名辩学派的著名代表，他不仅提出过“白马非马”“坚白石离”这样的著名命题，而且在《指物论》《名实论》中对概念性质做过精细的分析，涉及演绎推论和抽象综合的逻辑方法问题，然而这一切在中国古代却很难得到反响，照样被认为是“能胜人之口，不能服人之心”（《庄子·天下》）的谬说。

秦汉以降，名辩学派依然受儒道两家夹击，被目为徒逞口舌的诡辩之徒。对此，吕思勉先生曾深致感叹道：对名家“二千年以来，莫或措意，而皆诋为诡辩。其实细绎其旨，皆哲学通常之理，初无所谓诡辩也。然其受他家之诋斥则颇甚”①。正因为如此，名家学说被长期湮没，一些重要著作长期散佚以致亡绝。先秦的语言逻辑思想始终没有像古希腊那样发展为严整的形式逻辑体系；而未经形式逻辑的过滤，古代的朴素辩证法思想便无从发展为辩证逻辑，古代的数学成果也无从发展为数理逻辑。尤可惊心的是，连从外域引进的印度因明学，也难以在中国生根。南北朝时，因明学即已东来，影响不明显；唐代玄奘大师西行求法归国，立法相宗，倡唯识论，大力翻译因明学经论，亲自反复讲说，形成因明学热潮；其弟子窥基撰因明《大疏》，贡献卓著。然而随着禅宗大盛，法相宗衰落，因明学亦随之消沉衰歇。只是到了近代，由于西方新学的激发，名辩学派和因明学理论才重新唤起学界的注意。

语言逻辑思想与中国文化之扞格难入，其原因值得深长思之。照庄子的说法是“与众不适”（《庄子·天下》），照近人陈寅恪先生之论，是“其故匪他，以性质与环境互相方圆凿枘，势不得不然也”②。

① 吕思勉：《先秦学术概论》，中国大百科全书出版社 1985 年版，第 116 页。

② 陈寅恪：《金明馆丛稿二编》，上海古籍出版社 1980 年版，第 251 页。

而照我们看，主要是因为中国的语言发展，始终难以摆脱“象”的缠绕，语言逻辑研究始终与重意象、尚感悟的思维方式相悖逆的缘故。意象感悟传统与语言逻辑传统此消彼长，历史的发展成全了前者，却遏制了后者。所以，中国古代科技文明纵有无数杰出的发明发现，却一直停留在工艺技术的层面，未能向近代科学转化。应该说，中国人为自己的思维方式付出了沉重的代价。

四、审美的辉煌

伴随着语言逻辑传统的弱化趋势，中国宗教的历史发展则呈泛化趋势。和整个思维方式相对应，中国宗教没有此岸世界与彼岸世界的截然两分。本土的神仙道教主张“白日飞升”，只要诚心修炼，世俗中人也能成仙作祖，进入天界，而完全不必等待来生。佛教东来未久，即与老庄之学相衔接而成“佛玄”，纳入由直观感悟进入形而上体验境界的思维模式，衍化为中国式佛教——禅宗。“青青翠竹，尽是法身；郁郁黄花，无非般若”（《景德传灯录》卷六），从具体物象、事象顿悟真如本体，成为修道的基本方法。至于儒教，本非严格意义的宗教，主要是一种修养人格的人生哲学。儒教之祭天祀祖，其实是极端俗世化的，按照儒家观点，天人本可合一，人鬼足以相谋，天人神鬼统被摄入以仁学为中心的巨大网络。不用说，中国宗教的泛化即俗世化趋势，也受制于传统思维方式，实乃出于必然。

语言逻辑的弱化和宗教传统的泛化，为审美和艺术腾出了广阔的心理空间。正当西方人将自己的人生理想委之于基督教，将精神生活的超越性交付给神学的彼岸世界之时，中国人却在此岸、在现世的土地上开辟出寄寓人生理想的精神家园——审美的世界。这同样是一个超越境界，它超越了现象经验，甚至也超越了形而上的道德境界。展现这个审美境界的，不仅有诗、乐、舞、书艺、画艺诸般艺术，而且有山水的游赏，人格的品藻。在对待山水之美和人格之美的态度上，中西两方构成尖锐而有趣的对比。在中世纪，当基督教在强使日耳曼族“把他们一向尊敬的山、泉、湖沼、树林、森林看成为恶魔所造”① 而予鄙弃的时候，魏晋名士却三五成群徜徉山林，思量着、探讨着如何从山川风物中“即有得玄”（孙绰《游天台山赋》），如何通过诗文和画幅展现山水之美；当基督教徒视古希腊罗马的维纳斯雕像为“妖女”，四出加以毁坏时，魏晋名士正畅饮清谈，以旷达的襟怀品评风度的美、人格的美。在漫长的中国文化史上，审美和艺术一直受到保护。中国第一部诗歌总集——《诗三百》，第一部艺术总论——《乐记》，双双列为国家经典；魏文帝曹丕，高扬诗文，视之为“经国之大业，不朽之盛事”（《典论·论文》）；唐贞观之世曾以诗赋擢拔进士；北宋时期画家亦被任用为“国子博士”，或被选入“翰林院”……我们不曾有过欧洲人那样痛苦的经历：高度繁荣的希腊罗马艺术，一下子跃进中世纪的深渊，沦为神学的奴仆。我们这里不曾发生过哲学与艺术孰优孰劣的争论，既没有人像柏拉图那样下逐客令，把诗人逐出“理想国”，也就毋庸什么人去充当锡德尼式的辩护士，挺身“为诗一辩”。中国审美和艺术在长期连续发展中达到的稳定的繁荣，罕有其匹；它所创造的辉煌，举世称羡。古代中国成为无可争议的诗歌之国，艺术之国。

支撑这一审美辉煌的，诚然又是重意象、尚感悟的思维传统。因而毫不奇怪，中国传统美学一直将意象作为自己的中心范畴，围绕审美意象的创造、传达和读解，衍生出自己的审美原则。《诗》之“比兴”，建基于物类相感、触类引申的易理之上，正与“易象”相表里；《骚》之“发愤抒情”，倚重庄学的“逍遥游”理想，强调主体备受压抑的内在动力，推动艺术家诉之于意象，向超越境界升腾远举。经过魏晋玄学的洗礼，诗骚两大传统在六朝之际相互融贯，“即目所见”直指“象外之意”，有限的眼前景物直通无限的人生体验，在唐代演为“境生于象外”的意境说。意境说远非有人所论，是源于佛教的另一系美学，它只是意象论的延伸与拓展，即强调意象必须向形而上境域超越。这种以意象为中心的美学及其支持下的审美实践，反过来又强化、深化着民族的思维传统。“不学诗，无以言。”（《论语·季氏》）诗与哲，相辅相成，水涨船高。中国

① 雅各布·布克哈特：《意大利文艺复兴时期的文化》，何新译，马香雪校，商务印书馆1979年版，第292页。

历史上诗哲双兼的大家，自老庄、阮嵇、韩柳、欧苏，迄于清代的龚自珍，代不乏人。中国的哲学典籍中蕴涵着诗思，中国的诗章中跃动着哲学精魂。从这个意义上说，不了解中国艺术，也就难以把握中国哲学的文化精神。

然而，这一切毕竟已成过去。处在世纪之交的中国人，面临祖国现代化的急速进程，面临西方文化的强劲挑战，不能不认真思索：在21世纪中西文化的大交融中，中国文化传统命运如何？中国的审美与艺术能否赢得再度辉煌？

这是难以直接做出肯否回答的问题，因为中西文化历史进程各有自身的要求。从中国看，建立在人与自然原始和谐基础上的意象感悟传统，已难适应当代生活的要求，我们亟须引进西方的逻辑思辨理性和科学实证精神，以发展现代科学技术，振兴现代经济；从世界看，西方思辨理性和物质文明的片面发展，又带来深重的生态危机和精神危机，存在主义对“本质主义”的批判，解构主义对所谓“‘逻各斯’中心主义”的批判，都透露出个中信息。西方不少有识之士将求救的目光转向东方文明，极力从东方的生机哲学中寻求摆脱困境的启示。中西文化的不同历史要求各有其必然性和合理性。就中国人而言，如果我们一味固守原有传统，沉醉于昔日的辉煌而不思更新，不求进取，中国将永无现代化之日，中国文化也永无复兴的希望；如果我们简单地否弃传统，一味跟在西方人后面规行矩步，也许我们可以得到发达的物质文明，但又难逃西方人今日在精神生活中陷入的困境，这对中国人同样是一种劫难。

这便是中国文化未来发展问题的两难处境。若求从中走出，便不能不将中国文化建设做近期与远期的双重考虑：当务之急是学习西方文化的思辨理性和科学实证精神；从长远着眼，就要对中国文化传统做细致清理和深入阐释，使之获取现代形态，在新的层次上参与中西文化交流，从而得到真正弘扬。

当我们思考中国文化近远期双重任务的时候，中国的审美和艺术向我们投来希望之光。这是一个特殊的领域。它对于现实生活的超越性质使之不致干扰近期任务的实现；它在功能上的远期效应，又能使中国文化精神越过目前阶段而传之久远。如果我们善于利用自己辉煌的审美与艺术的历史成果，对下一代进行有效地审美教育，那就使青少年在西方高度发达的科学理性精神面前不失制衡力量，其人格的感性与理性构成不致偏枯，其人生理想不致失落，从而可望避免因“上帝死了”，精神便“无家可归”，或是“高技术，低情感”一类西方式的精神悲剧。蔡元培先生早在五四时期就倡导“以美育代宗教”，这完全符合中国文化精神，而且不失先见之明，今天更应予以重视。

审美和艺术，又是各民族文化心理最易沟通的领域。因此，我们更应有足够的耐心去寻求中西美学的共同点和接合点，以西方美学为参照，按现代观点阐释自己的美学思想遗产，进行中国美学的现代化重建。据初步考察，审美意象的结构和功能问题，便是中西美学一个突出的接合点，今日中国美学一个潜在的生长点。[①] 如从不同向度、不同层面深入考察，这样的接合点与生长点可能会发现更多。而只有把这些点紧紧抓住，经过几代人的不懈努力，一个既富于现代意识，又不失民族文化特色的中国美学的理论体系才能建构成功。可以预期，中国美学现代化重建的成功之日，必是中国文化以崭新姿容走向世界之时。

（原载《中国社会科学》1993 年第 5 期）

① 汪裕雄：《审美意象学》，辽宁教育出版社 1993 年版，第 11、286、287 页。

传统美学的“意象中心”说

中国源远流长的传统美学思想，非但不曾将审美主体心理功能的知、情、意分解为三，而且不曾将审美过程的对象形式和主体能力划分为二，它往往着眼于两者浑融一体所呈现出来的“象”。这个“象”，既不单是对象的结构与形式，也不单是主体的情和意，而是这两者的和谐统一，是“意中之象”或“象下之意”，是完整而鲜活的“审美意象”。意象，在中国传统美学里，始终占有突出的中心地位。

如果说，西方美学直到康德方确定“审美意象”的概念，直到卡西尔、苏珊·朗格的“情感符号”论才确定它的“幻象”性质，那么中国传统美学界在两千多年前，就关注到“象”及其虚幻性质了。

在古代典籍中，有两则有关“象”的记载，颇为闻名。其一是《尚书》所记，殷高宗武丁自述立傅说为相的故事：

> 梦帝赉予良弼，其代予言。乃审厥象，俾以形旁求于天下。说，筑傅岩之野，惟肖，爰立作相。（《尚书·说命上》）

这段话中最可注意的是“乃审厥象”这四个字。武丁所审视的“象”，正是梦中那位“良弼”的外貌，是一种“虚象”。他的审视，其实是对梦境的追忆，是对想象中的表象的体察与端详。这种“虚象”可以形之于图，武丁把它称作“形”，而不称作“象”。《尚书》这则故事，是我们今日所能见到的关于想象表象的最早记载。“象”的虚幻性质，早在殷代就已经被描述了。

另一则是《左传》记载的楚子向王孙满“问鼎”的故事。王孙满发现楚子有问鼎周室的野心，就强调得天下“在德不在鼎”，因为作为王权象征的禹鼎，本身就是“有德”的标志：

> 昔夏之方有德也，远方图物，贡金九牧，铸鼎象物，百物而为之备，使民知神奸。

这里讲的“图物”与“象物”，似无原则区别。但所指的“物”，是包括“螭魅魍魉”在内的“鬼神百物”，鼎上所象之形，正是鬼神之形。它们或是庇祐生民，足以辟邪祛祸的神祇，或是残害生民，是以招惹祸祟的妖怪，它们全是远古的神话形象或图腾形象。在夏禹之世，它们或许被当成实有之物，而实际上，原是远古先民幻想中的产物，是一些心理表象——不折不扣的“虚象”。正是这些“虚象”，对远古先民具有识别神奸的严重意义，具有各自不同的情感价值与伦理价值。

“象”，作为哲学范畴之一，最早见之于《老子》一书：

> 道之为物，惟恍惟惚。惚兮恍兮，其中有象；恍兮惚兮，其中有物；窈兮冥兮，其中有精，其精甚真，其中有信。（二十一章）
>
> （道）绳绳兮不可名，复归于无物。是谓无状之状，无物之象，是谓惚恍。（十四章）
>
> 大方无隅，大器晚成，大音希声，大象无形。（四十一章）

老子的“道”，作为宇宙生命的本体，具有两重性：它先于天地而生，是“无”，无象、无形而无声；但它又是天地之根，万物之母，所以它又是“有”，是在恍惚状态中“有象”“有物”“有精”“有信”的东西。可见，“道”不可以感官直接求之，但它作为宇宙生命本体又隐匿在它所派生的宇宙万物之中，是真实而有经验的，所以“道”还是有“象”的。只不过，这个“象”是无形的“大象”，对它的体察，不能用通常的认知手段罢了。

可见，道家虽“以虚无为本”（司马谈《论六家要旨》），但这个“虚无”，并非“纯无”“虚空”“绝对的无”，而是有限与无限的统一。老子所谓“天下万物生于‘有’，‘有’生于‘无’”（四十章）的命题，只能这样去理解。

老子心目中的“象”，有如“道”本身，也是有限与无限的统一。它是不可见的、无限的，同时又是可见的、有限的，可以通过“致虚极，守静笃”，即通过人为的努力达到“虚静”心态，予以体察：

> 致虚极，守静笃。万物并作，吾以观复。

从万物生生不息、欣欣向荣的成长中，可以看出“道”所包含的无穷活力。这在老子就叫“执大象”。而能保持“虚静”心态，“执大象”的人，就是体悟了“大道”，把握了“大德”的“圣人”。

可以推知，老子所论的“象”，不是寻常物象，而是超越物象的混沌恍惚的虚幻之“象”。证之于今日心理学，这种“象”不是别的，正是包括知觉表象、记忆表象、想象表象在内的心理表象。对这种“象”的体察，不是通过通常的观看，而是一种特殊的“观看”，即体悟，其主要心理功能是想象。这一点，可以从韩非的《解老》得到证实：

> 人希见生象也，而得死象之骨，案其图而想其生也，故诸人之所以意想者皆谓之象也。今道虽不可得闻见，圣人执其见功以处见其形，故曰“无状之状，无物之象。”（《韩非子·解老》）

韩非的意思很清楚，老子的“道”，虽是不可得闻得见的东西，但它会在万物的运动中显露出来，所以圣人可以通过把握它的显现功能（“见功”，“见”，显露也），来审察（“处见”）其形，进一步把握它本身。正像人们没有见过活的大象，却可以按照死象之骨来想象（“意象”）活象的样子。“诸人之所以意想者皆谓之象也”，这确乎是对老子的“象”的绝好描述。

《庄子》一书，张扬老子的“道”论，多及于“象”。举凡以为道“无所不在”，在蝼蚁，在稊稗，在瓦甓，每况愈下，甚至

"在屎溺"(《知北游》);以为"道"作为"无形"之物,可以层层落实,显现于"有形":"昭昭生于冥冥,有伦("伦",借为形)生于无形,精神生于道,形本生于精,而万物以形相生"(《知北游》);人们可以通过"心斋""坐忘"(《知北游》《大宗师》)的修养工夫,进入"虚静"心态,从感性直观直接把握浑茫之中的"道"(《田子方》:"目击而道存"),乃至达到"物我同一"的境界……都在发挥老子"道"论要义,与"象"相关联,此处不得一一详述。这里需要特别一提的,是《庄子》那则关于"象罔"的寓言:

> 黄帝游乎赤水之北,登乎昆仑之丘而南望,还归遗其玄珠。使知索之而不得,使离朱索之而不得,使喫诟索之而不得也。乃使象罔,象罔得之。黄帝曰:"异哉!象罔乃可以得之乎?"(《天地》)

"玄珠"喻"道"。"知"喻"知识","离朱"喻可感知的"形色","喫诟"喻"言辩",这些都得不到"道",而唯有不同于这一切的"象罔"可以发现"道",得到"道"。

那么,"象罔"到底是个什么玩意呢?宋人吕惠卿注云:"象则非无,罔则非有,不皦不昧,此玄珠之所以得也。"(《庄子故》)"象罔"是若有若无、若明若暗的东西,凭着它,人们可以得到"道"(玄珠)。"象罔"到底指什么,似仍未得确解。

"象罔"又称"罔象"。晋代名僧支遁的《咏怀诗》有句:"道会贵冥想,罔象掇玄珠。"(《广弘明集》卷三十)诗人李白《大猎赋》亦云:"使罔象掇玄珠于赤水,天下不知其所知也"。他的《金门答苏秀才》亦言"罔象":"玄珠寄象罔,赤水非寥廓。"宋本《庄子》"象罔"并作"罔象"。是以,"象罔"与"罔象"通。

《国语·鲁语》记孔子说过:"木石之怪夔罔两,水之怪龙罔象。"汉人贾连注曰:"罔两、罔象,言有夔龙之形而无实体。"有其形而无其体,罔象之"象",为"冥想"的产物,属想象之"虚象",殆无可疑。

明乎此,则可知《庄子》所言那个可以直指道体(玄珠)的

“象罔”，即是非概念、非推理、非直接感性的认识符号，它有其形，系具象形态，又无实体，非实在之物，而是包含理性认识、充满宇宙生命力的特殊表象。证之《庄子》一书描述的大量神话、寓言，还可推知，象罔来自于远古的神话时代，来自于那时的原始巫术和图腾崇拜。象罔作为意想之象，亦是认识世界的符号，它显然和艺术中的意象有直接渊源关系。宗炳《画山水序》中倡言“澄怀味象”“澄怀观道”，主张通过对象的把玩和领悟，直指道体，进入“神超理得”的想象自由境界，应该说是老庄关于“道”与“象”关系的论述在艺术论领域的直接延伸。

由“象”而进至“意象”，转捩的枢机在《周易》。《周易》包括“经”与“传”，产生于西周后期直至秦汉的漫长岁月。但不论“经”“传”，都是以“象”的概念为中心展开的：

> 易者，象也；象也者，像也。（《系辞·下》）

早在春秋时代，《周易》便有了“易象”的别名。“易象”为《周易》诸“象”的总称，含义颇夥，仅据《系辞》传，即有四大义项：

> 卦爻之“象”——卦画符号：“圣人设卦现象系辞焉，而明吉凶。八卦成列，象在其中矣。卦者，言乎象者也。彖者，言乎象者也。”
>
> 物象之“象”——自然事物感性状貌：“在天成象，在地成形，变化见矣。悬象著明莫大乎日月。见乃谓之象。”
>
> 法象云“象”——对物象的模拟：“圣人有以见天下之赜，而拟诸形容，象其物宜，是故谓之象。”“天垂象，见吉凶，圣人象之。”
>
> 象征之“象”——类比象征符号：“于是始作八卦，以通神明之德，以类万物之情。”“吉凶者，失得之象也；悔吝者，忧虞之象也；变化者，进退之象也；刚柔者，昼夜之象也。”

上述四者，卦爻之象（简称卦象）为“易象”的基本义。这一由阴阳二爻不同组合而成的卦画符号，既有抽象性，深涵义理，与数相联系，又有具象性，它通过类比、象征关系与具体物象相联系。孔颖达疏曰："卦者，挂也，言悬挂物象以示于人，故谓之卦。"卦象来源如此，它的具象性是无可否认的。

所有卦象之中，基始的符号是阴阳两爻，它们象征宇宙的两元："一阴一阳之谓道"，"生生之谓易。"（《系辞上》）阴阳两元的交互作用，引发宇宙万物生生不息的生命运动和发展变化；阴阳两元这种动力作用即是"道"，即是宇宙生命之本源，它贯穿于体现于万物的生命运动。

卦象是一个有机序列。它由阴阳两爻的不同组合结成乾、坤、震、巽、坎、离、艮、兑八卦，分别象征天、地、雷、风、水、火、山、泽八类基本物象；八卦两两相重，成六十四卦，并从自然事物的相生相克，相交相胜，"引而伸之，触类长之"，用以比附人事，扩展到宇宙间的万事万物，将自然、人事，乃至宇宙万物，归纳为一个模式。卦象序列所提供的，并非某种抽象模式，它既不着意揭示世界的物质构成因素，也不提供世界构成的概念或学理，它只为宇宙万物的生命运动规定一个基本秩序，提供一个基本图式。尽管作为宇宙生命本源的"道"是抽象的、"形而上"的，但它体现于具体事物的生命活动形态，却是"形而下"的，可由直观经验加以把握的。"易理"之"理"，正教人如何由现象形态的"形而下"者，去体悟那难以言说的"形而上"者。照我看，"易者，象也"，其要义恐即在此。

易象弥纶宇宙万物，囊括天、地、人，实以人为中心。《说卦》曰：

> 昔者圣人之作《易》也，将以顺性命之理，是以立天之道曰阴与阳，立地之道曰柔与刚，立人之道曰仁与义。

儒家天、地、人三道分立，着眼点唯在人道。所以清人纪昀有言："《易》之为书，推天道以明人事也。"（《四库全书总目提要》）以自然界万物生生不息运行之理，比附、阐明人事中的仁义之道，实乃《周易》主旨。如乾卦，为纯阳之卦，基本象征意义是天，包括日月星辰诸天体。“天体之行，昼夜不息，周而复始，无时亏退”（孔颖达《周易正义》），联系人事，就成为一种“刚健”精神的象征，所以说“天行健，君子以自强不息”（《象传》）。由“天”类比其他自然物象，可以为圜（圆），为玉，为金，为大赤……，引申到人，可以为君，为君子，为男，为父……，这样，以“天”为统帅，将秉有阳刚之气的事物组合为自然与人事两大序列，两两对应，划归一类。这种分类原则，不是依据事物本质属性的异同，而是依据“物类相成”的观念（它源于神话时代万物“互渗互感”的古老观念）。自然事物按其现象形态（表现为物象）分类，社会人事按人们的意志行为分类，两相对应，各就各位，因而能“推天道以明人事”，易象可以“致用”。

易象“致用”的功能大体有三：

其一是观象以定吉凶。易象用于筮占，有数占、星占、象占等不同占法。“筮占”按特定操作程序将49根蓍草连续分为若干份，再从蓍草数量的排列组合认定属何卦何爻，然后按卦象爻象定出吉凶，是谓“数占”。如占得乾卦，据《易经》：“乾：元亨，利贞”（即大吉，利于贞问），便得“吉占”。而乾卦所属各爻，据《易经》又有“潜龙勿用”“见龙在田”“飞龙在天”等星象，按星象以定吉凶，即是“星占”；此外，《易经》还有大量关于“梦占”“物占”的记载。所有“筮占（数占）”之外的占法，汉人统称为“杂占”：

> 杂占者，纪百事之象，候善恶之征。（《汉书·艺文志》）

其实，“数占”也好，“杂占”也好，都要通过“象”。这里的“象”已非物象或表象（如星、梦象）自身，而转为善恶的“征兆”。即是说，“象”作为善恶的象征，于人已非认识对象，而具有伦理价值和情感价值，它们被深深置入于人的价值关系之中了。

其二是观象致知。《系辞下》说：

> 夫易，彰往而察来，而微显阐幽。开而当名辨物，正言断辞，则备矣。

冯契同志认为易象每一卦所代表的，是一“类概念”，所以“当名辨物”即是“以类族辨物”，这是说得很中肯的。孔颖达《周易正义》说：“若不作易，物情难知。今作八卦以类象，万物之情可见也。”说的正是“以类族辨物”的认知方式。但可注意的是，易象作为认知媒介是表现为“类象”，它在一定程度上概括了事物的共同属性，相互关系和联系，却并不脱离感性表象，所以与其说每一卦象提供的是“类概念”，毋宁说是“类表象”，即具有一定概括功能又兼感性特征的“一般表象”。尤可注意者，易象致知的对象并非物理乃是“物情”，即万物充满生机的运动与变化。《周易》所探究的，是宇宙人生必变、所变、不变的大原理；所阐明的，是人生知变、应变、适变的大法则。所以它特别教人去捕捉事物生命运动中的每一精微变化：

一阖一辟谓之变，往来不穷谓之通，见乃谓之象。

阴阳二气永恒不息地开闭往来，引起事物的变化发展，变化发展的端倪初露之象，即“见（现）乃谓之象”。它是事物变化的征兆，是把握宇宙人生变化法则的入口。

通过“类表象”去把握事物的生命运动，进而认知宇宙人生的真际，这种致知途径，无疑属于前科学形态。它侧重于感性直观，着眼于事物感性现象的联系，悟出其中相交相胜、运动变化之理。这种有别于西方近代实证科学的致知方式，在我国古代曾发展到登峰造极的地步，带来我们传统天文学（源于占星术）、历法、医学、化学（源于炼丹术）、数学等各自然科学领域的巨大成就。这一认知方式，同西方现代哲学强调的“理性直观”，倒是相当接近的。

其三是观象制器。《易传》追述了先王圣哲“观象制器”的故事，实为中华文化起源的神话传说的综述。八卦创立，书契发明，从定日中为市到衣裳制作，乃至造网罟、耜耒、宫室、车船、弓矢……举凡古代一切物质文化与精神文化的创造成果，统归功于圣人的“观象制器”。某一成果的创获，便被归结为某一卦象的启示。

清人崔述平就指出：所谓制器“盖取诸某卦”，“不过言其理相通耳，非谓必规摹此卦然后能制器立法也”。（《补上古考信录卷上》）如书契的创造，《系辞》说“取诸夬”，许慎《说文解字·序》也这样承认。其实，书指文字，契指刻木而成的数目记号，与夬卦并无多大相干；汉字的基本特点在于象形，“依贵象形，故谓之文；其后形声相益，即谓之字”，汉字在最基始的构字法——“象形”这一点上，却通于易象，现易象而制文字，实为“观物取象”，与是象构成同一机理，正不必斤斤于“夬卦或某卦”。又如“刳木为舟”，《系辞》说“取诸涣”，涣卦上巽下坎，其卦象即木在水上。所谓“取诸涣”，并非涣的卦画符号（䷺）能启发创造性思维，而是涣卦所描述的“木浮水上”的表象，能使人悟出水的浮力原理，产生刳木浮游的创造性表象，由此制成独木舟。足见“观象制器”的关键，在于人们能通过物象直观而产生创造性的目的表象，并以此支配、调节人的外部实践活动，将这一表象转化为现实的物质产品。人类通过感性直观进行创造发明，将自然形式加工成符合人类需要的宜人形式，这是物质实践的常规常理，我们今天将它归结为创造性想象的伟大功能。《周易》“观象制器”云云，说的正是这个。

综观易象的三大功能，我们可以看到，易象虽来自物象，是圣人“观物取象”的结果，但它包含着人类的种种意向，因而易象是名副其实的“意象”。只不过《周易》将人类的意向，假托于“圣人”名下，变作了“圣人之意”：

> 子曰：“书不尽言，言不尽意。”然则圣人之意，其不可见乎？子曰：“圣人立象以尽意，设卦以尽情伪，系辞以尽其言，变而通之以尽其利，鼓之舞之以尽神。”（《系辞上》）

非但易象即是“意象”，《周易》言及的种种物象，实际上也是“意象”。物象包含在易象之中，易象用于占卜、致知、制器，又得返回对有关物象做直观体悟，所以这样的物象，虽来自对外物的模拟，却有着超模拟的伦理、认知、实践多方面的价值意义。换言之，这样的物象，也具有意向性，成为事实上的“意象”了。《周易》从未标举“意象”二字，所谈却处处关涉意象。

确立意象在整个文化创造中的中心地位，是《周易》一大功绩。它鲜明地体现着我国传统文化重直观、重感悟的特色，这一特色，既渊源于古老的原始文化又天然地通向审美。章学诚说："《易》象虽包'六艺'，与《诗》之比兴，尤为表里。"（《文史通义·易教下》）实在不为无见。易象，完全可以视为准审美性质的意象，是后世审美意象的滥觞。

《周易》的意象理论，予后世以深远影响。与《易传》在历史编年上大体平行的《乐记》，引《易》入乐，铸成"乐象"一语，则第一次将意象的概念引入审美领域。

《乐记》的基本思想是礼乐并举，相辅相成："乐由中出，礼自外作……乐至则无怨，礼至则不争。揖让而治天下者，礼乐之谓也。"（《乐记·乐论》）"乐"，作为诗歌舞三位一体的艺术总汇，来自人的内心深处：人心感物而动情，情动于中而形于声，操之于管弦，应之以舞蹈，这便是"乐"。"乐"有"淫"与"和"之分："淫乐"以奸声，"以欲忘道"，助长悖逆诈伪之心，是圣人所反对的；"和乐"则以正声感人，"以道制欲"，使人的阴、阳、刚、柔之气得以和畅，养成和顺的道德情感，是圣人所提倡的。用这样的"和乐"，去协调人的情感，自然"乐至则无怨"。而"礼"，无非是圣人按照贫富贵贱、等级名分制定的典章制度，是处理人际关系的行为准则。"礼以道（导）其志"，用于规范人的意志行为，使之各安本分，自然"礼至则不争"。"礼"与"乐"内外配合，"致乐以治心，致礼以治躬"（《乐记·乐化》），自会形成人人"能自曲直以赴礼"（《左传·昭公二十五年》）的局面，达到王者长治久安的目的。

礼与乐，凭借什么来相互沟通呢？《乐记》凭借的是"乐象"这一概念。众所周知，《乐记·乐礼》曾抄袭《系辞上》关于"天高地卑"的一番议论，正是借"易象"之功能而言"乐象"的功能，企图证成"乐者，天地之和也"这一结论。"乐象"一语的提出，深受"易象"启发，殆无可疑。

《乐记》所言"乐象"之"象"，其义有如下之端：

第一，乐象德——乐是德的象征："乐者，所以象德者也。"（《乐施》）"德者，性之端也；乐者，德之华也。"（《乐象》）"情深而文明，气盛而化神，和顺积中而英华发外：唯乐不可以为伪。"

（《乐象》）

《乐记》所谓“德”，诚然是儒家的伦理道德。“礼乐皆得，谓之有德”，“德”是礼乐双修而到达的精神境界，“乐”是这一境界的外在表现（“英华发外”）。故“乐”即是道德的象征，道德的花朵，用今天的话来说，便是道德外显的感性光辉。既如此，“礼之所至，乐亦至焉”（《乐本》），礼乐之互通互补，就无可疑义了。

第二，乐象成——乐是自然事物与社会人事的模拟与象征：“清明象天，广大象地，终始象四时，周还（旋）象风雨。五色成文而不乱，八风从律而不奸，百度得数而有常，小大相成，终始相生，倡和清浊，迭相为经。故乐行而伦清，耳目聪明，血气和平，移风易俗，天下皆宁。”（《乐象》）“广其节奏，省其文采，以绳德厚。律小大之称，比终始之序，以象事行。使亲疏贵贱长幼男女之理，皆形见于乐。”（《乐言》）“夫乐者，象成也。”（《宾牟贾》）

上引“象天地”，是说乐象征宇宙万物和谐的秩序，且与人的身内自然和谐秩序相协相应，故而有“移风易俗，天下皆宁”的教化功能；“象事行”，意谓音乐可以模拟象征社会人事，音乐的节奏、文采，体现着社会人事的尊卑贵贱；“乐象成”，是假托孔子与人讨论《武》乐时的用语。他分析《武》乐的结构，认为每一段都模拟着武王伐纣的每一步骤，全乐则模拟伐纣的全过程，可见“象成”有模拟社会事件全过程之义。

第三，声为乐象——声响是乐的感性形式：“乐者，心之动也；声者，乐之象也。文采节奏，声之饰也；君子动其本，乐其象，然后治其饰。”（《乐象》）“乐者，乐也，人情之不能免也。乐心发于声音，形于动静，人之道也。声音动静，性术之变尽于此矣。”（《乐化》）

在《乐记》看来，声、音、乐三者有联系有区别。声响（包括动作节奏——动静）为乐提供自然形式，这是“禽兽”也能感受的；自然声响加以人工修饰，使之具有“文采节奏”，是为“音”，是“众庶”所能欣赏的；只有“乐”，它用“音”沟通社会伦理，才是“君子”所欣赏的东西。《乐记》用儒家等级名分来说“乐”，无意中区分了“乐象”的三个层次，即“自然形式（声）——→美的形式（音）——→社会伦理性内容（乐）”，讲到了乐自身的结构。

这种结构和人本身的“生理感性——→文化感性——→社会理性”结构是一一对应的，所以“乐”通过对“声音动静”的审美化处理，可以引起人的“性术之变”，从而感化人的情性。

由上可见，“乐象”既具感性形式，又具模拟、类比、象征的功能，它蕴含了情感的、文化的乃至哲理的涵义，既沟通了礼与乐，也沟通了人的内在情感与外在意志行为，成为一种伦理教化的感性象征符号。《乐记》的“乐象”论，实是儒家美学的审美意象论。它虽源于“易象”，却不是“易象”的简单套用。如果说“易象”作为意象，体现的是“圣人之意”，即人类文化创造的普遍意向，那么“乐象”作为意象，体现的已是人的内心由外物感发而生的情感——尽管《乐记》强调的是必须符合儒家“礼”的规范的伦理情感。这一“意”的转换，应该看成传统美学思想的重要进展。

导源于《周易》的关于意象的思想，在后世美学中曾不断被沿用，被发挥。刘宋王微的《叙画》肯定了颜延之的主张，认为“图画非止艺行，成当与易象同体”。画家面对山川风物，不能一味“按图按牒”，而要融自身的灵性于自然形式之中，“以一管之笔，拟太虚之体”，画出自然山川的宇宙生命。明代何景明《与李空同论诗书》在论及诗歌意象时也提出“夫意象应曰合，意象乖曰离，是故乾坤之卦，体天地之撰，意象尽矣”。为什么意与象结合得完满，就能为乾坤二卦的“易象”那样，可以“体天地之撰”呢？因为主体的“意”和天地万物的“象”都秉有阴阳刚柔之气，两者相交相契，完满展现出天地万物的生机勃勃的情状，也就能体现天地万物运行变化的法则。这和西方美学强调由主体心灵为外物的形式“灌注生气”的观点（康德、黑格尔均如是）有明显不同。在中国传统美学里，意象的“生气”既来自心灵，也来自外物自身的生命运动。这一颇具东方特色的美学观点，显然来自《周易》。仅此，也就可以明了，《周易》对后世美学的影响，究竟何等深远了。

从美学意义上使用“意象”的概念，却要到刘勰（465？—532？）的《文心雕龙》。在此之前，魏晋玄学的兴起，使道家关于“象”的理论重新获得重视。王弼（226—249）援道入儒，以庄学解《周易》，深入辨析了“意、象、言”三者关系，提出“得意忘象”的命题；宗炳的“澄怀味象”“澄怀观道”之说，也强调酝酿审美意象时，以“虚静”心态进行观照的重要性，颇具道家色彩。道家“象”论在魏晋时期的复活，相当有力地冲击着儒家的乐教、诗教，使“意象”（“乐象”）从儒家伦理教化的附庸地位中摆脱出来，向艺术的自由创造更靠拢一步，这就为刘勰在美学意义上使用“意象”一语，提供了前提。

刘勰在《文心雕龙·神思》中，是从文章（含文学作品）构思角度谈论“意象”的：

> 是以陶钧文思，贵在虚静，疏瀹五藏，澡雪精神。积学以储宝，酌理以富才，研阅以穷照，驯致以绎辞。然后使玄解之宰，寻声律而定墨；独照之匠，窥意象而运斤；此盖驭文之首术，谋篇之大端。

这一段关于驭文、谋篇的议论，涉及文学构思的大致过程：始则保持“虚静”心态，继则熔学理、观照、情致于一炉；最后按照构思成果（声律、意象）诉之传达。“虚静”心态，本是道家作为“观道”的首要心理条件提出的，主张以去欲弃智的空明心胸去专注地观照世界，体悟自然之道。刘勰借此以为审美的首要条件，实际是提倡一种自觉的审美态度。在这一态度伴随之下，通过构思，使学理、观照、情致融为一体，这个成果即是意象。观照所得是表象，表象融入情与理，是谓意象——准确意义上的审美意象。刘勰既然将它视为构思所得，赋予确切的审美涵义，可见他使用“意象”一语，就并非信手拈来，其意义也就未可小视了。

重要的是，刘勰是将构思纳入艺术想象（即“神思”）的范围加以考察的。构思无非是“神思”的特例。因而，“意象”不惟构思所得，也是“神思”所得，是“神与物游”的心理成果。“思理为妙，神与物游”。黄侃在《文心雕龙札记》中解释道：“此言内心与外境相接也……心境相得，见相交融。”试问：内心与外境在神思中的交融非“意象”而何？

刘勰在《物色》篇中有段话，谈的也是这个问题：

> 是以诗人感物，联类不穷，连流万象之际，沈吟视听之

区；写气图貌，既随物以宛转，属采附声，亦与心而徘徊。

这段话上承关于感物动情的描述，是在“情以物迁，辞以情发”的前提下说的。诗人在情感饱和的状态中，由耳目相接的物色所感召，激活联想、想象，心灵随物象而宛转，物象是与心灵而徘徊，正是在这心物交感的心理活动中，审美意象勃郁而生。《神思》篇的“赞语”，便是对这一过程的总括：

神用象通，情变所孕。物以貌求，心以理应。

神思的功能是以使意象融通，而这，全赖情感变化所孕育。意象中取自外物的形貌，又能与内心的思理相吻合。审美意象是由情感触发想象，达到心物交融的心理成果包含感知、情感、想象、理解诸多心理功能的和谐活动。这个概括，比较完整地界定了审美意象的心理内涵。

唐宋以降，审美意象论几乎遍及诗、书、画论。所论除发挥既有关于意象构成中心物关系、形神关系、情理关系的诸多原理之外，还进一步展开了对审美意象的虚实关系的探讨，实现了美学上又一次重大突破。这时的理论，已不拘囿于“观物取象”“师造化”一类侧重模拟物象的意象创造，而追求“象外之象”“象外之意”，寓无限于有限，由刹那见永恒，使艺术各领域，向着追求意境、气韵、神似的方向发展，标志着中国传统艺术（主要是诗、书、画）的全面成熟，登上了东方古典艺术的高峰。

（原载《江淮论坛》1991 年第 2 期）

从神话意象到审美意象

亚里士多德以为，惊奇和困惑，使先民创造了神话。这是从认识论角度对神话起源的解答，如果从认识的根本——社会实践的历史角度来考察，神话及其支配下的原始巫术、图腾崇拜，乃是人们实际生活需要的另一种满足方式——通过虚拟造形加以满足的方式。在人们的实践能力尚不能支配的领域，人们要想实现自己的需要，就不得不诉之于神力，诉之于幻想之中的、超自然的神秘力量。

大约在四、五万年之前，即旧石器时代的中后期，原始人类先后进入氏族社会。他们告别了原始松散的群居生活，结成了历史上第一个相对稳定的社会组织结构。氏族、胞族和部落，成为这一社会组织的基础，氏族则是它的基本单位。每一氏族，就是一个血亲团体，它出自同一谱系，有着共同的祖先和共同的姓氏。

氏族社会的到来，把人类推进神话世界。这是一个五色斑斓而又弥漫着神秘氛围的世界。对宇宙和祖先的祭祀图腾崇拜，模仿巫术和交感巫术，都以神话所蕴涵的观念维系着、支配着，几乎渗透到生产与生活的一切重要领域。

马克思说过："虽然希腊人是从神话中引伸出他们的氏族的，但是这些氏族比他们自己所创造的神话及其诸神和半神要古老些。"[①] 他又说："正是在氏族中宗教观念才得以萌芽，崇拜形式才被制定，并从氏族扩展到整个部落，而不是为氏族所专有。"[②] 氏族比神话更加古老。这个论断，其实可普遍适用于世界各地的远古居民。神话自身的性质和功能，说明它只能植根于氏族社会的土壤里。

---

① 《马克思恩格斯全集》（第四十五卷），人民出版社 1985 年版，第 500 页。

② 《马克思恩格斯全集》（第四十五卷），人民出版社 1985 年版，第 414 页。

神话就其自身性质而言，属于原始宗教。但它和后世的人为宗教不同，它不仅要维护对神的信仰，而且包含着特定的解释系统、禁律系统和巫术操作系统。它的产生，只能在氏族社会出现之后，而不可能在此之前。

首先，对超自然、超人间的神力的崇拜，来自初民不自觉的自我反思。人从哪里来？氏族从哪里来？对这类问题的反思，便导致神话中的生殖崇拜与祖先崇拜。宇宙从何而来？万物从何而来？人在天地万物之中处于何种地位？对这类问题的反思，便导致宇宙崇拜和对自然物的崇拜。很明显，只有进入氏族社会，有了相对稳定的社会组织，有了较为发达的语言系统，人才会向自己这样发问，并以“无意识虚构”的方式，做出相应的回答。

神话还借助神意的权威，通过一系列礼仪规范，维护着氏族群体，规范着氏族成员的意志行为和人际关系。因而，神话对原始初民具有禁律与习俗的双重束力。同时，神话还为形形色色的巫术操作提供信仰和观念上的依据。很显然，只有进入氏族社会，才有相对稳定的社会群体需要维护；而相对稳定的社会群体，也才使巫术操作具有实施的可能。

神话有如密尔顿所言，是一个“深不可测的海洋”。它是多种文化意识形式的综合体。虽然它不可能和后世的诸多意识一一对应，但在其深处，却潜藏着后世人为宗教、哲学、历史、道德——就中也包括着艺术——的不竭之源。

要弄清神话与艺术的渊源关系，亦即神话在审美发生学上的意义，就得把它当作“打开了的心理学”，直窥其心理机制。

神话世界充满奇诡、怪诞的意象。神、半神或超人的英雄，他们的形象本身，他们的所作所为，他们间的纠葛与冲突，都是“莫名其妙”、难以猜测的。为什么万神之王宙斯要以鹰为伴？为什么他要用最严酷的刑罚处置偷天火给人类的普罗米修斯？为什么女娲补天要用“五彩石”，而且要认真将其煅炼一番？为什么发明文字的仓颉，形容那样可怕？他创立文字之时，为什么又那样惊天地而泣鬼神？这类举不胜举的问题，光用逻辑思考来推论，是难以得其要领的。因为所有这些神话意象，统统是先民“不自觉的虚构”的产物。推动他们如此这般进行虚构的动力，与其说主要来自认识，毋宁说主要来自情感。鹰为鸟中之王，它是宙斯无边神力的象征；普罗米修斯之被罚，正寄寓着人们对火的崇拜；炼“五彩石”，象征“补天”的神圣与艰难；创立文字所以惊天地泣鬼神，正表明文字这一语言符号具有令人困惑的神秘威力。这里并没有太多的学理，而初民们对创世始祖的虔诚崇敬，对文明创造（如火与文字的使用）的倾心崇拜，却像烈火一般炽热。“神话的真正基质不是思维的基质而是情感的基质……它们的条理性更多地依赖于情感的统一性而不是依赖于逻辑的法则。”[①] 不论神话意象何等怪诞奇谲，其涵义何等隐微曲折，但它们的情感调质，却始终是不难意会的。种种荒诞的超人间感性形式，唤起的却总是人间的惧与喜，憎与爱。世界各地的神话演进史表明，人间的情味，俗世的色彩，在神话中所占的比重是与日俱增的：从初始的图腾崇拜产生的动物神祇（如上天入地、神力无边的“龙”），到人兽合体的人格神（人首蛇身的伏羲、女娲，牛首人身的炎帝），再到具有人神“双重血统”的英雄（羿，大禹），可以看到初民从对自然力的崇拜逐步转向对人自身力量崇拜的轨迹。

长达上万年至几万年间在不同地域、不同民族先后出现的众多神话，都有那么多神话意象彼此类同，这实在是令人惊讶的。无论希腊神话、希伯来神话和中国神话，都有从混沌中开天阔地，抟土造人，战胜洪水这样一些迹近雷同的故事，都有对于某些动物（例如蛇、狮、虎等）的崇拜，就像这些神话的创始者，预先有过商量一样。而我们知道，由于时间与空间的阻隔，文化习俗的差异，这种商量是决不可能的。

这些在世界各式神话中普遍而反复呈现过的意象，在神话学研究中被称为“母题”，在原始思维研究中被称为“集体表象”，在比较宗教学上，被称为“想象范畴”，而卡尔·荣格（Karl Jung，1875—1961）则从心理学角度，将其称之“原始意象”。荣格强调，原始意象为人类所共有，是人类集体无意识的体现。据他的论述，原始意象可概括为如下三个特点：

（1）它的感性形式呈现为意象，其中“情感与思维的比重

① 卡西尔：《人论》，甘阳译，上海译文出版社1985年版，第104页。

相等”。

（2）它无关于个体的情感与观念，而是远古先民重复了亿万次的典型经验的积淀和浓缩。因此，它又可看作“记忆的蕴藏”，“一种印痕或记忆痕迹”，一种“领悟模式”，即“原型”（Archetype）。

（3）原始意象作为表象（包括观念与意象）不能遗传，但作为“原型”，即心理的一种领悟模式，却可通过脑组织代代承传，潜藏于后世人的集体无意识之中，并在一定条件下，例如通过梦境、专注凝神的幻想或精神病人的妄想，反复呈现出来。

荣格的论述，为阐明神话意象的永恒魅力，揭示其在后世以无意识方式反复呈现的秘密，提供了心理学的重要启示。实际上，神话意象的反复呈现是司空见惯的：西方人一生下孩子，就急于为其找寻教父教母，他没有想到，这正是远古神话中关于人神“双重父母”那种心理原型的重现；……即便人们在情急之下，无意中指天为证；惊奇中，迸发“天哪”的惊呼，实际上也都和远古的天地崇拜心理联系着。而鲁迅之所以在《阿长与山海经》中，如此这般地悼念自己的乳母：“仁厚黑暗的地母呵，愿在你的怀里永安她的魂灵！”也不能说和传统神话对地母（后土）的崇拜没有任何关系。

原始的神话意象在后世人们的心灵中扎根如此之深，影响力如此顽强，启示我们有必要从心理模式的角度，去探究神话对后世审美的影响。

从心理构成模式上讲，神话意象至少有三项原则是一直支配着后世——观照事物、进行想象与幻想的心理活动，从而也深刻地影响着后世的审美创造，那就是：

（一）泛灵论（Animism）原则

该原则认为万物和人一样，有生命、有感情、有意欲，有一拟人格的精灵存在。这是先民们极为幼稚的“天人合一”观念，是主客观尚未分化的“自我中心论”的表现。正如维柯所说：“人在无知中就把他自己当作权衡世间一切事物的标准……人把自己变成整个世界了。”按照同类相生、同类相感的观点，于是有些人（例如巫师）便被看作某些自然力或自然生命的化身；某些自然事物便被当作氏族的圣物、祭祀的灵物或氏族的标志，由此导出模仿巫术和图腾崇拜。日月星辰，宇宙万物，一概各有神明，皆可与人相感通，皆可拟人化。这是后世审美中广泛出现的拟人、隐喻、象征的源起。维柯曾依此论证过语言中借代与转喻等修辞格的由来，朱光潜甚至认为这与后世审美的“移情作用”有关，这些应该说是颇有见地的。

（二）泛生论（Animatism）原则

该原则认为宇宙万物都有一种非形质的超自然生命力，即魔力。凡接触过的物体，其魔力即能相互感应，即使脱离接触，仍能相互感通。由此演成物与物、物与人通过魔力相交感的“交感巫术”，以及建立在对这一魔力恐惧心理基础上的诸般“禁忌”（Taboo，亦音译为“塔怖”“特怖”）。这种对自然魔力的信仰，自与先民对事物的精魂、人的灵魂活动（特别是梦）的解释有关。而普遍魔力的拥有者，即是大神，神性即普遍而最高的魔力。按照这种观点，人，首先是巫师（一般均为部落首领），可以通过念咒、作法，分有神的魔力，充当神的代言人，而在巫师影响下的众人，也可通过特定的巫术操作程序进入迷狂状态悟对神明，乃至与神明同在。这就是荣格一再强调过的凭借原始意象到达的“神秘参与”状态。这种“神秘参与”，实是我国传统美学“物我同一”，即“神合”境界的最初源头。

（三）变形（Metamorphoses）原则

这一原则，卡西尔在论及神话时曾特予强调，他认为在神话中：

> 没有什么东西具有一种限定不变的静止状态：由于一种突如其来的变形，一切事物都可以转化为一切事物。如果神话世界有什么典型特点和突出特性的话，如果它有什么支配它的法则的话，那就是这种变形的法则。[1]

① 卡西尔：《人论》，甘阳译，上海译文出版社 1985 年版，第 104 页。

神话的变形，主要是人、兽、神三者的互通互变。它通常采取静态变形和动态变形两种方式。静态变形是在时空不变的条件下，以形体互变突破常态，如古埃及守护神司芬克斯的人面狮身；《伊利亚特》中阿喀琉斯的老师、擅长骑射的“马人喀戎”为马面人身。我国远古始祖神女娲、伏羲的人首蛇身；炎帝为牛首人身。龙为华夏氏族集团的主要图腾标志，牛为南方氏族集团的主要图腾标志，其远古始祖被公认为中国人共同的祖先，但他们那副实不雅驯的尊容，倒也透露出人类摆脱兽性之艰难，向往神性之热切。

动态变形则在以运动中的形体变化超越常态，如著名的禹治洪水的神话：

> 禹治洪水，通轩辕山，化为熊。谓涂山氏曰：“欲饷，闻鼓声乃来。”禹跳石，误中鼓，涂山氏往，见禹方作熊，惭而去。至嵩高山下，化为石，方生启。禹曰：“归我子！”石破北方而启生。①

这则故事中，人物凡三变：禹变为熊，涂山氏化为石，石破而启生。这一动态变形显示人对自然斗争的惨烈。坚毅不屈的禹，因化熊而失去妻子，尽管最后石破生启，总算天从人愿，但他治水的事迹和全家遭遇，毕竟笼罩着浓重的悲剧色彩。希腊神话中，阿波罗追逐月桂女神达佛妮的故事同样脍炙人口。日神阿波罗爱上大地女神之女达佛妮。他四处寻访、追逐，她却一再躲避。一次有幸刚刚追上，正当伸手可及之时，大地女神却将她化作一株月桂：双脚变成树根，躯体变作树干，逐渐长出树叶。17 世纪意大利艺术家贝尼尼曾将这一动态变形激动人心的进程，通过一座雕塑表现出来，让阿波罗满怀怅惘地目睹着心爱的姑娘在自己手中化为树木，写尽了人类在追求美好事物时那种可望而不可即，欲求之而难遂的典型心态。

无论神话的静态变形还是动态变形，都并不遵从现实的规律和逻辑的法则。它是幻想的，非逻辑的。但变形仍有自己的心理依

① 《汉书·武帝纪》颜师古注引《淮南子》，今本无。

据：它的前提是人、兽、神互通互感的观念，即泛灵论、泛生论原则，它的动力来自人们的情感与愿望。这一原始文化现象背后，隐藏着人类深层的生命活动欲求，即力图突破现实时空的限制。人一旦落入现实世界，便成为被给定的时空中的一个点，他力求挣脱，于是借助幻想来企求现实并不允许的时空自由。整个神话意象体系都隐含这一要求，变形原则体现得尤为显著。在历史上，只要这一要求在人类内心深处一天不熄灭，变形原则在审美中也就一天不会消失。某些以强烈变形著称的艺术作品，至今仍保有巨大魅力，道理就在这里。

神话无疑带有审美性质，它常被视为原始艺术而同后世艺术保持着深厚的亲缘关系。但我们却不可将两者等量齐观。有人认为，古代神话，乃是现代诗歌靠着进化论者所谓的分化或特化过程而从中逐渐生长起来的“总体”。……诗人的心灵……在本质上仍然是神话时代的心灵。[①] 这就未免将母体与婴儿混为一谈了。现代诗歌诚然以神话为母体，但它一经诞生，便是又一个新的生命体，与母体毕竟不可能同日而语。

两者的根本区别，照马克思的说法，就是“不自觉的艺术加工”与“自觉的艺术加工”（即“艺术生产”）的区别。虽然两者都得凭借虚构，凭借想象和幻想，但“艺术并不要求把它的作品当作现实”，而神话恰恰相反，要求把它的作品当作实存的对象深信不疑。这是因为神话出自信仰而信仰总以无条件的虔信为前提，因而神话有如塔西陀（Tacitus，约55—120）的名言所说的那样：

> 惊惧的人们一旦凭空夸张地想象出什么，他们马上就信以为真。

神话意象以假想的感性形式激发情感意志，看来和审美意象似无实质差别，然而神话意象激起的是包含对神意的屈从和虔信，即包含信仰在内的宗教情感。这种情感和人的意志行为常常直接联系着。现代残存的原始部落，常通过对猎神或战神的祈祷、祭祀，在

---

① 普雷斯科特：《诗歌与神话》，转引自卡西尔：《人论》，甘阳译，上海译文出版社1985年版，第96页。

狂热的宗教仪式所激发的迷狂状态中奔赴猎场与沙场，直接投入与野兽的搏斗、与敌军的厮杀，证明了这一点。而审美意象所激起的，则全然是另一种情感。一般说，它并不立即转化为意志行为，而是通过观赏，通过对审美意象的观照与玩味，充分展开情感意志的自我体验，求得精神的愉悦与满足。因此，神话，以及与之相伴生的巫术礼仪与图腾崇拜的遗留物，只存在不再将其作为顶礼膜拜对象的今天，才能和其他艺术品并列在一起，被当作单纯的审美对象来观赏；而在远古，在巫术礼仪盛行的当年，它们作为神秘力量的化身，是必须在庄严肃穆的礼仪氛围和操作程序之中才可供“观赏”的，人们在那种唯恭唯谨的心态下获得感受，和我们今天在自由自在的欣赏心态下获得的感受，不啻有天壤之别。

文明时代的到来，意味着神话时代的终结。以文字的发明和被运用于文献记录为标志，人类揭开了自己的文明史。对自然征服能力的提高，销蚀着对自然的崇拜心理，社会分工——主要是农业、手工业、商业之间以及精神生产与物质生产之间的分工的进一步发展，奴隶与奴隶主两大对立阶级的出现，瓦解着氏族的内在结构，销蚀着对祖先的崇拜心理；而人类自我意识的觉醒，尤其是哲学理性思潮的兴起，则从根基上冲击着泛灵论、泛生论观念，否定着神力的权威，否定着对神意的信仰与崇拜。神话在日常生产与生活领域的作用范围日见缩小，昔日笼罩于神话世界的神圣光辉，开始黯淡下来。这样，神话赖以生存的精神支柱便日见动摇，神话日渐走上人为宗教化、历史化、哲理化和世俗化的道路，神话世界于是归于解体。

从神话的原始意象到艺术的审美意象，关键在信仰的消解。一旦信仰告退，自觉的虚构代之以不自觉的虚构，普通人取代神话的英雄——神与半神，以人类或氏族的集体命运为主转向以个体命运为主，意象便不再是激发宗教信仰与宗教情感的手段，而成为抒发主观情思、激发世俗情感意志的手段，于是，审美意象便在人类文化史上宣告诞生。这是美感发生的标志，也是艺术相对独立发展的历史开端。

（原载《社会科学家》1991 年第 5 期）

神话意象的解体与审美意象的诞生

文明时代的降临，意味着神话时代的终结。以文字的创立和使用为标志，人类揭开了自己的文明史。对自然的征服能力的提高，销蚀着对自然力的崇拜；社会分工——主要是农业、手工业、商业之间以及精神生产与物质生产之间的分工的进一步发展，奴隶与奴隶主两大对抗阶级的出现，瓦解着氏族的内在结构，销蚀着对祖先的崇拜，而人类自我意识的觉醒，尤其是哲学理性思潮的兴起，则从根基上冲击着泛灵论、泛生论观念，否定着神力的权威与对神力的信仰和崇拜。神话在日常领域的作用范围日见缩小，笼罩于神话世界的昔日的光辉，开始暗淡下来。

于是，神话便归于解体。神话日益走向历史化、人为宗教化、哲理化和世俗化的道路。

在我国，神话的解体与分化，经过了上起殷周之际下迄春秋战国的漫长历史行程。“中国政治与文化之变革，莫剧于殷周之际。”①以文化而论，殷周更替的最大变革，就是以“尊礼”取代“尊神”。殷代巫风炽盛，鬼神有着莫大势力，“殷人尊神，率民以事神”（《礼记·表记》），其文化属于“巫祝文化”。到周代，重人事而轻鬼神，“周人尊礼尚施，事鬼神而远之”（《礼记·表记》）。周人已将文化权威从巫祝之徒转到史官之手。清人龚自珍说：“周之世，官大者史。史之外，无有语言焉；史之外，无有文字焉；史之外，无人伦品目焉。”（《古史钩沉论》）周文化世称“史官文化”，原因在此。

殷周间由“巫祝文化”而“史官文化”，转换的关纽在天帝崇拜内涵的蜕变。殷人祭祀天神、地祇、人鬼，囊括着天帝崇拜、自

① 王国维：《殷周制度论》，《观堂集林》（下册），中华书局1959年版，第451页。

然崇拜与祖先崇拜。殷的天帝是帝俊，亦即帝喾（从王国维、郭沫若说），他既是自然天象的最高主宰，又是人间的最高祖宗神。帝俊只为殷人专有，是殷人偏私的保护神。当殷臣祖伊向殷纣王发出周族将兴，天帝将“讫我殷命”的警告时，王竟答以“我生不有命在天?”（《尚书·西伯戡黎》）似乎真有恃无恐。

然而，殷王朝终于被西北的“小邦”周人翦除了。周克殷后，一方面承袭殷人对天帝的崇拜，并把自己的祖先与殷人续上谱系，非但自许“有命自天”，而且争得了嫡长地位[①]；另一方面，又将天帝从殷人一族的祖宗神升格为超族类的至上神。照周人看，天帝并不偏私，而会眷顾于同情于一切甘愿艰苦奋斗的部族：“天矜于民，民之所欲，天必从之。”（《尚书·泰誓》）因此，天命不可久恃，既要信天命，更要重人为。[②] 由此出发，周人提出“敬德”的政治伦理观念，即主张以谨慎、恭谨、警惕的态度，去修德、立德。“聿修厥德，永言配命。”（《大雅·文王》）德行一旦与天威结合起来，便会有永久而昌盛的国运。《尚书·召诰》记召公致书成王，痛言夏商二代“惟不敬厥德，乃早坠厥命”的历史教训，提出“疾敬德”三个字的治世箴言，反复致意，更是显例。而“德”和“礼”本来就是互为表里的：“古代有德者的一切正当行为的方式汇集了下来便成为后代的礼。”[③] 敬德，必然合乎逻辑地引向尊礼。这样，周人终于冲破殷人传统，开创了以“礼治”为核心的新文化——“史官文化”。

“史官文化”并不曾完全弃绝对天命与神意的信仰，只是把它们和“敬德”、人为的努力结合一起，而被纳入“礼治”的文化规范罢了。过去由神话所体现的原始宗教信仰，如今被拉过来作为“礼治”的精神依据。天帝、天神的谱系和人间圣王的谱系被捏合一起，周王朝成为三皇五帝赫赫功业的必然继续。中国神话历史化的进程也就从此开始。

与此同时，对天地鬼神、祖宗的信仰和祭祀，也被周人用来当

① 周人自称帝喾后裔，其先祖后稷为帝喾长妃姜嫄所生，而殷先祖契则为帝喾次妃简狄之子，于是在宗族谱系上争得了嫡长地位。

② 周人史诗《大雅·文王》《大雅·大明》中反复强调“天命靡常”“天难忱斯”，用意即在突出人为的“敬德”。

③ 郭沫若：《青铜时代》，新文艺出版社1952年版，第22页。

作巩固人间秩序的工具，他们借祭祀活动的礼仪，维系和强化人间的尊卑贵贱，等级名分。这就是所谓“神道设教”。“圣人以神道设教，而天下服矣。”（《周易·观卦》）这句话，透露了神话时代的原始宗教被改造为后世的人为宗教的绝大秘密。

“史官文化”的创立，为先秦哲学理性思潮的兴起，注入了强大的动力。春秋时，已经出现“民为神之主”的思想：“夫民，神之主也。是以圣王先成民，而后致力于神……民和而神降之福。”（《左传·桓公六年》）既然民意可以主宰神意，“圣人”的要务，就是处理好人事而“成于民”，协调人与人的关系而导致“民和”，这样就非但能赢得神助，抑且能支配天意。“神意”“天命”，统统成为经过人为努力所能指望和把握的东西。蒙在它们上面的神秘的迷雾被驱散，人的理性，已初露曙光。

在这一背景下，“中国哲学之父”老子，成就了“以‘道’杀神”的伟大历史功勋。他那个“先天地生”“可以为天地母”① 的“道”，无意志，无目的，超越有限时空，却为万物本原；他那个“道生一，一生二，二生三，三生万物”的宇宙生成模式，并没有给信仰留下什么地盘；尤其是他反复申言“道”能自运动，自发展，自变化，有原始的动力和创生万物的功能，这就从根本上否定了众神创世的神话，为人们凭着自己的心智去体悟“道”、把握“道”开辟了道路。这一冲击是致命的。从此，天神人鬼的神圣权威被扫地以尽，人们睁开了理智的眼睛，无须借助任何超自然的神秘力量，也能和自己所面临的现实世界打交道了。这既意味着理性的觉醒，也意味着神话业已消亡。

如果说，神话在周人官方式的“史官文化”中已开始人为宗教化和历史化，那么，在哲学理性思潮兴起之后，它又同时展开了哲理化的进程。

庄子酷好神话而不信神。“六合之外，圣人存而不论”（《庄子·齐物论》），他对鬼神世界本身并没有多少兴趣。但他在神游六合、穷究宇宙人生的底奥时，却随心所欲地驱遣着各式各样的神话意象，创造出隽永的哲理寓言。那个声名显赫的黄河之神（河伯），

---

① 《老子》二十五章。“可以为天地母”，诸本作“天下母”，马王堆汉墓帛书《道德经》甲乙本均作“天地母”，于义为胜，可据以校改。

惊服于北海之神（若）的博大渊深，一改自满自足的积习，以小学生的姿态向他谦恭问道，讨教起万物相对、时空相对的哲理来（《庄子·逍遥游》）；连至高无上的黄帝，也一再纡尊降贵，专诚拜谒广成子，“膝行而进”，低声下气向他请教“至道”（《庄子·在宥》）。在老庄哲学那莫测高深的最高范畴——“道”面前，一切神明的威严，都已显得黯然无光。

神话历史化、人为宗教化和哲理化的一个直接后果，是使神话的意象构成方式，图腾崇拜和巫术礼仪的动态意象构成方式，转而为世俗的人事服务，成为激发政治伦理情感和日常情感的手段。意象功能的转变，是艺术之所以成为艺术的关键。这个转变，我们从“乐”的产生过程可略知梗概。

乐，在先秦时代曾长时期被当作一切艺术的总称。史称周公“制礼作乐”，似乎作为礼仪规范和典章制度的“礼”，和包括诗歌舞在内、作为艺术总汇的“乐”，统统出自周公个人的制作。其实，周公的作用是被过分夸大了，礼乐自有其源起，它们各自成为相对独立的文化形式，经历了从祭祀活动分化而出的漫长过程。

古籍颇多礼乐同源的记载，它们最初合而未分，统一于上古神话时代普遍施行的祭祀活动。《礼记·礼运》称礼起于饮食：“夫礼之初，始诸饮食。其燔黍捭豚，污尊而抔饮，蒉桴而土鼓，犹若可以致其敬于鬼神。”这是初民极素朴、极粗陋的祭礼，但仍免不了要“蒉桴而土鼓”，即抟土为桴，筑土为鼓，有极原始的鼓乐与之配合。至于乐的起源，《周易》① 也有一说：“雷出地奋，豫。先王以作乐崇德，殷荐上帝，以配祖考。”作乐的目的，在颂神娱祖。乐本身，就为祭祀而设，始终是祭祀不可或缺的组成部分。在《周礼》中，我们还可见到礼乐合体的记载。如冬至日之蜡祭：“冬至日，于地上之圜丘奏之，若乐六变，天神皆降可得而礼矣。”所谓“六变”，即乐的六次“更奏”。六变之乐，可以威动天神地祇，及于天地万物——从飞禽走兽到蛤蟹之属——的精灵，奏乐即是祭礼，乐成即是礼毕，所以郑玄对六变之乐有注云：“此谓大蜡索鬼神而致百物，六奏乐而礼毕。”周袭殷礼，这个大蜡之祭的礼乐配

① 或《豫卦·象传》。

置格局，大约是颇为古老的。

可见，礼乐就其初始形态而论，本是统一的祭祀活动的两个重要组成部分。祭祀活动的统摄力量，来自神鬼的意象；活动的目的，在召唤神鬼降临，使人神两界在情感上完全沟通，到达“神人以和”的境界。而礼与乐，恰好是这个活动的内外两面：乐提供祭祀的情感激发，即内在动力；礼规定祭祀的操作程序，即外显行为。在那钟鼓喤喤、弦歌干扬的神圣气氛中，人们对神祖的崇拜和虔信之情，经由一定程序被唤起，被增强，极易进入悟对神明与神明同在的幻觉世界。后世儒家屡言“礼乐并举”“礼乐相须为用”，实有深远的历史文化依据。

礼与乐究竟如何从上古神话时代的祭祀活动中分化而出，其具体过程如何，如今已难索考。幸得中国古代贵族子弟的学校（太学）教育内容的沿革，为我们保留了一点线索。它表明，“乐”，在上古很可能曾作为祭祀活动的总称，“乐”曾统“礼”，直到殷周之际，两者才渐告分立。

上古的太学，是以“乐教”为本，以乐教统礼教的。《尚书·舜典》记舜任命夔去典乐：“夔！命汝典乐，教胄子。直而温，宽而栗，刚而无虐，简而无傲。诗言志，歌永言，声依永，律以和，八音克谐，无相夺伦，神人以和。”胄子之教即太学。宋人蔡沈注曰：“胄，长也。自天子至卿大夫之嫡子也。”在实行嫡长制的上古，胄子之教是关乎社稷命运的，所谓“典乐”即主持太学学政，而其教学内容，实不止于乐教。这一点，从《周礼》的记载中可得到进一步证实：

> 大司乐掌成均之法，以治建国之学政，而合国之子弟焉。凡有道者、有德者使教焉，死则以为乐祖，祭于瞽宗。以乐德教国子，中、和、祗、庸、孝、友；以乐语教国子，兴、道、讽、诵、言、语；以乐舞教国子，舞《云门》《大卷》《大咸》《大磬》《大夏》《大濩》《大武》。（《春官·大司乐》）

此处所言“成均之法”，极可注意。据郑玄注，“成均”兼主乐和太学两义：“均，调也。乐师主调其音，大司乐主受此成，事已调之乐。”又曰：“董仲舒云：成均，五帝之学；成均之法者，其遗礼可法者。”是以“成均之法”，既主乐，又主学。其教育对象为“国之子弟”，即公卿大夫之子弟；其教育内容为乐德、乐语、乐舞。可见周人的“成均之法”，仍是通过“乐”（包括道德、诗歌、舞蹈）进行伦理文化的综合教育。这种教育体制，乃五帝之“遗礼”，五帝为皇帝、颛顼、帝喾、尧、舜，尧以前湮不可考，舜的教制，则可从“命夔典乐”的记载中见其仿佛。

掌握“成均之法”的大司乐，地位极高。他死后便被奉为“乐祖”，在“瞽宗”受后人祭祀。“瞽宗”是什么地方呢？郑玄说：“瞽宗，乐师瞽矇之所宗也，古者有道德者使教焉，死则以为乐祖，于此祭之。”（《周礼·明堂位》注）瞽宗乃乐师们奉祀乐祖之地。但在殷代，太学亦名瞽宗。周人极重视承袭“三代”的文化传统，在周初曾大兴虞、夏、殷“三代之学”。据《周礼·明堂位》记载，有虞氏之学称“庠”，夏后氏之学称“序”，“瞽宗，殷学也”。周人命国子于庠、序“春诵、夏弦”，而于瞽宗则“秋学礼”，所谓“礼在瞽宗”（《周礼·文王世子》）。这些记载，正表明殷人仍以乐为教，而且以乐教统礼教，礼乐二者，实合而未分。

清人俞正燮在《癸巳存稿》中，对此有一总括性说明：

> 舜命教胄子，止属典乐。周成均之教，大司成、小司成、乐胥皆主乐，《周官》大司乐、乐师、大胥、小胥皆主学……通检三代以上书，乐之外无所谓学。

俞氏所论，足可征信。因为它不只有充分的典籍记载为依据，抑且符合礼乐同源的史实，符合礼乐初合而后分的发展逻辑。

弄清楚虞夏殷三代礼乐未分，太学以乐教统礼教的真相，也解开了文字学上一个难解之谜，即为什么殷墟甲骨及周初彝铭，都有“乐”字而未见“礼”字，为什么“乐”字较“礼”字早出。

经过西周以后人文思潮的洗礼，随着巫风的消歇和神话的历史化、人为宗教化、哲理化和世俗化，礼乐才逐渐分立为二。礼就由祭祀的操作秩序转化为伦理规范和典章制度，乐遂由祭祀的动力转化为激发世俗伦理情感的手段。儒家所特别宣扬的周公“制礼作乐”，可视为这一分立的标志。孔颖达《周礼正义》曾引《书传》云：“周公将制礼作乐，优游三年而不能作。”周公辅助成王，摄政六年，虽颁礼乐而暂不施行，却一直袭用殷礼，至成王即位，才始用周礼，结果“天下大服”。可见周公顺应礼乐分化的趋势，对礼乐曾做过谨严细致的规范化工作。自此之后，太学的教育内容也改为“六艺”（《周礼·地官·保氏》）：礼、乐、射、御、书、数，而以周礼居其首了。

如果说，礼乐未分之时，作为祭祀的礼仪，它们共同传达的是神话意象及其激起的宗教情感，那么，两者分化之后，审美意象的传达，以及审美情感激发的任务，便历史地落在“乐”的身上。“乐者，乐也，人情之所不能免也。”（《乐记·乐化》）除了在人为宗教的仪式中，宗教音乐还继续行使其沟通神意、激发信仰的使命之外，世俗的“乐”，已经充分人情化，成为取得审美满足的重要手段了。《乐记》一书，揭举“乐象”一语，阐明乐象有作为道德的象征（“乐者，德之华”）、自然物与社会人事的象征（“象事行”）的功能，并阐明乐象有自然形式（声）、美的形式（音）、社会伦理性内容（乐心）的自身结构，提出了儒家美学的审美意象论。[①]“乐象”范畴的提出，表明中国审美文化大体走完了从神话意象到审美意象，即从神话到艺术的历史行程。

古希腊以其特有的方式，完成从神话到艺术的演进。大概在前8世纪，希腊由“英雄时代”进入“文明时代”。希腊的两大诗人——赫俄西德和荷马，以其《神谱》和《伊利亚特》《奥德赛》，为后人记录了系统的神话。古希腊史学家希罗多德曾称许这两位诗人“替希腊人创造了神”[②]。其实，他们只是神话的记录者和整理者。赫俄西德主要记述旧神的故事，荷马则主要记述新神的故事，希腊神话由受埃及神话影响出现的动物神祇，到泰坦巨人族（旧神），再经以宙斯为中心奥林匹斯诸神（新神），直至超人的半神阿喀琉斯、阿伽门农等人，这一神话演变历程，由两大诗人的记述而清晰可见。

希腊神话由“动物神祇—旧神—新神—超人半神”的演变，越

① 汪裕雄：《传统美学的“意象中心”说》，《江淮论坛》1991年第2期。
② 黑格尔：《美学》（第二卷），朱光潜译，商务印书馆1982年版，第178页。

来越具有神人同形同性的特点。人文的内容所占比重越来越大。奥林匹斯诸神业已褪去神明的尊严而和凡人相近，他们像凡人一样有七情六欲。荷马史诗的真正主人公是人和超人，而不是站在他们背后的诸神。决定特洛亚战争命运的，主要不是神意与神力，而是人间的智慧、谋略和勇武。

“历史之父”希罗多德（前484—前425）在他的《历史》中，已将希腊史追溯到神话时代，开始将神话历史化。而比他更早的政治家、哲学家和诗人，也以自己的人文自觉意识在冲击着原始宗教信仰，动摇神界的权威。不过希腊神话的历史化和哲理化并不曾破坏原有的神话系统，而是在原有神话中，逐渐积累人文内容，一步步将神话人间化。比如那句举世周知“认识你自己”的哲学箴言，含有关注人事，应当自我反省，应当自知不足等涵义，曾被黑格尔称为“涉及精神的本质，涉及对艺术和一切真理的认识”[①]，是足以标志人类自我意识的觉醒的。这句话据维柯的判断，是古雅典的政治家和贤人梭伦（约前630—约前560）提出的[②]，但它却以阿波罗神谕的形式，被铭刻在德尔斐的阿波罗神庙。人间的意愿通过神谕来体现，这件事颇能说明，希腊神话本身就具有深广的人文主义内容。所以到了前6世纪以后，尽管哲学理性思潮在蓬勃兴起，“贤人”们纷纷在追寻万物的本源：泰勒斯归结为“水”；阿那克西美尼归结为“气”；毕达哥拉斯归结为“数”；色诺芬（前565—前473）提出“宇宙即是神”的论点，宣称神话并不可信，它无非是古人的虚构；赫拉克利特（约前530—前470）则将自然界的永恒规律归结为“逻各斯”（Logos），宣称“万物都根据这个‘逻各斯’而产生”，他和老子一样，同样成就了“以‘逻各斯’杀神”的伟大历史功绩[③]；到前481—前411年，普罗泰戈拉石破天惊地呼喊

---

① 黑格尔：《美学》（第二卷），朱光潜译，商务印书馆1982年版，第235页。

② 维柯：“梭伦被看成‘认识你自己’那句名言的作者。”维柯：《新科学》，朱光潜译，人民文学出版社1986年版，第186页。

③ “逻各斯”颇类老子的“道”，所以早年的中译者曾译此为“道”。其实，“逻各斯”与“道”除作为规律（必然性）、作为万物本原有共同之处外，尚多有不同。“‘逻各斯’=神=语词”，此义为“道”所无。而“道”本身是无，为名言所难把握（“道可道，非常道，名可名，非常名”），对“道”的体悟发展了非名言的“象”的符号系统，“逻各斯”则与语词统一，可以通过语词与概念的精确化加以把握，从而发展了逻辑符号系统。“逻各斯”与“道”涵义的差别，潜藏着后世东西方思维方式一重逻辑思考一重直观感悟的巨大歧异，尤其值得留意。篇幅所限，不具论。

出："人是万物的尺度，是存在的事物存在的尺度，也是不存在的事物不存在的尺度"，好像神话不再有生存的余地。然而在此之后，希腊艺术并未完全世俗化，而是以神话为武库，以诸神和半神为角色，演出了人间的活剧。那一尊尊体格魁伟、形容俊美的神的塑像，寄寓了人世间的审美理想，希腊"悲剧之父"埃斯库罗斯在他的《被缚的普罗米修斯》中，甚至借主人公之口喊出"我憎恨一切的神"，使希腊众神在剧里"悲剧式地受到一次致命伤"①。

希腊艺术的繁荣，没有在神话与艺术之间划下明显的界限。但以神话为题材的希腊艺术，已不同于神话时代的神话。艺术中的神已失去神的权威。在那些以英雄传说为题材的悲剧中，神意代表着命运，充当着悲剧主人公奋力抗争的对象。索福克勒斯的《俄狄浦斯王》，可举为代表。神话传统题材失去了原有的神性，而完全人化。人们不再对它信以为真。克罗齐说得对："对于相信神话的人来说，神话本身就是对现实界（它是与非现实界相对的）的揭示和认识——这个现实界把其他信仰当作虚幻加以排斥。只有当他不再相信神话，并把神话当作隐喻，把诸神的庄严世界当作一个美的世界，把上帝当作一个崇高的意象来使用时，神话才能变成艺术。"②希腊神话到希腊艺术的演进，为克罗齐这一论断，提供了有力的佐证。

东西方文化演进史都表明，从神话意象到艺术的审美意象，关键在原始信仰的消解。一旦信仰告退，不自觉的虚构让位于自觉的虚构，普通人和俗世的英雄取代神话的英雄——神与半神，以人类或氏族的集体命运为主转为以个体命运为主，意象便不再是激发宗教信仰与宗教情感的手段，而成为抒发主观情思、激发世俗情感意象的手段。于是，审美意象便在人类文化史上宣告诞生，成为美感历史发生的标志，成为艺术相对独立发展的开端。

（原载《安徽大学学报》〔哲学社会科学版〕1992年第2期）

---

① 《马克思恩格斯选集》（第一卷），人民出版社1972年版，第5页。

② 克罗齐：《美学原理 美学纲要》，朱光潜等译，人民文学出版社1983年版，第217页。

西方近代“审美意象”论述评

西方近代美学关于审美意象的论述，是围绕它的基本特征展开的。

审美意象的主要特征，就是它无关功利而普遍令人动情，无关概念而指向认识，这些特征主要是由康德在《判断力批判》一书阐明的。

这些特征与经验范围人人可以体味，并不难察觉。悲鸿之马不可骑，白石之虾不可食。但徐悲鸿的奔马，是那样令人精神骏爽，意气昂扬；齐白石的游虾，在不见水的水中游弋得那样自由自在，多么令人神往，这份感动，这种情怀，同骑着快马兜风，饱食一顿油爆虾所得到的快感，完全不能同日而语；观赏奔马和游虾之时，人们心目中只存着相应的意象，并没有归结为明确的概念性认识，可人们却又被引入某种意境，使人确乎觉得体悟了什么，认识了什么。

然而，要在理论上把这些特征确定下来，分析明白，那就大非易事了。这是美学史上长期研究的题目，也是众说纷纭的题目。

康德深受英国美学家夏夫兹博里的影响。[①] 夏氏并未提出“审美意象”的概念，但他的思想，却启导了康德。

夏夫兹博里以为，人的审美活动所观照的对象是“人心赋予的形式”，是心灵的“造型”。它能使人发现其中的美而动情。这种动情状态是无关功利的，这一点，正是人类本性的标志。他说道，水草丰茂、鲜花遍野的草原，人人都以为美，都会感到由衷的喜悦。草原也吸引着牧群，能使山羊、幼鹿欢天喜地。但动物的欢乐并非自然景色的美所激起，“它们所喜欢的并不是形式，而是形式后面

① 宗白华：《康德美学思想评述》，《美学散步》，上海人民出版社 1981 版，第 213 页。

的东西”，即草原为之提供的美味可口的食物。而人却能对草原的形式做“观照、评判和考察”，因发现其中的美而动情。“人心赋予的形式”，虽然还不等于“审美意象”，但它对人的非功利关系，夏氏还是说得很明确的。

那么，这种经过人心重新组构的形式，为什么能普遍引起审美的愉悦？夏氏把它归之于人的本性，归之于人所特有的天生的、心灵性的“内在感官”。他强调：“眼睛一看到形状，耳朵一听到声音，就立刻认识到美、秀雅与和谐。”“内在感官”有从感知直接判断美丑的能力。这就涉及，审美判断无需经过逻辑认识的特点。至于“内在感官”究竟是怎么回事？凭“内在感官”如何判断美丑，夏氏是存而不论的。尽管如此，他最早明确地指明审美判断的特殊性，就为将艺术与审美辟为特定的精神领域提供了理论支点。正是在这个意义上，卡西尔才称许他“第一个创立了内容丰富而真正独立的美学”①。

夏夫兹博里提出的问题，引起后世美学家多种多样的哲学沉思与心理学探讨，而康德围绕审美意象所进行的哲学沉思尤其值得重视。

康德将审美意象又称作“合目的性的审美意象”，其特点是“表象直接和愉快及不愉快结合着”②。两者的“直接结合”，是审美意象引起无功利的普遍愉悦的根本原因。

照康德，审美中表象③与情感之所以能“直接结合”在一起，是因为审美表象先天具有一种“主观的合目的性”。即是说，这类表象完全与主观的心理机能符合，因而人一见到它，就立刻引起想象力与知解力自由和谐的运动，正是这个运动，使人感觉愉快。这是精神上、心理上的满足感，全然有别于由于一己欲望得到满足而产生的生理快感。生理上的快感是偏私的，只对个人而言的，而审美的愉悦则是普遍的，可获得人人赞同的。因此，康德断言：“对

---

① 转引自朱狄：《西方当代美学》，人民出版社1984年版，第280页。

② 《判断力批判·导论》第7节，宗白华将审美表象译为美学表象。

③ 在康德那里，审美表象（美学表象）和审美意象有若干区别，前者属于纯粹美（如图案之美，自然美），后者属于依存美（艺术美）。审美意象经艺术家再创造，代表艺术家审美理想，因而康德用的是“Idee”这个字。但这两者都能激起想象力与知解力的和谐活动，都具有主观合目的性，因而两者并无根本性质的区别。这就是我们将两者看成同等概念的原因。

美的欣赏的愉快是唯一无利害关系和自由的愉快。"

审美意象的无关概念性，关键也在表象与愉快不愉快的"直接结合"中。照康德审美意象来自于对象的"单纯反思"，它直接和主体的快感不快感结合着，中间不容横插概念性的逻辑判断："如果人只依概念来判断对象，那么美的一切表象都消失了。"人们只能凭自己的情感态度来评判一个对象的美与不美，你不能用逻辑法则来强迫别人承认某一事物为美，也不能用概念性的理由、原则来说服别人改变他自己的判断。审美判断任何时候都是个人的单称判断（康德举例说：见到一朵郁金香，你判断它是美的，这是审美判断；判断"一切郁金香都是美的"，那就已经是逻辑判断了），而且，这是一种自由的情感判断，它不凭信概念，也不归结为概念。

这里自然会产生一个问题：康德不是说审美的愉悦来自想象力与知解力的和谐运动吗？知解力既已参与其中，审美活动怎能摆脱同概念的牵连呢？康德的文章恰恰作在这里。他认为，想象力是自由的，它始终不离开表象，而且不断推动表象向前运动。当想象的自由运动暗合一定规律时，它就唤醒知解力，并由知解力不着痕迹地（即非概念地）把想象力纳入合规则的运动之中，这时，表象所传达的，就不是概念，而是情感。就是说，知解力在审美中只在暗中规范着、指引着想象力的活动，而不用概念来取代表象。正因为有知解力的暗中规范和指引，所以当表象经由想象力的推动而在运动中不断重组、变形而成为审美意象时，这一审美意象便能"使人想起许多思想，然而，又没有任何明确的思想或概念，与之完全相适应"①。就是说，审美意象有关概念而又指向认识，指向多义的、不确定的认识。

康德对审美意象这些方面特征分析的深刻之处，在于他进一步论证了审美判断的普遍有效性，进而找到审美意象产生的根源。审美判断既是情感判断，按理就不能像逻辑判断一样普遍有效。但康德却指出：因为审美意象先天地具有主观合目的性，能引起所有人的想象力和知解力的和谐活动，所以它能引起人普遍动情；同时，因为人人都具有一种先天的"共同感觉力"，所以人们在审美时得

① 康德：《判断力批判》（上卷），宗白华译，商务印书馆2009年版，第47页。

到愉悦的那种心意状态，也是普遍可传达的，必然能引起他人共鸣。这样，审美判断也就具有类似逻辑判断那样的普遍有效性，尽管它不取概念的形式，也无须遵循固有逻辑程序去做判断和推理。

那么，这种先天的“共同感觉力”和美感心意状态的“普遍可传达性”，又是从何而来呢？说到这里，康德笔下生花，似乎突然脱出他先验唯心哲学的常轨，把目光投到美感的社会性上来。这段闪着康德宝贵思想火花的言论，值得尽可能完整地摘引出来：

> 从经验角度来说，美只有在社会中才能引起兴趣。如果我们承认向社会的冲动是人类的自然倾向，承认适合社会和向往社会的要求，即适应社会性，对于人（作为指定在社会中生存的动物）是一种必需，也就是人性的特质，我们也就不可避免地要把审美趣味（按：“审美趣味”即“审美鉴赏力”——引者）看作用来审辨凡是便于我们借以互相传达情感的东西的判断力，因而也就是把它看作实现每个人自然倾向所要求的东西所必用的一种媒介。
>
> 如果一个人被抛弃在一个孤岛上，他就不会专为自己而去装饰他的小茅屋或是他自己，不会去寻花，更不会去栽花，用来装饰自己。只有在社会里，人才想到不仅要做一个人，而且要做一个按照人的标准来说是优秀的人（这就是文化的开始），要被看作优秀的人，他就须有把自己的快感传达给旁人的愿望和本领，他就不会满足于一个对象，除非他能把从那对象所得到的快乐拿出来和旁人共享。同时，每个人都要求每个旁人重视这种普遍传达——这仿佛是根据人性本身所制定的一种原始公约。①

这段论述，诚如朱光潜先生所言，包含着康德思想中“有希望的萌芽”。因为一旦肯定审美意象引起的愉悦可由社会分享，肯定审美意象（即上引所述“我们借以互相传达情感的东西”）是社会的人相互交流的“媒介”，那么审美意象和情感的关系问题，就不

① 康德：《判断力批判》，转引自朱光潜：《西方美学史》（下卷），人民文学出版社 1979 年版，第 363—364 页。

再只是单纯的个人心智活动的问题，也不该再纳入先验的各种范畴做神秘论的解释，而必须突破康德的先验哲学，做重新思考。比如，审美愉悦是社会的人的“一种必需”，是“人性的特质”，那么，这种需求是怎样形成的？人的本性为何有这种“特质”？又比如，审美意象既是交流情感的媒介，那人类又为什么选用它做媒介？它作为媒介在情感交流中又是如何发挥作用的？诸如此类的问题，都可以归结为一点：决定着美感“普遍可传达性”的那种“原始公约”，在历史上是怎样发生的？康德提出的问题，看来只有从康德哲学之外才能得到合理解答。

《判断力批判》问世后的两百年中，不少西方学者都试图从审美意象的角度探讨美感的奥秘，他们的理论建树大都受惠于康德。

这里首先得提到克罗齐。因为他第一个用明确的语言，将康德所提出的问题归结为形式与情感的关系问题，而这，恰恰是历来美感探讨的难点所在，焦点所在。

克罗齐明确规定：在审美中，形式乃是情感的表现。这个形式不是别的，就是审美意象。据他看，人的感觉只是被动的感受，它所得来的大量感受、印象、感触，是杂乱无章的，是所谓“无形式的物质”。只有高于感觉的直觉能力，才能将它们改造成意象，给“无形式的物质”赋予形式。这一赋形的过程体现出人的心灵的主动创造，而这一主动创造过程又抒发人内心的情感。因而，直觉是“抒情的直觉”，直觉即情感的表现。审美意象诞生的过程也和情感抒发过程合二为一了。但意象和情感如何交织为一体？如我在“引言”说过的，克罗齐只归结为“先验的综合”就算完事大吉。克罗齐的美学和他的全部哲学一样，用心灵活动成果来顶替物质世界的客观存在，甚至认为艺术的物质传达过程可有可无，这是一个致命的弱点。

克罗齐的同道，英国美学家鲍山葵试图发挥而又补救克罗齐美学。他把“情感与对象的交融”，作为考察的中心课题，提出了“审美表象的基本学说”①。

鲍山葵把审美表象认作审美态度的对象。它以感知为起点，再

① 参阅劳承万：《审美中介论》，上海文艺出版社1986年版，第168—170页。

由想象以自己非逻辑的自由活动（“心灵在追求一连串的意象或者观念”[①]）将感知得来的经验组合成一个完整的世界——“想象的世界”。在这个“世界”里，日常的情感被改造为具有稳定性、秩序、和谐、意义的东西，它“附着”于表象，从表象取得自己的形式，从而具有了审美的价值。这就是作为审美态度的对象的表象。用鲍山葵自己的话来说，便是：

> 所谓对象，是指通过感受（Perception，似应译为感知——引者）或想象而呈现在我们面前的表象。凡是不能呈现为表象的东西，对审美态度说来是无用的。[②]

把审美意象看作情感与表象的结合，看作情感的表观，看作整个审美经验中贯穿始终的东西，这应该说是鲍山葵和克罗齐的共识，他们别无二致。但在回答情感与表象究竟如何结合的问题上，却暴露了两人的理论分歧，有的还是根本性分歧。

首先，鲍山葵不像克罗齐那样贬斥感知经验。他确认感知经验可以为审美表象提供“素材”，因而具有一定审美价值。他比较了味觉、嗅觉、触觉和视听二觉，认为它们在审美价值方面是一个逐级升高的序列。他明确地规定感知经验是审美表象的起点，在审美表象的形成上，将感知与想象并提，这就为后来美感衍化中审美知觉论的兴起，预设了潜在可能性。

其次，鲍山葵重视想象，把它视为美感心理的主要功能，视为审美表象形成的主要途径。审美想象不遵循逻辑的线索，它是自由的；审美想象“不从属于真正事实和真理的体系”，而以情感的满足为依归，因而，想象过程不能把它所追求的意象或者观念拿来跟事实的全部体系相对照，否则想象就会中止；审美想象过程的情感表现也不能从属于知识，否则就意味着“放弃审美表象的原则”。然而，鲍山葵并不抹杀审美想象和逻辑认识联系的一面。他认为，想象的结果虽不是逻辑理论，但可以影响人的认识；逻辑理论虽不支配想象中情感的表现，但也可以影响情感的表现，比如“自然的

① 鲍山葵：《美学三讲》，周煦良译，人民文学出版社1965年版，第14页。
② 鲍山葵：《美学三讲》，周煦良译，人民文学出版社1965年版，第6页。

再现以及摹仿和理想化都可因我们对自然有不同的看法而相差很远”。因此，他认为：“审美想象和逻辑理论是协作的力量。”尽管它们谁也代替不了谁。[①] 这些看法，显然在发挥康德关于“想象力与知解力和谐运动”的思想，但已经洗去康德先验哲学的朦胧性和神秘性。克罗齐的“直觉”说中的直觉力也包含着想象，但他从未认真地分析过想象，而是用“审美的先验的综合”这样的囫囵话，把想象轻轻打发过去了。因此，在想象问题上，鲍山葵比克罗齐更接近于康德，也更接近于黑格尔[②]，虽说他们都被称作新黑格尔主义者。

再次，鲍山葵对审美情感的性质做过很好的分析，尤其重视它的社会共同性。他认为，审美情感是稳定的，它不易餍足，这使它区别于生理快感，例如吃喝的快感；审美情感是一种关涉的情感，它总是附着于某一对象，而且跟对象的一切细节相关联；同时，审美情感又是一种共同的情感：“你可以告诉别人分享这种情感，而它的价值并不因有别人分享而有所减少……一切值得称为文化的东西，其目的就是使人能够喜欢得对头，讨厌得对头。”[③] 审美情感的三种性质，都隐藏在同一个对象——审美表象之中。可以推知审美表象自身，同样具有相应的性质；即它与生理快感相区别的非关功利性，与一切细节关联的具体性生动性，以及社会分享性。正因为如此，鲍山葵把审美表象看成人的文化修养的标尺：“人类除非学会重表象，轻实在，在审美上就不是有文化修养的人。”[④] 这里，我们不但看到了康德思想的闪光，而且听到了席勒思想的回响。[⑤]

由于鲍山葵尊重感性经验，确认审美感知是美感表象的起点，所以，尽管他把审美表象规定为审美对象，但还不得不承认，在这个审美对象之前，感知还另有一个对象，即实在事实世界，而它，正是一切美感经验的最初来源。承认这一点，就得承认审美不只是心灵的创造，它还必须依赖这个实在的现实界。这样，他就不得不

① 鲍山葵：《美学三讲》，周煦良译，人民文学出版社 1965 年版，第 28 页。

② 黑格尔十分重视想象的创造功能，把它称为“最杰出的艺术本领”。

③ 鲍山葵：《美学三讲》，周煦良译，人民文学出版社 1965 年版，第 3 页。

④ 鲍山葵：《美学三讲》，周煦良译，人民文学出版社 1965 年版，第 5 页。

⑤ 席勒说：“对实在的冷漠和对外观的兴趣是人性的真正扩大和达到教养的决定性步骤。”引自席勒：《美育书简》，徐恒醇译，中国文联出版公司 1984 年版，第 133 页。

“很遗憾地和克罗齐分手了”，因为他已经抛弃克罗齐那个“美是为心灵而设，而且是在心灵之内”的美学信条[①]。

既然如此，鲍山葵就得打破克罗齐那个有名的等式：“直觉=（情感的）表现=艺术”。艺术不等于直觉，艺术只有将审美的意象或表象传达出去，其中表现的情感才可以由社会分享，与他人交流；艺术家不能一味在内心对审美意象摩挲把玩，而应当和真实存在的物质材料打交道，“征服不同媒介”，使艺术以其物质性的存在令自然本身感到羞愧。[②] 鲍山葵完全推倒了克罗齐否定艺术传达的观点。

艺术的传达既不可免，艺术美就理应包含艺术家征服材料时所达到的技巧美。这样，对艺术作品的分类，就不但可能而且是完全必要的了。克罗齐曾激烈主张过的、否定一切艺术分类的尝试的看法，也遭到了抛弃。

整个说来，鲍山葵对审美表象的种种论述，较之克罗齐，更切近美感经验本身，更切近审美的心理事实。他把康德的审美意象论从先验哲学的框架中解救出来，显然有利于这一学说在后世继续发挥影响。

20 世纪前半叶，人们仍在从事“情感与形式”关系的探讨，关注着审美意象问题。课题基本没变，答案却大大延展了、深入了。

帕克的理论具有明显的心理学化倾向。他把“艺术即情感的表现”作为自己的出发点，着重回答了为什么表现，如何表现的问题。

帕克认为，美感经验与日常经验并无根本区别，它们都起于欲望的驱动和欲望的满足，只是两者满足的方式各异：日常经验中，欲望通过现实活动，通过与物质环境或社会环境的交互作用得以满足；审美经验则通过想象，在当下即得的经验中便可得到满足。“欲望在想象中的满足”，是审美价值的根源所在，所以审美价值也可以看成“实用价值转入想象产生的结果”，他曾举出只看不买的“橱窗观望”，作为实用转入想象而得到满足的最佳例证。

因为审美是欲望的特殊满足方式，而欲望总是带着感情冲动的

① 鲍山葵：《美学三讲》，周煦良译，人民文学出版社 1965 年版，第 34 页。
② 鲍山葵：《美学三讲》，周煦良译，人民文学出版社 1965 年版，第 26 页。

追求，所以“感情在审美经验中具有头等重要性”[①]。在帕克看来，欲望在想象中的满足，同情感在想象中的展开，并通过想象而得到的表现，是一回事。

帕克是在广义上使用“想象”这一心理学术语的：“所谓想象，我是指既有经验之全部领域，包括感觉、意义及心象（Image，即“意象”——引者），它虽受欲望的制约，但是脱离行动与实在依旧可以设想。”围绕着想象，帕克指出审美经验的四个要素，感知、情感、观念、意象。感知是进入审美经验的门户；情感作为动力因素，“移入”弥漫于感知、观念、意象之中，推动它们相互交织与渗透；而意象，作为感知成果，“处处都是情感和观念之间的中介”[②]。

对审美情感，帕克有两项分析：一是它经由想象得以表现，就摆脱了实际功利，既不同于情绪的直接发泄，也不立即转化为现实行动；二是它具有“普遍可传达性”，可由他人分享，因而艺术传达必不可少，而且得讲述艺术的形式。

帕克对观念的解说，也有其独到之处。他坚持审美经验包含着观念意义，但这种意义，并不是单一的概念的替代物，而是包含多重概念，多层意义，因为它移入了感性意象，带有情感与情调，已经成为一种“艺术符号”这一解说，也颇具有启发性。

整个说来，帕克对审美经验的研究，不以理论分析见长，而以心理想象描述取胜。比如他对“欲望”这个在他理论中至关重要的术语，就很少有什么分析，而只是把生理欲望，求知欲望，行动欲望，直至“一切欲望中最深刻的欲望——对内在和谐或自由的渴望”，笼而统之囊括在一起，使之成为无所不包的东西；他对审美经验的四个要素，分别有所描述，也确定了各自在整个经验中的地位，但它们相互关系究竟如何，如何相互作用？各因素如何与欲望联系在一起？帕克也缺少理论上的整合。

然而，我们不能因此把帕克的美学看成“杂凑的一锅”。如果放在自康德以来审美经验研究的历史进程中看，帕克的美学，至少有两个重大进展值得注意：

第一，帕克关于“欲望在想象中的满足”的命题，将情感归结

① 帕克：《美学原理》，张今译，商务印书馆1965年版，第59页。

② 帕克：《美学原理》，张今译，商务印书馆1965年版，第68页。

为欲望，表明他对审美心理动力问题的关注，使“情感表现”说深入了一步。这一点，诚然受到弗洛伊德主义的影响。但他在20世纪20年代，正当精神分析学说盛行欧美之时，就能吸收其合理方面（重视心理“内驱力”），抛弃其消极因素（泛性论），将欲望做宽泛的理解，尽管还有失于笼统、含混，毕竟不能不说是有识之举。

第二，帕克对审美经验的因素的描述和解说，也比前人细致。他大体上将审美能力落实到心理学层面，肯定审美经验是多种心理因素的综合体，即或缺少整合，也还提出了富于启发性的新见，诸如“意象作为情感与观念之间的中介”，审美的观念意义具有多层次性（至少可做表层、深层之分）等。

科林伍德作为克罗齐的追随者，同样重视情感表现，但他强调这是通过有意识的想象性活动而得到的表现。日常的粗糙的生理性情感经由想象，变成了“理想化的情感”，即审美情感。审美情感又不是直接发露的，它在想象中和感觉材料、思维熔为一炉，成为受意识统辖的“想象性经验”。很明显，科林伍德所说的“想象性经验”，即是克罗齐所指的“审美意象”，或鲍山葵所指的“审美表象”。

科林伍德在方法上坚持哲学探讨而反对所谓“心理主义”，但在哲学美学上，他比之克罗齐，并没有增添多少新东西①，在心理描述方面，也不及帕克细腻。他的贡献是在艺术社会学方面，即把艺术视为一种“对话”，把艺术活动视为“处于与整个社会的合作关系之中”的活动：在作家之间是相互借鉴与吸取；在作家与表演家之间，是后者对前者提供的文本做演绎与补充；在作者与读者大众之间，是既要求作者充当大众的代言人，而又允许大众在欣赏时进行“重建”：

> 作为理解者的观众，他们力图立在自己的头脑里准确地重建艺术家的想象性经验，他们从事无穷无尽的探术，他们只能部分地完成这种重建工作。②

---

① 他几乎完全承续克罗齐美学的主要缺点，如否定传达的必要、否定技巧的价值、否定艺术分类等。

② 科林伍德：《艺术原理》，王至元、陈华中译，中国社会科学出版社1985年版，第318页。

于是，艺术家的“想象性经验”，就具有两重性：它既是艺术家的自我诉说，自我认识和自我创造，也是同别人对话时所使用的“语言”，一种对话双方“共同使用”的“语言”①。这个想法确实不错，很能给人启发。可是，由于科林伍德否定传达，抹杀艺术物质媒介的重要性，他所说的“想象性经验”是各自发生在艺术家和大众自己头脑里的东西，准确地说是存在于想象之中的东西。这样的“语言”，既没有物质载体，不能客观化，又没有符号规范，没有符号功能，试问凭借这样模糊混乱的内心经验，如何去相互对话?！科林伍德大受克罗齐美学的拘限，使他关于艺术社会学的若干合理见解，在价值上不能不大打折扣了。

苏珊·朗格将审美意象纳入乃师卡西尔的“人类文化哲学”体系之中，把它当作“情感符号”来深入考察，为审美意象论打开了新的理论视野。

卡西尔的“人类文化哲学”同时是一种“符号形式哲学”。其意义为：人的本性即人的文化本性。人之为人，人之区别于任何动物的本质特点所在，正是人能发明、使用各种形式的文化符号——语言、神话、艺术、科学等，进行创造活动，从而为自己建立一个“文化的世界”。因此，卡西尔把人定义为“符号的动物”，而各种形式的文化符号如何被发明、被使用，便成为他哲学探讨的中心课题。

苏珊·朗格在《情感与形式》《艺术问题》两书中，鞭辟入里地剖析了审美意象问题。其看法，集中到一点，可以表述为：

> 艺术作品作为一个整体来说，就是情感的意象。对于这种意象，我们可以称之为艺术符号。②

照朗格看来，审美意象起于由感知得来的表象，表象诉之于想象，经过再造，成为“浸透着情感的表象”，是谓意象。意象本身已从现实对象身上抽象出来，而把情感纳入一种规范过的又可以直

① 科林伍德：《艺术原理》，王至元、陈华中译，中国社会科学出版社1985年版，第298、323页。

② 苏珊·朗格：《艺术问题》，滕守尧、朱疆源译，中国社会科学出版社1983年版，第129页。

接感知的形式，因而已不是对感性印象的简单复制，而可以用来指称某一情感，具有情感符号的性质。正是这种性质，决定着艺术的本质与功能。

在审美意象中，情感是形式化了的情感，形式是情感自身的形式。两者化合为一，无可分割。

情感和形式是如何结合为意象的呢？

首先，朗格所说的，是“广义的情感”①，“亦即任何可以被感受到的东西——从一般的肌肉觉、疼痛觉、舒适觉、躁动觉和平静觉到那些最复杂的情绪和思想紧张程度，还包括人类意识中那些稳定的情调。”② 这些感性的东西，在日常生活中处于混沌、杂乱、模糊的状态，它们植根于人的生命活动，处于人的内心世界，却常不为人所察知。而一旦它们在想象中依附于一定表象，取得某种形式规范，就变成有序的东西，变成可由他人直接感知的东西。因此，朗格将意象看作“主观生活的对象化”，是“生命活动的投影”③。

其次，结合进表象的情感不是一己的私人情感，也不是私人情感的简单发泄，而是一种普遍的人类情感，即“情感概念”。它既不同于个人的情感发泄，也不是纯粹的“自我表现”（“纯粹的自我表现不需要艺术形式”），而是将一种足以引起他人共鸣共感的情感活动的结构模式，以形象化的方式呈现或显现出来。

第三，意象作为表现情感的形式，既是直接可感的，又带有幻象性质。因为意象作为“纯粹的表象”，已经从实用目的中解放出来，从现实对象身上抽离出来，它已和实际生活相分离，所以意象已是“幻象”。艺术家出于表现情感的需要，按照一定艺术规范（如特定艺术体裁的特定形式要求），经由想象将意象自由地加以“扭曲、修饰和组接”，成为虚幻的空间意象（造型艺术）、虚幻的时间意象（音乐）、虚幻的力的意象（舞蹈），以及诗的幻象（文学）等，成为所谓“艺术的基本幻象”。这些“基本幻象”以特定的物质载体传达出来，就是艺术品。因而，“一件艺术品，往往是

① 英语情感（feeling）一词，本有感受、感触、知觉、情感、情绪、敏感等多种含义，朗格使用这一语词，几乎涵盖了所有这些定义。

② 苏珊·朗格：《艺术问题》，滕守尧、朱疆源译，中国社会科学出版社 1983 年版，第 14 页。

③ 苏珊·朗格：《艺术问题》，滕守尧、朱疆源译，中国社会科学出版社 1983 年版，第 9、43 页。

一个基本符号”——情感的符号①。

作为情感符号的艺术品，又是如何实现它的符号功能的呢？

苏珊·朗格特别强调艺术符号的单一性和完整性。她说艺术作品是“基本幻象”“基本符号”，醒目地标出“基本”，正是强调它是单一的，不可分割的。每一件成功的艺术品“都像一个高级的生命体”，一经分割，就丧失了它的生命。艺术的符号功能正是通过它完整的有机生命体实现的。

审美意象来自生活表象。生活中的感受所得和情感体验是滋养艺术家想象力的养料，“想象必须靠世界——以新鲜的观察、听闻、行为和事件——来哺育，艺术家对于人类情感的兴趣必须由实际生活和实际感情而引起”②。由于人情感引发出普遍情感，将生活表象经“彻头彻尾的改造”成为情感形式，全靠创造性想象中的洞察和了悟——直觉。艺术家在丰厚的生活经验中，发现情感与形式结构（从重大事件到生活细节的形式结构）的对应关系，然后“追踪、体验和表现”他所欲表现的情感，把它用物质材料恰到好处地传达出来，展现为鲜明、可感的符号形式，这就是艺术品。艺术品作为人工创制的新的情感符号，这样就产生出来。

对艺术品的欣赏，即对情感符号的读解，同样是经由直觉实现的。呈现在欣赏者面前的艺术品（或表演）就是一个暗喻系统，其中的一切感性成分（色彩、声音、动作、语词等）都是符号化了的。“由这些感性成分组成的整个现象体（按：此指“基本幻象”——引者）就是一种扩大了的情感暗喻。”③ 读解这个暗喻的情感涵义，靠欣赏者的“反应能力”——与创造性想象相对应的另一种直觉能力。欣赏者在艺术品中所体验的，主要不是“作品中所包括的感情”，而是“观众自己的情感，是观众艺术活动所产生的心理效果”，即“审美情感”④。

艺术作为情感符号的社会功能，正体现于这种“审美情感”之中：作为认识手段，它赋予人生经验以形式，帮助你认识自己，认

① 苏珊·朗格：《情感与形式》，刘大基等译，中国社会科学出版社1983年版，第427页。
② 苏珊·朗格：《情感与形式》，刘大基等译，中国社会科学出版社1983年版，第294页。
③ 苏珊·朗格：《情感与形式》，刘大基等译，中国社会科学出版社1983年版，第171页。
④ 苏珊·朗格：《情感与形式》，刘大基等译，中国社会科学出版社1983年版，第458页。

识人生，认识世界；作为教育手段，它赋予新的情感的形式，培育新的情感，新的人格；作为交流手段，它“使一个时代或一个民族与别的时代和民族的人们得以沟通”①。可见，艺术虽是一种表象符号，非推理符号，但它和语言这种概念符号、推理符号一样，具有伟大的认识功能与交流功能。苏珊·朗格发挥卡西尔的符号形式或哲学，将艺术这种非推理符号与作为推理符号的语言，特别是科学语言（又称“纯逻辑符号”）做了周详的对比分析，将艺术特征、艺术本质的探讨，大大推进了一步，这是一大功绩。她曾预言，自己的艺术哲学可能成为“无限继续下去的某一理论的开端”②，也许不算过于自信，因为她无愧为百科全书式的学者——卡西尔的得意门生。

当然，苏珊·朗格也承袭了卡西尔思想上的弱点。作为新康德主义的卡西尔，否定世界的客观存在，认为我们所面对的世界，只是由各种文化符号所组成的文化的世界；而各式各样的文化符号，又并非历史发展所形成的文化创造，而是“先验的构造”。在这些根本问题上，卡西尔的哲学具有唯心主义性质。由此而来，这也导致卡西尔的另一个缺陷，即将“文化”单单归结为精神文化——语言、科学、艺术、宗教，而将人类创造的另一种文化——物质文化，全然排除在理论视野之外。实际上，精神文化无非是物质文化的投影。人类的物质感性的实践活动直接产生的物质文化成果，正是精神文化，包括构成精神文化的各种符号系统所由产生的广阔背景和深厚根源。只有紧紧抓住社会历史实践这一基本线索，一切文化符号，包括艺术符号的发生发展，才可能得到较为合理的解释；而人的本性，才可能作为现实的社会的人的本质，得到较为合理的揭示。

从上述西方美学审美意象论的初步回顾中可以见出，人们从审美意象这个视点出发，将探询的视线，引到了多么宽广的领域。肇始于康德的有关审美意象基本特征（非关功利和非概念性）的认

① 苏珊·朗格：《情感与形式》，刘大基等译，中国社会科学出版社 1983 年版，第 476 页。苏珊·朗格强调艺术交流不是艺术家与观众之间的一对一的、立竿见影的交流，而是时代与民族之间的交流，这和他强调艺术表现情感具有全人类普遍性的观点是一致的。在这个问题上，她忽视了后者要通过前者来实现，显然是有片面性的。

② 苏珊·朗格：《情感与形式》，刘大基等译，中国社会科学出版社 1983 年版，第 7 页。

识，已经大为扩展，空前深化了。这几乎涉及审美经验的全部领域。审美意象的探讨，变成了审美经验的探讨。审美意象在全部审美经验中举足轻重的中心地位，可以说是不言而自明的。

（原载《河北大学学报》〔哲学社会科学版〕1991 年第 3 期）

“道”与“逻各斯”再比较

——论中西文化符号的不同取向

“道”与“逻各斯”这对中西哲学的最高范畴，历来互译互释。学界就此做比较分析时，多见其同而鲜见其异。本篇论文从两范畴的历史比较中，确定了它们在符号取向上的原则区别，进而论述了中西思维方式的巨大差异。

我不久前曾就同一论题发表过粗浅意见①，限于篇幅，意犹未尽，愿藉本文再予申论。

老子的“道”和赫拉克利特的“逻各斯”，不但是中国和希腊在古代哲学上的最高范畴，相当程度上，还可看作东西文化的两面旗帜。西方文化的精髓，赖“逻各斯”一语而薪火相传；中国文化的精神命脉，则借“道”一语代代相续。世界各文明古国的文化创造，几经衍变，成为东西文化两大系列，其成果，却几乎可浓缩于“道”与“逻各斯”之中。

老子和赫氏两人大体同代，又均处多事之秋。② 他们邈隔山河，却差不多同时最早提出哲学的最高范畴，共同标志着人类自我意识的觉醒和哲学的初兴。东西两哲人竟有如此共同之处，实令人惊讶不已。

“道”与“逻各斯”首要的历史功绩是“杀神”，即帮助人类走出原始宗教的神学蒙昧。关于老子道论击破原始神学迷梦的启蒙意义，学界论列已详，而“逻各斯”的“杀神”功绩，问题有其特殊一面，需要略加阐述。

“道”与“逻各斯”都是作为哲学本体论范畴提出的。如同

---

① 汪裕雄：《意象与中国文化》，《中国社会科学》1993 年第 5 期。

② 赫拉克利特鼎盛年（40 岁）正当 69 届奥林匹克赛会。其时，希腊与波斯之间战云密布，希腊正处于决定生死存亡的波希战争前夕。

“道”在中国曾引来世代蜂起的诠释那样，“逻各斯”在西方也笺注纷纷，歧义丛出。就在这种不间断的阐释过程中，它们的基本涵义得到发挥、充实与提升。这两个范畴，都产生在原始文化到古代文明大转换的关节点上。它们以其素朴的原始性，一头联结着原始时代，一头联结着文明时代，更以其深广的蕴涵，为后世的哲学本体论提供了坚强的支点，成为人类永不衰竭的哲学智慧之源。

据赫氏的《著作残篇》[①]，“逻各斯”非但涵义近于老子之“道”，而且提出的意向也极其相似。

首先，“逻各斯”是针对神明创世论而发的，是赫氏借以“杀神”的利器。他宣称：“这个世界对一切存在物都是同一的，它不是任何神所创造的，也不是任何人所创造的。”他有保留地承认“神”的存在，“命运”的存在，却将它们视作“逻各斯”的同义语：“〔神就是〕永恒的流转着的火，命运就是那循着相反的途程创生万物的‘逻各斯’”，毅然将创生万物的权能从神的手中夺归“逻各斯”名下。如果我们充分体认哲学初兴的历史条件，对新思想带着它所脱胎的旧说痕迹能有同情的谅解，那就不难承认：尽管赫氏的无神论色彩不如老子鲜明，但毕竟成就了“以‘逻各斯’杀神”的历史功勋。

其次，“逻各斯”的提出，表明赫氏力图超越物质现象世界而寻求对其终极存在的哲学解答。他虽然说过这个世界“过去、现在和未来永远是一团永恒的活火”，但并不意味着他把火就看作世界万物的始基。因为他肯定，“逻各斯”是一种“尺度”（又译“分寸”），而“永恒的活火”是“在一定分寸上燃烧，一定分寸上熄灭”，循着周而复始的圆圈不断回复到自己，而这一周行不息的流转，完全是遵照“逻各斯”在运行。“逻各斯”高于“火”、支配着“火”，它是一种比喻和象征，而非构成世界的物质性始基。有如《老子》书中的“水”，它喻道而非道，只是“几于道”（《老子》八章）；赫氏的“火”也同样是“逻各斯”的喻象，它指向“逻各斯”，而非“逻各斯”本身。

第三，“逻各斯”作为宇宙万物生成、运动、发展的普遍力量，

---

① 北京大学哲学系外国哲学史教研室编译：《古希腊罗马哲学》，生活·读书·新知三联书店1957年版，第14—31页。本文所引赫氏哲学言论均见此书，不另出注。

体现着事物不断向自身相反方向转化的辩证法则。"命运就是那循着相反的途程创生万物的'逻各斯'",已将这一法则和盘托出。整个世界一切皆流,物无常住。在这一不断变化的总图景中,任何事物都具有相对性:"如果没有那些(非正义的?)事情,人们也就不知道正义的名字";任何事物又都具有统一性,它们统一于"追求对立的东西",并"从对立的东西产生和谐"。依照赫拉克利特阐释,事物的这种统一性即是"逻各斯":"如果你不听从我本人而听从我的'逻各斯',承认一切是一,那就是智慧的。"无可疑义,这个"一",也相当接近于老子反复申言的那个"一"。

总之,上述"逻各斯"的三项要义,几乎每一项都可以照出老子"道"论的面影。不仅如此,赫氏进行哲学创造的心态亦与老子近似。他们都强调哲学智慧与日常知识的区别,都寄希望于世人的哲学觉醒,都悬置了"圣人"(在赫氏是"最优秀的人")的人格理想以求推动这一觉醒,而他们自己却都因这一热切期待不被世人理解而深觉痛苦与孤独。

那么赫氏的"逻各斯"和老子的"道",就没有任何区别了吗?不然。两者之间,差别乍看似微不足道,细审却含巨大差异。这突出表现在两者对语言功能的不同估计上。

且看《著作残篇》的第一条。据亚里士多德的说法,它原是该著作开宗明义的第一个段落:

> 这个"逻各斯"("Logos"),虽然永恒地存在着,但是人们在听见人说到它以前,以及在初次听见人说到它以后,都不能了解它。虽然万物都根据这个"逻各斯"而产生,但是我在分别每一事物的本性并表明其实质时所说出的那些话语和事实,人们在加以体会时却显得毫无经验。

"逻各斯"是什么?赫氏一提出这个概念就闪烁其词,似乎故意回避给予明确的定义,而又竭力暗示它是某种玄秘莫测、为常人所不解的东西。其实,倘对上引这番话细加寻绎,仍可看出,那个"永恒地存在着"的"逻各斯",至少有这样三个特点:

1. 它可以言说，可以用“话语和事实”加以说明；

2. 它关乎每一事物的本性和实质，超越于人们的日常经验；

3. 它为人人所共有，又为人人所不易理解。①

《残篇》的其他片断，从不同角度对“逻各斯”的涵义做了阐述，大体不出首段所述。“逻各斯”在西方历经发挥引申，据现代学者基尔克、卡恩的研究，其涵义达十余种，可理解为说、言辞、叙述表达、说明、理由、原理；尊敬、声誉；采集、点数、比例、量度或尺度等。② 其中前六项，《残篇》首段即已初步涉及，可视为“逻各斯”的初始义。诚如海德格尔所说：“Logos 的基本含义是言谈……后来历史，特别是后世哲学的形形色色随心所欲的阐释，不断掩蔽着言谈的本真含义。这含义其实是够显而易见的。Logos 被‘翻译’为，也就是说，一向被解释为：理性、判断、概念、定义、根据、关系。”③“逻各斯”在后世的含义不论有多么繁复，统统由“言说”所涵盖、所转换，统统可由“话语”传达，可以言说。遍按《残篇》原文，未见赫氏有对语言传达功能的怀疑否定之词。《残篇》反复强调的，恰是“逻各斯”通过“言说”加以表达的可能与必要：

> 好好思考是最大的美德和智慧：照真理行事和说话，照事物的本性去认识它们。
>
> 他们即便听见了它（按：“它”指“逻各斯”），也不了解它，就像聋子一样。
>
> 如果要想理智地说话，就应当用这个人人共有的东西（按：“东西”指“逻各斯”）武装起来……

在这一点上，赫氏与老子所持态度适成对反：老子主张“道”的把

---

① 《著作残篇》〔D72〕另有一段表述可与此相参照：“对于‘逻各斯’，对于他们顷刻不能离的那个东西，对于那个指导一切的东西，他们格格不入；对于每天都要遇到的那些东西，他们显得很生疏。”

② 转引自杨适：《哲学的童年——西方哲学发展线索研究》，中国社会科学出版社 1987 年版，第 173 页。

③ 海德格尔：《存在与时间》，陈嘉映、王庆节合译，熊伟校，生活·读书·新知三联书店 1987 年版，第 40 页。

握当借“非言”与“不言”，赫氏则以为“逻各斯”的获得需借重“言说”。这是一个不容小视的深刻分歧。

诚然，赫氏在自己的著作中实际使用的并不是日常的、诉诸“粗鄙的灵魂”的俚俗语言，而是一种精心结撰的哲学语言。如同杨适同志所指出，“他在感性图画式的形象里，或常常爱在谜一样的格言以至神谕式的语句里表现他那些深刻的思想，双关、暗示、隐喻的手法所在多有，因此他在古代就以‘晦涩的哲学家’而闻名。”① 这种表达方式与《老子》书中的“信言”“正言”相当接近。然而，如何运用语言是一回事，如何估计语言的功能则是另一回事。老子在使用诗性语言的同时，对诗性语言的“言象互动”功能多有阐发，他有自觉的“尚象”思想。赫氏则不是，他使用诗性语言，却对它带有感性色彩的特征抱有反感。他鄙薄诗性语言的绝代大师荷马，指责他只认识“可见的事物”，虽博学而乏（哲学）智慧，也用同样理由指责过诗人赫西俄德（《神谱》作者）。这种鄙薄态度在中国古代是不可思议的。“不学诗，无以言”（《论语·季氏》），春秋列国相互交往中常引《诗》而为言，《左传》所记，俯拾皆是。中国古代之尊重诗性语言，实是尊重经验的具体性与具象性，亦即所谓“尚象”。所以老、赫两氏在对待语言功能上的分歧，可归结为“尚象”与否的分歧。这一分歧背后，实隐含着东西两种文化在实现“哲学超越”时的重要区别：东方侧重于直观感悟，依凭“言象互动”而进入形上境域；西方主张舍弃经验而张扬思辨理性，依凭语言的逻辑思考功能进入形上境域。可以说，从老子与赫拉克利特的时代起，中西两大文化类型即已有不同走向，开始分道扬镳。

冯友兰先生早在20世纪40年代就借用西方学者的说法，指出中国哲学偏重取用“直觉得到的概念”，进而断言：这种概念，“基本上是农的概念”②。这里我们愿就此更进一解：这种“农的概念”有特定的表达方式，它选择的是“言象互动”的符号系统，借重的是诗性语言。中国早在新石器时代就进入农耕经济，殷周两代，农

---

① 杨适：《哲学的童年——西方哲学发展线索研究》，中国社会科学出版社1987年版，第168页。

② 冯友兰：《中国哲学简史》，涂又光译，北京大学出版社1985年版，第27—29页。

耕经济已趋成熟。“日出而作，日入而息”，春生夏长，秋收冬藏。这种周而复始、稳定宁静的生活方式，养成华夏先民对自然的充分依赖，对自然物象尤其对气象、天象的极端敏感。这便是中国文化“尚象”趋向的深厚根源。《周易》号称“易象”，主“尚象”之旨，它之所以被尊为中国文化宝典，实非无因。前辈学者早已指出，《周易》综合着古代数占、象占、梦占、物占等占卜之法，其中以星象取断吉凶，尤其重要。闻一多先生考证，“乾”即“斡”（北斗星），以“乾”代天即以北斗代天；卦爻辞所述之“龙”，为“龙星”，即古代天文学所指“二十八宿”中的“东方七宿”①。今人进一步证实，卦爻辞描述的“潜龙”“见龙在田”“飞龙在天”种种“龙象”，确与古天文学所载龙星四时之象密合②，益显闻先生深具卓识。此一发现，无疑为《易传》“天垂象，见吉凶，圣人象之”，“易有太极，是生两仪，两仪生四象，四象生八卦”种种“尚象”言论的解读，增添了无可置疑的天文学依据，亦为中国文化之“尚象”取向与农业经济的联系，增一可靠的探讨线索。

古希腊则有所不同。希腊文化是以克里特岛为基点，在爱琴海的摇篮里发育成长的。前30世纪，克里特的文化势力扩展到爱琴海诸岛和希腊本土，前13世纪起，复又自其本土出发，经大规模的海上殖民活动，将文化势力辐射至小亚细亚与欧洲南端。希腊人财富来源主要靠的是贸易、殖民活动与海盗式的劫掠。这种经济生活极不安定，动荡多变，但却极富活力，有强烈的扩展性与广泛的交往性。正因为这种海洋式商业经济的早熟，希腊人对贸易、海上交通和攻城夺地的征战都极为熟悉而且深有好感。古希腊神话对商业之神、信使之神赫耳墨斯的尊奉，充分表明了这一点。这位原属“泰坦旧神”谱系后又充当奥林匹亚新神的古老神祇，手执法力无边的金色蛇杖（其图像至今作为经济权力的象征保留在全球性海关标志之上），保护人们从事贸易、偷盗、诈骗等活动，而他本人，便是一位商贸大师、偷盗之王、诈骗能手。他巧言善诈，还被奉为辞令

① 闻一多：《周易义证类纂》，《闻一多全集》（二），生活·读书·新知三联书店1982年版，第45、48页。

② 夏含夷：《〈周易〉乾卦六龙新解》，载中华书局编辑部编：《文史》（第二十四辑），中华书局1985年版，第9—14页。

之神。他无疑表现着古希腊人性格的一个侧面，是其理想化和神格化。经济活动与文化活动相辅相成，生活方式与思维方式息息相关。希腊人在卷入大规模商品交换（观其“金羊毛”神话可知）之后，数字的计算和契约的议订视同家常便饭，信息的传递和获取，成为生死攸关的要事，货币与财富频繁转移交换，古希腊人长于抽象的计算与思考，赫拉克利特曾以货币与货物交换为例说明“逻各斯”①，看来都并非偶然。

横跨爱琴海两岸的古希腊，处于东西方交通要冲，埃及文化、巴比伦文化和波斯文化，先后为古希腊人所汲取，希腊的城邦制又有利于文化的多元发展，致使诸多古旧文明在此不受干预地碰撞、互摄而生嬗变，终于熔铸成古希腊文明。如希腊人曾从腓尼基引进拼音字母，在各城邦长期使用中不断改进，增添进元音表示法，将只标辅音的腓尼基字母改成既标辅音又标元音的希腊古典字母，成为后世拉丁字母与斯拉夫字母的原型。而拼音文字的使用和完善化，又使希腊人更加倚重“话语”的符号功能，使原先的克里特文明一度流行的象形文字完全让位于拼音文字。因此，远在赫拉克利特提出“逻各斯”概念之前，作为这个概念基始意义的“言说”“话语”在文化上的巨大功能，已被普遍认可，重“言”轻“象”的符号取向，业已明朗化。

赫拉克利特之后希腊哲学的“古典时代”，是沿着以“话语”传达和获取事物本质、本性的路向发展的。巴门尼德及其爱利亚学派创立了语言逻辑形式，把它视为通往理性的必由之路。他们主张完全排除感性经验到达逻辑理性，而“逻辑”（Logic）的字源，恰是大名鼎鼎的“Logos”。德谟克利特“原子论”的提出，则是从事物“本性”角度，对“逻各斯”初始意义进一步拓展。而柏拉图本人，则声明过，他整个学说的出发点仍是“逻各斯”：

> 这就是我采用的方法：首先我假定某个我认为是最有力的主张（按即“Logos”）；然后，我肯定凡与之相符合的就是真的，无论是关于原因还是别的什么；而与之不符合的，我就认

① 《残篇》：“一切事物都换成火，火也换成一切事物，正像货物换成黄金，黄金换成货物一样。”

为它是不真的。[①]

“理式”是最高的真、善、美。“Logos”既是判断真与不真的根本尺度，应该说可与“理式”相通。至于亚里士多德创立完整的逻辑理论，更是承继爱利亚学派的一大历史功勋，同样是对“逻各斯”的发挥。

“逻各斯”经希腊古典哲学的充分发挥，到希腊化时期（即亚历山大时代），又跟基督教结下不解之缘。斐洛以为，不论是毕达哥拉斯和柏拉图，还是摩西和犹太众先知，都发出了同一理性的声音；他将古希腊哲学关于世界灵魂、理式的观念与犹太教关于天使与恶魔的观念糅合起来，确认“逻各斯”是“神的理性”，是最高的天使，上帝的影像，上帝第二。[②] 斐洛对《旧约》的这种创造性诠释带来了双重后果：既使古希腊哲学受到基督教神学的庇护而得以久远流行，免除了被视为异端的厄运，又使上帝从不着边际的“无限精神”变成可由概念、逻辑、理性所能把握的“Logos”——“神的理性”。诚如黑格尔所言，斐洛等人把“采自柏拉图和亚里士多德的对于具体的东西的各种抽象形式，以及他们对于‘无限的东西’的观念相结合，在‘Logos’这个定义下，依照比较具体的‘精神的’概念去认识上帝”[③]。斐洛等人的诠释，成为犹太教向基督教转换并使之扩展为“世界宗教”的重要契机。

基督教最重要的经典——《约翰福音》，与《四福音》其他三种不同，它不注重于实录耶稣言行，而侧重于解释“耶稣的神性”。它开门见山宣告：

> 太初有道，道与神同在，道就是神。这道太初与神同在。万物是藉着他造的……道成了肉身，住在我们中间，充充满满的有恩典，有真理。我们见过他的荣光，正是父独生子的荣光。

---

① 转引自杨适：《哲学的童年——西方哲学发展线索研究》，中国社会科学出版社1987年版，第510—511页。

② 参阅吕大吉主编：《宗教学通论》，中国社会科学出版社1989年版，第512—513页。

③ 黑格尔：《历史哲学》，王造时译，生活·读书·新知三联书店1956年版，第375页。

该引文中的"道",即是"Logos"的中译。我所见古英文本(即1611年"英王钦定《圣经》译本")以及今英文本(即成于1901年的"英美修正译本")都将"Logos"译为"Word"(言说、话语、词),中文"和合本"则将"Word"转译为"道"。《约翰福音》宣称"Logos"即是上帝,耶稣是"Logos"所化成的肉身,集中表述了基督教对耶稣神性的理解,表明基督教乃是希伯来文化与希腊文化融合的产物。

"逻各斯"与上帝在《约翰福音》中被合二为一,无疑是西方文化史的一大事件。它保证了希腊文化精神在西方的代代相续和尔后向全世界的推展与普及。在漫长的中世纪,在宗教神学和封建势力的双重压制下,古希腊文化表面上已告衰歇,它的精魂却附着在基督教神学内部,依然在运行、生展,一旦文艺复兴的阳春季节来临,它便脱去神学包裹,重放异彩。

在追述"逻各斯"在西方的历史衍变之后,我们可以清晰地看到"道"与"逻各斯"这对最高范畴所引出的东西方文化系统的各自特点。从符号取向上看,"道"与"尚象"的思维方式相关联,它采用"言象互动"的符号系统,以诗性语言引导人从形而下世界走向形而上世界,定出了意象的隐喻和象征功能;"逻各斯"则同理性思辨相关联,它采用语言逻辑符号系统,以逻辑语言(数学是其极致)引导人从具体的经验现象上升到抽象的本质、本体、规则、原理,定出了概念和逻辑的推演与论证功能。由于"道"并不舍"象",未与具体感性经验隔绝,便埋伏了中国文化观念在传播方式上重历史(重人文事象)、重文字书写、重诗与艺术等特点,以及宗教领域不做此岸彼岸决然两分,道德领域重情操重感化等独特风貌。相形之下,西方文化由于"逻各斯"强调"舍象",带来了强调理性思辨与感性经验、形而上与形而下、此岸与彼岸等一系列决然两分,演成了后世经验论与唯理论、科学主义与人文主义的种种争论,波澜迄今未息。西方强固的逻辑思辨传统,带来近代实证科学的突飞猛进,道德与法在律令上的严密完善,近现代科技工业文明的灿烂成果。两相比较,由各自文化符号原初取向带来的文化系统的深刻差异,越发显明。

当然,西方人并非从不讲"象"。古代神话使用诗性语言,亦重想象类概念（Imaginative Class Concepts），这种“类概念”相当接近于中国文化中的“象”。然而如前文所述，自“逻各斯”的功能确立之日起，“象”在西方哲学上就日见贬值，而“逻各斯”则一直独领风骚，“象”的符号只在诗与艺术中才有一席之地。即便如此，诗与艺术也还得承受来自思辨理性传统的种种冲击。柏拉图曾发誓将诗人逐出他的“理想国”，近代英国还有人给诗加上“罪恶的学堂”“谎话的母亲”“腐化的保姆”一类罪名，逼得锡德尼出来打抱不平，挺身“为诗一辩”。[①] 而在中国，自“诗三百”被尊为经典之日起，诗坛的神圣早已无人敢于亵渎。

在此，我愿再度重申：任何一个文化系统本身都是一种中性结构。在世界文化史的多元发展中，每一民族、每一地域的文化系统，都各有其存在的依据，各有其价值，也各有其优长与不足。无论从历史看，从当代看，从未来更大规模的文化交融看，都是如此。我们不赞成文化上狭隘的民族本位主义，无论是欧洲中心论，或是中国式的国粹主义。现代西方文化，由于基督教的崩解和现代自然科学的挑战，正经历一场危机，这一危机由来已久。由“逻各斯”传统导致的感性与理性、人与自然、个体与社会的深刻分裂，在当代条件下引起人格的偏失、人生价值的失落，使许多西方人士深深忧虑。雅斯贝尔斯、海德格尔等人，都曾将希望的目光投向东方古老文明；现代物理学的许多大家更试图从中国道、气、象的传统观念中，寻觅它与现代科学在方法论上的契合点。然而这不等于说，现代西方文化正在追求的东西，我们老祖宗早“古已有之”，而只能说东方文化作为另一系文化传统，有可能为西方人解决后工业社会所面临的危机提供某些启示。应当承认，东方尤其是中国，近百余年间文化上遭遇的挑战更为尖锐，所经历的危机更为深刻。由于思辨理性的缺失，如果原有的“尚象”思维不打破，不求得和西方现代科技文明的互补，我们便可能无富强之日。如何使传统文化在21世纪更大规模的文化交融中重新焕发活力，是许多学人热切关注的课题，而这个课题的合理解答，只能在基本弄清中西文化各自历史特点和未来走向之后，而决不可能在此之前。参照西方文

① 伍蠡甫主编：《西方文论选》，上海译文出版社1979年版，第227—246页。

化，对自己的传统文化在现代意义的水平上做出清理、厘定和诠释，中国传统文化研究的首要任务在此，这一研究的当代意义也在此。

（原载《学术月刊》1995年第1期）

玄学庄学化与阮嵇美学

一

以正始十年为界标，魏晋玄学的主导倾向，从老学转向了庄学。何晏、王弼创立玄学，史称“祖述老庄”（《晋书·王衍传》），何晏“好老庄言”（《魏志·何晏传》），王弼“好庄老”（《世说新语·文学》注引《王弼别传》）。老庄原不分家，在何王玄学，老庄更有斩不断的瓜葛。但何王都活跃在曹爽辅佐魏政、酝酿“正始改制”的时代，曹爽既图以何王玄学为改制服务，何王玄学亦含关涉改制内容，这次改制，意在推行黄老法术之治，老学与刑政更为相近，其见重于当时，实时势所然。

正始十年，司马氏以血腥手段发动政变，曹爽、何晏、邓扬、丁谧等人“同日斩戮”，天下“名士减半”（《魏志·王凌传》注引《汉晋春秋》），正始改制于是彻底破产。同年，24岁的王弼死于疾病，未久，正始名士领袖夏侯玄又为司马氏所杀。此次政争的激烈和手段之残酷，史所罕见。幸存的士人和较为年轻的一辈，不是投靠司马氏充当其鹰犬（何曾、钟会者流），便是陷入恐惧、忧患和愤懑之中。后一种人，抛却了原先“济世”的热情和理想，退回到内心，咀嚼着不安和痛苦，反思人生的意义，力求从精神活动中寻求自由和慰藉。

作为这种转向的典型，“建安七子”之一阮瑀的儿子阮籍可谓代表人物。《晋书·阮籍传》云：“籍容貌瑰杰，志气宏放，傲然独得，任性不羁，而喜怒不形于色。或闭户视书，累月不出；或登临山水，经日忘归。博览群籍，尤好庄、老。”读书好庄、老，立身处世则向往于庄子“逍遥游”：“瑀子籍，才藻艳逸而倜傥放荡，行己寡欲，以庄周为模则。”（《三国志·王粲传》）阮籍并非生来如此。“昔年十四五，志尚好书诗。被褐怀珠玉，颜闵相与期”（《咏怀诗》其十五），大抵正始之前，在魏明帝“尊儒贵学”的氛围中，他还曾有过以儒学“济世”的理想。正始十年的大变故，使阮籍“济世”理想归于破灭，形成他人生观一大转折。《晋书·阮籍传》说他“本有济世志，属魏晋之际，天下多故，名士少有全者，籍由是不与世事，遂酣饮为常”，恐怕不是推测之辞。

二

阮籍是集思想家、诗人、名士于一身的杰出人物。作为玄学思想家，他和嵇康同是引庄入玄的代表。但和嵇康不同，他并不以深刻、缜密的理论见胜，而是在新的特定的历史条件下，全面地按照庄学的人格理想来塑造自我，将庄学的人生境界追求诉诸实践，建构起一种崭新的、审美化的人格。他将庄学与玄学精神落实到心理层面和世俗生活，包括日常起居、言谈举止和待人接物的方方面面，使整个精神活动和实际人生都焕发出诗意的美。朱光潜先生崇尚“人生艺术化”，尝将“魏晋风度”视为典范，而照我们看来，“魏晋风度”的典范，又非阮籍莫属。

残酷的现实，惊醒了阮籍的“济世”美梦，使他自觉走上率情任性、非毁礼法，以逍遥游化解人生痛苦、安顿不安心灵的审美人生之路。他对导致魏晋之际名士大流血的政争双方，看来都归于绝望。① 他看破了“名教”的虚妄，司马氏“以孝治天下”的伪善②。所以，当士人伏义劝他放弃既定人生选择，重新回到早年的儒学立场，以立德事功换取名利安乐，实现另一种人生价值时，阮籍报以鄙夷的“白眼”：“夫人之立节也，将舒网以笼世，岂樽樽（陈伯君注：疑当作“撙撙”）以入罔。方开模以范俗，何暇毁质以适检。若良运未协，神机无准，则腾精抗志，邈世高超，荡精举于玄区之

① 阮籍屡不就曹魏征召，以酣醉拒司马氏求婚，对曹、马双方均有戒惧。他与司马昭（文王）私交甚密，但阮既“皆言玄远，未尝臧否人物”，昭亦“恒与谈戏，任其所欲，不迫以职事”。阮应公卿之请属辞劝文王加九锡，无非虚应故事而已。

② “以孝治天下”是司马昭的口号。《世说新语·任诞》记何曾语：“明公方以孝治天下。”

表，摅妙节于九垓之外而翱翔之。乘景跃踸，踔陵忽慌，从容与道化同逌，逍遥与日月并流。”（《答伏义书》）这是阮籍的人格告白，也是他的庄学声明。和魏晋玄学中许多名士一样，他们自比于“亚圣”“大贤”，似乎生来就要为世俗创立范式（“开模以范俗”），不肯毁弃自然本性去适应固有规范（“毁质以适检”），表明了魏晋士人的个体人格的确立。只是因为他和前辈名士处境不同，处身在“良运未协”、生不逢辰的条件下，所以他只能取庄学之途，以“腾精抗志，邈世高超”的方式肯定自己的人格，伸张自己的人格，即在精神的高飞远举中，在超越世俗的精神自由中，满足人生理想，实现人生价值。将《大人先生传》与《答伏义书》对读，就不难明白，所谓“大人先生”，实系阮籍的“夫子自道”。这位大人先生也曾收到劝诫的书信，要他改弦易辙，取法儒家，“唯法是修，唯理是克”，以求“垂文组，享尊位，取茅土，扬声名于后世，齐功德于往古”，不料大人先生据庄学至人理想予以迎头痛斥，反讥对方为“裈中之虱”，将对方视同神圣的礼法，斥为“天下残贼、乱危、死亡之术”。这番话，是阮籍在《答伏义书》中想说而未便明说的话。《阮籍传》说《大人先生传》能见出阮籍的“胸怀本趣”，这是一点都不错的。

伏义《与阮籍书》说他“长啸慷慨，悲涕潺湲，又或拊腹大笑，腾目高视，形性 㑲张，动与世乖，抗风立候，蔑若无人”，把他描绘成疯疯傻傻，固然不确，但揭出他性格狂傲的基本特征，却与《世说新语》诸多记述相合。他借酒以浇胸中块垒，居丧而不拘礼法，报人以青白眼，贱视功名利禄……这种种作为，都与世俗相违，实是借机抒发极端的愤懑和内心痛苦，把不能转化为现实行为的内在激情，弱化为一种内心体验而作自我欣赏。所以，阮籍的高蹈，不是逃避现实，而是返归于内心，归于精神的高扬；阮籍的放诞，不是浑浑噩噩地苟且偷生，也不是在醉生梦死中打发日子，而是对黑暗现实和虚伪礼法一种无声的抗议。他“率意独驾，不由径路，车迹所穷，辄恸哭而返”（《世说新语·栖逸》），这件事，可看作他走投无路的人生处境一大象征。这种审美化的人生取向，包含着多么深沉的愤懑和忧患，处身在司马氏统治下的士人显然心领神会，如若不然，阮籍及其所属的“竹林七贤”名士群体，就不会赢得士人的深切共鸣，以致“风誉扇于海内”了。

阮籍的人生选择，既非逃避，亦非偷生，也不是执意标新立异以惊骇世俗。他否弃旧的礼法，只是反对矫情枉性的繁文缛节，而要求一种顺乎情性的“礼”：他葬母食豚、饮酒，临葬却“举声一号，呕血数升”；嫂嫂还家，他违反“叔嫂不通问”的俗礼与之道别而不顾耻笑；邻家处子未嫁而卒，他虽生不相识，却前往哭吊，哀尽而返……都反映他一切以真情性为转移的处世原则。司马昭的心腹大臣、出名的伪君子何曾骂他是“恣情任性”的“败俗之人”（《世说新语·任诞》注引干宝《晋纪》），这“恣情任性”四个字，正好从反面道出了阮籍的个体人格自觉。在他看来，拘于礼俗，矫情枉性，反失其“礼”；而发自内心，出于真性情，不率常礼反合于真“礼”。正是这种想法和做法，使看惯了“以孝治天下”的种种伪善表演的两晋士人，有了“先得我心”的认同感。干宝在《晋记》中说：“魏晋之间，有被发夷傲之事，背死忘生之人，反谓行礼者，籍为之也。”王隐在《晋书》中也说：“魏末，阮籍有才而嗜酒荒放，露头散发，裸袒箕踞。”“其后贵游子弟阮瞻、王澄、谢鲲、胡毋辅之之徒，皆祖述于籍，谓得大道之本。”阮籍强调士人人格尊严，张扬个体情性，有尊重个体感性、冲击旧的社会理性规范的思想解放意义。大凡在历史的转折关头，在新旧价值观念嬗递之际，这种以个体感性冲击旧的社会理性的潮流，必不可免。但阮籍及竹林名士群体所代表的这种冲击，是有为而发，是对新的社会理性规范的呼唤，迥然不同于元康名士如阮瞻、王澄之流一味的放达求个体之享乐，将突破旧礼俗恶性推展为纵欲与淫乱。东晋著名艺术家戴逵有云：“元康之人，可谓好遁迹而不求其本，故有捐本徇末之弊，舍实逐声之行，是犹美西施而学其颦眉……竹林之为放，有疾而为颦者也；元康之为放，无德而折巾者也，可无察乎！”（《晋书·戴逵》）元康名士之东施效颦，将阮籍放达之风推向极端，看来阮籍和竹林名士，不能承其咎。

阮籍对审美化人生理想的追求，承接于庄学，亦发展了庄学。阮籍非但将逍遥游的理想落实于心理，如同《大人先生传》与《清思赋》以心游神越进于玄冥之境体验人生价值，而且将逍遥游的理想，落实于世俗生活，在放达的名士风度中体现性格之美，并以此自适自足。从此，一种前所未有的审美的主体人格在中国开始出现，人们不再仅仅依赖外部实践，在建功立业中肯定自我价值，而可以将人生价值弱化为一种情操，或相互激赏，或求取内心的满足。无疑，这种审美主体人格的树立，正是魏晋审美自觉的重要前提。

三

如果说，阮籍以审美化的人生态度表明审美主体人格的确立，与阮籍齐名、同为竹林名士首领的嵇康，则以缜密的理论，论证了建构这一主体人格的价值和意义。嵇康喜愠不形于色，生活态度十分严肃，长于析理，又不乏热情，是为自己的生活理想宁折不弯的人。嵇康的好友、“七贤”之一的山涛，自己当了大官，又想举康自代，遭到嵇的断然拒绝。嵇康在著名的《绝交书》中剖明心迹，申述自己的人生理想。书中宣称“老子庄周，吾之师也”，“纵逸来久，情意傲散，简与礼相背，懒与慢相成……又读庄老，重增其放，故使荣进之心日颓，任实之情转笃”。他的人生追求，大抵同于阮籍，惟阮氏“口不论人过”，嵇自认愧而勿能。他深知自己的追求违逆世俗，自称除有七种“不堪”，还外加两种“甚不可”，其中之一是“非汤武而薄周孔”，犯了司马氏“以孝治天下”的大忌，据说司马昭对此语“闻而怒焉”（《三国志·王粲传》裴松之注引）；另一条是“刚肠疾恶，轻肆直言，遇事便发”，大概得罪了不少人。所以他早有不祥的预感：“久与事接，疵衅日兴，虽欲无患，其可得乎！”嵇康人格的高尚处就在尽管头顶满布祸患的乌云，却依然不改初衷。嵇康即使不曾与曹魏宗室通婚，也未必能躲杀身之祸。后来司马昭果以钟会所罗织的“言论放荡，害时乱教”的罪名，予以诛杀。向秀为之写过一首很短很短、刚开个头便煞了尾的《思旧赋》，其《序》写道：“嵇博综伎艺，于丝竹特妙。临当就命，顾视日影，索琴而弹之。逝将西迈，经其旧庐，于时日薄虞泉，寒冰凄然，邻人有吹笛者，发声寥亮，追想曩昔游宴之好，感音而叹。”史称嵇康临刑，曾索琴弹奏《广陵散》，说声“《广陵散》于今绝矣”，从容赴死。向子期在凛冽的寒冬面对愁惨的夕阳，聆听幽怨呜咽的笛音，追怀故友悲壮就义的一幕，怎不倍觉凄怆！

和阮籍玄论大抵是夫子自道不同，嵇康关于人格建构的议论，既有玄学背景，又有论述的中心，这个中心就是个体人格的价值问题。他不主张废弃名教，但主张名教本身不能违反自然之道。如果执着于名教，一味适应世俗的是非，名教也会变成功名利禄之具，那只会滋长私欲而无益于公心；如果超越名教遵循自然之道，即使不讲求世俗是非，只要发自一己真情，出于个体的“自然之质”，也会从心所欲而显得无私。所以他提出这样的主张：“夫称君子者，心无措乎是非，而行不违乎道者也。何以言之？夫气静神虚者，心不存于矜尚；体亮心达者，情不系于所欲。矜尚不存乎心，故能越名教而任自然；情不系于所欲，故能审贵贱而通物情。物情顺通，故大道无违；越名任心，故是非无措也。”（《释私论》）“越名教而任自然”，是说超越名教而顺应自然之道；“越名任心”，这个“心”，是指体现自然之道的一己情性。一个人保持“气静神虚”状态，他的心胸，就不为私欲所蔽，就可以通达万物之情。我们知道，“物情”一语，古人兼指物理、人情二义，所谓“物情通顺”，也就是求得物我与人我的相契相安，使个我与自然、个我与社会归于和谐统一，进入此境，嵇康便认为已获致“绝美”：“心无所欲，达乎大道之情；动以自然，则无道以至非也。抱一而无措，则无私无非，兼有二义，乃为绝美耳。”（《释私论》）“绝美”，犹极美、最高的美。以“无私无非”为美的极致，显然得自庄子“澹然无极而众美从之”（《刻意》）这一审美理想的衣钵真传。

诚然，在魏晋时代，欲求取现实中个我与自然、个我与社会的完全和谐统一，只能是一种幻想，但这并不妨碍它作为一种审美理想的自身价值。嵇康提出这个公私之辩，在中国，第一次以明确的语言承认了个体的存在，为一己情性的感性要求的合理性做了辩护，把庄子超然方外的人格理想拉回到尘世，把汉儒以名教外加于人的道德他律转为道家发自自然本性的道德自律，无论如何都是中国文化史上的一件大事。而这，实际上也是魏晋士人人格觉醒的一种理论表述。

嵇康关于养生和自然好学问题的有关论述，实际上也不离人格建构这个中心。他论养生，不只讲服食导引，全形厚身，而能越过生理层面，注重于“养神”。他认为，精神是生命活动的主导因素：

“精神之于形骸，犹国之有君也。神躁于中，而形丧于外，犹君昏于上，国乱于下也。”所以他论养生之道，重在阐明形神关系，善于调节个体的精神活动和生理活动，使之归于协调平衡：“是以君子知形恃神以立，神须形以存，悟生理之易失，知一过之害生。故修性以保神，安心以全身，爱憎不栖于情，忧喜不留于意，泊然无感而体气和平，又呼吸吐纳，服食养身，使形神相亲，表里俱济也。”（《养生论》）中国古代，把老子的“长生久视”之道作为养生之论加以发挥的不知凡几，但强调个体生理与心理协调、养生与养神一致，而且把它提到哲学高度加以论列的，实未之见。嵇康的深刻处，不止在他提出了“形神相亲”的养生目标，而且辩护了个体感性要求的合理性，提出了个体感性和理性如何获致统一的问题。向秀非难他的养生论，曾指出：“感而思室（妻室），饥而后食，自然之理也。”嵇康认为这话说得不错。人的食色欲求，出于人的本能，不必禁抑也无法禁抑，但问题在于理智到底如何去导引它：“今不使不室不食，但欲令室食得理耳。夫不虑而欲，性之动也；识而后感，智之用也。性动者，遇物而当，足则无余。智用者，从感而求，倦而不已。故世之所患，祸之所由，常在于智用，不在于性动……君子识智以无恒伤生，欲以逐物害性，故智用则收之以恬，性动则纠之以和，使智上于恬，性足于和，然后神以默醇，体以和成，去累除害，与彼更生。”（《答向子期难养生论》）嵇康已见出个体心理结构至少有“性”与“智”的两大部分、两大功能，而人之性（本能欲望）总得受智用的制约，才成为“感”（人的感性），如果智用不当或无恒，则逐物不已而害生。所以养生的要诀在于使智用纳入“自然之道”，归于恬静平淡，使人的精神与肌体都处在“和”的状态。这才算有了真正健康的个体。

从智用与性动统一于自然之道这个基本主张看，嵇康也同样主张“以理节情”，似和儒家并无区别，其实不然。儒家之“理”，是等级名分、仁义道德的外在规范，对个体而言，儒家“造立仁义，以婴其心，制其名分，以检其外”，或者导致生命感性的枯萎，或者助长矫情虚饰，以虚伪名声作荣利之钓，导致私欲恶性膨胀。嵇康所言“智上（同尚）于恬，性足于和”，是承认个体自然情欲的合理性，但又按庄学要求将它加以提升，通过“内视反听”“遗世坐忘”的修养工夫摆脱物欲的束缚，而归之于“大和”，亦即庄子所说的“至乐”：“以大和为至乐，则荣华不足顾也；以恬澹为至味，则酒色不足钦也。苟得意有地，俗之所乐，皆粪土耳，何足恋哉！”（《答向子期难养生论》）可以说，对“至乐”的追求，是嵇康“养神”的旨归。在嵇康看来，俗人之所以为“俗”，就在他们“无主于内，借外物以乐之”，只知道物质性的生理性的快乐，这种快乐不单是浅陋的，而且是难以餍足的，“外物虽丰，哀亦备矣”，物欲的膨胀所带来的，只能是人格的失落，人生的悲哀。而相反，对“至乐”的追求是一种自由的追求，它既不受物役，也无须勉强自己，更没有利害得失的牵累：“有主于中，以内乐外，虽无钟鼓，乐已具矣！故得志者，非轩冕也；有至乐者，非充屈也，得失无以累之耳。”很明显，这种对“至乐”的追求，就是审美的追求。嵇康将人格的建构，最终落实为审美个性的树立。

如此，我们也不难理解，嵇康何以会那样重视音乐的作用。他“常修养性服食之事，弹琴咏诗，自足于怀”（《晋书·嵇康》），他最喜爱“抱琴行吟，弋钓草野”（《与山巨源绝交书》），自由自在，无拘无束。他本是审美的浪漫气质很浓的人。他在《琴赋》中提出，音乐的基本功能在于“导养神气，宣和情志”，“器和故响逸，张急故声清。间辽故音痺，弦长故徽鸣。性洁静以端理，含至德之和平，诚可以感荡心志，而发泄幽情矣”，这里已经预设了《声无哀乐论》的基本论题。

《晋书·嵇康传》称道《声无哀乐论》“甚有条理”，今人钱锺书先生更赞以“妙绪纷披，胜义络绎，研极几微，判析毫芒，且悉本体认，无假书传”[①]。大抵嵇康“善谈理，又能属文”（《晋书·嵇康传》），颇得名家“名、分不可相乱”论之助，为名家之有益于玄学，增一佐证。在中国美学论著中，以逻辑之谨严，思理之致密而论，实无有过于《声无哀乐论》者。

嵇康既以恬静平淡为人格理想，用于陶铸这一人格的音乐，必“含至德之和平”。他因袭了儒家“乐主中和”的传统观点，却将“和”的理论内涵做了根本改造。照《乐记》，音乐的声音是与情感

① 钱锺书：《谈艺录》（补订本），中华书局1984年版，第290—291页。

的调质一一对应的："治世之音安以乐，其政和；乱世之音怨以怒，其政乖；亡国之音哀以思，其民困。声音之道，与政通矣。"（《乐本》）这种"声有哀乐"论，是整个儒家考察音乐人伦教化功能的立足点。乐之可以象天地、阴阳、四时，象人事中"亲疏贵贱长幼男女之理"，以至"乐象德"，成为"德之华"，无一不是从乐之声音（或舞的动作序列）与特定情感调质一一对应这一基点引申出来的。圣贤先王本天地之和制作了音乐，使各色人等的各种情感调质按其先定位置纳入音乐序列，趋于和谐，这种音乐也就反过来可以使各色人等的情感意欲冲突得以消弭，于是人人各安其位，天下归于太平。这便是儒家乐论所说的音乐维护礼治秩序，发挥教化功能的全部秘密。嵇康的音乐中和论与之反是。他说的"和"，是指音乐的"声音和比" "八音克谐"，即音乐形式的和谐，这种"和乐"，感人最深。而欣赏者是个体，对个体说来，这种如同万籁和鸣的种种不定的声音，并不含特定的情感调质，无所谓哀乐，也无所谓象征意义。欣赏者若从中引发出哀乐之情，那是因为欣赏者原来就有哀乐之心。他在《声无哀乐论》中说："夫哀心藏于苦心内，遇和声而后发；和声无象，而哀心有主。夫以有主之哀心，因乎无象之和声，其所觉悟，唯哀而已。岂复知吹万不同，而使其自已哉?"又说："夫唯无主于喜怒，无主于哀乐，而欢戚俱见。若资偏固之音，含一致之声，其所发明，各当其分。则焉能兼御群理，总发众情耶？由是言之：声音以平和为体，而感物无常；心志以所俟为主，应感而发。"这一论述，不仅理论观点与儒家乐论有原则区别，而且思维方法也迥异于儒家。嵇康按照名家辨名析理的方法论证上述论点，认为"推类辨物，当先求之自然之理"。声音属彼之"名"，哀乐属我之"分"，两者不能混同。犹如酒醴能感发人情，酒之引人入醉，可以激发醉者之喜怒，但不能说酒自身即有喜怒之理。这一辨析的前提，即是将音乐和主体的被激发的情感，做明确的主客两分。它在中国美学史上的突出意义，就在于肯定了音乐欣赏者在音乐活动中的主体地位，他自觉地把音乐作为对象，按自己的性分去欣赏它，"自师所解"，在应感激发中抒发自身的哀乐之情。尽管在这个问题上，音乐界至今仍无一致意见，但嵇康着眼于人格个体和这一人格在审美中的主体性，仍和儒家乐论将"民"视为被动的接受群体，充当圣人意志的消极容器，大不相同；同时，这种明确的主客两分，斩断了儒家将声之哀乐比附于天地、阴阳、四时、人事中的仁义道德这一引申类比的思维之链，使儒家乐论的天人对应模式归于消解。这样，《声无哀乐论》的理论意义，便超出了艺术和审美之外，它作为玄学因得名学之助而恢复逻辑思辨传统方面，留下了一个永不磨灭的印迹。

当然，嵇康以“和声无象”的命题与儒家“乐象德”的思想相对立，不等于说他完全否定了音乐的意象，正如他主张“声无哀乐”不等于否定音乐与情感有任何联系，道理完全一样。他说“和声无象”，只是说，和谐的音乐可以引起人的自由联想，可以比拟为众多的、不确定的、倏忽变换的意象；说“声无哀乐”，只是说音乐唤起的情感，可以是调质不确定的情感，或是喜怒哀乐倏忽变换的“复杂情感”。这一点，《声无哀乐论》交代得固然清楚，《琴赋》的描述，则尤为鲜明：“尔乃理正声，奏妙曲，扬白雪，发清角。纷淋浪以流离，奂淫衍而优渥。粲奕奕而高逝，驰岌岌以相属……状若崇山，又象流波。浩兮汤汤，郁兮峨峨。怫愲烦冤，纡余婆娑……疾而不速，留而不滞，翩绵飘邈，微音迅逝。远而听之，若鸾凤和鸣戏云中；迫而察之，若众葩敷荣曜春风……是故怀戚者闻之，莫不憯懔惨凄，愀怆伤心，含哀懊咿，不能自禁。其康乐者闻之，则欨愉欢释，抃舞踊溢，留连澜漫，嗢噱终日。若和平者听之，则怡养悦愉，淑穆玄真，恬虚乐古，弃事遗身。”嵇康的《声无哀乐论》，在强调音乐自身形式的和谐和无确定情感调质这些观点上，十分接近于19世纪奥地利美学家汉斯立克的看法。后者主张音乐是一种“自由形式”，音乐的内容就是“乐音的运动形式”①。这看法虽被人指责为“形式主义”而引起过许多争议，但他肯定音乐的自律性，强调音乐和诗歌、造型艺术有别，并不表现确定的情感，都不但抓住了音乐的特殊本质，而且同早他一千多年的嵇康一样，尊重了欣赏者的主动性。他们从各自角度证实：审美感受毕竟是欣赏者的一种自由感受。

（原载《江海学刊》1996年第2期）

---

① 爱德华·汉斯立克：《论音乐的美——音乐美学的修改刍议》，杨业治译，人民音乐出版社1980年版，第49页。

《周易》的哲理化与“易象”符号的更新

目前易学界已大致趋向这样一种认识：《周易》的哲理化，实现于“古经”形成到《易传》诞生的历史行程中，即上起殷周之际，下迄战国末年的八九百年间。这是中华文化走出原始巫教的神学阴影，开始人文自觉的重要时期。《周易》在此期间由“经”而“传”，由占筮之书转为哲理之作，不能不包含文化观念和文化符号的双重演变。特定的文化观念制约着特定的文化符号取向；特定的文化符号选择，又深刻影响着文化观念的形成和传播。因此，《周易》由“经”而“传”的历史行程，就不能不带有中华古代文化在观念和符号两方面历史演进的特点。众所周知，由于《周易》历史地位的极端重要性，它所体现的中华文化历史演进的特点，就带有鲜明的典范意义。我涉《易》未深，仅在传统文化意象探源的工作中于“易象”粗有研习，门外谈《易》，意在求得易学方家和广大读者的批评指正。

《周易》走出神学背景的开端

“《易》以道阴阳。”这一判断出自历来被誉为“中国第一篇学术史论著”的《庄子·天下》篇，不只表达着庄子及其后学的观点，而且很可能代表了战国后期学界的共同看法。“《易》以道阴阳”，揭出了《易传》的基本精神。“阴阳”概念引入《周易》，导致《周易》观念的深刻变化，成为《周易》走出神学背景的开端。

《周易》古经未见“阴阳”连用术语。古经卦爻辞，“阴”字仅一见：“鸣鹤在阴，其子和之。”（《中孚》九二爻辞）此所谓“阴”，盖取“背日为阴”之义，并无哲学意蕴。最先从哲学意义上使用“阴阳”这对概念的是《彖传》。它视“阴阳”为相待并出的两种属性，用以解说乾、坤、泰、否诸卦。乾、坤两卦《彖》辞，已将两卦确指为天地，立为宇宙两元，具有健、顺两类属性，“阴阳”二字，蕴而未出；下乾上坤的“泰”和下坤上乾的“否”，则有如下《彖》辞：

> “泰，小往大来，吉亨。”则是天地交而万物通也，上下交而其志同也。内阳而外阴，内健而外顺，内君子而外小人。君子道长，小人道消也。
>
> “否之匪人，不利君子贞，大往小来。”则是天地不交而万物不通也，上下不交而天下无邦也。内阴而外阳，内柔而外刚。内小人而外君子，小人道长，君子道消也。

比勘两卦《彖》辞，可见其作者心目中，乾卦阳坤卦阴的属性概已认定，而且“阴阳”一语已连类及于一系列成对概念：天地、大小、上下、健顺、刚柔、君子小人。泰否两别卦，从乾坤两经卦的组合关系来说，恰为对反，因而泰否两卦连类引申的一切属性也统统翻转一过，两卦的吉凶意义也恰成对反关系。

咸卦《彖》辞更将“阴阳”两元坐实为“二气”：

> 咸，感也。柔上而刚下，二气感应以相与。止而说，男下女，是以“亨，利贞，取女吉”也。天地感而万物化生，圣人感人心而天下和平。观其所感，而天地万物之情可见矣。

《彖》辞保留了卦辞“取女吉”这一占卜意义，却在解说咸卦何以象征“取女吉”的时候，将咸卦象征意义推扩为象征宇宙万物：就宇宙言，阴阳二气相感化生万物；就圣人言，由观人心所感而见万物之情，这就统摄了天、地、人，而以二气相感一以贯之。照《彖》辞，男女爱悦（说）而相感，不过是阴阳二气相感的一个典型事例而已。

《象传》也引进了阴阳概念，而且确指为“阳气”与“阴气”。如《传》解乾卦卦辞云：“潜龙勿用，阳在下也”；《传》解坤卦“初六”爻辞则云：“履霜坚冰，阴始凝也。”然而《象传》言“阴阳”，止此而已，它仅仅将阴阳二气与四时气象相联结，未见以阴阳二气为“万物资始”的观念。《象传》和《彖传》一样，也曾将天地、上下、刚柔、大小、君子小人看作成双作对、相对并出，但并未以“阴阳”观念加以统摄。《象传》的着眼点全在“果行育德”四个字，主旨在如何修身、立德、得位、得中，其立论坚守“礼文化”立场，是鲜明可睹的。

《彖传》情形有所不同。它有强烈的以阴阳统摄天地万物的意向。除对“大哉乾元”“至哉坤元”的礼赞外，“正大而天地之情可见矣”（《大壮》），“天地解而雷雨作，雷雨作而百果草木皆甲坼”（《解》），“天地相遇，品物咸章”（《姤》）一类言天地运行、万物滋生法则的辞句，经见迭出。更值得注意的，是《彖传》确认宇宙万物有其盈虚消息的运行法则，人事与鬼神祭祀之理，亦不逃这一法则，“圣人”的任务，就在顺天地而动：

> 日中则昃，月盈则食。天地盈虚，与时消息，而况于人乎？况于鬼神乎？（《丰卦·彖传》）
>
> 豫顺以动，故天地如之，而况“建侯行师”乎？天地以顺动，故日月不过，而四时不忒。圣人以顺动，则刑罚清而民服。（《豫卦·彖传》）

由此出发，《彖传》提出了天、地、人“三道”并立的思想，即如《谦》卦《彖》辞：

> 谦，亨。天道下济而光明，地道卑而上行；天道亏盈而益谦，地道变盈而流谦，鬼神害盈而福谦，人道恶盈而好谦，谦尊而光，卑而不可逾，君子之终也。

照辞作者看，“三道”均有“好谦”的品格，人若能兼摄“三道”，以尚谦为旨归，即可以永为君子。很明显，这里还没有就三道求得统一，但天道与地道以其“下济”和“上行”相对应，鬼神与人道以其“害盈”和“恶盈”相对应，人道和天（地）道又构成相对并出关系，这种思路，字里行间仍皎然可见。

《象传》主旨在“化成天下”。但它承认有“天文”和“人文”

两种“化成”：

贲，亨。柔来而文刚，故亨。分，刚上而文柔，故“小利有攸往”，刚柔交错，天文也。文明以止，人文也。观乎天文，以察时变。观乎人文，以化成天下。（《贲》）

离，丽也。日月丽乎天，百谷草木丽乎土。重明以丽乎正，乃化成天下，柔丽乎中正，故亨，是以“畜牝牛吉”也。（《离》）

比照两卦《彖》辞，不难发现其作者隐潜着的意向，即“人文”需效法“天文”。“化成天下”是要遵循“时变”的，如《彖》辞所云：“时止则止，时行则行，动静不失其时，其道光明。”（《艮》）而“时变”又全赖“天文”所昭示。人文化成，需效法天文化成，这是《彖》辞的逻辑必然导致的结论。

《彖传》引进“阴阳”二气，视为万物原始，并试图以此统摄天地、刚柔、上下诸多成对概念，这对《周易》来说，是观念的根本革新。从周礼系统中发育起来的《周易》古经，一直充当着“天命”与“人事”的神秘交流工具，《左传》《国语》所载春秋时人使用筮占，还显明地流露出对天命、天意的笃信；力图恢复周礼秩序的孔子，也视天为有目的、有意志的主宰。“获罪于天，无所祷也”（《论语·八佾》）这句话，最能说明孔子在何等程度上承继了周礼的天命观念。《彖传》对“天”的看法则大为不同：

大哉乾元，万物资始，乃统天。云行雨施，品物流形。大明终始，六位时成，时乘六龙以御天。乾道变化，各正性命。

这一《彖》辞，以对“天”的自然主义解释，引起人们的重视，不是偶然的。这个“天”，派生万物，不但决定着空间与时间，而且决定着万物的性命，① 其中不含任何神谴神佑，与儒家对“天”

① 据高亨《周易大传今注》：“大明终始”，谓日之出入；“六位时成”，“时”释“是”，犹言六位是定，“时乘六龙以御天”，借用日驾六龙神话言“日以时运行于天空”。“各正性命”，即各得其属性之正与寿命之正。（高亨：《周易大传今注》，齐鲁书社1979年版，第54页）

的理解绝不相类。因此，20世纪30年代之初，冯友兰先生首先从中绎出一种“自然主义哲学”，以此为据，打破孔子作《十翼》的神话；[①] 李镜池先生继起发挥，断定《彖传》作者不是纯粹的儒家，因为其中有着“自然主义”哲学，并有“迹近‘无为主义’的道家思想”。[②] 这一重要发现，20世纪40年代初为朱自清先生所首肯，他在《经典常谈》的《周易》部分认为，《彖》《象》二传说“天”的时候，“不当作有人格的上帝，而只当作自然的道”，具有“道家色彩”；进而断言，《易传》的作者在说《易》时曾深受阴阳家和道家学说的影响。[③] 可以说，20世纪上半叶，学界业已见出，从《周易》古经到《易传》的哲学化过程中，道家与阴阳家起过重要作用。

至于《易传》接受“自然之道”的过程如何？这一过程又为何以引进“阴阳”二气说为起点？对于这样一个事关整个哲学史和易学史的重大而复杂的课题，几十年来，几乎无人深究。马王堆汉墓出土的多种帛书和对它们的深入探讨，促成了这个课题的重大突破。其中，陈鼓应先生有关《易传》与老庄、稷下道家思想渊源关系的深入考察，为这一课题的研究，注入了强大的活力，尤其功不可没。[④] 虽然我们对陈先生的中国哲学史“道家主干说”并非无所保留，但是，对于他清理《易传》思想渊源的卓越工作，仍怀有由衷的敬意。

经过20世纪80年代许多学人的努力，现在，《易传》接受道家影响的大致线索，可以说已经勾画出来。其轨迹似可表述为：《易经》—《老子》—《黄帝四经》—稷下道家（以“《管子》四篇”为代表）—《庄子》—《易传》。从这一历程看，《彖传》引入“阴阳”二气并将阴（坤）、阳（乾）确立为两元，正是《周易》接受道家影响的最早迹象。可以说，《周易》哲学化的最初一

① 冯友兰：《孔子在中国历史中的地位》，《三松堂全集》（第七卷），河南人民出版社1989年版，第139—141页。

② 李镜池：《易传探源》，载顾颉刚编著：《古史辨》（三），上海古籍出版社1982年版，第95—132页。

③ 朱自清：《朱自清古典文学论文集》（下册），上海古籍出版社1981年版，第610—611页。

④ 参见陈鼓应：《〈道家文化研究〉创办的缘起》，载陈鼓应主编：《道家文化研究》（第一辑）之《序言》，上海古籍出版社1992年版，第1—6页。

步是借道家哲学之力迈出的。

《彖》《象》之后，诸《易传》大抵是以道家宇宙观为依托，进行着自己的理论发挥。这种发挥呈双向进行：就《周易》自身结构而言，是向下落实，即将阴阳二元从卦象落实到爻象。这一点，非但《彖》《象》二传没有达到，《文言传》也没有达到；以阴阳命名奇偶两爻，要在《系辞》《说卦》形成之时。就《易》理发挥而言，是向上提升，即将天道、地道、人道三道统一于阴阳互动之道。从这个意义上说，《系辞传》提出“一阴一阳之谓道”的命题，便标志着阴阳之道不但已贯通于《周易》的卦与爻、卦位与爻位，而且贯通于天道、地道、人道，贯通于全部易理。“阴阳不测之谓神”，这个“变化”的“神理”，取代了人格神的地位。因此，“一阴一阳之谓道”命题的提出，便成为《周易》走出神学背景实现哲学超越的确切标志。

《周易》之所以要借助于道家学说实现哲学化，有其思想上的必然性。《周易》是在西周礼治文化系统中发育滋长的，而“周礼”正是先秦百家学说的共同源头。周礼关于宇宙自然运行秩序与人间政治伦常秩序相对应的思想，实际上为中国提出了“天人关系”的哲学母题。先秦诸子百家，照司马谈的说法，最主要是阴阳、儒、墨、名、法、道德六家。这六家，都这样那样地承认“天人”之间相互对应，可以相通，可以相感，只不过各有取径、各有思理而已。就中，儒家主张“以天合人”，即承认“天”有意志、有目的、有道德，进而“以天证人”，论证人间政治伦常秩序的合理性；道家主张“以人合天”，认为天道无为，“道法自然”，人间的秩序、人们的行为，都要因循、顺应这个流转不息的永恒的“道”。在春秋战国那个“道术为天下裂”的时代里，在“天人”关系问题上儒道两家分歧最深刻，相互论辩很多。儒家责难道家（庄子）“蔽于天而不知人”（《荀子·解蔽》），道家则指斥儒家“明乎礼义而陋于知人心”（《庄子·田子方》），似乎各自都击中了对方的偏颇。因此，从理论上说，《易传》对儒道的综合，不过是试图恢复礼文化在血亲基础与神学背景下那种原有的理论统一和秩序和谐罢了。要知道，道家也是从周礼衍出的。“道家者流，盖出于史官。历记成败、存亡、祸福、古今之道，然后知秉要执本，清虚以自守，卑弱以自持”（《汉书·艺文志》引刘歆《七略》）这个话验之以老子其人其书，不能言其无据。史传老子曾任“柱下史”，连孔子也曾向他问“礼”，他熟悉周礼是毫无疑问的。从周礼这个大背景看，儒道的综合，又完全可能。

同时，《周易》借助道家实现哲学化，又有其历史的必然性。春秋以降的列国纷争和礼崩乐坏，促成人文理性思潮的勃兴，西周礼文化赖以生存的精神支柱——神学天命观或天道观发生动摇。人文理性的觉醒是一个长过程，实际上，西周末年就已经显露出征兆。《国语·周语》载西周太史伯阳父论地震的那段名言，正可见出人文理性觉醒的种子，不发育于别处，而恰在礼文化的中枢——史官群之中：

> 幽王二年，西周三川皆震。伯阳父曰：“周将亡矣！夫天地之气，不失其序；若过其序，民乱之也。阳伏而不能出，阴迫而不能蒸，于是有地震。今三川实震，是阳失其所而镇阴也。阳失而在阴，川源必塞；源塞，国必亡。夫水土演而民用也，水土无所演，民乏财用，不亡何待？”

周幽王是西周的末代天子。幽王二年，镐京发生大地震，导致“三川（泾、渭、洛）竭，岐山崩”。这个发生在周人发祥之地并且毁坏了周人引为自豪的山川的巨大灾变，曾引起当时西周朝野的巨大惶恐，是可想而知的。伯阳父认为这是西周覆灭的征兆，或许正说出了时人的共同预感。奇怪的是，他对此所做的解释，几乎完全排除了神意干预的因素，而是用物质世界阴阳二气的交互作用和力量对比来解释地震成因，由地震带来的物质生活后果来解释社会生活的突变（“周将亡”），这在西周末年，全然是一种崭新的世界观。今人李存山先生对此做过十分剀切的评价：

> 西周末年伯阳父以“天地之气”论地震之发生，用“气”来解释自然界的运动以及对人类社会的影响，这是与“天启的、给予的知识和权威的真理”相反对的新的世界观，是传统哲学产生的标志。①

① 李存山：《中国气论探源与发微·绪论》，中国社会科学出版社1990年版，第2页。

从思想发展的历史线索看，伯阳父的观点，也可以说是老学的先声，是老子将阴阳二气的交互作用上升为“道”，构成被人们称为“自然主义”的非神学的宇宙观。从伯阳父到老子，礼学内部产生的这种侧重外求的人文理性的自觉，是一脉相承的。

儒家则从另一方面发展了“礼学”传统。孔子以恢复周礼为己任，但他也对周礼做了理论上的更新。在强调按血亲关系巩固社会等级秩序方面，孔子是保守的；但他提出仁学，关注人内心的伦理自觉，企图以此化解周礼人伦等级秩序的强制性，则体现着历史的进步。这一仁学思想经思孟学派发挥而为尽心、知性、知天的心性之学，形成完整的人格建构理论，引导人通过对“上下与天地同流”（《孟子·尽心上》）、“志气塞乎天地”（《礼记·孔子闲居》）的理想人格的追求，实现天人合一，将此前中国的伦理观、人生观提高到哲学的高度，表明了礼学内部产生的侧重内求的又一种人文理性自觉。

在先秦及神学思潮的激荡下，儒家已无法始终坚守西周以来传统的天命观念。人们早就发现，思孟学派的若干著作已有向“自然之道”靠拢的迹象。[①] 它表明儒家在“以天证人”的进程中，愈是强调人的内心道德自觉，便愈要求摆脱“天命”观的神学羁绊。而《周易》，本是周礼文化中沟通天人的媒介，取得天机、天启的手段，应当是偏重于探测天道一极的。在先秦人文理性觉醒的大潮中，对《周易》的解说，更多地引进道家的宇宙观以充分论证儒家的人道，并将天道、地道、人道三者统摄在“一阴一阳之谓道”的命题之下，实在势所必至，而决非偶然。

由此可见，与其绝对地判定《易传》究竟属于儒家之作还是道家之作，不如认定它是兼综儒道或儒道互补之作，更加切合实际。《易传》“推天道以明人事”，它的侧重点不在天道而在人事，它浸透着儒家仁学、心性之学的精神，这是无可否认的；《周易》属于儒家六经之一，这早在《庄子》的《天运》《天下》篇中，便两次加以确认。但同样不可否认的是，《周易》曾借助道家宇宙观（包括黄老学派和稷下道家思想）实现自己的哲学化。《易传》使重伦

① 最显见的是《中庸》关于天地之道那些“不见而章，不动而变，无为而成”一类论述。

理自觉、重人为努力的儒家学说和因循天道、顺应自然的道家思想在一定条件下求得共存互补，形成一种既尊重客观法则又不失自觉能动性的民族智慧，使我们的民族曾世代受惠于此，也正因为如此，《周易》被誉为“哲人之骊渊”（《文心雕龙·宗经》），成了中国古代文化的宝典。

“易象”结构、功能的更新

《易传》文化观念的哲学化，带来“易象”符号结构与功能的质的更新。《易传》文化观念的传达媒介，不止是语辞及其意指功能，还借助于卦爻象的引申、类比的推理功能以及隐喻、象征的暗示功能。只有将象、辞两者相互参照，在《易传》“言象互动”的总体符号中，才能较为确切地绎解出、体认出它所蕴涵的文化观念。

和确立“一阴一阳之谓道”的命题相平行，《易传》也确立了“象”在《周易》符号系统中的中心地位：“《易》者，象也。”（《系辞》）如王夫之所阐释的：“象不胜多，而一之于《易》……汇象以成《易》，举《易》而皆象，象即《易》也。”①

《周易》使用的是由数、象、辞三个子系统整合起来的复合符号系统。数，指揲筮操作中运演出来的常数奇偶的排列组合，《易传》认为其中深藏“天下之至赜”。但数自身并不能直接呈现这个“赜”，需要将其纳入卦爻之象，并由此推演到自然物象与人文事象，使深不可测的“赜”，呈现为经验事实，这才有了辨识的可能。而辞，则是宣示卦爻之象，叙述贞问之事、判定吉凶之兆的语言形式，即所谓“示辞”“告辞”“断辞”的总称。从后世记述可知，《周易》中数、象、辞复合符号系统的操作程序是：因数定象、观象系辞、玩其象辞而定吉凶。在数、象、辞三者之中，这居间的象，原来的地位就十分重要。

《周易》的哲学化，大大消解了筮数的神秘功能，使象、辞在易筮中的地位更见突出。阴阳观念引入《周易》之后，筮数的奇偶

---

① 王夫之：《周易外传》，中华书局1962年版，第178—179页。

组合，逐步为阴阳二气的交互作用所代入；数的组合，实际上成阴阳互动中二气不同比例、不同秩序、不同功能的组合；数，成了阴阳互动不同方式的规范性符号。原始筮占中数的神秘意味开始消退，筮数中原来存有的天机、天启和神意对人意的关怀，也日益淡化。因此，《系辞》强调数的象征意义，将筮数归结为宇宙自身运行秩序的显现，就完全不是偶然的了：

> 大衍之数五十（金景芳《易通》：“当作‘大衍之数五十有五’，转写脱去‘有五’二字”），其用四十有九。分而为二以象两，挂一以象三。揲之以四，以象四时。归奇于扐以象闰。五岁再闰，故再扐而后挂。天数五，地数五。五位相得而各有合，天数二十有五，地数三十。凡天地之数五十有五。此所以成变化而行鬼神也。

这是《易传》诸篇中集中论述筮数的一段话。这里所述揲筮操作和筮数运演的程序无疑是十分古老的，但是《系辞》对它的解释却排除了神意（天数）的参与。五十五根蓍草，弃六根不用，象征六爻，“分而为二”象征天地；“挂一以象三”象征天、地、人；“揲之以四”象征四时；“操四”之后所余蓍草象征闰月……这里除了自然数的排列与宇宙万物之间象征性的对应之外，几乎没有什么神秘莫测的天机、天启的成分，它和原始筮占对筮数的理解，可能已是另一番面貌。至于十个自然数的奇偶组合，《系辞》则认为完全和天地（暗指阴阳）相对应：天（阳）为奇数，地（阴）为偶数，天数为五个奇数，地数为五个偶数，天数一、三、五、七、九相加为二十五，地数二、四、六、八、十相加为三十。《系辞》断言：“此所以成变化而行鬼神也。”阴阳两气的变化，足以统摄宇宙秩序，连鬼神也不例外。因为在《系辞》作者看来，鬼神的情状无非是“精气为物，游魂为变”的结果，而所谓“神”，乃是“阴阳不测”的同义语，是万物变化的神妙之理。（《说卦》亦云：“神也者，妙万物而为言者也。”）在《易传》里，不但筮数被哲理化了，连鬼神也被哲理化了。

与筮数神秘功能被消解同时，“象”的功能在《系辞》中被突出强调出来。《系辞》明确指出，“八卦”的图式是圣人“法象”天地万物的结果。“八卦”原已存在于宇宙自身的运行秩序之中：

易有太极，是生两仪。两仪生四象，四象生八卦。

太极，作为最高本体，是高于天地的“一”，它经过一系列下行的两分，产生出天地、四时和以八种自然物（天、地、雷、风、水、火、山、泽）为代表的万事万物，构成一个宇宙基本图式。“圣人”创造八卦，并不需借助于天命神意，而全凭一副“观物取象”的本领：

古者包犧氏之王天下也，仰则观象于天，俯则观法于地，观鸟兽之文，与地之宜，近取诸身，远取诸物，于是始作八卦，以通神明之德，以类万物之情。

这个意思，《系辞》曾反复为说，三致其意。在《易传》中，“象”的功能和“数”的功能此长彼消的涨落关系可以看得十分清楚。诚然，《易传》也没有完全摈落“数”，如《说卦》称：“昔日圣人之作《易》也，幽赞神明而生蓍，参天两地而倚数，观变于阴阳而立卦。”这里仍保留了“蓍草”的神圣性，① 但说到“倚数”即“立数”时，却说那是从“参天两地”而来，“参”指奇数，“两”指偶数，数的奇偶，仍归于天地所自生；又如，《系辞》亦称：“天垂象，圣人象之；河出图，洛出书，圣人则之。”历代儒者均以为“河图”“洛书”启示了八卦的神秘数字，宋儒更就此多所发挥；且不说“河图”之说来历难明。② 单看《系辞》明确将“天垂象，圣人象之”，置于效法“河图”“洛书”的神秘数字之前，就可以明显见出作者将“法象”天地置于优位的意图。因此，就

① 《系辞》仍以龟蓍为“天生神物”。《史记·龟策传》褚少孙补：“闻蓍生满百茎者，其下必有神龟守之，其上常有青云覆之。”所谓“丛蓍之下，必伏神龟”，盖出于周人古旧传说，其中透出周人力图以筮占与殷人龟卜相衔接的文化心理秘密。

② 河图、洛书传说源起，已湮不可考。孔安国《尚书传》说：《洪范》所称“天乃锡禹洪范九畴”，即指“天与禹，洛出书，神龟负文而出，列于背，有数至于九”；刘歆以为：“伏羲继天而王，河出图，则而画之，八卦是也。”但《尚书·洪范》只言“五行”“五子”等九畴，未见与卜筮相关。

《易传》整体看，虽然没有完全摈落这个神圣的“数”，但“数”在整个数、象、辞复合符号系统中的作用，已远不及“象”之重要了。从原始筮法的以数直接取断吉凶，到古经的因数定象，再到《易传》的以象为主，“数”的符号重要性日趋下落，这是历史的大势。

“数”的重要性之下落和“象”的重要性之上升，正表明一个历史事实：经过春秋战国人文理性思潮的洗礼，古老的“数字崇拜”，即数的神秘观念，业已发生动摇。“圣人不烦卜筮。”（《左传·哀公十八年》）看来春秋之时，筮占已经不是那么至高无上，须臾不可或缺了；到《管子·内业》，更表现出力图摆脱卜筮迷信的人文意向：

> 抟气如神，万物备存。能抟乎？能一乎？能无卜筮而知吉凶乎？能止乎？能已乎？能勿求诸人而得之己乎？思之思之，又重思之。思之而不通，鬼神将通之。非鬼神之力也，精气之极也。

许多论者已经指明“《管子》四篇”是《易传》引入阴阳二气说的直接渊源，此事已无须赘述。可注意的，是上引《内业》表明，稷下道家有一种强烈的意向，即主张以把握精气来代替神鬼迷信，代替卜筮方术，以自力致思来通晓万物及其吉凶取向。正是这种意向，体现着人文理性精神的觉醒。至荀子，更进一步提出“善《易》者不占”（《荀子·大略》），似乎只要通晓《易》理，筮占方术使用与否已完全无足轻重。

“术数”历来连称，“数”总与“术”联在一起，筮占作为方术存在的必要性既受到怀疑，数也就不能不下降到次要的地位。这样，我们终于发现：从《左传》的“筮，数也”（《左传·僖公十五年》）到《系辞》的“《易》者，象也”，实体现出《周易》古经到《易传》之间，“易象”符号结构所发生的重大变化。

《易传》中“象”的符号系统，以卦爻记号为主体，亦呈梯级配置：

一级是阴阳两爻所象征的阴阳两气。这两气，既指不可见的、连续的、运动着的两种气体，又指两事物在相互联系中各自取得的功能属性。《易传》强调的是阴阳二气的化生功能，它流转不息，也生生不已，生育着、支配着万事万物的生命运动。由于每一事物皆由两气交合而化生，所以都秉有阴阳两气。而它的阴阳（又称刚柔）属性，又因在诸事物的关系和联系中所处的地位变动而推移，如子对父而言是阴，子对孙而言又是阳；臣对君而言是阴，臣对民而言又是阳，如此等等。

二级是由八经卦象征的天、地、雷、风、水、火、山、泽八种主要自然物象，以及由六十四别卦所象征的上述八种主要自然物象间的相互关系。在八经卦中，因为天地即是阴阳，乾坤两卦即象征着阴阳两元，所以它们在后世被视为“母卦”，其余六卦被视为“子卦”。从记号说，所有卦体均由阴阳两爻所组成。从象征原理说，雷、风、水、火、山、泽诸物均由天地（实为两气）所构成。六十四别卦的每一卦均由两卦相重而成，两卦的相互关系被称为“卦位”，有上下、内外、前后、平列、重复等不同位别。如坎下艮上的蒙卦，《彖传》称之为“山下有险”，《象传》称之为“山下出泉”；如坤上离下的明夷卦，被视为坤外离内，坤为顺，离为火（象征文明），所以《彖传》称其卦象为“内文明而外柔顺”。

三级是由经卦和别卦的卦象继续引申，所象征的是更为具体纷繁的自然事象与人文事象。这种引申类比，在《易传》出现之前，已在春秋各国普遍流行。《左传·庄公二十二年》载，周史奉陈厉公之命为其子敬仲占卦，其所做的解说中，即提到：“坤，土也；巽，风也；乾，天也；风为天于土上，山也。”《国语·晋语》载，晋公子重耳（即晋文）曾自占一卦，卜问能否取得晋国，得到的本卦是屯，之卦是豫，筮史以为“不吉”，司空季子却以为“吉”，并做了完全有利于晋公子的解释：“震，东也；坎，水也；坤，土也；屯，厚也；豫，乐也。东班外内，顺以训之，泉原以资之，土厚而乐其实，不有晋国，何以当之!”李镜池先生综计《左传》《国语》所载卦象，已涉及天文地理人事诸多方面：

乾——天，天子，金玉。

坤——土，马，母，众，顺，帛。

震——车，雷，兄，长男，足。
巽——风。
坎——水，夫，众，劳。
离——火，日，鸟，牛，公侯。
艮——山，“于人为言”，庭。
兑——泽。
屯——厚，固。
豫——乐。
明夷——日。
比——入。
随——出。①

《易传》中的卦象，则更形繁复。《说卦》中卦象引申数量之繁，事物之杂，几乎不能胜举。就《彖》《象》二传所见，仅八经卦所比附的物象、事象，就达58种之多。高亨先生《周易大传今注·周易大传通说》附有《〈彖〉传〈象〉传中之卦象备查表》，表繁不具引。

比较上列两种统计结果，可以看出从春秋到战国，《易传》在八卦取象上有两点明显变更：

第一，自觉贯串阴阳对立思想。八卦按其顺序分别纳入阴阳（刚柔）两种类型，形式上十分整饬：

阳（刚）：乾　震　坎　艮
阴（柔）：坤　巽　离　兑

第二，自觉贯串政治伦常的等级秩序观念。《左传》《国语》中乾为“天子”，坤、坎为“众”，离为“公侯”，已启其端，《易传》则更事张扬，每一卦都有多种人文事象与之相应，而且莫不具有鲜明的政治伦常等级色彩。除天比朝廷、地比民或臣民、水比民众之外，更有雷比刑、风比教令、离比文与文明一类较为抽象的比附，

① 李镜池：《周易探源》，中华书局1978年版，第413—414页。

尤其坎比之于水，又由水比之于雨、云，再由雨、云比之为“恩赏”；离比之于火，又由火比之于日、电，再由日、电比之为“明德”“明察”，这种通过辗转类比，最终指向一种抽象的道德观念或行为规范的做法，最能鲜明地体现《易传》作者将卦象政治化、道德化的意图。

“方（按：当作“人”）以类聚，物以群分。”《易传》通过三级结构的“象”的符号模式，试图以阴阳二元作为标准，将天地万物做出分类。然而，这种分类的目的，不在确切认识每一具体事物的实体，弄清它的本质，而是指向每一具体事物在宇宙运动中阴阳属性的变化，从中求得变化趋向的征兆。《系辞》说：“见乃谓之象。”这个“见”（现），指阴阳二气消长变化征兆之显现，所以韩康伯注之为：“兆见曰象。”把“兆”之显现称之为“象”，不但其来有自，可以一直追溯到“龟者，象也”，即古老的龟卜中的“龟兆”，而且也确切地说明了《易传》之“象”的基本功能。《周易》的主旨在“观变于阴阳”（《说卦》），阴阳之变又显现为象，所以“观变于阴阳”与“观象”实为一事。正因为如此，“观象”便可探求宇宙人生必变、所变、不变的大法则。

诚然，单单凭借这个三级结构的“象”的符号，并不足以探求天下万物之“赜”，亦即宇宙人生的奥秘。有两方面的必要性，使《周易》非得借重语言符号的表意功能不可：一是“象”不论怎么说，始终摆脱不了经验形态，尽管“象”的推衍，有其隐约的推理法则在，但它只限于类比推理；而类比，又绝难摆脱主观性和随意性，这就需要由语词来提供明确的概念，特别像“道”“阴阳”“刚柔”这样一些抽象程度很高的概念。而如果没有作为最高概念的“道”，没有“一阴一阳之谓道”这样的基本命题，光凭“象”的符号就不可能构成整个《周易》“弥纶天地之道”的宇宙模式。二是《周易》的主旨在“推天道以明人事”，从事物的阴阳相推所生的变化中，寻求人类知变、应变、适变的法则，以作为行动的向导。简言之，《易》的旨归在“趋吉避凶”。而吉凶之判断，又需要借重语言符号。一方面“观象”才能“系辞”，另一方面只有“系辞”才能对“象”包含的吉凶意义做出判断，这就是《系辞》所言“辨吉凶者存乎辞”“系辞焉以断其吉凶”的所以然。所以不论从《周易》建构宇宙模式的理论意义看，还是从它判断吉凶的致用功能看，语言符号都是对“象”的符号结构的必要支撑。

反过来，“象”的符号结构与功能，也制约着、局限着语言功能的发挥。

“《易》辞本阴阳之定体以显事理之几微”①，所以历来被视为“微言”②，其中既蕴涵精微的义理，又蕴涵“圣人”之情：

> 圣人正天下以成人之美、远人之恶者，其情于辞可见。故《易》之系辞，非但明吉凶，而必指人以（按：疑为“心”之误）所趋向。③

《易》辞，包括“古经”之卦爻辞（春秋以前称“繇辞”），以及诸《易传》之文辞，都是圣人“观象系辞”的产物。它一般不直接显示“事理”，而是通过言辞传达出对“象”（即王夫之所言“阴阳之定体”）的直观感悟所得的启示，这种启示是精微的、玄奥的，非概念所能完全穷尽表达。如阴阳两元及其功能，就是由天地的四时运行中所生变化，由天地育养万物的生命功能，又由人的男女性别特征以及男女育养后嗣的生命功能中得到启示而概括上升的。从一定意义上说，阴阳即是天地，阴阳化生即天地化生；阴阳即是男女，阴阳化生即是“男女构精”而繁衍后代。这样，《易传》中阴阳、刚柔一类标示事物属性的语词，就不像逻辑语言中表达概念的语词那样，需要刊落感性成分，而是始终受到感性的“象”（例如天地、男女）的缠绕，就连较为抽象的阴阳、柔刚等概念，也可以直接用天地、男女等加以指称。

与此同时，《易》辞又蕴涵了“圣人”之情。“圣人”设卦、观象、系辞，全出于“正天地”的宏愿，而“正天地”，又全出于对人的命运的关怀。圣人“修辞立其诚”（《文言》），就是本着深切关怀人类的至诚。“圣人”是一种理想人格，尽管他还拖着一条“半神”的尾巴，但他实际上已成为人类群体的某种代表。圣人之

① 王夫之：《张子〈正蒙〉注》，中华书局1975年版，第246页。

② 王夫之云：“‘书不尽言，言不尽意’，是故有微言以明道。”王夫之：《周易外传》，中华书局1962年版，第148页。

③ 王夫之：《张子〈正蒙〉注》，中华书局1975年版，第272页。

情，无非是人众之情的总称。由此可知，非但“易象”渗进了人的情感、愿望和意向，《易》辞也同样表达着人的情感、愿望和意向，即《系辞》所谓“圣人之情见乎辞”。《系辞》指出，《周易》还具有“当名辨物，正言断辞”的功能。许多论者曾以此为线索，努力从《易》辞指称事物和逻辑判断方面去寻绎《周易》的认知功能，但他们很少注意到，《周易》的认知态度和价值态度并没有充分分化，《易》辞指的主要不是一个个具体事物的实体及其本质，而是指称它在与其他事物的关系、联系中的阴阳属性及其变化；《易》辞的判断，不是纯逻辑判断，而同时是参照人的情感、愿望和意向所做的价值判断。《周易》讲事物的通变，强调人们要去“观变”，目的却在避凶趋吉，即“适变”。“辞也者，各指其所之”（《系辞》），《易》辞具有鲜明的目的指向性、强烈的价值取向性，这个十分触目的特点，是不宜忽略的。

正因为《易》辞具有上述两方面的特殊性，它在语言表达上就显得特别活泛，灵便，富有弹性。从词义衍生看，它较少受概念的拘囿，常连类而及，扩展和变通义涵；从文句间的思想转换看，似乎没有严密的逻辑线索可寻，在相类或相反的思想间，跳跃转进都相当自由。粗看起来，容易使人觉得似乎全出于主观随意性，然而事实不尽如此。我们不否认《易》辞确有一些主观随意成分，但我们也不能不看到，它的词义衍生和思想转换毕竟还有自己的原则，那就是触类引申的原则和价值判断居先的原则。如上离下离的别卦离（䷝），其基本象征意义是火，离卦上下皆火，其卦义应该从火上引出才是，然而《彖传》却说：

> 离，丽也。日月丽乎天，百谷草木丽乎土，重明丽乎正，乃化成天下，柔丽中正，故“亨”。

将“离”释为“丽”，可能因为“离”“丽”二字古均通“罹”，出于同声假借。“丽字”又有成对并出（后作“俪”）、附着、光华、美好诸义，《彖传》作者撇开通“罹”（遭受、遭遇）之义不论，取“附丽”之义[①]而加引申，由日月附丽于天，百谷草

① 王弼《〈周易〉注》：“丽，犹著也，各得所著之宜。”《尔雅》：“丽，附也。”

木”附丽于土，重明（按指日月，亦指人之重明智慧）附丽于正道，归结为天地万物得其序，故云“化成天下”。其实，依个人私见，此“丽”字不宜胶着“附丽”一义作解，同时亦含光华、美好等义项。这是说，天际日月并出的光明美好景象，与大地百谷草木欣欣向荣的景象，都指向一种正道。这里“重明丽乎正”语涉双关，既指自然界日月之双重光明，亦指人类智慧之双重光明，正是这种双关性，露出天道对人道的启示，才导出“化成天下”的卦义。从具体词义说，从“离”到“丽”，到“日月”，到“百谷草木，到“化成天下”，似乎无理可循，但它以天上秩序、地下秩序为范本，使人间秩序归乎正道的意向却鲜明可睹，它是按照“天如是，地如是，人亦当如是”的格式构成“化成天下”的判断的，这种判断无疑是价值居先的判断。

也正因为《易》辞的上述两方面特殊性，它才特别需要借重于隐喻、象征的表达方式。不错，《周易》古经的卦爻辞渊源于“龟卜”的“颂辞”，它类似于巫祝的咒语或赞辞，同属于“占辞”系统。为了便于记诵，它的文句尽可能整饬、凝练，而且讲求押韵，有着“前诗歌”的面貌，其中也充满隐喻、象征、类比、引申意味。但为什么在春秋战国的人文理性思潮勃兴之后，《易传》还照样保留着、承传着原有的语言表达方式？比照西方就可以看得很清楚，人文理性思潮的兴起，没有带来西方——例如古希腊那样的思维方式的突变。在希波战争之前，古希腊的哲人们也用基本的自然物质、用数的和谐来解释宇宙的生成与构成，他们也用诗一般的充满隐喻象征意味的格言、警句表达自己的思想。但希波战争之后，处在“古典时代”的希腊哲人，则以逻辑思辨的方式在寻求宇宙人生的秘密，他们放弃了原有的语言表达方式，转而采用一种抽象的、逻辑推理的表达方式。而在中国，古老语言表达方式的继续承传，正表明古老思维方式——重视感性直观、认知态度与价值态度未充分分化——的继续承传，在《周易》里，这种古老的思维方式，似乎不但没有走到尽头，反而被进一步理论化和系统化了。而这一思维方式的传播媒介，也正在《易传》里得到发育和整合，终于形成较为稳定的“言象互动”的符号系统。

（原载《周易研究》1996 年第 4 期）

审美意象与生机哲学

意象，沉潜着中国艺术精神的巨大秘密。中国传统美学的理论焦点聚于此，中国传统艺术的独特风貌源于此。

不是说，西方美学便没有“意象”的用语。

“Image，Imago”作为心理映象与想象表象，与传统美学“意象”所指“意中之象”，与“意想之象”的涵义，大抵近似。“Image”久被我国学界迳译为“意象”，并非无故。

然而，我国“意象”一语的内涵，只跟“Image”发生部分重叠。意象作为中国美学的中心范畴，其构成，其功能，都有跟“Image”不同的特质。

我国美学要求“意”与“象”的浑融一体。“意”，出自主观情思；“象”，取自客体物象。两相交融，无分你我，故其既“体物”，又“著情”，而能达成再现与表现相统一的艺术功能。

而意与象、心与物、再现与表现之所以能获致统一，是因为意象理论建基于中国古代的生机哲学之上。

被尊为民族文化哲学宝典的《周易》，集中着生机哲学的精粹。“一阴一阳之谓道”，“生生之谓易”，历来为儒道两家所统宗。宇宙的秩序，由阴阳二气运行所主宰；万事万物，由阴阳二气交感所化生。大化流行，遍及天、地、人。由此出发，中国哲学确认万物皆秉有生机，生气，鲜活的生命；万物之间，都能彼此认同，相互感通。人与天地并立而三，人并非君临万物，而是“独与天地精神往来，而不敖倪于万物”（《庄子·天下》），万物于我如朋友，如手足，我的生命情态与万物的生命情态足可相契相感。一木一石，一山一水，都足以安顿人的精神。由此产生的意象，总那么宜人，可心；由这些意象构成的中国艺术，总被体认为精神的家园。所以如此，实有其文化哲学的深厚背景。

西方美学的“移情”学说与此迥异其趣。“移情”说一语道破，便是“物本无情，我自移注”。由于我将自己的感觉、意志和情感，移置于外物，我也就将生气灌注于外物。意象中的生气，自然来自主体的心灵。由于外物的生气遭到抹杀，外物、物象就成了主体投射情感的消极容器，其自身意义，显得无足轻重。现代西方，物质欲望极端膨胀，人们对物遣物惑已难承受。在这样的社会氛围中，出现肢解鲜活的物象，抽离色、线、形等形式要素以表现惶惑不安的主观世界的现代艺术盛行一时，而其所以风行，跟这种心灵单向投射的“移情”学说，不能说没有因果联系。如今，处于这种社会氛围与艺术氛围的西方人士，对体现物我亲切交融的中国艺术意象，持由衷的认同之感，正表明它足以救正西方“移情”美学的偏颇，而拥有一分独有的价值。

正因为中国意象理论建基于生机哲学之上，中国艺术的意象创造，有自身的审美追求。

第一，追求“不似之似”。

在中国艺术传统里，“象”不只是事物的物质感性面貌，事物的形式与结构，更是事物生命运动的特定情态。人有情有神，物亦有情有神。艺术的意象创造，不以酷肖事物外形为贵，而以得其风神为尚。艺术家不当与照相机争功，而当全力捕捉事物在生命运动中每一顷刻所发生的精微变化，全力体悟这一变化，在物我共感处，情态相通处，去获取意象。这样的意象，可以简约笔墨出之，可允许适度变形，从而脱略单纯的形似而归于神似。石涛所谓“不似之似当下拜”，“不似之似”，即此之谓。然而，“不似之似”并不舍弃具象，明清大写意虽逸笔草草，讲求笔墨效果，突出物象变形，但始终未走向“形式的抽离”，“具象的解体”。按中国传统的意象理论，“象”是生命情态的显现，那是无论如何不能完全舍弃，完全抽离的。

第二，追求“意余象外”。

主张意象浑融的中国美学，并不否认主体在艺术创造中的能动作用，恰恰相反，它确认“意在笔先”，为“意”立下主脑地位、统帅地位。它鼓励艺术家大胆突破物象有限性，大胆追求象外之意。实现这一追求所凭借的原则，便是“虚实相生”。这里的

“虚”，不是绝对的空无，而是“抟实为虚”的“虚象”——“象外之象”。凡目力所穷而情派不断的深远之境，凡空明晶透的莹洁之物，统可由“虚象”出之。大片空白便是浩浩苍穹或一泓逝水，这“不画之画”，“不写之写”，却又与实景融通一气，使“无画处皆成妙境”。依我之见，中国美学所谓意境，就是意象所组成的活的体系，这里既有“实象”的有机组合，更有“实象”与“虚象”的相互映衬，相互生发。意境的基本功能，就在把画内意与画外意，言内意与言外意交融一体，启动观赏者的想象与冥思，从有限的画与言，走向无限的情与意。

第三，追求“气韵生动”。

位居绘画“六法”之首的“气韵生动”一语，自南朝提出，早已伸展到艺术的全领域，成为中国艺术的普遍追求，甚至被视为艺术生命有无的标志：“有韵则生，无韵则死；有韵则雅，无韵则俗；有韵则响，无韵则沈；有韵则远，无韵则局。”（陆时雍：《诗镜总论》）何谓“气韵”？历代说者颇多歧解。我以为，所谓“气韵”，正是事物在其生命运动中所呈现的节奏、韵律和秩序，简言之，即是音乐感。中国人对事物在空间运动所呈现的音乐感，把握之锐敏，共鸣之深邃，传达之熟练，都是惊人的。西方美学直至19世纪才将音乐化推为艺术创造的极致，而中国自晋人始，即已“舍声言韵”，六朝来，又从人物品藻而及于绘画、诗文，整个艺苑都在创造中同趋“气韵生动”之境。这显然得力于中国古代生机哲学，特别是其“物类相感”的宇宙有机观（李约瑟于此有精辟分析），同时也得力于中国绘画的特有媒介——艺术的线。中国的象形文字和文学传播重刻镂的传统（如甲骨文、金文），使艺术的线条功能，较早得到发挥；“一笔书”“一笔画”，那气脉连绵不断的线条运转，使艺术的线条充满了生机活力。通过线条的点划振动，疾徐张合，盘纡屈伸，往往把艺术家通过物我共感得来的音乐感，传达得淋漓尽致；这也训练了中国人对线条微妙的感受力，线条的运动，往往能极易激起观赏者的情感节奏，获致情绪的共感与共鸣。

（原载《中文自修》1992年第9期）

朱光潜、宗白华美学思想研究

美学老人的遗产与国内今日美学

朱光潜美学在当代的影响，并不因这位“美学老人”的辞世而消失。相反，国内今日美学的发展，正在进一步证实这份遗产对整个现当代美学的开山意义。

20世纪80年代，是国内美学发生重要转折的一大关节点。从中期开始，群众性的美学热潮开始消退，原有美学派别的“磨道式”争论渐告平息，随着西方美学新潮的广泛引入，今日美学进入了深沉的反思阶段。

学科领域外在的沉寂，与内在的深刻变化同时并存：代替群众性美学热潮中不可避免的泛化（伴随某种浅化与简化）现象的，是美学研究理论化、科学化趋势的增强；代替仓促构造体系的时兴风尚的，是对西方美学新潮的多向吸取；代替“磨道式”争论的，是五六十年代形成的原有学派各自的自我反思和自我深化；代替美的本质的单一哲学探讨，是美学视野的扩展，审美心理研究趋于活跃，中外美学史研究大有创获，相关学科的交叉渗透在日益加深。尤可注意的是，已有学者鲜明揭起“现代美学”的旗帜，预示着中国传统美学与西方现当代美学在新的层次上的又一次综合，预示着中国美学观念的更新。

处身这一学术背景的我们，该如何估量朱光潜美学对今日美学的影响呢？换句话说，在“美学老人”的遗产中，哪些东西将是今日美学最可珍视的呢？

首先是朱先生的美感论。

青年朱光潜，早就以他的《无言之美》斐声学界，显露出卓异的美学识见和精到的审美感受力；留欧之后，他面临西方“自下而上”的美学氛围，又经由文学、心理学、哲学的学科序列步入学术领域，客观的学术走向和主观的知识结构都决定他必然把目光专注于美感经验的分析。无论是他美学上的鸿篇巨制还是短章小作，对于美感的现象描述始终是那样得心应手，美感的哲学解说和心理学诠释常常那样慧见纷呈，这一切人们已经谈论得很多很多，早已毋庸我来细说。

我以为，朱先生在美感论上的贡献，主要并不在“中西合璧，雅俗共赏”，即通常人们乐于称道的学术视野的开阔以及理论叙述的生动。朱先生的美感论，有独到的创造。他独到的地方，也是对今日美学最有启示意义的地方。

第一，自觉地坚持美感分析在美学的中心地位。“美学的最大任务就在分析这种美感经验。”美感的经验事实，是他全部研究的出发点。他说：

> 近代美学所侧重的问题是：“在美感经验中我们的心理活动是什么样?”至于一般人所喜欢问的“什么样的事物才能算美”的问题还在其次。这第二个问题也并非不重要，不过要解决它，必先解决第一个问题。①

这最后一句话，包含朱先生对西方近代美学走向的历史沉思，表明他对美感与美相互关系的重要理解，我们不宜轻轻放过。照常理，先有事物的美，才有人的美感，研究的程序应该从对象的美入手，先弄清审美对象，才能弄清主体对对象的心理反应，即美感。但这样的程序对美学来说其实并不相宜。因为美并不等于事物的物理实体，而是事物的一种特殊属性。这种属性用通常的认识态度或实用态度是难以接近、难以发现的，只有当人处于自觉的审美态度之中，即以专注的、观赏的眼光去审辨事物的外观，才能充分感受它的美。离开事物的客观存在，固然找不到美；离开人对美的事物的感受，也无法证实美。一物当前，如果不是真正令人感动，令人倾心相爱，令人对其外观流连不已，你又能用什么办法去证实它的美呢？靠伦理？靠数据？靠科学测定？都不行。美的确证途径只有一个，即通过美感。

① 朱光潜：《文艺心理学》，《朱光潜全集》（第一卷），安徽教育出版社1987年版，第205页。

这一看似浅显实则具有重大理论意义的论点，朱先生不知阐发过多少次，不知跟人争辩过多少回。朱先生认定："花的红"不同于"花的美"。前者是某种长度的电磁波作用于正常视网膜的结果，电磁波独立自在，其长度可予科学测定，可给出数据，可构成逻辑定式；后者则离不开人，离不开人特定的审美态度，离不开人与物之间在特定时空条件下（即朱先生常说的"当下"）结成的审美关系，它无法测定，给不出数据，也不能构成逻辑定式。基于这一认识，朱先生坚持美不在"物甲"（物自身）而在"物乙"（物的形象），审美对象离不开美感的作用，离不开它与人的审美能力的相互适应性。要研究美和审美对象，就非得通过美感的分析不可。美感研究，理应成为整个美学的中心。

在讨论美与美感的关系这个范围之内，朱先生的上述看法无疑是正确的。美感毕竟是审美的中介。有赖于美感，审美活动中主客体关系才能现实地得以确立。康德早就指出，美感起于表象。表象联系于对象，归结为概念逻辑活动，那属于对对象的认识活动；表象联系于主体的快感与不快感，归结为想象力与知解力自由和谐的活动，那才属于对对象的审美活动。照康德看，审美归根结底，乃是对于对象的情感性评价。认识与审美的这一根本区别，历来为西方美学所公认，包含难以移易的至理。朱先生强调"花的红"不等于"花的美"，正是对康德上述原理的通俗解说。朱先生对美和美感关系的理解，浸透着康德精神。这一点，他晚年曾特予点明："大家都知道，我过去是意大利美学家克罗齐的信徒，可能还不知道对康德的信仰坚定了我对克罗齐的信仰。"① 这确实是理解朱光潜早期美学思想的关键。

当然，在问题越出美与美感关系的范围时，朱先生也和康德一样，陷入了"美＝美感"的错误。他和康德都不了解审美活动的历史性，既弄不清物的特殊审美属性的社会历史根源，也无力正确回答人的审美能力从何而来，只一味从精神活动去寻求答案。20世纪50年代美学大讨论对此所做的批判，包括朱先生对此所做的自我批判，不论对朱先生本人或是对中国美学的发展，都不能说是多余的。

① 朱光潜：《谈美书简》，《朱光潜全集》（第五卷），安徽教育出版社1989年版，第246页。

但真理哪怕再向前跨越一小步，也会变成谬误。对朱先生“美＝美感”的公式的批判，当年曾演为对美感中心论的轻易否定，并由此导致对朱先生在美感论上的所有贡献的全盘抹杀，带来的后果都是令人痛心的。

有件颇富历史教益的往事不妨在此一提。1950年，一位浙江的基层干部投书《文艺报》，为朱先生的美感论说了几句公道话，立即遭到严厉批评。朱先生愤恨答辩，力陈两项理由：（1）他的美感论大体是欧洲古希腊以来的传统看法，无产阶级革命并不一定要把这一传统打下九层地狱；（2）他所赞同的美感论，如“直觉”“距离”“移情”诸说，“不一定不能与马列主义的观点相融洽”，可望“经过批判而融会于新美学”。他强调，美学研究始终无法回避这样一个根本课题：“是否有一种特别的感觉叫作‘美感’？如果有，它的特别性何在？”后来的情形当然很清楚，不但朱先生的两大理由全遭否决，甚至殃及朱先生介绍过的西方美感论成果，一并遭到粗暴的否定。这便窒息了美感领域的学术探讨，造成这一领域总体上的中断与空白。自那时起，美学界只有极少数同志在美感方面苦心耕耘，整个园地呈现的是荒芜与零落。一直到80年代初，人们才从痛苦的经验中，重新回到美感论课题，并确认美学“应以美感经验为研究中心”。然而，时间整整虚掷了30年！这30年先先后后的诸多教训，的确能发人深省。

第二，做过“哲学-心理学”综合方法分析美感经验的大胆尝试。他借重心理学描述又不摒弃哲学概括，坚持“自下而上”又并非“只下不上”。

心理学，是朱先生的强项。但他从不幻想单单依恃这一强项便足以解决美感的理论问题。他并不满足于西方近代心理学的既有成果，他深知这门科学尚处于幼稚阶段而极不成熟。因此，他借重西方自康德到克罗齐这一派哲学美学对美感的思辨论证，与自己对美感的心理学考察相参照，俾使之互为增益，互为补充。这样，朱先生的美感论，就不曾流于经验现象的琐细描述，而具有相应的理论广度与深度：如从整体生活与整体人格的角度，探讨了科学、伦理与美感活动的相互关系，对美感成因、效能和实质做出解说；将美感经验作为证实美、研究美的切入点，从美感分析上升到对美的哲学思考，得出“心物交媾”的独特美论，避免了纯哲学思辨的抽象性与空疏性。朱先生的美学著作，之所以赢得“先得我心”的满足，就因为它不脱离活生生的美感经验，不脱离活生生的艺术创作审美欣赏的实际。

由于朱先生着意“丢开一切哲学的成见，把文艺的创造和欣赏当作心理的事实去研究，从事实中归纳得一些可适用于文艺批评的原理”①，因而他信奉“康德-克罗齐”的唯心论美学而又不完全受其囿限，在证之美感心理事实的时候，常能洞见其内在弱点。特别在心物关系这一关键处，他常发现康德的心物二元论与克罗齐的纯主观心物一元论与审美心理现象难于融通。比如康德和克罗齐都将人的美感能力归结为“先验的综合”，这一点就颇为朱先生所诟病。他在唯心的心物二元论与心物一元论之间徘徊、游移了好久，终于通过对克罗齐哲学的批判，引起了对整个唯心论美学的深深怀疑：

> 作者自己一向醉心于唯心派哲学，经过这一番检讨，发现唯心主义打破心物二元论的英雄企图是一个惨败，而康德以来许多哲学家都在一个迷径里使力绕圈子，心里深深感到惋惜与怅惘，犹如发现一位多年的好友终于不可靠一样。②

这种哲学上的失望与困惑，实是朱先生遭遇思想危机的表征。正是这种思想危机，为他在新中国成立以后自觉接受马克思主义的洗礼，准备了主观条件。如果我们并不怀疑这种危机感的真实性，那也就没有理由怀疑他日后接触马克思主义时那种“相知恨晚，是欣喜也是悔恨”的感受的可信性。朱先生接受马克思主义哲学，实有自身学术思想发展的内在依据。

50 年代的美学大讨论，促进了朱先生的哲学思想更新。这一讨论使他转向美学哲学基础的思考和探索，使其长期困扰于心的根本问题——例如人的美感能力从何而来？“审美的我”“科学的我”与

① 朱光潜：《文艺心理学·作者自白》，《朱光潜全集》（第一卷），安徽教育出版社 1987 年版，第 197 页。

② 朱光潜：《我的文艺思想的反动性》，《朱光潜全集》（第五卷），安徽教育出版社 1989 年版，第 21 页。

“道德的我”究竟如何统一？——得到了全新的解答。马克思主义的历史唯物论，引导他开始从人的物质生产实践这个最基本的线索，去考察美感的发生和发展，考察审美的本质。他在1962年发表的《美感问题》一文，试图以实践观点综合西方近代美感论的成果，提出了如何理解人的审美心理结构的深刻课题。尽管文章只是提出课题而未能正面置答，但他所提问题涉及美感的深层动力（本能情欲及其在社会实践中的改变）、表层操作（美感中的感性与理性、意识与无意识）、审美对象（对象究竟以何种性质引起美感）三个重要环节，涉及美感的生物、心理、社会三个基本层次，为国内美学提出了迄今仍需致力解决的重大课题。问题的提法、视野和思路，都显示朱先生力求在新的哲学基础上坚持“哲学-心理学”综合方法的意向。

朱先生对这一方法的尝试与探索，之所以贯穿于长达半个多世纪的美学生涯而从未懈怠，应当说得力于传统艺术精神给予的丰厚滋养。

恰如朱先生所再三指明，传统艺术精神见之于美学理论的最大特色，是“从整体人出发”，是从不将知、情、意分解为三而侧重于情①。中国美学十分尊重人的感性经验的完整性，十分执着于追求现实人生的价值，一向强调从感性直观中体悟宇宙人生的哲理。在中国美学特有的中心范畴——审美意象中，对象的形式结构与主体的审美能力、主观情意是浑成一片的，和谐统一的。中国美学，从一定意义上可以说是审美意象的理论展开：所谓“虚静”说，正是为通过审美意象去体悟宇宙人生哲理提供相应的心理前提与伴随条件的一种审美态度论，“澄怀”（即“虚静”）既可“味象”，“澄怀”亦足以“观道”；所谓“感物动情”说，从物我双向交流到物我同一，解说审美意象的心理构成，正是一种审美意象生成论；所谓“发愤抒情”说，追溯审美的深层心理动力，将审美意象作为宣泄心中郁结、进行反观内省的象征符号，正是一种审美动力论。这种审美意象论，虽不具备西方美学那样严密的抽象理论形态，它从不脱离感性经验的生动描述，却同时具有东方特有的哲学深度。它

① 朱光潜：《中国古代美学简介》，载蒋孔阳主编：《中国古代美学艺术论文集》，上海古籍出版社1981年版，第5—6页。

的基本方法，即是“哲学-心理学”综合方法。这些成果历来为朱先生所珍视，并成为他对西方近代美学“补苴罅漏”的内在参照系。关于朱先生如何援引“距离”说以发挥“直觉”说，援引“移情”说以发挥“直觉”说，其间他又如何吸取传统美学成果，我在《“补苴罅漏，张皇幽渺”》一文中已有详论①，在此不再赘述。

美感心理研究，是20世纪80年代国内美学的活跃领域。在80年代初，这方面的研究，曾出现横移普通心理学的幼稚倾向。有的同志简单搬用某种流行的普通心理学论对美感心理强为解说，固有抹杀美感特点，将美感理论浅化、简化之嫌；即使力求引用现代心理学的多样理论，将美感作为普通心理学成就期望过高，使自己陷入琐细的经验描述而难以从理论上进行整合。有鉴于此，80年代后期便有同志力倡对审美经验做思辨论证，强调审美心理学应归属于哲学。但我认为，从中国传统美学的特点出发，重新审视朱光潜在美感论上的贡献，他所倡导的以哲学美学和心理学美学相互增益、相互补充的综合方法，同样应引起足够的重视。

诚然，哲学美学和心理学美学的科学综合，不是可以一蹴而就的。哲学美学和心理学美学原属于不同的理论层次，简单地嫁接归并，难免会导致理论的混乱和语义的缠绕。但正如朱先生从青年时代就反复阐明的，以“实验美学”为代表的心理学美学，在分析美感经验方面，由于肢解对象的形式要素，由于专以感官快适为实验标准，理论贡献极为有限；而对美感的哲学思辨，也因为理论的抽象性而损害了美感的丰实性和生动性，造成和美感心理事实的脱离。因此，美感的经验描述和实证材料要免于凌乱和分散，就有待于以哲学美学加以理论上的整合，而对美感的哲学思辨，也有待于以心理实证材料加以印证。西方近代美学所谓“自上而下”和“自下而上”的两大研究途径，委实存在综合的必要与可能。明确这一点，我们就可望对朱先生综合方法的尝试做出应有评价，以自觉的努力将这一尝试坚持下去。

其次是朱先生的美育论。

朱先生终其一生，身兼美学家与教育家，审美教育成为他双重

---

① 汪裕雄：《“补苴罅漏，张皇幽渺”——重读朱光潜先生的〈文艺心理学〉》，《文艺研究》1989年第6期。

身份的绝好接合点。同时，他既如此重视美感经验研究，也就必然地、合乎逻辑地要强调审美教育（朱先生称为“美感教育”），他在美育方面总揽全局、发人之所未发，也就是情理之中的事了。

朱先生的美育主张建立在对审美心理的深广理解之上，与蔡元培先生颇近似。但在科学性与深刻性上，应该说朱先生更胜一筹。他将美育的根本任务规定为“颐情养性”，即通过非功利的审美活动（主要是艺术）使个人情感得以解放，就个体方面说，可以维持心理健康，使人格得以健全发展；就社会方面说，足以打破人我界限，伸展同情，扩充想象，增加对于人情物理的深广真确的认识，从而达到重塑自我人格（即个性）的目的。

由“颐情养性”的主张，朱先生引出了一种广义的美育理论——“人生艺术化”。其要义是：把美感的态度推广到人生世相方面，用“无所为而为”的精神去看待世界，立身处世，使自己从狭隘的利害是非的实用关系网罗中超脱出来，进入理想世界。由此，一个人便可以充实自己的人格，不迷于名利，不与世沉浮，而自由地追求人生的真、善、美价值。由此，一个社会也便可以挽回世道人心，免于败亡。

这一“美感救世”的主张，曾引来纷纷毁誉，是朱光潜美学中最受称道也最遭责难的部分。朱自清先生早在 1932 年就赞许它是“孟实先生自己最重要的理论”，“孟实先生引导读者由艺术走入人生，又将人生纳入艺术之中。这种‘宏远的眼光和豁达的胸襟’，值得学者深思。”① 而 50 年代不少同志批评朱光潜美学有不食人间烟火的超脱出世色彩，主要依据也在此。

这桩公案今日该如何了结？我以为，如果历史地看待“人生艺术化”的主张，则上述称扬与批评都不能说全无道理。在今日的历史条件下，则可望给出新的评价。

“美感救世论”，不论中外，都曾是一部分启蒙思想家共有的理论主张。席勒将审美的王国视为自由王国，设想通过审美活动以培育完善的人格，进而改造当时的德国社会；年轻的鲁迅也企图借艺术之手援国人出于“荒寒”，并进而改良人生；蔡元培为推行美育

① 朱自清：《谈美·序》，载朱光潜：《谈美》，安徽教育出版社 1989 年版，第 6 页。

不遗余力地奔走呼号，倡导“以美育代宗教”，目的亦无非借完善人格以济世救国。在20—30年代，国内不少学者热烈讨论过艺术与人生的关系，主张“美感救世”者，正大有人在。徐朗西说：“美感之满足，不独为人类之一种根本要求，且可使人类之精神满足，人格高尚，减少物质之欲，挽救现世之弊。由此看来，艺术确为现代社会之一种清凉妙剂。”① 这跟朱先生在同年提出的以“人生艺术化”为洗刷人心的“一帖清凉剂”的看法，真是如出一辙！“审美带有令人解放的性质。”② 通过审美使个体在自由的精神活动中获得人格的健全发展，的确有益于世道人心，至少可以对旧的思想道德起消解作用。与朱先生有着共同志趣的朱自清，对“人生艺术化”的主张由衷激赏，能说是老朋友间的任意捧场吗？

然而，离开人的社会实践，离开人的实际解放的历史进程来谈论“美感救世”，又毕竟是一些热心启蒙的正直知识分子善良而幼稚的幻想。当整个社会的政治经济制度极端黑暗，人民群众挣扎在死亡线上的时候，劝说他们不要去计较现实利害，甚至劝说他们超脱现世而遁入理想境界去寻求慰藉，这种劝说就不但虚幻而贫弱，而且显得是那样迂腐和可笑。连朱光潜本人也担心在国难当头的30年代出来宣传这种主张有些不合时宜。因为一旦历史把根本变革社会制度的任务提上日程，一切都有待诉诸“武器的批判”的时候，“教育救国”也好，“科学救国”也好，“实业救国”也好，统统不是当务之急，在“武器的批判”面前，统统显得黯然失色。在那时，所谓“人生艺术化”，除了对躲在“象牙之塔”里的知识者的“洁身自好”，能起某种支撑作用之外，它对整个现实社会的影响，可以说是无从发挥的。因此，在刚刚结束浴血苦斗的新中国成立之初，一些同志批评它有消极退避性质，不也无可厚非吗！

今天的历史条件迥然不同了。现代化和民主化进程的开始，人民的粗具温饱，破天荒第一次为我国群众性的美育实践，提供了现实可能。而今后随着生产的发展、人民物质生活的逐步丰裕，如何从精神生活方面发展正当需求，并尽可能满足这种需求，如何激励

① 徐朗西：《艺术与社会》，载胡经之编：《中国现代美学丛编》（1919—1949），北京大学出版社1987年版，第146页。

② 黑格尔：《美学》（第一卷），朱光潜译，商务印书馆1979年版，第147页。

人们去追求更高的理想，避免陷入青年鲁迅当年所说的“灵明日益亏蚀，旨趣流于平庸，人惟客观之物质世界是趋，而主观之内面精神，乃舍置不之一省”① 的可悲境地，将日益成为突出问题。而广泛的、全社会的审美教育，正是解决这类问题的有效途径之一。在新的条件下，如同那些为“教育救国”“科学救国”“实业救国”而鞠躬尽瘁的仁人志士，他们的种种主张过去曾四处碰壁，而今却在各自领域重放异彩那样，朱先生的美育理论，也理应重新获得应有的尊重，获得自己应有的用武之地。

那么，在当代的美育实践中，便可以照搬朱先生“人生艺术化”的主张么？答曰不然。朱先生过去只知孤立地从精神活动去寻求审美自由的根源，他没有可能彻底摆脱传统的羁绊，他的审美理想，确乎带有消极退避的性质。我国历代贤哲，一向将审美的自由境界奉为人生的最高境界；把美感的观赏态度，奉为最理想的人生态度。这一如今被有些人津津乐道的“文化-心理”特点，其实具有两重性。从审美角度看，我国传统的审美理想尚虚静，趋空灵，侧重静态观照，尤其在庄学、玄学、禅宗、理学的人生哲学滋养下的重神韵、主性灵的一派美学中，将这种审美理想发挥到极致，其感受之精细和敏锐，于纤微之物直悟宇宙人生奥秘的审美洞察力，至今令人惊叹。但从人生的角度看，只对现实世界一味做静态观照的人生理想，实在不见得高明。王羲之有两句诗：“争先非吾事，静照在忘求。”这两句诗用来描述审美静观的特点，说个正着，因为审美的静观正要求忘怀得失的心胸，要求遏止现实的行动反应而专注于情感体验。但中国的士大夫奉这两句诗为人生态度和人生理想，它就比任何长篇大论更能说明这种人生态度的消极性质。人需要审美，又不能整日沉湎于审美，人更需要积极果敢的现实行动。古人万事不肯争先，万事但愿妄求，他们抱着这种态度洁身自好以至全身保命，常系时世所迫，不得已而为之。这种无声的抗议固可得到后世的谅解与同情，但世代相袭而成为一种“文化-心理”模式，就成为民族性格孱弱的表征。这种对人生一味观赏的态度，委实过于缺乏参与精神，委实距当代生活过远。而可惜时至今日，我

① 鲁迅:《文化偏至论》,《坟》，人民文学出版社 1973 年版，第 40 页。

们总时时痛感自己周围袖手旁观者众，登台演出者寡。即是我们身内，亦未必不潜藏着“争先非吾事”的古人魂灵。这不能不说与我们民族囿于自我满足的小农经济，长期追求人与自然、人与人的原始和谐而形成的“文化-心理”模式有关。朱先生一向钟爱传统的审美理想，实际上也赞赏这种人生态度。尽管他早就接受过欧风美雨的洗礼，但潜藏于心的传统艺术精神，使他偏爱于西方以“湖畔派”诗人为代表的浪漫主义文艺，偏爱于静穆观照的日神精神和优美的审美风格，而和积极参与的酒神精神、崇高与悲剧较少共鸣(理论介绍又当别论)。而当今的世界，传统的审美理想，传统的文化心态，必将在现代化、民主化的进程中发生嬗变。电影《红高粱》及其所引发的激烈争论，已经为我们付出这样的信息。而这一嬗变，也必然深刻影响我们的美育理论和美育实践，使朱先生“人生艺术化”的理想取得当代的现实内容。

本来，朱先生自60年代转向历史唯物论的实践观点以后，有可能重建自己的美感论和美育论，但是美学上的大论争使他很少有机会重新回到这些课题上来。“人生艺术化”，这个命题本身并没有错，但当代“人生艺术化”的实践，迫切要求美学观念的更新。朱先生没有能完成这一更新，离我们而去了，把任务留给了我们。

从学术个性来论，朱先生并不是一位苦心孤诣独创体系的理论家，也不是一位强烈干预现实的思想家，他只是一位勤恳踏实、博采众长的学问家。他做学问，有一种难能可贵的进取精神，他总是不倦探求，勇于突破，直至耄耋之年，仍不断弃旧图新，始终保持学术上的旺盛活力。他直到步入老境才以“相知恨晚”的心情接受马克思主义，但一经接受，终生服膺，而且他说是通过自己的独立思考，绝少教条习气。他说过，治美学的人“不懂马克思主义，走不上正道”，这是他的悟道之解，也是留给我们的遗训。

有位同志说得好：“对朱光潜美学采取任何一种轻率的态度，都将是一种损失。”[①] 在此，我们愿再进一言：如不能借助“美学老人”的遗产将今日美学推向前进，那将是对历史责任的逃避。

(原载《江淮论坛》1990年第4期)

---

① 劳承万：《审美中介论》，上海文艺出版社1986年版，第60页。

朱光潜论审美对象："意象"与"物乙"

作为审美对象的意象

通观朱光潜先生20世纪50年代前后的著述，其美学思想面貌变化之巨与其基本观点的持续之久，同样令人惊讶。他对自己做过痛切的批判，否弃过许多；但他却始终珍爱着并以非凡的勇气与毅力坚持着一个基本主张：美是主客观的统一。

支撑这一主张的理论骨骼，是对审美对象的分析。审美对象，朱先生称"美感对象"，在前期，被名之为"意象"；在后期被名之为"物的形象"，或"物乙"。而不论"意象"或"物乙"，朱先生都确认它是客观事物的某些属性与主体审美能力"霎时契合"的成果，它完整自足，是审美者独到的发现和创造。这个审美对象，便是美感的源泉。

在前期著作中，朱先生"意象"一语，涵义极其丰赡。意象，又称形象、形相，既意指西语"Image、Idea"的有关义项，又与中国传统美学"意象"一语的指谓相衔接。朱先生多向度、多层面地描述审美的意象，虽未就此做出严密的理论分析，却揭出了它最基本的美学意义：审美对象。

意象，首先被设定为美感的起点，所谓"美感起于形象的直觉"①。持有审美态度（朱先生称"美感态度"）的主体与客体事物猝然相遇，主体心中突然涌现浑整自足的意象，它脱净日常功利和名理思考，孤立绝缘，却给审美者以精神的愉悦和满足。

意象，又被设定为美感全程的统摄因素："美感的世界纯粹是

① 朱光潜：《文艺心理学》，《朱光潜全集》（第一卷），安徽教育出版社1987年版，第216页。

意象世界。"[1] 美感以意象为起点，也以意象为终端。在朱先生那里，美感是意象展开、延伸的过程。经由直觉（主要是想象），突然涌现的意象因不断融入主体情趣而倏忽变相，成为理想化的意象。所以，朱先生有时又说，美感经验即是"形象的直觉"[2]。

意象，更是艺术的心理本体。"凡是文艺都是根据现实世界而铸成的另一超现实的意象世界。"[3] 艺术，是对现实人生的返照，也是对现实人生的超越，它超越着日常繁复错杂的实用世界，进入的是理想化的人生境界。

这样，意象便被视作审美态度的对象、全部美感的对象和艺术家所创造的具有超越性质的又一审美对象。而不论在何种意义上，审美对象都是美的依托。朱先生曾明确表示过，审美对象即是广义的美，但他反复强调意象情趣化与情趣意象化两者恰到好处时呈现的价值，便是美。[4] 由此他引出自己主客观统一的美论："美不完全在外物，也不完全在人心，它是心物婚媾后所产生的婴儿。"[5] 心物婚媾，产生意象，意象即是审美对象，即是审美价值的承担者。所以，朱先生早期论述实际上包含一个等式：审美意象＝审美对象＝广义的美。

这个等式所从何来呢？应该说首先得自康德。朱先生晚年表白过："大家都知道，我过去是意大利美学家克罗齐的忠实信徒，可能还不知道对康德的信仰坚定了我对克罗齐的信仰。"[6] 这番话说得很坦诚。因为在50年代的美学讨论中，人们熟知朱先生早年曾以克罗齐的"直觉"说为基础，融入"移情"说、"距离"说以构筑自己的理论体系，却很少有人注意到他所引进的"三说"后边，还有一位大后台——康德，即使他的批判者，也没有注意这个秘密。其实，朱先生用以统摄"三说"、融贯"三说"的法宝，恰是康德有

---

① 朱光潜：《谈美》，《朱光潜全集》（第二卷），安徽教育出版社1987年版，第6页。

② 朱光潜：《文艺心理学》，《朱光潜全集》（第一卷），安徽教育出版社1987年版，第209页。

③ 朱光潜：《谈文学》，《朱光潜全集》（第四卷），安徽教育出版社1988年版，第161页。

④ 这一问题，朱先生早期提法两歧。他有时据克罗齐立说，将美说成是"表现"，说成是"心灵的创造"；有时又称美是心物交融为意象所显示的"特质"（如称"美是艺术的'特质'"），实即审美价值。

⑤ 朱光潜：《谈美》，《朱光潜全集》（第二卷），安徽教育出版社1987年版，第44页。

⑥ 朱光潜：《谈美书简》，《朱光潜全集》（第五卷），安徽教育出版社1989年版，第249页。

关审美观照的理论："无所为而为的观照"（Disinterested Contemplation，又译"超功利的观照"）。在康德那里，审美意象是审美观照的对应物，观照始终是对于意象的观照，意象也始终是观照中的意象。康德的审美意象有两义：一是"合目的性的审美表象"，当表象经由想象力（或想象力与知解力的和谐活动）直接联系于主体的快感不快感，而不经由逻辑思考联系于对象本身时，这个审美表象体现的便是自由美；二是在艺术创作中凭着"天才"创造的、作为"审美趣味的最高范本或原型"的意象，它既是形象的显现，又与某种不确定的理性观念相对应，体现的是依存美——"道德的象征"。而不论哪一类意象，它都以表象为起点，都有非功利、非概念的性质，既是"无所为而为的观照"的对象、凭借，又是它的成果。康德对两类意象的分析，实即对于审美对象的分析，通过这一分析，进而确定了作为静观的审美活动的特征。这一理论，深刻影响着西方美学，迄今仍在西方美学界激起回响。

朱先生引进的"三说"，原本都由康德"观照"说所衍生。"距离"说，以自觉的审美态度为观照提供心理前提，使审美者有可能将对象的表象从实体抽离，使之超拔于实用、认知关系，涌现审美意象；"直觉"说，论证了对象的形式（表象）与主体的情感两元"审美的先验综合"，恰如朱先生所言，"与其说近于黑格尔，毋宁说是更近于康德"；[①]"移情说"，与康德的"生气灌注"[②]论也有斩不断的瓜葛，它揭开了情趣意象化（客观化）和意象情趣化的若干秘密，将西方近代美学关于形式与情感关系的论述从经验心理学层面提升到哲学层面。显然，朱先生所引进的"三说"，本身便是对康德观照论的新拓展。

诚然，早期朱光潜的审美对象论是不成熟的。这个理论的哲学基础并不严整，他时而承认意象与外物"美的可能性"有关，时而抹杀这一点，过分夸大主观心灵的创造作用，他在唯心的心物一元论与心物二元论之间，动摇着、游移着；这个理论的表述，也是描

① 朱光潜：《美学批判论文集》，《朱光潜全集》（第五卷），安徽教育出版社1989年版，第15页。

② 康德将"灌注生气的原则"，视为"显现审美意象（Aesthetic Ideas）的能力"。见其《判断力批判》49节。引文为蒋孔阳译，引自《西方文论选》上卷"增补"，上海译文出版社1979年版，第563页。

述胜于论证，缺少概念的严谨厘析和必要的逻辑推论。但是，他对审美意象的重视和对康德美学的深刻理解，却保证了他对西方近代美学新成果成功地做出批判性综合，截长补短，互为融通，表现出宽广的视野和卓越的识力。而这，也为他日后提出"物乙"论——确切意义的审美对象论，做了准备。

针对那种将"存在决定意识"的认识论原则机械引入审美的简单化美学观，朱先生在接受批判的同时，提出了"物甲""物乙"的假说。[①] "物甲"即物本身，它提供"美的条件"；"物乙"是"物的形象"（或艺术形象），它是美感的对象，是主客体的统一体，唯有它才能提供美。朱先生将"物甲"、"物乙"、美感归结为审美之链的三个主要环节：物甲是感觉的根据，艺术的素材，它是可知的，已不同于康德的"物自体"；物乙是客体事物的性质和形状适合主观意识形态，两者交融而创造的完整形象；美感则是主客交融创造"物乙"时所体验的快感，它既被动，又主动，是欣赏与创造逐渐深化与丰富化的过程。在两者之中，"物的形象"最为重要，它如何产生，具有什么性质和价值，发生什么作用，应该被视为美学研究的基本课题。如果我们注意到"物的形象"实际只是"意象"的不同提法，那么，我们便可判断，照朱先生，物之所以美，美感之所以被引发，其秘密正深藏于作为审美对象的"物乙"里。这个对象"就是'美'这个形容词所形容的对象"，它就是广义的美；这个对象又是美感的对象，全部美感的诞生地。审美对象处于居间地位，它一头肩起客体美的条件，另一头肩起主体的美感，充当着整个审美的重要中介。朱先生倾其毕生精力，捉住这个中介，坚持以主客体统一的哲学观点对它做"哲学-心理学"的解说，即便在他本人已成为"箭垛"的情形下，依然未改初衷。

细心的读者可以发现，到60年代，朱先生自觉转到马克思主义实践观点上来之后，他理论兴趣所在，仍是这个"物甲"如何转化为"物乙"的问题。从审美对象这个中介出发，他的研究，呈双向展开：向着美的本体，他偏重以哲学方法去追究审美对象的根源，从人类物质生产实践这一根源之地求解本体；向着美感，他偏重以

---

① 朱光潜：《美学批判论文集》，《朱光潜全集》（第五卷），安徽教育出版社1989年版，第51—96页。

心理学方法讨论审美对象与主体审美能力的对应关系，中心论题是形式（意象）与情感在美感经验中如何结合。

在美论方面，他原先只求广义的美，强调审美对象的形式取决于主体“意识形态的作用”（实为主体审美能力的作用），现在则力求从物质感性的历史性实践中去寻求“物甲”转化为“物乙”，即形成审美对象的条件与根源。他试图突破康德静观式的审美观照论，转向审美本体论，从审美对象的探讨追踪到产品之美的探讨。他提出“文艺是一种生产劳动”的观点，正是为了揭示艺术美的最终根源。然而，朱先生在美论方面的创获相当有限。他还不了解物质实践的客观社会性，常将实践中主体的作用和意识作用混为一谈，他也还不了解从产品之美到艺术美之间，还有一系列过渡性、转换性环节需要探明，需要诉之于历史唯物主义的审美发生学。

审美观照论和审美本体论应该属于不同理论层次。前者回答什么是审美对象，什么是广义的美的问题，后者则需回答美的本体是什么，即“物甲”所提供的“美的条件”是什么的问题。研究美的本体，必须从人类物质实践的这个根源之地，从历史发展的过程本身，去探讨“物甲”所具备的审美属性。遗憾的是，这个问题，在朱先生的全部著作中尚未能正面触及。在当代西方美学中，这个问题尽管遭到美学取消论、怀疑论者的抹杀或掩盖，但只要承认有客观事物的存在，而且承认客观事物是构成审美对象的前提，这个问题就实际上存在着。西方当代流行的现象学美学，尤其是杜夫海纳的美学，同朱光潜美学，多有共同之处。杜夫海纳以为，美即是审美对象，审美对象必须伴随审美态度而呈现，只在审美经验产生的同时才形成，这些看法，正是当年朱先生意象论与“物乙”论的题中已有之义。然而，杜夫海纳也如朱先生曾留下物甲“美的条件”这个难题那样，留下了“可能的审美对象”是什么的难题：

是否说博物馆的最后一位参观者走出之后大门一关，画就不再存在了呢？不是。它的存在并没有被感知。这对任何对象都是如此。我们只能说：那时它再也不作为审美对象而存在，只作为东西而存在。如果人们愿意的话，也可以说它作为作品，就是说仅仅作为可能的审美对象而存在。[1]

博物馆闭馆期间，陈列着的画幅显然不同于其他日用的东西，它作为"可能的审美对象"，必有潜在的审美属性，这些属性是什么，如何形成，显然不能漠视。

审美本体论在今日中国美学领域，有没有继续研究的必要？学界对此实际上持有两种截然不同的看法。有的同志主张，审美对象即是美，或说美即是审美对象的情感价值，这实际上是回到朱光潜早年的看法，或者实际上持杜夫海纳的观点。另一些同志主张，审美对象只是美的现象形态和经验形态，只能说明美的事物何以为美，并不能说明美的本质、美的本体是什么。美应该是客体的审美属性，但并非客体的自然属性，而是社会实践的历史性成果。

上述两种不同观点的存在，既是50—60年代国内美学论辩的遗响，也是世界范围类似美学争论的回声。深入探讨这个问题，对于中国美学在未来世纪的走向，关系甚大，而这一探讨，显然又牵涉对朱先生审美对象论以至整个50—60年代的美学论辩的历史评价，无疑应在历史的反思中妥为解决。

朱先生60年代的美论用力甚多而创获不显，但在美感领域，却从他的审美对象论出发，深入探讨过美感中形式与情感的结合何以可能，美感论应如何综合西方近代美学的"意欲派"和"形式派"的既有成果，认知心理和动力心理在美感上如何沟通等重要问题。这方面朱先生虽只发表过一篇专论，却如灵光一闪，提出了深刻而又极富启发性的见解。

在《美感问题》（1962）[2] 这篇重要论文里，朱先生以自觉理论形态提出了审美心理结构的课题，这在中国现代美学史上，是破天荒第一次。这一课题的提出，对朱先生而言，恰是此前对审美对象长期考察的理论延伸。照朱先生，审美对象（意象）是物的某种属性与主体审美能力霎时契合所呈现，对审美能力的研究，必然要追究主体审美的心理结构，因为审美能力不是别的，正是这一心理结

① 米盖尔·杜夫海纳：《美学与哲学》，孙非译，中国社会科学出版社1985年版，第55页。

② 朱光潜：《美感问题》，《朱光潜全集》（第十卷），安徽教育出版社1993年版，第354—364页。

构动作的结果。朱先生曾就此提出过四大问题：

> 1. 有没有审美的能力或是一种决定人爱好什么和不爱好什么的总的心理结构或心理倾向？假如有，它是怎样形成的？先天的还是后天的？
>
> 2. 假如有一种总的心理结构或倾向，它包括哪些组成部分？应不应考虑到生理方面的动物性的情欲和本能？应不应考虑到社会实践对本能或情欲所造成的改变？
>
> 3. 这种审美的能力或总的心理结构在具体场合是怎样起作用的？它完全是感性活动呢？还是也包括理性活动呢？……在审美活动中，意识占什么地位？是否有下意识的作用存在？如果有下意识的作用，它是怎样起的？
>
> 4. 究竟是对象的哪一种或哪些性质会引起审美的情感？是否对象原已有“美”这种属性？如果有，它究竟如何界定？

这四大问题，分别涉及美感深层动力心理（审美需要、本能情欲、下意识）、表层感知和对象的美三个环节，涉及审美心理的生物、心理、社会文化这三个需要探讨的层面。朱先生强调，所有这些问题，都应该运用一元论的马克思主义的实践观点加以研究。这便为我国今日美学，提出了需要长期致力才能解决的重要课题。

正因为审美对象是审美的中介，所以朱先生提倡由此出发探讨对象的美，也由此出发探讨与之相应的主体心理结构，将两者视为彼此对应平行的课题。在方法上，也就沟通了哲学思辨和心理学描述，从而避开了西方近代美学中“自上而下”与“自下而上”长期论争的困扰。朱先生的所有美学论著，谈美绝少有玄学气，谈美感又不乏理论深度，他的美学始终和人们活泼泼的审美实践声息相通，在研究方法上，也足以启人心智。

中国化的审美对象论

朱先生的美学，早就赢得“中西合璧、雅俗共赏”的美誉，但在一般人心目中，总以为他的理论凭借尽出于西方，只不过多以中国艺术史料充实论证而已。这个印象其实是不确的。我数年前即曾提出，中国传统的艺术精神，就是朱先生择取西方美学从事理论创造的"内在参照系"①。现就审美对象问题，再予申说。

确定"意象"为审美对象这件事本身，就凸现着传统艺术精神。出自26岁的青年朱光潜之手的《无言之美》，预示了这一点。朱先生这篇讨论艺术含蓄之美的美学处女作，其理论含量却远远超出于含蓄之美的自身范围。请看他对文学的描述性规定：

> 所谓文学，就是以言达意的一种美术（按指"美的艺术"——引者）。在文学作品中，语言之先的意象，和情绪意旨所附丽的语言，都要尽美尽善，才能引起美感。②

这里为文学作品列出了"意象""语言""情意"三个要件，意象是语言传达的对象，意象和语言又蕴涵着情意，语言所传达的意象，正是引起美感的对象。在"言、象、意"相互关系的理解里，中国传统文化的"尚象"思维，居间地位的意象，及其作为审美对象的功能，不都呼之欲出了吗？

如同传统"尚象"思维理论那样，朱先生之推重意象，也建立在对语言功能的批判性考察基础之上。"言所以达意，然而意决不是完全可以言达的。"③ 朱先生援引道家对言意关系的著名论断来立论，实际上也倾向于道家借重"象"以体道的直观感悟思维方式。更值得重视的，是朱先生断言艺术之所以美，就因为它能借助想象为人们提供一个理想的境界。这里埋伏着日后朱先生对艺术作为审美对象的理解，也完全符合中国传统艺术精神。很显然，在朱先生出国系统研习西方美学之前，他自己的美学观点已粗具雏形，而这，主要又是传统艺术精神浸染的结果。可以这样说，在朱先生长达60年的学术生涯中，这些基本观点的持续一贯，同时也是传统艺术精神的持续一贯。

---

① 汪裕雄：《"补苴罅漏，张皇幽渺"——重读朱光潜先生的〈文艺心理学〉》，《文艺研究》1989年第6期。

② 朱光潜：《无言之美》，《朱光潜全集》（第一卷），安徽教育出版社1987年版，第62页（引文着重号为引者所加）。

③ 朱光潜：《无言之美》，《朱光潜全集》（第一卷），安徽教育出版社1987年版，第62页。

朱先生曾表示，他的美学思想“与其说近于移情说，毋宁说更近于中国古代文艺理论中关于‘理象’（诸本原文均如此，疑为‘意象’之误）和‘意境’的说法。”① 这也确是实情。

参照西方美学体系，中国传统美学中的审美意象，可以视为审美对象。传统美学一向将“物象”与“意象”做出严格区别：物象是事物的外在状貌，意象则产生在审美者“观物取象”或“比物取象”的过程中。这个“观”与“比”，是在特定的审美态度即“虚静”态度之下进行的，它们不是单纯的观看或比附，而是在心物交互感应中主体创造性的心理成果。用郭熙的话来说，审美意象是以“林泉之心”饱游饫看之所得，它不同于地理版图的山水，也不同于作为物质实体的山水，而是意态纷呈，生机流荡又充满情意的“真山水”（《林泉高致》）。一句话，是“外师造化，中得心源”，“造化”与“心源”相统一的结果。

因此，对主体情意而言，审美意象就有了表现功能，所谓“立象而尽意”。中国传统美学关于意象，有诗骚两大类型之分，诗体传统着眼于感物动情，着眼于外物之象对人心的感发，所谓“目既往还，心亦吐纳……情往似赠，兴来如答”（《文心雕龙·物色》）。在物我双向交流中构成的意象，大抵属于知觉性意象；骚体传统着眼于“发愤抒情”“舒愤懑”，它突出主体在审美时的内驱力，一种压抑既久而又无计排遣的郁结，在当下的审美情境中找不到合宜的同构形式，于是转而从想象性意象求得释放和宣泄。审美者在情境触发下，心游神越，进入想象中的理想境界。这一由庄子首倡的“逍遥”之境，便是中国意境说的源头。意境说强调“境生于象外”，这个象外之境，说到底是想象性意象，不过更以其超越性、理想性见胜罢了。大约自魏晋以降，诗骚合流，体现在美学上也是“感物动情”与“发愤抒情”交相融合，意境之有无高下，于是成为中国评诗衡文的重要标尺。

朱先生早年的意象论，完全吸取了上述美学成果，并以此对西方美学做了必要的修正。如“移情”说，按立普斯的说法，本意是：主体以审美态度观看对象，由于设身处地的“同情作用”，将

---

① 朱光潜：《美学批判论文集》，《朱光潜全集》（第五卷），安徽教育出版社1989年版，第122页。

情感投射于对象，使之由无情之物，变为有情之物，进而将这一情感当作属于对象的东西加以欣赏。这样，主体所欣赏的，实为"人格化的自我"。所以沃尔林格将其概括为一句话："审美享受是一种客观化的自我享受。"① 然而，朱先生却毅然将移情说改创为"物我同一中的物我交感"，"所谓美感经验，其实不过是在聚精会神之中，我的情趣和物的情趣往复回流而已。"②

朱先生对"移情"说的修正有一个前提，即确认心与物在"生气""情趣"方面有"互相感通之点"，有"心灵交通的可能"③。正是这个理论前提，显示着中国以"气"论为基础的传统生机哲学的根本之点：承认宇宙万物都有生命元气在普运周流，心物之间可以相互感应。由此而演成东方式的人与自然的亲和关系，"与造化为友"，追求两者的相契相安。这与立普斯"移情"说的哲学基础大异其趣。立普斯所依据的出发点是康德、黑格尔美学关于心灵向对象"灌注生气"的原则。按照西方式的主客两分模式，客体始终是主体认知、改造的对象，它永远处在被动地位、从属地位，只是为心灵的生气提供一个投射的容器。应当说，这承续了西方强调人与自然分立与对峙的文化观念的余绪。由于对移情现象的心物关系持不同理解，中西两方对审美意象中形式与情感的关系看法也迥然有别。照立普斯，移情所呈现的"空间意象"是外物在联想作用下心灵化、人格化的结果，而照中国传统美学，意象则是心物交感、情景交融的产物。

深刻的哲学分歧和不同的文化背景，还带来意象心理构成的不同解释。西方美学重视感知与情感的分剖，有关审美意象的构成，出现过"形式"派与"意欲"派两种对立观点。前者强调形式，强调感知与表象，突出主体的知觉完形作用；后者则强调意欲，强调情感，突出深层心理驱力尤其是潜意识的动力作用，进而突出内心体验以至神秘体验。中国传统美学不然。我国传统的意象理论，感知与情感，形而下的经验和形而上的体验既有分剖又有联结与过渡，审美的认知心理与动力心理时时融贯。由于认知与情感都基于

① 沃林格：《抽象与移情》，王才勇译，辽宁人民出版社 1987 年版，第 5 页。
② 朱光潜：《谈美》，《朱光潜全集》（第二卷），安徽教育出版社 1987 年版，第 22 页。
③ 朱光潜：《谈美》，《朱光潜全集》（第二卷），安徽教育出版社 1987 年版，第 21 页。

气的感应，由认知转换为内心体验，由认知判断转换为情感价值判断是顺理成章、一气呵成的。外在感知和表象，诉之于“反观内视”，便进入内心体验，并且常常是超越性的人生体验。“体认”——基于经验直观上升为感悟，使主体从一般内心体验（情感）进入理想境界（意境）而体验人生的价值与真义。朱先生的早年著作，尤其《谈美》与《诗论》，反复发挥的“宇宙人情化”“人生艺术化”的主张，实即建基于中国文化重经验、尚感悟、趋向反省内求的传统之上。

“宇宙人情化”和“人生艺术化”的主张，又引发出对审美社会功能的独特理解。审美与艺术都超越于现实人生、现实人格，又毕竟是现实人生、现实人格的返照。它的功能主要不在实用，不在科学认知，不在道德教训，而在于人格的陶铸与修养。“颐情养性”，造就健全、高尚的人格，据朱先生看，便是审美与艺术的“无用之用”，功在千秋的“大用”。它包含着实用、认知和道德的功用，而又超越了这三方面的各自功用。朱先生重视人格的知性、伦理、情感诸素质的完整统一，痛心于俗人对“精神残废”的麻木不仁，为审美教育而大声疾呼。他的大量著述，实是旨趣高雅、文情并茂的审美教育优秀教材。朱先生之所以看重审美“颐情养性”的作用，可以说主要得益于本民族文化传统。中国文化具有深厚的人文精神，作为“天地之心”的人，参天地，赞化育，是全部文化的载荷者，是始终被关注的中心。和西方基督教社会将人格理想委之圣父、圣子、圣灵不同，中国传统的人格理想，更多的是借助审美和艺术，予以高扬，予以实现的。朱先生的审美教育主张，深得此中精髓。

中国文化有一个开放的、极富涵摄力的总体模式。它通过“尚象”的直观感悟思维方式，将西方文化中历来被截然两分的主体与客体、感性与理性、形而下与形而上、现象与本体在两分的前提下沟通起来，统一起来。这是最宽泛意义上的“天人合一”。这个模式以最为灵活的辩证方式，综合着历史上的各家学说，殊途而同归，一致而百虑。由这一文化模式衍生出来的传统美学，也秉有其固有的开放性和涵摄力。正因为如此，当朱先生以固有文化传统为参照，择别和引进西方美学时，他采取“批判性综合”的立场是一点不用奇怪的。朱先生在意象论方面中西参照，用中国传统的意象概念融会西方各执一端的二元论美学观，又用西方近代美学观来诠释中国传统的浑整描述的意象论，这一成功尝试，又一次证实了传统美学的这种开放性和涵摄力。

请莫以为中西参照是轻而易举的。若求参照成为名副其实的参照而不流于拼凑和比附，非但要有深厚的学养和高明的识力，而且要倾注大量心血。这一点，从朱先生的著述本身皎然可睹。中西美学的交融是一项巨大历史性工程，朱先生已经做的，只是这一工程最初的开掘工作。他在若干重要问题上做过中西参证，有互补，有发挥，但还有更多的问题有待于人们去继续探讨。处在世纪之交的我们，面对21世纪更大规模、更大范围的中西文化交流，通过融会中西而建设中国现代美学的使命，更紧迫地压向我们双肩。此时此际，我们也当更为珍视朱先生和其他美学前辈为我们启导的良好开端。

朱先生垂范在前，后继者理当努力。

（原载《安徽师大学报》〔哲学社会科学版〕1997年第1期）

"补苴罅漏，张皇幽渺"

——重读朱光潜先生的《文艺心理学》

书有自己的命运。朱光潜先生的《文艺心理学》，在问世后的半个世纪中，曾受到过广泛的称誉，也遭到过误解和曲解，引起过众多的非议和驳难。这种命运，一半是时代使然，一半也和书中的理论内容充满矛盾有关。谁都清楚，这本书的理论基石是克罗齐的"直觉"说。但是，朱先生对此说的态度就是矛盾的：他既肯定此说揭示了审美经验的主要特点，融会了自康德以来西方美学有关审美经验分析的理论成果，许多原理"不可磨灭"，又清醒地看出它在理论上方法上还颇多"罅漏"，有不少论点与审美活动的心理事实相抵牾。于是，他援引布洛的"距离"说、立普斯的"移情"说，极力加以补充和救正，这就是朱先生本人再三说过的"补苴罅漏"。朱先生为什么要"补苴罅漏"？他在以克罗齐"直觉"说为代表的西方近代美学中，究竟看出了哪些"罅漏"，又用什么去加以"补苴"？这种"补苴罅漏"，是否具有积极意义？如果有，对我们今天的文艺心理研究有什么启示和教益？正是这一连串问题，促使我又一次研读了朱先生的《文艺心理学》。

"补苴罅漏"的最初动因

朱先生自称是从心理学走向美学的。他旅欧留学八年，所学的课业第一是文学，第二是心理学，第三是哲学。他读的美学著作大都与心理学有关。在他旅欧期间，西方心理学的长足发展，美学研究由"自上而下"到"自下而上"的方向转换，都予他以深刻影响。他的学术爱好和知识结构，恰与欧洲美学重视对审美经验做心理学研究的潮流相合拍，使他立意写一部"从心理学观点研究出来的美学"，即《文艺心理学》。[1]

但朱先生也深知，"心理学还是一门很幼稚的科学"[2]。流行于欧美的各种心理学派别，无论是传统的联想主义，还是后起的"格式塔"、精神分析学，没有哪一种足以支撑一部文艺心理学的理论框架；而实验心理学美学专从形式着眼，专以"喜欢""愉快"为尺度，既肢解了完整的审美对象，又混同了美感与快感，其实验结果所具有的理论价值极为有限。要从宏观角度把握审美经验的特点，还得借重于哲学美学。自康德以来，西方近代美学确认审美经验具有非功利性和非概念性的特点，对审美活动与实用活动、科学活动的相互区别，做过较为深入的理论探讨，克罗齐的"直觉说"则是对这一探讨的总括。从康德到克罗齐这一脉相传的美学观点，为"自下而上"的心理学美学提供了理论上的支点。朱先生毫不含糊地承认这派观点代表着西方美学思潮的主流，把克罗齐的"直觉说"当作自己《文艺心理学》的理论出发点，正适应了西方美学研究这一发展态势。

哲学美学和心理学美学虽然都可能以审美经验为研究对象，但在研究方法上却有很大不同。前者注重思辨论证，注重逻辑推演；后者注重科学实证，注重经验描述。"哲学家也许有特权抽象地处理事物，但心理学家却必须整个地处理具体经验，注意各个组成部分的相互关系，并弄清每一部分的原因和结果。"[3] 朱先生既倾心于心理学方法，也就容易清醒地看出哲学方法的缺欠。他认为，康德以来关于审美经验的哲学分析"尽管在逻辑上十分严密，却有一个内在的弱点。它在抽象的形式中处理审美经验，把它从生活的整体联系中割裂出，并通过严格的逻辑分析把它归并为最简单的要素。问题在于把审美经验这样简化之后，就几乎不可能把它再放进生活的联系中去"[4]。

就在这个基本看法里，埋伏着朱先生对克罗齐"直觉"说进行

① 朱光潜：《文艺心理学》，《朱光潜美学文集》（第一卷），上海文艺出版社1982年版。以下凡本书引文均不再注。

② 朱光潜：《变态心理学·自序》，《朱光潜美学文集》（第一卷），上海文艺出版社1982年版，第335页。

③ 朱光潜：《悲剧心理学》，人民文学出版社1983年版，第22页。

④ 朱光潜：《悲剧心理学》，人民文学出版社1983年版，第20页。

“补苴罅漏”的最初动因。克罗齐标举“纯粹的直觉”作为审美经验的基本特征，朱先生深为赞同；但克罗齐将这种在逻辑上可以承认其存在，而在实际心理生活中却极为罕见的“纯粹直觉”当作审美经验的全部，过分夸大审美经验的纯粹性和独立性，朱先生则以为不可。尤其使朱先生不满的是，克罗齐以抽象分析的方法，把“直觉”要素从活生生的心理活动中抽绎出来，甚至不顾及“直觉”产生和维持的条件，一味做孤立的考察。因而他所得的结论，从逻辑论证上说固然头头是道，从心理学上说来，却不免“罅漏”丛生了。

众所周知，克罗齐是把“直觉”当作认识的最起始阶段纳入他的哲学体系的。他确认“直觉”低于逻辑认识，低于知觉。但克罗齐又并不将“直觉”归于知觉之下的感觉，而肯定它有高于感觉的功能——将凌乱散漫的感觉材料（感受、印象、感触等）融合为具有整一性的意象的功能。在克罗齐看来，这一功能的意义是够大的：它既能赋予感觉材料（所谓“无形式的物质”）以形式，使之转化为意象；又能使主体由被动的感官领受（感觉材料所自来）转入主动的创造，在感觉材料化为意象之时，使主体情感得以抒发（“直觉即表现”）。直觉的心理功能问题，实为克罗齐“直觉”说全部理论的关键。

正是对这个关键问题，克罗齐语焉不详。他既不论这种“直觉”是在何种条件下产生的，也不论这种“直觉”是如何实现的，只是把它抽象地归结为“心灵的综合作用”，或“心灵的审美的综合作用”①，或“真正审美的先验综合”②，就算完事大吉。克罗齐认为，直觉的功能问题一经纳入自己设定的“先验”范畴，就成了给定的、无须究诘、不验自明的问题。然而，从心理学角度看，这个问题却恰恰需要花大力气加以验证，加以描述。

于是，年轻的朱光潜凭借自己掌握的心理学和艺术学知识，起而对克罗齐的“直觉”说“补苴罅漏”了。他引进布洛的“距离”说以说明“直觉”产生的前提和条件，引进立普斯的“移情”说以展开美感中物我之间的双向关系，而“直觉”本身，则被看作美感

---

① 克罗齐：《美学原理 美学纲要》，朱光潜等译，外国文学出版社1983年版，第105—106页。

② 克罗齐：《美学原理 美学纲要》，朱光潜等译，外国文学出版社1983年版，第233页。

的起点。在《文艺心理学》里，美感经验是被当作一个有机的动态心理过程加以描述的：自觉的审美态度（“距离”说）——美感在刹那间的呈现（“直觉”说）——美感中物我关系的展开（“移情”说）。尽管青年朱光潜在描述这个过程时，某些叙述和论证有自相矛盾、前后不一之处（由于朱先生有时将转述克罗齐的观点同自己的引申发挥未加明确区分，使得这些矛盾更其触目），但是“补苴罅漏”的基本意图，即将美感经验作为有机的动态过程加以把握这一点，还是清清楚楚，一以贯之的。“补苴罅漏”的结果，不仅补充了克罗齐的“直觉”说，救正了它的某些偏颇，而且部分地冲击着克罗齐那强制性的哲学框架，表明朱先生并非一个彻底的克罗齐主义者；同时，朱先生对审美经验所做的更切近实际的心理学描述，对揭示审美心理的奥秘，也有“张皇幽渺”的功效。如再回顾一下朱先生“补苴罅漏”的具体内容，这个问题还可以看得更清晰一些。

“补苴”之一：用“心理距离”说补充“直觉”说

布洛在20世纪初提出的“心理距离”说，并没有发生多大的理论影响。布洛既不曾为“心理距离”的概念提供心理方面的实证依据，也不曾对它做心理科学的恰当解释。与其说它是一种心理学理论，不如借用克罗齐的说法，把它称作“翻译成心理学的形而上学”[①]。但作为一种“形而上学的美学”即思辨式的哲学美学观点，它似乎又缺乏深度。布洛试图以“心理距离”的概念说明，一个欣赏者或艺术家何以能摆脱日常实用态度转入审美态度。但他在指出审美主体必须“保持距离的能力”即鉴赏能力之后，对这种能力本身，再也说不出什么新的东西来。[②] 这样，所谓“心理距离”说，无非是对欧洲近代美学中关于审美非功利性原理的又一次重申，这个原理，早为克罗齐所确认，并成为他“直觉”说的题中应有

① 克罗齐：《作为表现的科学和一般语言学的美学的历史》，王天清译，袁华清校，中国社会科学出版社1984年版，第242页。

② 布洛：《作为艺术因素与审美原则的“心理距离说”》，载中国社会科学院哲学研究所美学研究室编：《美学译文》（2），中国社会科学出版社1982年版，第101页。

之义。

那么，朱先生为什么还要“多此一举”，援引“距离”说来补充“直觉”说呢？这是因为，朱先生早就觉察到，“距离”说尽管粗疏，具体说法上却与传统观点不无差异，如经引申发挥，便可补救“直觉”说的某些缺憾，把被克罗齐所割裂的审美经验与整体生活的联系重新沟通起来。

首先，布洛是把“心理距离”即“对于经验的某种特殊的内心态度与看法”，当作审美“静观才成为可能”的先决条件提出来的。[1] 这不但与西方18世纪以来把审美态度等同于审美经验的说法有所不同，也与克罗齐将审美态度与审美“静观”都一股脑儿归入“直觉”也有了区别。克罗齐认为人人都有直觉能力，因而人人都是“天生的诗人”[2]，天生的艺术家。按照这个逻辑，不但每个人都是“审美的我”，而且每个人都应当无时无刻不是“审美的我”。这样，“审美的我”和“日常的我”就失去了应有的界限，“审美的我”便没有一刻可能摆脱日常认识、伦理和实用的纠缠。克罗齐提出“直觉”说本意是为了论证审美经验的纯粹性和独立性，不料自己的具体论述却与这一初衷相违拗。朱先生看法不同。照他看，“审美的我”应该同时是“实用的我”和“科学的我”，但一个人并非成天到晚都在审美之中生活，只有在他对事物采取自觉审美态度，亦即保持一定“心理距离”之时，他才成为“审美的我”。而保持“心理距离”的能力即是审美鉴赏力，它并非与生俱来，而是既有赖先天秉赋，又得力于后天素养，是综合遗传、环境、个性多方面因素的成果。于是，朱先生通过审美态度的分析，从心理学角度广泛探讨了审美鉴赏力培养与锻炼的途径。这里涉及先天遗传、社会文化的多种影响，也涉及个人在审美活动中的不倦努力。随着朱先生将直觉能力问题转变成审美鉴赏力问题，这个问题也就从克罗齐纯粹思辨的王国被拉回到现实的审美活动中来，“审美的我”也变成具有活生生心理内容的可以捉摸的东西了。

其次，布洛为了给“心理距离”立下一个起码的尺度，提出过

① 布洛：《作为艺术因素与审美原则的“心理距离说”》，载中国社会科学院哲学研究所美学研究室编：《美学译文》（2），中国社会科学出版社1982年版，第96页。

② 克罗齐：《美学原理 美学纲要》，朱光潜等译，外国文学出版社1983年版，第22页。

“距离的矛盾”的原理。主客体之间的关系，既是“切身的”，又是“有距离的”：唯其“切身”，客体与主体的智力、经验、欲望本能相一致，客体才能引起主体的理解、兴趣和同情；唯其“有距离”，主体才不致完全为实用态度束缚住，才能对客体自身凝神观照。因而，所谓保持“心理距离”，实际上是对主客体心理距离的微妙调整，使其恰到好处，不过远亦不过近。朱先生认为，这一原理是布洛“贡献中最有价值的部分”①，并对此做了意味深长的引申和发挥。本来，布洛“距离”说讨论的是审美中主客体关系问题，朱先生却毫不犹豫地将这一关系扩展到艺术与现实人生、艺术与道德的关系。“艺术和实际人生之中本来要有一种‘距离’”，“艺术与道德的距离须配得恰到好处，这是美感经验成立的必要条件”。朱先生反复申述的这些基本看法，归结起来是要实现艺术与现实人生“不即不离”的理想境界。朱先生的这一引申，对布洛“距离”说而言只是顺着原有逻辑向前推了一小步，似乎无关宏旨；但对克罗齐的“直觉”说而言，却是非同小可。因为朱先生一旦以经过引申的“距离”说去补充“直觉”说，便把克罗齐美学曾经禁绝的观点，又重新拾取回来，从而打破了克罗齐竭尽全力加以论证的等式——“直觉 = 表现 = 创造 = 欣赏 = 艺术 = 美”。

关键之点在打破“直觉 = 艺术”这一等式。同克罗齐把艺术活动（创造和欣赏）都归结为个人直觉相反，朱先生断然将直觉限制在审美经验的范围内，限制在“意象突然涌现的一顷刻”，反复论证了艺术活动远远大于审美经验的道理。由此，朱先生引出了一些新的结论，举其大者，有：

1. 艺术既是对人生的超脱，也是对人生的返照。审美经验（相当于“直觉”）要求同实际生活保持“距离”，要求摆脱实用功利目的，有“超脱”实际人生的一面，但审美经验产生之前，却要同实际人生紧密联系，“经过长久的预备”：“在这长久的预备期中，他不仅是一个单纯的‘美感的人’，他在做学问，过实际生活，储蓄经验，观察人情世故，思量道德、宗教、政治、文艺种种问题。这些活动都不是形象的直觉，但在无形中指定他的直觉所走的方

① 朱光潜：《悲剧心理学》，人民文学出版社1983年版，第25页。

向。稍纵即逝的直觉嵌在繁复的人生中，好比沙漠中的湖泽，看来虽似无头无尾，实在伏源深广。一顷刻的美感经验往往有几千万年的遗传性和毕生的经验学问做背景。”

2. “直觉”要脱尽名理思考，艺术活动却是直觉与名理思考交替进行：“美感经验只能有直觉而不能有意志及思考；整个艺术活动却不能不用意志和思考。在艺术活动中，直觉和思考更递起伏，进行轨迹可以用断续线表示。”

3. 艺术活动没有外在的道德目的但却能发生道德影响。美感经验（直觉）与道德活动无涉，所以寓道德教训于文艺的“道德主义”并不可取；但由于美感经验需以道德修养为背景，由于艺术可以“解放情感”，交流情感，伸展同情，扩充想象，文艺可以充当“启发人生自然秘奥的灵钥”，发生道德的影响，所以“为艺术而艺术”也不正确。

在上述三个方面，朱先生都以“距离的矛盾”为尺度，将一些相互对立的观点做了折中。他所得出的结论，显然与克罗齐的“直觉”说难以相容，但也显然比克罗齐来得全面，更切近实际。这是打上朱光潜个人印记的艺术论。它的要领是尽力将艺术的个体直觉性和社会性联结起来，将个体心理和社会心理沟通起来，使被克罗齐抽象化片面化的“直觉”说，重新回到整体生活中去。

朱先生的论点，甚至也超出了“距离”说本身。如果说布洛提出“距离”说的本意是在为审美中主客体关系确定非功利的性质，那么，朱先生很早就想以它作为标准，来确定审美经验“与整个生活中各种活动之间的关系”①。这样一来，“距离”便具有了连布洛本人也没有认识到的意义：它“打破了形式主义美学（按指从康德到克罗齐对审美经验的分析）的狭隘界限，扩大了艺术心理学的范围，使它能包括比抽象的纯审美经验广大得多的领域”②。朱先生用“距离”说去补充“直觉”说，发生了双重影响，既引申了“直觉”说，也充实了“距离”说。从介绍别人的学说来看，固然不免走样，但从不迷信成见来看，却表现了一个年轻学者的眼光和勇气。

---

① 朱光潜：《悲剧心理学》，人民文学出版社 1983 年版，第 29 页。

② 朱光潜：《悲剧心理学》，人民文学出版社 1983 年版，第 23 页。

补苴之二：用“移情”说发挥“直觉”说

比起“距离”说来，立普斯“移情”说在美学史上享有的声誉要高得多。但克罗齐因为在观点上与立普斯相反，对“移情”说并无好感，克罗齐主张审美自有独立的价值，这个价值便是“成功的表现”，便是“美”。立普斯却以为，艺术的美即移情的美，移情是自我的人格化，而人格化的价值则是一种伦理价值。对此，克罗齐有过这样的推论：“由此看来，审美活动缺少任何自身的价值，它只是从道德那里得到的一个价值的反映。”[①] 在极力维护审美独立自足性的克罗齐看来，这当然是无法接受的。

朱先生引进克罗齐难以容忍的学说来修正克罗齐，自然别有一番考虑。

朱先生反复指出过，克罗齐“直觉即表现”的公式，有一个明显的漏洞。他一面说意象是直觉的产物，直觉即表现，意象之中就已包含了情感；一面又强调艺术是“抒情的直觉”[②]，而且“艺术是直觉中的情感与意象的真正审美的先验综合”[③]，把直觉析为两大因素，意象之外，还有一个情感。意象与情感到底是什么关系？克罗齐的说法始终含糊不清，自相矛盾。诚如朱先生后来所言，克罗齐是利用西语中“feeling”一词词义上的暧昧性来掩饰这个矛盾的。“feeling”一词兼有感触、情感等多重含义。当克罗齐说直觉可以综合印象、感受、感触等“无形式的物质”成为整一的意象时，他用“feeling”来指感触；当他说艺术直觉是意象与情感两大因素的综合时，他则用“feeling”来指高于感触的情感。朱先生以为，从心理学角度看，感触与情感是不容混淆的。感触是感官被动感受的一种，是人对刺激的本能反应，如冷感、痛感等；艺术所表现的情感，准确地说应是情绪，则是人所体验的，可以经内省觉察的，意识水平之上的心理活动。意象与感触、意象与情绪的关系，是两个

---

① 克罗齐：《作为表现的科学和一般语言学的美学的历史》，王天清译，袁华清校，中国社会科学出版社 1984 年版，第 245 页。

② 克罗齐：《美学原理 美学纲要》，朱光潜等译，外国文学出版社 1983 年版，第 229 页。

③ 克罗齐：《美学原理 美学纲要》，朱光潜等译，外国文学出版社 1983 年版，第 233 页。

有联系又有区别的问题，理应从心理学上分别做出解释。①

按照朱先生自己的思路，直觉只限于“意象突然涌现的一顷刻”，意象综合着感触；意象呈现之后，还有一个意象与情绪交融的过程，即叔本华等人强调过的“审美观照”中“自我与非自我同一”的过程。这个过程正需要借助“移情”说加以说明。

朱先生对“移情”现象做过这样一段精彩的描述：

> 在聚精会神的观照中，我的情趣和物的情趣往复回流。有时物的情趣随我的情趣而定，例如自己在欢喜时，大地山河都随着扬眉带笑，自己在悲伤时，风云花鸟都随着黯淡愁苦。惜别时蜡烛可以垂泪，兴到时青山亦觉点头。有时我的情趣也随物的姿态而定，例如睹鱼跃鸢飞而欣然自得，对高峰大海而肃然起敬，心情浊劣时对修竹清泉即洗刷净尽，意绪颓唐时读《刺客传》或听贝多芬的《第五交响曲》便觉慷慨淋漓。物我交感，人的生命和宇宙的生命互相回还震荡，全赖移情作用。

这里朱先生将移情理解为物我双向交流的心理现象，远远超出了立普斯的“移情”说。立普斯所理解的“移情”，侧重于自我的人格化。物本无情，我自移注，物于是成为自我人格的拟人化与象征。这是一种单向的心理投射活动。朱先生将它和谷鲁斯等人的“内模仿”说相综合，指出移情不但有“由我及物”的一面，而且有“由物及我”的一面。谷鲁斯主张，人在观赏时可以用内心动作即意念活动去模仿对象的外形式运动，这种模仿所产生的筋肉感和运动感，能使观赏者体验到某种快感。朱先生赞同这种观点，以为它可以和立普斯的移情说共存互补，一重生理，一重心理；一为由物及我的影响，一为由我及物的投射。两相综合，于是移情就被理解为物我之间双向交流。

朱先生调和立普斯的“移情”说和谷鲁斯等人的“内模仿”说，对“移情”说本身，只是求同存异，说不上多大的歪曲。但用综合的“移情”说来补充“直觉”说，对克罗齐同样是非同小可的

① 朱光潜：《克罗齐哲学述评》，《朱光潜美学文集》（第二卷），上海文艺出版社 1982 年版，第 423—424、448—452 页

事。因为一旦承认"物"可以影响"我"，物我之间有双向交流，就得承认心外有物，物并非完全来自心灵的创造。这就从根本上冲击着克罗齐"直觉"说的哲学基础——主观唯心的心物一元论。在哲学上，克罗齐是以打破康德以来唯心论领域心物二元的传统观点为己任的。康德承认心灵之外有"自在之物"，持明显的二元论；黑格尔虽肯定事物的本原是绝对精神，但又认为绝对精神在自我发展的行程中有一段可以外化为自然界，也仍然留有二元论的尾巴。克罗齐干脆否定客观物质存在，在他全部的"心灵哲学"里，没有物质的位置。只是在讨论"直觉"的来源时，他不得已在"直觉"的界限之下，假设有一种"无形式的物质"存在。据克罗齐解释，所谓"无形式的物质"，只是一些感受、印象、感触之类，因为它们还未取得一定形式，所以"心灵永不能认识"。尽管在克罗齐的"方便假设"里，还不时有康德"自在之物"的阴影在晃动，但他总算在理论上从"直觉"开始就排除了物质对认识活动的介入，保持了他主观唯心一元论的逻辑一贯性。

而朱先生用"移情"说补充"直觉"说的结果，事实上打破了克罗齐哲学的逻辑一贯性，使"直觉"说本身也得到某种修正。"直觉"的条件是聚精会神的审美注意。注意必须指向对象，朱先生曾引用德国心理学家闵斯特堡的论述，肯定这个对象便是"事物本身"。"直觉"的成果是意象（朱先生又称形象）。克罗齐认为，意象完全来自心灵的创造，朱先生却称它是"以心接物"即"在无意之中我以我的性格灌输到物，同时也把物的姿态吸收于我"的结果，不完全是心灵的创造。即以朱先生常说的观赏古松形象的事例而论，朱先生明确说："这个形象一半是古松所呈现的，也有一半是观赏者本当时的性格和情趣而外射出去的。"在《谈美》论及美是"心物婚媾后所产生的婴儿"时，他说得还要明白："美虽不完全在物却亦非与物无关。你看到峨眉山才觉得庄严、厚重，看到一个小土墩却不能觉得庄严、厚重。从此可知物须先有使人觉得美的可能性，人不能完全凭心灵创造出美来。"[①] 可见，朱先生在心物关系上，早就不曾固守克罗齐的立场，他在唯心论的心物一元论与心

---

① 朱光潜：《谈美》，《朱光潜美学文集》（第一卷），上海文艺出版社1982年版，第485页。

物二元论之间，动摇着，游移着。

这里，我们又一次看到了哲学方法和心理学方法的冲突和分歧。朱先生是宁肯尊重心理事实而不愿为哲学成见所囿限的。这一点他颇为自觉。“用不着拘泥于某一种抽象教条而歪曲具体经验”，“无意于为建立理论而削足适履”①，这是朱先生文艺心理研究的方法论原则。《文艺心理学》一书在方法上“丢开一切哲学的成见，把文艺的创造和欣赏当作心理的事实去研究，从事实中归纳得一些可适用于文艺批评的原理”，同样体现了这一原则。

“补苴罅漏”的内在参照系

如果说，西方近代心理学，是朱先生“补苴罅漏”的参照系，那只是一个外在参照系；中国传统的艺术精神，则是他“补苴罅漏”的又一个参照系，内在的参照系。

朱先生对中国传统艺术（主要是诗文）的深厚素养，早就有口皆碑。传统艺术所蕴涵的独特审美感受方式、审美趣味和审美理论，早如春风化雨，滋润着少年朱光潜的心田，融会进他的心理结构。因此，当他面对西方美学和西方艺术时，他是以敏感的中国式眼光和胸怀，来感受一切、看待一切的。在他的著作里，不论是谈论西方艺术还是中国艺术，不论涉及古典还是评骘现代，只要一有机会，充溢于朱先生心胸的中国传统艺术精神，就会天机自启，奔赴笔底。

首先是关于移情的解说。我们说过，朱先生将移情现象理解为“物我交感”，是对立普斯和谷鲁斯观点的综合。但我们也注意到，朱先生对“物我交感”的具体解释，有迥异于立普斯和谷鲁斯的独特的地方：第一，他确认物的姿态与运动，自有其可以感人的“生气”与“情趣”，这跟立普斯单纯把“物”看成可供欣赏主体投射情感的消极容器有很大不同；第二，他确认“情感是心感于物所起的激动”②，这跟谷鲁斯把物的姿态运动看成唤起筋肉感和运动感的刺激物，通过生理快感转而影响人的情感的看法也有重大区别；第

① 朱光潜：《悲剧心理学》，人民文学出版社1983年版，第11页。

② 朱光潜：《谈美》，《朱光潜美学文集》（第一卷），上海文艺出版社1982年版，第517页

三，他确认人与物之间有"共同之点"，即在"生气""情趣"方面有"互相感通之点"，有"心灵交通的可能"[①]，因而物我交感需以"物我同一"为前提，构成"物我同一中物我交感"。这一点当然也是立普斯和谷鲁斯所不曾道及的。

正是根据自己对物我关系的独到理解，朱先生才做出这样的概括："所谓美感经验，其实不过是在聚精会神之中，我的情趣和物的情趣往复回流而已。"[②] 这个看法，朱先生曾以不同的语言，有时用"我的情趣和物的姿态交感共鸣"，有时用"物我的回响交流"，在《文艺心理学》《谈美》《诗论》等著作中得意地发挥过好多次。

凡是熟悉中国传统艺术的人都不难看出，朱先生对物我关系的这种理解，恰好体现了中国艺术所特有的一种观物方式。自从《乐记》提出"感物动情"的原理以来，物我关系问题，成为中国美学（实为中国艺术心理学）历来探讨的中心之一。如果说，《乐记》强调的是物对人的情感意志的感发作用，只注意到物我关系的单向性，那么，魏晋以后，随着儒道合流，老庄哲学向艺术领域广为渗透，人们已经日益重视物我之间的双向交流和交互感发了。在"澄怀观道"的条件下，人们以"虚静"的心胸接纳活泼天真的自然物色，以自身的感性生命去体悟大自然生生不息的"道"（所谓"目击道存"），物我界限归于泯灭，彼此化为一团和气，普运周流（所谓"身与物化"），于是而出诗情，而生画意。这种感物方式，在我，是"目既往还，心亦吐纳"；在物我之间，是"情往似赠，兴来如答"（《文心雕龙·物色》）。两者相摩相荡[③]，又相契相安，即使一草一木，山石云泉，人们也能见出生气和情趣。这种观物方式，为后来久盛不衰的"情景交融"学说提供了艺术心理方面的有力依据，对中国诗画尤其是山水诗画的繁荣起过极其重要的作用。朱先生深知在这一观物方式背后，隐藏着中国人对待自然的特有态度，它与西方人对待自然的泛神论态度判然有别。他说：

① 朱光潜：《谈美》，《朱光潜美学文集》（第一卷），上海文艺出版社 1982 年版，第 462 页

② 朱光潜：《谈美》，《朱光潜美学文集》（第一卷），上海文艺出版社 1982 年版，第 463 页。

③ 刘熙载说："在外者物色，在我者生意，二者相摩相荡而赋出焉。若与自家生意无相入处，则物色只成闲事，志士遑问及乎？"（刘熙载：《艺概》，上海古籍出版社 1983 年版，第 98 页）

> 中国人的“神”的观念很淡薄，“自然”的观念中虽偶杂有道家的神秘主义，但不甚浓厚。中国人对待自然是用乐天知足的态度，把自己放在自然里面，觉得彼此尚能默契相安，所以引以为快。陶潜的“众鸟欣有托，吾亦爱吾庐”，“平畴交远风，良苗亦怀新”诸句最能代表这种态度。西方人因为一千余年的耶稣教的浸润，“自然”和“神”两种观念常相混合。他们欣赏自然，都带有几分泛神主义的色彩。人和自然仿佛是对立的。自然带着一种神秘性横在人的眼前，人捧着一片宗教的虔诚向它顶礼。

这里，朱先生触及了中西艺术的不同文化背景和不同“文化-心理”结构问题。立普斯在西方泛神论基础上推演出来的“移情”理论[①]，和建立在人与自然亲和关系基础上的中国观物方式，区别至为明显。朱先生将两者做了比较，存异而求同，仍然将两者相提并论，认为都出于移情作用，都属于“宇宙的人情化”[②]。这就透露出一个消息：朱先生在自觉地将西方移情说同中国艺术的传统观物方式嫁接起来。

在对“距离”说的引申发挥上，也有类似情形。前已提及，朱先生极大地扩展了“距离”说的适用范围，把它引申为确定艺术与人生相互关系的尺度。这个尺度简单说就是两者“不即不离”，其距离“过犹不及”。艺术创作和欣赏的成败得失，全看能否将这个距离调配得恰到好处，“‘不即不离’，是艺术的一个最好的理想。”朱先生按照这个理想来衡量各种艺术流派和各式美学观点，力图将对立的流派（例如“写实主义”和“理想主义”）、对立的观点（例如“道德主义”和“为艺术而艺术”）调和起来，求得折中的统一，于是“距离”说在朱先生手里，就转变为一种批评尺度。这是一把弹性极大的橡皮尺，具有折中论的方法论特色。朱先生说：“在艺术中和在生活中一样，‘中庸’是一个理想。”[③] 不用说，这

---

① 朱先生在1956年写道：“立普斯的移情说是由泛神论推演出来的。”朱光潜：《朱光潜美学文集》（第三卷），上海文艺出版社1982年版，第15页。

② 朱光潜：《谈美》，《朱光潜美学文集》（第一卷），上海文艺出版社1982年版，第465—466页。

③ 朱光潜：《悲剧心理学》，人民文学出版社1983年版，第28页。

种将“中庸”视为观察问题、处理问题基本原则的思维方式，属于朱先生自幼就接受的中国儒家哲学。

在艺术与人生关系这个根本问题上，我国传统艺术有超脱于人生和执着于人生这两种倾向，前者以“虚静寂寞”“恬淡自守”为原则，对现实人生持一种静穆观照的欣赏态度，主要依傍于道家哲学；后者标举“诗以言志”“文以载道”两大口号，对现实人生持执着的实用伦理态度，主要根源于儒家哲学。两种倾向之间，朱先生也力求折中调和。照朱先生看，在美感经验的预备阶段，艺术家要注重人格修养，以入世态度造就完美人格，这才可以在日后的创作中实现儒家“修辞立其诚”的原则，让自己的真实人格、真实性情自然流露；但进入审美、获取美感之时，则必须“跳出”实用世界的羁绊，超然豁达，以“虚静无为”的道家态度进行欣赏。这样，他所获取的美感，既是人生世相的返照，也是自我人格的返照。在艺术理论上，朱先生并不认为儒道势不两立，相反，他主张两者的共存互补：“伟大的人生和伟大的艺术都要同时并有严肃与豁达之胜。晋代清流大半只知道豁达而不知道严肃，宋朝理学又大半只知道严肃而不知道豁达。”兼有两者之胜而令朱先生倾心仰慕的最高典范是陶渊明。他在《诗论》中曾为之辟出专章，极力赞许陶渊明在隐与侠、出世与入世，道家的尚自然、宗庄老与儒家重名教、师周孔之间的通达态度，极力赞许陶渊明的率真而近人情，甘做“我辈中人”的人格。由这种人格所决定的陶诗的风格——“亦平亦奇、亦枯亦腴、亦质亦绮”，被朱先生推崇为“艺术的最高境界”。很明显，陶渊明之所以得到朱先生的最高赞誉，正因为他在处理艺术与人生的关系上，完全符合朱先生“不即不离”的“中庸”理想。

朱先生得力于中国传统美学的，究竟是以道家为主，还是以儒家为主？如果认为他实际上是儒道并重，那么是内儒外道还是内道外儒？这些都是尚待深入探讨的问题。美国学者杜博妮博士说过，她和意大利的沙巴提尼教授通过对朱光潜美学思想的研究，各自独立地达到两点相同的结论：“第一，不可简单地视朱光潜为‘克罗齐主义者’；第二，朱光潜对待文学与生活的态度（他的‘超验论的超然态度’）受到他早期研究中国哲学，特别是研究道家的影响。”① 沙巴提尼说得更直接，他认定朱先生是移西方文化之花接中国文化传统之木，这个传统之木便是道家。朱先生本人明确表示不赞同这个判断。1983 年，他在答问时申明：“我当然是接受了一部分道家影响，不过我接受中国的传统，主要的不是道家，而是儒家，所以应该说我是移西方美学之花接中国儒家传统之木。”这一申明与朱先生 50 年代的说法实难相侔。那时他说，中国传统文化予他影响最深的“不外《庄子》《陶渊明诗集》和《世说新语》这三部书”②。前者不用说是道家正宗经典，后者也是世所公认的充满道家玄思的作品。看来光凭作者本人的宣言，还难就这一问题遽下断语，而需要就其整个美学思想深入剖析。

“补苴罅漏”在方法论上给我们的启示

在把“补苴罅漏”的几个侧面做过剖视之后，我们可以看到，朱先生的“补苴罅漏”，实际上是在西方近代的哲学美学与心理学美学之间，在中西艺术乃至中西文化之间，在各种对立的艺术流派和艺术理论之间，求同存异，折中调和。诚为朱光潜先生所言，他无意于自立完整的理论体系，而志在博采众长，兼容并包，系统介绍西方近代美学和文艺心理学，做一项当年中国所亟须而又极烦难的现代美学的“基础工作”。“我们的方法将是批判的和综合的，说坏一点，就是‘折中的’。”③ 折中引申，截长补短。说它折中主义也好，说它相对主义也好，反正是朱先生“补苴罅漏”采用的基本方法，其实也是他全部美学研究的基本方法。

折中主义，历来被看作“无原则拼凑”的同义语，名声不佳。但朱先生的折中调和，恐不能一概以“无原则拼凑”视之。他的“综合”，以“批判”为前提；而他的“批判”，又具有开阔的历史视野。他常就某一问题追本寻源，考察问题是如何提出的，历史上

---

① 转引自麦克杜阿：《从倾斜的塔上瞭望：朱光潜论十九世纪二十至三十年代的美学和社会背景》，申奥译，《新文学史料》1981 年第 3 期。

② 朱光潜：《我的文艺思想的反动性》，《朱光潜美学文集》（第三卷），上海文艺出版社 1982 年版，第 4—5 页。

③ 朱光潜：《悲剧心理学》，人民文学出版社 1983 年版，第 11 页。

有过哪些不同看法，分歧的焦点在哪里，然后证之以审美心理事实和艺术史事实，衡定各家学说之短长。这种“批判”，他做得相当谨慎，相当细致，分歧点也捕捉得相当准确。在这一基础上所做的“综合”，当然决非主观任意的“无原则拼凑”所可比，即便是以忠实介绍西方学说为己任，却只能一味人云亦云的学者，也难以望其项背了。

朱先生对西方学说的介绍，独具匠心，独具慧眼，因而是融自我的理论创造于其中的。他对西方近代哲学美学与心理学美学的综合，尤其表现着他“不敢轻信片面学说和片面事实”的科学态度。他追随克罗齐，却全然不顾他对心理学的一再贬斥，不管他发出过多少次关于心理学会“迷离哲学正轨”的警告，也不管还有多少美学家在维护美学作为思辨哲学的纯洁性，竭力禁绝心理学染指于美学，毅然站到“自下而上”美学即心理学美学一边，宣称美学的最大任务就在分析美感经验，分析的手段主要就是心理学。然而朱先生又不曾陷入另一种极端，他从来不做如“自下而上”美学倡导者费希纳做过的那样的好梦，幻想把美学并入心理学王国，成为普通心理学的一个部门。和那些误以为单凭心理学便足以揭开审美奥秘而宣称可以抛弃哲学思辨方法的天真想法相反，朱先生十分重视自康德以来，西方哲学对美感经验的思辨论证成果，承认它有不可磨灭的功绩，并着手用经验描述和心理学解释来印证它，丰富它，尽可能补救它的缺陷。“补苴罅漏”，其实是哲学美学和心理学美学的综合和互补。《文艺心理学》一书，以康德到克罗齐的哲学美学为基本骨架，以审美经验的心理描述为活的血肉，即使哲学美学落实到具体审美心理现象的层次，减少了它形而上的抽象性和空疏性，也使心理学在理论上有所归依，避免了经验性描述的散漫性和凌乱性。尽管这本书在这方面还显得不那么尽如人意，但从它半个多世纪的实际影响看，终不失为成功的尝试。

《文艺心理学》的尝试，十分接近于50年代前后托马斯·门罗所倡导的“描述法”。门罗确认由费希纳所开创的“实验美学”有革命意义，是美学走向科学的转折；但他又嫌现有的“实验美学”过于狭隘、呆板，所提供的论断也过于琐碎、含混，未能触及审美与艺术的实质问题。因而他主张在“自上而下”与“自下而上”的美学之间，走一条“中间道路”[①]，即侧重于描述审美经验与艺术事实，同时不拒绝“利用过去的思辨理论，并把它当作一些有待验证和发展的暗示”[②]。照他的设想，只要取得科学研究法（“描述法”）与哲学探究法的“相互配合”[③] 与“相互补充”[④]，便能使美学走上“科学化”道路，可望更好地揭示审美的价值与艺术的功能。在哲学上，他依傍杜威的经验主义而又兼收并蓄，在具体研究法上，他借重自然科学的学科方法而又能与人文科学的学科方法交叉使用。他的哲学观点具有鲜明的现代色彩，运用综合方法更为自觉，具体研究法的吸取也达到新的广度，这些都与朱先生有别。然而在基本方法上，引申折中，“中间道路”，都具有相对主义或折中主义的性质。他们在美学研究中大体意向的不谋而合，足以启示我们，长期对峙的哲学美学和心理美学，委实存在某种综合的可能性。

朱先生是自发地走上这条“中间道路”的。自幼接受的中国传统哲学的深厚人文主义精神，使他不能不沉醉于欧洲大陆的近代人文主义哲学；英国式的实证科学训练，又养成他长于分析的科学头脑，知识的特定结构和当年美学的学术走向，驱使他走上以心理学美学补充哲学美学的治学之路。他在两者之间的综合，时时能做出启人深思的新见，也时时可能陷入支离龃龉的窘境。如他参照中国传统美学物我交融的思想，综合立普斯与谷鲁斯两派“移情”理论，提出“移情”是“物我交感共鸣”的新解说；通过对中外艺术理论史上道德主义与“为艺术而艺术”两种主张的综合，提出艺术无外在道德目的而有道德影响的论断，都立论坚牢，至今仍保有理论上的价值。然而，当问题一旦涉及宏观领域，一旦涉及人的本质和审美活动的本质，朱先生便不免左支右绌，无力达成科学的综合。最明显的例子是关于美感经验个体性与艺术活动社会性之间关

① 托马斯·门罗：《走向科学的美学》，石天曙、滕守尧译，中国文艺联合出版公司1984年版，第8页。

② 托马斯·门罗：《走向科学的美学》，石天曙、滕守尧译，中国文艺联合出版公司1984年版，第21页。

③ 托马斯·门罗：《走向科学的美学》，石天曙、滕守尧译，中国文艺联合出版公司1984年版，第4页。

④ 托马斯·门罗：《走向科学的美学》，石天曙、滕守尧译，中国文艺联合出版公司1984年版，第205页。

系的论述。照朱先生，人在艺术活动中，有长期的美感预备阶段，他要受社会文化的深刻影响，要在社会环境中修养人格；美感产生后，他要进入传达阶段，而传达则是一种社会交流活动。美感的一前一后，他都看到了艺术活动的社会性，多次用“人是社会的动物”“艺术家同时也是一种社会的动物”这样明白无误的语言来强调这一点。唯独美感经验产生的一刹那，人的心理活动纯然属个人直觉，与社会决无干系。在强调前者时，他突出“稍纵即逝的直觉嵌在繁复的人生中……实在伏源深广”；在强调后者时，他甚至认为：“假如世界上只有一个人，他就不能有道德的活动……但是这个想象的孤零零的人还可以有艺术的活动；他还可以欣赏他所居的世界，他还可以创造作品”，又把艺术活动的社会性丢到了九霄云外。个人的美感经验与社会性的艺术活动截然断裂。朱先生的折中方法始终不可能弥合这一裂痕，他给自己，也给我们留下了两者之间如何联结、如何过渡和转化的问题，等待继续探究和解决。类似问题，还很有一些。

可见，朱先生对康德以来唯心论哲学美学的“补苴罅漏”，提出了需要在唯心论哲学之外才能正确解答的问题。正是这些问题，始终困惑着他，推动他去不倦地探索，寻求一个新的哲学基础来重新做出哲学美学与心理学美学的综合。因此，当他晚年转向马克思主义，特别是60年代初从青年马克思的《巴黎手稿》获取打开审美秘密的钥匙之后，他的欣喜和自慰是不言而喻的。他开始从人类物质生产实践之中去探讨审美发生的最终根源，探讨人的本性和真、善、美的统一。但是他没有机会再回到他早年得心应手的美感经验研究上去，等待着他的新的综合工作终因力不从心而未能完成，他把任务留给了我们。晚年朱光潜常用“前修未密，后起转精”“补苴罅漏，张皇幽渺”这两句著名成语鼓舞后起者，激励人们沿着马克思主义的“正道”走下去。

80年代的中国美学，正酝酿着重大的突破，重大的转折。西方当代美学新潮的广泛引入，中国美学史和艺术史研究向纵深推进，原有各美学学派那种“磨道式”争论的渐告平息，他们各自转入自我反思和致力于自我完善，都使中国美学充满活力。尤其令人欣慰的是，美感经验在美学研究领域的中心地位重新得到确认，审美心理和文艺心理研究已得到长足的进步。在这样的情况下，50 年代美学大讨论中对《文艺心理学》一书的种种误解和曲解，如把它当作唯心论美论的代表而简单否定，轻忽以至抹杀它在美感经验研究上的巨大贡献，其错误已经日益明显，而且也易于澄清。在这一切业已成为历史的过去之后，我们不仅有可能客观地重新估定这一著作对现代美学的意义，而且有可能平心静气地考虑它对当代美学特别是心理学美学将发生的影响。

当前国内审美心理和文艺心理研究，呈现出心理学化、哲学化和综合研究三种趋向。这三种趋向，都有了各自的初步成果，也应当有各自的远大前程。但许多研究者似乎都忽略了一个事实，即没有重视朱先生《文艺心理学》实际上已接触到这三种路子，他对每一种路子的利弊得失已有过中肯的评判。如果我们能重视朱先生作为现代美学奠基人在美学方法论上的思考和尝试，那么有些弯路就可以不走或少走，我们可以在他留给我们的美学遗产基础上，把今日美学研究向前推进。

（原载《文艺研究》1989 年第 6 期）

中国传统美学的现代转换

——宗白华美学思想评议之二

几乎从引进“美学”（Aesthetics）这一概念的那天起，中国学人就着手借西方美学之“石”，以攻本民族传统美学之“玉”，致力于传统美学的现代转换。在这些学人中，宗白华对传统美学的创造性诠释，可谓独树一帜。

宗先生有自己的诠释方式。他参照西方近现代美学，却不设想削足适履，将传统美学强行纳入西方框架，也不设想按西方的思辨模式去重建中国的传统理论，而是将自己的诠释，聚焦于这一理论的关键性范畴——“艺术境界”，直探它的文化哲学底蕴，做出富于现代意义的发挥。

独到的诠释成就了独到的贡献。由于有宗先生的独到诠释，中国传统的艺术境界论，便以别具一格的哲学内涵，另成一系的文化品貌，呈现于当代世界美学之林，不仅以明确的语言答复了西方某些学人关于中国有没有属于自己的美学理论这一大疑问[①]，也为中国传统美学的现代转换，提供了范导性的尝试。

一

艺术境界，又称艺术意境，简称艺境，是中国传统艺术和审美所归趋的理想，众多艺术门类的最高成就，也是艺术之所以成为艺术的根本特征。宗先生以此为诠释重心，他亲手编定的美学文集题名《艺境》，表明他的美学，完全有理由称之为“境界美学”。

那么，什么叫作“艺境”？

---

① 如鲍山葵在1892年提出，不论在古代或在近代，东方与中国的审美意识都没有上升到思辨理论的水平，因而没有加以阐述的必要。

宗先生截断众流，居高临下，给出这样一个命题：

> 一个充满音乐情趣的宇宙（时空合一体）是中国画家、诗人的艺术境界。[①]

这是对中国艺术境界的本体论回答，包含着宗先生对传统美学的独到会心，独到发现。

中国艺术提供的是“意义丰满的小宇宙”[②]。它不但描摹大宇宙的群生万殊、生香活意，而且寄寓着艺术家的宇宙情怀和对宇宙人生的深切感悟，是大宇宙的生动意象与艺术心灵“两镜相入”、互摄互映的另一世界，如恽南田所说“皆灵想之所独辟，总非人间所有”的崭新宇宙！

中国艺术的根基在宇宙生命。照中国传统的生命哲学，整个宇宙，是大化流行、生生不已的创造历程。宗先生于此并不拘于儒道释的任何一种宇宙论解说，而是拔出《周易》的生命哲学作为“中国民族的基本哲学”，以之兼摄儒道释而超越儒道释。自老子始，“自然之道”的思想，便在中国古代文化中植下了深根。“道”是宇宙的本体，也是宇宙创生的动力，万物之生成变化、生长死灭，无不自然而然，自己而然。迨至战国，这一思想被《易传》所摄取，铸成“一阴一阳之谓道”的核心观念，并以之弥纶天、地、人，建构起宇宙生命图式。经秦汉以降历代的发挥，这个图式被整饬为井然有序的结构：道⇌阴阳⇌四时⇌五行（五方）⇌万物。从宇宙生成而言，这是由“道”派生万物的递降图式；从人把握宇宙而言，适成逆转，成为由万物观道、体道的递升图式。宇宙万物生成图式与把握宇宙全景的致思图式适成对应，秘密就在宇宙本体之“道”，即是“阴阳互动”之“道”，它以气论为基础，为前提。中国人凭借气的感应，将本体与现象两界、形下与形上两域，完全贯通，得以从形而下的有形之物（器），体认其中形而上的无形之道。伏源

---

① 宗白华：《中国诗画中所表现的空间意识》，《宗白华全集》（第二卷），安徽教育出版社 1994 年版，第 431 页。

② 宗白华：《论中西画法的渊源与基础》，《宗白华全集》（第二卷），安徽教育出版社 1994 年版，第 99 页。

于气论的“体用一如”“道不离器”的致思方式，正是中国艺术境界之所以可能的根本依据。

围绕着这一基于气论的生命哲学，宗先生就宇宙生命和艺术生命两方面都做了精彩的发挥。

首先是解说宇宙生命。由于阴阳互动，生生不穷，宇宙万物皆“至动而有条理”，呈现为二气化生的生命律动——节奏。宗先生曾不止一次地引用戴震的名言：“举生生即该条理，举条理即该生生”[①]，用来说明宇宙至动的生命本来就寓存于有条理（秩序、法则）的律动之中，“这生生的节奏是中国艺术境界的最后源泉”[②]。也正因此，中国的一切艺术才普遍趋向于音乐的状态，共同追求节奏的和谐，而万物“生生的节奏”，便具有了本体论的意义。

从空间与时间的相互关系来论证中国艺境普遍音乐化的必然性，是宗白华在美学上的一大功绩。空间与时间，即“宇”与“宙”（久），本是先秦诸子讨论已久的宇宙构成论的重要课题[③]。在秦汉的宇宙构成模式中，四时统辖五方（五行），空间与时间的相互关系，被规定为“以时统空”。“时间的节奏（一岁，十二月，二十四节）率领着空间方位（东南西北等）以构成我们的宇宙。所以我们的空间感觉随着我们的时间感觉而节奏化了、音乐化了！”[④]有见于此，被清人崔述称之为“附会”之言、“异端”之说的“律历哲学”[⑤]，经宗先生化腐朽为神奇，成为解开中国人审美意识千古秘蕴的宝钥。中国历来有“律历递相治”的传统（《大戴礼记·曾子天圆》），《吕氏春秋》的“月令模式”，更将音乐里的五声，比配于五行（五方），将音律的十二律吕，比配于一岁的十二个月，认为音律与历法都体现着阴阳二气的消长升降，有着共同的数量关系，应和着同一的宇宙创化节奏，“故阴阳之施化，万物之始终，既类旅

---

① 戴震：《孟子字义疏证·绪言卷上》，何文光整理，中华书局1961年版，第83页。

② 宗白华：《中国艺术意境之诞生（增订稿）》，《宗白华全集》（第二卷），安徽教育出版社1994年版，第365页。

③ 《墨子·经上》：“久，弥异时也；宇，弥异所也。”《尸子》卷下：“上下四方曰宇，往古来今曰宙。”

④ 宗白华：《中国诗画中所表现的空间意识》，《宗白华全集》（第二卷），安徽教育出版社1994年版，第434页。

⑤ 《崔东壁遗书》之《补上古考信录》卷上，“驳黄帝制十二律”条。

于律吕，又经历于日辰，而变化之情可见矣”（《汉书·律历志》）。按照这一律历哲学，时间作为生命之绵延，能示人以宇宙生命的无声音乐；空间作为生命的定位，也因生命而与时间相沟通，于是空间得以“意象化，表情化，结构化，音乐化”① 律历哲学的时空观，支持了宗先生一个精警的不刊之论：“中国生命哲学之真理惟以乐示之！”② 在中国，音乐足以通天地之和，绘画将“气韵生动”置于“六法”之首，艺术境界成为天地境界的象征，大源即在于此。

但艺术毕竟不是宇宙生命节奏的自身显现，而是宇宙生命节奏与艺术家心灵节奏的共鸣与交响。艺术所表现的，是“心灵所直接领悟的物态天趣，造化和心灵的凝合”③。于是，宗先生便从心灵与宇宙万物的关系中，来探求艺境诞生的秘密。

中国人历来以为，“人者，天地之心”（《礼记·礼运》），“诗者，天地之心”（《诗纬·含神雾》）。这两句千古名言，几乎成了习文谈艺者的门面语、口头禅，而对“人”何以是“天地之心”，“诗”何以能“为天地立心”，却似乎少予探究。宗先生同样以自己对传统哲学思想材料的清理和诠释，揭出此中学理。

关键在中国传统哲学里，“出发于仰观天象、俯察地理之易传哲学与出发于心性命道之孟子哲学，可以通贯一气。”④ 照《易》传，天、地、人三道均统摄于阴阳互动、生生不息的“易道”。生生为“天地之大德”，宇宙不断创化，是为了人；而人，也以自己自强不息的创造活动，参与天地创化的大历程。于是，道体与心性之体，可以相贯。宗先生引进西方哲学，把宇宙生命的“大化流行、生生不息”理解为一个伟大的创化进程，以此来诠解“天地之心”，又认定“画家诗人的心灵活跃，本身就是宇宙的创化”⑤，因

① 宗白华：《形上学——中西哲学之比较》，《宗白华全集》（第一卷），安徽教育出版社 1994 年版，第 621 页。

② 宗白华：《形上学——中西哲学之比较》，《宗白华全集》（第一卷），安徽教育出版社 1994 年版，第 589 页。

③ 宗白华：《中国艺术意境之诞生（增订稿）》，《宗白华全集》（第二卷），安徽教育出版社 1994 年版，第 369 页。

④ 宗白华：《形上学——中西哲学之比较》，《宗白华全集》（第一卷），安徽教育出版社 1994 年版，第 608 页。

⑤ 宗白华：《中国艺术意境之诞生（增订稿）》，《宗白华全集》（第二卷），安徽教育出版社 1994 年版，第 360 页。

而艺术的创造，便不止是艺术家以自己的心灵来映射宇宙的生命创化，也是以自身全部生命投入宇宙生命创化的过程。艺术家“为天地立心”，也为自己的生命获取了价值意义，使自己的生命得到安顿之所。

在“艺术心灵”与“天地之心”之间，宗白华发现了、探讨了“象”这个中间环节，成为他的艺境理论的一大创获。“象”作为文化符号的结构与功能，在《周易》始行定位。《周易》又称《易象》，可见在《周易》的整体符号系统（数、象、辞三者交互为用）中，地位非同凡响。这个“象”，原指卦象，原出仰观天象以“治历明时”的活动，它可类万物之情，可通神明之德，可尽圣人之意，贯通形上形下，贯通人情物理，规范人文秩序与人文制作，恰如宗先生所言，在古代中国，“宗教的，道德的，审美的，实用的溶于一象。”[①] 如何从历代易学芜杂纷呈的歧说中，透过种种神秘莫测的玄妙之言，揭示“象”的本来面目，成为当代文化哲学一大难题。宗先生参照西方哲学，指明“象者，有层次，有等级，完形的，有机的，能尽意的创构”[②]，它本质上乃是“由仰观天象，反身而诚以得之生命范型”[③]。作为万物创造之原型，它和西方偏重空间的范型（柏拉图的“理式”，亚里士多德的“形式”，以几何学为其标志）不同，中国的“象”，是“以时统空”，以节奏完形（实为气的完形）为特征的生命范型。它来自仰观天象、反身而诚的创构，本身即是宇宙生生节奏与人的心灵节奏相应和的成果。这一“象”的范型，用于审美，即将空间时间化（音乐化），转为审美意象，从而将宇宙人情化，使人能从中重新体验宇宙人生的情感价值。中国艺境之追求“气足神完”，而不斤斤计较于形体的逼真、精确，就是因为有这一“象”的范型做其张本。关于“象”的结构及其向审美领域的转移，是需要专门探讨的问题，拙著《意象探源》曾初步涉及，本文于此不赘。

---

① 宗白华：《形上学——中西哲学之比较》，《宗白华全集》（第一卷），安徽教育出版社 1994 年版，第 611 页。

② 宗白华：《形上学——中西哲学之比较》，《宗白华全集》（第一卷），安徽教育出版社 1994 年版，第 621 页。

③ 宗白华：《形上学——中西哲学之比较》，《宗白华全集》（第一卷），安徽教育出版社 1994 年版，第 628 页。

总之，宗先生关于艺境的宇宙论和本体论解说，凝聚了多向度、多层面的哲学沉思，自具其内在逻辑。虽不能说已尽艺境之秘，却至少揭开了艺境神秘帷幕之一角。

二

艺境既是道体与心性之体相互通贯的表征，艺境的创构，从主体（心性）方面说，便是以人的生命反观宇宙生命，以人的生气旋律推及宇宙万物，从而抒写艺术家生命体验、宇宙情怀的过程。

> 艺术意境不是一个单层的平面的自然的再现，而是一个境界层深的创构。从直观感相的模写，活跃生命的传达，到最高灵境的启示，可以有三层次。①

这三个层次，宗先生又称之为“写实（或写生）的境界”“传神的境界”和“妙悟的境界”②。三层次相互承接，逐一递进，活泼玲珑，渊然而深。中国传统的艺术理论并不很讲究写实主义、形式主义、理想主义种种区分，就因为它所追求的境界，不论在何种层面，都指向主客观的交融互渗，现实与理想的有机统一。

“‘静照’（contemplation）是一切艺术及审美生活的起点。”③所谓“静照”，即“静观寂照”，指艺术家暂时摒绝一切俗念与俗务，以“虚静”的心胸，面对万物，以全整的生命与人格情趣赏玩具体事物的色相、秩序、节奏、和谐，借以窥见自我深心的反映，由此形成审美意象，此为第一层境。宇宙生命流变不居，“一切无常，一切无住，我们的心，我们的情，也息息生灭，逝同流水。向之所欣，俯仰之间，已成陈迹。”④ 单凭感官印象，无法把握瞬息万

---

① 宗白华：《中国艺术意境之诞生（增订稿）》，《宗白华全集》（第二卷），安徽教育出版社1994年版，第362页。

② 宗白华：《中国艺术三境界》，《宗白华全集》（第二卷），安徽教育出版社1994年版，第382页。

③ 宗白华：《论〈世说新语〉和晋人的美》，《宗白华全集》（第二卷），安徽教育出版社1994年版，第275页。

④ 宗白华：《歌德之人生启示》，《宗白华全集》（第二卷），安徽教育出版社1994年版，第9页。

变的生命现象，唯有以虚静的心胸，清明的意志，于“静照”之中，方能发现其变中之常、动中之静（即古人所云“同动谓之静”），将其纳入“静的范型”——“象”。这样，纷杂的印象才化为有序的景观，支离的物象才化为整全的意象，宇宙生命才被赋予应有的形式。

然而，同为“静照”，中西艺术却因时空观念的差异而各具不同的观物方式。西方注目于抽去时间一维的几何空间，习惯于以固定视点视线观赏物的体积；中国则注目于时间化的空间，更侧重以往复流动的视点视线观赏物在运动中的生命节奏，感受它的生命情态，生机生气。宗先生标举“俯仰往还，远近取与”这八个字，颇得中国人观物方式的要义。

“静照”是艺境创构的起点，还不是它的全程。艺术家还必须“于静观寂照中，求返于自己深心的心灵节奏，以体合宇宙内部的生命节奏”①。于是，写实之外，更有传神、妙悟二层境。

传神，即活跃生命的传达，其实是意象返回于艺术家内心，使事物生命节奏与艺术家心灵节奏交相感应，景（意象）与情（心灵节奏）交融互渗在艺术上的表现。一层比一层更深的情，透入一层比一层更晶莹的景，“景中全是情，情具象为景”，于是有气足神完之境。

宗先生提出“求返于自己深心”这一点，确是中国艺术很可注意的特异处。照康德，空间是“外部经验”的直观形式，时间则是“内部经验”的直观形式。杜诗所称“乾坤万里眼，时序百年心”，正谓万里空间得之于眼，百年时序验之于心。中国美学既持“以时统空”的时空观，景之观赏，必随之归返内心体验。时间的体验就是生命的体验。情景的交融互渗，便将艺术家的生命体验融会于意象。于是，意象便不止于描摹出事物的生命姿态，那只是写实；能进一步表现出艺术家的生命感，方谓之传神。

因而毫不奇怪，在审美的情景交融上，中国和西方会有着全然不同的解释。发源于泛神论的“移情”说，主张艺术家以天才的心灵将生命之气（“神灵的气息”）灌注于对象，使静照所得的意象拟人化，从而获得情感意义。这一“生气灌注”论，由赫尔德首先发

① 宗白华：《论中西画法的渊源与基础》，《宗白华全集》（第二卷），安徽教育出版社 1994 年版，第 109 页。

韧，在康德、黑格尔美学中均有所承传，后经费肖尔父子发挥，至立普斯便总结为“移情”说，主张自我将情感投射于对象，使对象人格化，审美的欣赏遂成为对自我人格的欣赏。在西方美学中，对象物常常只充当接受自我情感投射的消极容器。

基于气论的中国美学对此有另一番解释。它确认万物与人同出自阴阳二气化生，各秉有自身生命，自身节奏。审美中心物之间的关系，不复是机械力的作用与反作用（刺激与反应），亦不复是心对物的单向投射（移情），而构成二者的双向交流，交互感应。《文心雕龙·物色》所谓“目既往还，心亦吐纳”，“情往似赠，兴来如答”，正是对此所做的绝好描述。作为双向交流的成果，从物的方面说，是“化景物为情思”，化实为虚，把意象化作主观的表现；就心的方面说，则可谓“化情思为景物”，传虚为实，使主观情思得以客观化。在中国美学里，意象与情感、景物与情思，从来不断为两橛，于是，作为情思与景物结合体的意象，便生生不息而递升到更高层次，足以传神。

妙悟的境界，是无形无象、超越经验的形而上境界。它不能直接描述，却可借意象加以象征，加以暗示。这就是老子所谓“大象无形”的“大象”，中国美学习称的“象外之象”。宗白华先生认为，这一“大象”，乃中国生命范型的最高层次。在这个意义上，“象即中国形而上之道”[①]。这个“象”，实为天地境界的象征。

象征，是中西哲学、美学共用的术语。中国诗学倡言“比兴”，易学倡言“触类可为其象，合义可为其征”（《周易》），都承认形下之象，有喻示、暗指难言之情乃至玄秘之理的功能。这与西方美学所指的象征，功能仿佛。康德以为对美的事物、崇高事物的观赏，可以通过“类比”关系，唤起道德的自由感和对自身使命的崇敬感，所以“美是道德的象征”。“如果特殊表现了一般，不是把它表现为梦和影子，而是把它表现为奥秘不可测的东西在一瞬间的生动的显现，那里就有了真正的象征。”[②] 歌德此语，指出了这个相

① 宗白华：《形上学——中西哲学之比较》，《宗白华全集》（第一卷），安徽教育出版社 1994 年版，第 626 页。

② 歌德：《关于艺术的格言和感想》，转引自《朱光潜全集》（第七卷），安徽教育出版社 1991 年版，第 69—70 页。

似点。

虽然如此，中西美学的象征论，仍有所差别。一般说来，西方美学主张审美理想只由人所独占，“在植物和无生命的自然里就简直不存在”①。他们并不关心自然事物的生命和宇宙生命本体的关联，不承认对自然景物的观赏可以不经人格化直接过渡到天地境界。即使像康德那样，承认自然界的崇高事物可以激发人的道德理性力量，但那也是通过“暗换”作用实即“移情”作用，才具备象征意义。就是说，对于自然事物，象征须以人格化为前提，这颇类似于中国先秦时期的“比德”观念。但魏晋之后，中国已形成自然美的“畅神”观，确认自然事物有自身的生命情态，无须经过人格化而直接与人的生命体验沟通，自显其审美价值。艺术家面对茫茫宇宙，渺渺人生，“大以体天地之心，微以备草木之几”，自然万物，大到宏观宇宙，小到一花一叶，一虫一鱼，都可以跟艺术家至动而有韵律的心灵求得交感与共鸣。艺术家亦可从中发现生命运动的精微征兆，揭出各自的一段诗魂。当中国人从美的形式中悟出形而上的宇宙秩序（“生生而有条理”），感受到宇宙生命一如伟大的艺术作品，体悟到“天地与我并生，万物与我为一”，逍遥无系，从而体验到精神的大超越，大解脱，这便是妙悟之境。可见，中国美学的所谓象征，实是一种“证悟”或“证入”，即以艺术家的心灵节奏去“体合宇宙内部生命的节奏”，以有限证无限，以形下证形上，这显然是一种广义的象征。

以艺境层深创构论为制高点，反观中国固有艺术，其特殊审美风格立即显露于眉睫之前。宗先生正由此而发现中国山水花鸟画有特殊的心灵价值，可与希腊雕塑、德国音乐并立而无愧。他通过中西绘画的对比，对中国山水画艺境展开解说，尤能呈示他的睿智与卓识。

西方绘画起源于建筑与雕塑，重视体积，以几何透视为构图法则，创造出“令人几欲走进”的三进向空间。中国画起于甲骨、青铜、砖石的镌刻，主张“舍形悦影”，“以线示体”，甚至主张“无线者非画”，线条成为绘画的基本手段；它“以大观小”，其透视法

---

① 莱辛：《关于〈拉奥孔〉的笔记》，《朱光潜全集》（第十七卷），安徽教育出版社 1997 年版，第 210 页。

是："提神太虚（宗先生释'太虚'为'无尽空间'，与太空、无穷、无涯同义），从世外鸟瞰的立场观照全整的律动的大自然，他的空间立场是在时间中徘徊移动，游目周览，集合数层与多方的视点谱成一幅超象虚灵的诗情画境。"① 其结果，不是西方如可走进的实景，而是"灵的空间"，是节奏化、音乐化的了"时空合一体"。由此，宗先生确定了中国绘画的两大特点，一是引书法入画法，二是融诗意诗境于画景，既阐明中国绘画趋近音乐舞蹈，通于书法，抒情写意的风格特殊性，又驳斥了某些西方学者以中国绘画为"反透视"的妄断。

中西绘画都力求突破有限空间而向往无尽，但两者心态迥异。西方画家竭力向无穷空间奋勉，但往而不返，或偏于科学理智，或彷徨失据而茫然不宁，物我之间仍存某种对峙而不能相契相安。中国画家则以抚爱万物的情怀，极目无穷而又返回自我深心，俯仰往还，远近取与，由有限至无限，又复归于有限，形成"无往不复"的回旋节奏。于是，宇宙生命节奏与自我深心节奏得以和谐共振，通过点线交错的自由挥洒，化为一种音乐的谱构。我们向往无穷的心由返归有限而得以安顿，我既"纵身大化，与物推移"，物亦自来亲人，深慰我心。宗先生揭出中国山水画深潜的人与自然的亲和关系，解开了中国山水之美的发现、山水诗画兴起何以如此之早的难解之谜，也为我们理解这一艺术传统的现代意义，提供了有益的思路。

三

"艺术的境界主于美"，但艺术不只具有审美的价值，而且有对人生的丰富意义，有对心灵深远的影响。尤其是妙悟的境界，更有着启示价值，能向人启示宇宙人生的最深层意义。艺术境界引人"由美入真""由幻入真"，这是一种非通常语言文字、科学公式所能表达的"真"，而是由艺术的"象征力"所能启示的真实。"这种'真'的呈露，使我们鉴赏者，周历多层的人生境界，扩大心

① 宗白华：《论中西画法的渊源与基础》，《宗白华全集》（第二卷），安徽教育出版社 1994 年版，第 110 页。

襟，以至与人类的心灵为一体，没有一丝的人生意味不反射在自己的心里。”[①] 于是，宗先生将艺境的功能，归结为对宇宙人生的深层体验，对人生意义的价值追求，积极进取的人生态度，最终指向自由人格的建构。

早在五四期间，为着培育“少年中国精神”，宗先生便倡导一种“艺术式的人生”，期待当时的青年把自己的一生当作艺术品似的去创造，使之如歌德一生那样，优美、丰富，有意义、有价值。实现艺术式人生的有效途径是审美教育。照席勒，审美教育的宗旨便在教人“将生活变为艺术”。所以，从宗先生提出“艺术式的人生”之日起，就意味着他将以审美教育作为自己的人生选择。

通过审美和艺术，实现必然与自由、理性与感性的协调一致，进而培育自由意志，建构自由人格，是德国古典美学的主旨。不论是康德、席勒或黑格尔，都十分珍视审美作为无功利、非逻辑的自由活动那种令人解放的性质，把它看成道德自由的预演或象征。“人只有不考虑享受、不管自然界强加给他什么而仍然完全自由地行动，才能赋予自己的存在作为一个人格的生存的绝对价值。”[②] 审美与艺术活动，正是进达这种道德自由境界的津梁。

宗白华深受德国古典美学的熏陶，认为培育健全的人格，需树立“超世入世”的人生态度。所谓“超世”，并非忘怀世事乃至不食人间烟火，而是不以个我荣辱得失萦怀的洒脱和旷达胸襟。以此胸襟做入世的事业，就不致被现实的利害关系网所系縻，而能放出高远的眼光，焕发坚韧的毅力而勇猛精进。宗先生曾这样赞许古来圣哲：“毅然奋身，慷慨救世，既已心超世外，我见都泯，自躬苦乐，渺不系怀，遂能竭尽身心，以为世用。困苦摧折，永不畏难。”[③] 这其实是对审美功能的绝妙表述。“心超世外，我见都泯”，类似于审美的非功利非逻辑态度，这种态度可引人入于理想境界而焕发出宁静致远的精神力量，故能“竭尽身心，以为世用”。这种感发人心、涵养精神的过程具有潜移默化的长远效应。这和康德所

① 宗白华：《略谈艺术的“价值结构”》，《宗白华全集》（第二卷），安徽教育出版社 1994 年版，第 72 页。

② 康德：《判断力批判》（上卷），转引自邓晓芒：《冥河的摆渡者——康德的〈判断力批判〉》，云南人民出版社 1997 年版，第 141 页。

③ 宗白华：《说人生观》，《宗白华全集》（第一卷），安徽教育出版社 1994 年版，第 24 页。

向往的道德自由境界（“绝对的善”），别无二致。

和德国哲人侧重从艺术教育引向道德自由不同，宗白华更强调这种“超世入世”态度可同时在“大宇宙自然界中创造”。在他看来，中国人向往天地之“大美”，忘情于山光水色，虽为求安慰与寄托，却又不仅仅是安慰和寄托。如上文已述，中国人纵身大化，“上下与天地同流”，便能从宇宙生命的创化过程汲取力量。使心胸如宇宙般宽广，意志如大自然一样清明，而创造，一如阴阳互动之道，生生而不息。因此，宗先生在艺术中特别推重山水诗画的艺境，充分肯定其启示人生的价值意义，涵养健全人格的普遍功能。这一艺境，作为宇宙节奏与心灵节奏的交响曲，既空灵而自然，又引人向往宇宙的无尽与永恒，探入宇宙生命节奏的核心，壮阔而幽深。“艺术的境界，既使心灵和宇宙净化，又使心灵和宇宙深化，使人在超脱的胸襟里体味到宇宙的深境。”① 艺境于心灵的影响，于人格建构的作用，至深至微，精妙难言，却得之于这寥寥数语。难道中国艺术家“洗尽尘滓，独存孤迥”的洒落心胸，不能启示我们挣脱个我得失荣辱的牵绊？难道他们出没太虚，与大化同流的悟悦，不能拓展我们的襟怀气魄？难道他们呼应着宇宙创化伟力而解衣般礴的自由挥洒，不能激发我们去奋发追求、不断创造？难道他们抚爱万物的深情，不能唤起我们对自然对人生的诚挚爱心？……这一切，尽可归结为心灵的净化与深化，足以为健全人格的建构，提供一个重要支点。

在宗先生心目中，他叹赏备至的“晋人的美”，正是中国古代艺术与人格交相辉映、两全其美的典范。晋人不仅创造了众多艺术的美——诗的美、画的美、书的美、乐的美，而且发现了自然山川之美，成就并高扬了人格之美。魏晋玄学，冲决了汉人乡愿主义和名教的樊篱，带来空前的精神解放，带来个体人格的觉醒，进而滋养了赏爱自然的敏感心灵。“晋人向外发现了自然，向内发现了自己的深情。”② 他们将自然山水虚灵化，情致化，中国山水画的意

① 宗白华：《中国艺术意境之诞生（增订稿）》，《宗白华全集》（第二卷），安徽教育出版社1994年版，第373页。

② 宗白华：《论〈世说新语〉和晋人的美》，《宗白华全集》（第二卷），安徽教育出版社1994年版，第273页。

境，已得之于山水游赏。他们发现并肯定自身的个性价值，自由潇洒，任性不羁，涵养成一种“艺术心灵”。这心灵，意趣超然，活泼天真，具有“事外有远致”的力量，“扩而大之可以使人超然于生死祸福之外，发挥一种镇定的大无畏的精神”①，一如谢安泛海的临危不乱，嵇康临刑的从容赴死。晋人既拥有这自由的精神人格，他们的艺术也便成了这一人格的表征。唐人张怀瓘以十六字评王献之书法，叫作“情驰神纵，超逸优游，临事制宜，从意适便”。宗先生特意拈出，以为此语“不但传出行草艺术的真精神，且将晋人这自由潇洒的艺术人格形容尽致”②。晋人艺术与晋人人格关系如此，晋人艺术境界于后世人格建构的审美教育意义，也就不言而喻了。

中国艺术意境，流荡着勃郁沉潜的宇宙生命，跃动着超迈而莹透的文人心灵。宗先生诚然深知这已属于过去，属于传统，但他仍然那样为之心醉，为之沉迷，他为这一传统在中国近代的失落而深自痛惜，而愿时时反顾这“失去了的和谐，埋没了的节奏”，以“承继这心灵”，为“深衷的喜悦”。

这又当如何评价呢？

宗先生决不是文化艺术上的狭隘的民族本位主义者或国粹主义者。回顾传统，探本穷源，决不教人去简单地回复那“失去了的和谐，埋没了的节奏”，退到古代，沉湎古代，而是为了从中汲取力量，以做“远征未来的准备”。从他立志建设“少年中国精神”之日起，“中国文化精神应往哪里去”“西洋文化精神又要往哪里去”这两大问题，始终让他惆怅难安、沉思不已。正是在这两个问题的交叉点上，宗先生发现了中国传统的审美理想所保有的现代价值。

西方文化发现和掌握着科学权力的神秘，试图以科技统治自然，统治人类，不但带来全球性的两次战争灾难，也使人自己接受科技的奴役而面临机械化、无情化的危险；在近代中国，则因中国文化长期轻忽科学工艺的权力而自陷贫弱，以致频受他人的侵略与欺凌，自身“文化的美丽精神也不能长保”。那么怎么办？宗先生

① 宗白华：《论〈世说新语〉和晋人的美》，《宗白华全集》（第二卷），安徽教育出版社 1994 年版，第 276 页。

② 宗白华：《论〈世说新语〉和晋人的美》，《宗白华全集》（第二卷），安徽教育出版社 1994 年版，第 271 页。

纵览东西文化史，寄希望于全人类的“文艺复兴”。他提出，自然与文化本是一个完整的宇宙生命的演进历程，“自然”是文化的基础。但在人类文化发展往往表现为“进于礼乐”（孔子）和“返于自然”（老庄）的对立趋向。只有在那“健硕的向上的创造时代”，人们才致力于自然与文化的调和，“使人类创造的过程符合于自然的创造过程，使人类文化成为人类的艺术（不仅是技术!）”，因而在古希腊文化、中国古代的六艺文化以及德国古典时期的歌德、席勒为中心的文化运动中，“艺术”都占据了全部文化的中心。这是一种理想的文化类型。宗先生对重新追求自然与文化的和谐统一，在全人类复兴这一理想文化，充满着信心：“固然历史是永不会重演的，而‘文艺复兴’在相当意义上，不是不可能的。”①

这是宗先生五十多年前的梦想，也是20世纪国内外许多有识之士的梦想。正是怀着这种梦想，宗先生断言中国美学的基本精神、中国艺术境界所指向的是文化与自然的调和，人与自然的和谐统一。于是，中国艺术才成为“中国文化史上最中心最有世界贡献的一方面”②。

能说宗先生这个梦想是虚无缥缈的空中楼阁吗？能说它在世纪之交的今天已经无关紧要甚至过时了吗？不能。相反，日趋严重的全球生态危机和环境危机感，西方文化的生存危机感，都促使人们更为关切，更为向往文化与自然的调和。而在今日中国，虽然现代化事业还刚刚开头，但普遍的生态失衡和环境恶化已日益向我们迫近；在价值观念的转换途中，也出现了人文价值失落的问题。在日益更新的科技工艺文明条件下，自然和文化的关系如何调整到协和一致，也依然值得密切关注。而只要这些问题还有待解决，只要我们还期望21世纪出现“健硕的向上的创造时代”，那么，中国艺术和美学精神的意义就不会丧失，宗先生境界美学的生命力便会历久而弥新。

（原载《安徽师范大学学报》〔人文社会科学版〕1999年第1期）

① 宗白华：《〈信足行〉编辑后语》，《宗白华全集》（第二卷），安徽教育出版社1994年版，第318页。

② 宗白华：《中国艺术意境之诞生（增订稿）》，《宗白华全集》（第二卷），安徽教育出版社1994年版，第356页。

艺境求索中的文化批判

——宗白华美学思想评议之三

在20世纪的学术史上，像宗白华那样，将艺境的求索与文化的批判结合起来，既为美学艺术学开拓宽阔深厚的文化背景，又为文化研究确立新颖独特的视角，持之以恒而又多有创获，虽不能说绝无仅有，至少也算独树一帜。

早在五四时期，作为“少年中国学会”骨干成员的宗先生，就在德国哲学浪漫精神的启迪下，试图从审美和艺术着手，寻求少年中国文化的建设道路。1920年留学德国，更受当地盛行的“文化哲学”思潮的鼓荡，下决心“做一个小小的‘文化批评家’”。从此，他数十年如一日，始终默默耕耘在艺术与文化这一中间地带，沉静地思索中国文化向何处去这个沉重的课题。

1944年，他在《中国艺术意境之诞生（增订稿）》中写道：

> 现代的中国站在历史的转折点。新的局面必将展开。然而我们对旧文化的检讨，以同情的了解给予新的评价，也更显重要。就中国艺术方面——这中国文化史上最中心最有世界贡献的一方面——研寻其意境的特构，以窥探中国心灵的幽情壮采，也是民族文化的自省工作。①

“民族文化底自省”，即所谓“文化批判”（宗先生译为“文化批评”），是20世纪初德国兴起的人文研究新潮。宗先生当年将它引入中国，虽开风气之先，但因为并非时代急务，极少引人注意。新中国成立以后，对文化遗产粗暴否定之风长期席卷学界，“文革”中更以“彻底决裂”之名而毁灭一切文化，自觉反思意义上的“批判”，被代之以打倒一切的“大批判”“民族文化自省”的课题，

---

① 宗白华：《中国艺术意境之诞生（增订稿）》，《宗白华全集》（第二卷），安徽教育出版社1994年版，第356—357页。

一直被搁置起来。只是到了80年代中期，随着现代化进程中传统文化地位作用问题日益尖锐地提在人们面前，“文化自觉”的呼声日见高扬，文化批判的任务，才又一次受到广泛关注。在这样的学术情势下，对最早从事文化批判——特别是从艺术和审美切入的文化批判的宗白华，做些个案分析，也许是不无现实意义的。

一、探寻中国艺境的文化哲学基础——生命哲学

各民族的审美和艺术，各具民族个性，“有它特殊的宇宙观与人生情绪为最深基础。”① 中国传统审美与艺术“最深的基础”是什么？发掘这个“基础”，给予现代意义的诠释与评价，是宗白华文化批判的第一要务。

宗白华将这个“基础”称之为“生命哲学”。诚然，这一外来的名号，来自狄尔泰、柏格森哲学。但是，中国人历来将生生之“道”视为宇宙本体，将道的运行视为“大化流行”，即生命之气不断创造的大历程，却与西方现代生命哲学的宇宙本体论——生命活力论②，颇多相似。宗白华的卓拔处，不在引进西方生命哲学的诸多用语，而在他以此为参照，阐明了中国生命哲学的固有品格，固有义蕴，有着理论上的独到发现。

宗白华虽在五四期间即倾心于西方生命哲学，而且认为柏格森的创化论“最适宜做我们中国青年的宇宙观”③。但他对西方生命哲学并不一味盲从，而是有所别择，有所去取。写于1921年的《看了罗丹雕刻以后》一文，明显赞同奥伊肯的观点，认为大自然有一种不可思议的活力，推动无机界进入有机界，由有机界入于人的生命和精神界④。但宗先生并没有追随柏格森将这一活力同“意识的

① 宗白华：《介绍两本关于中国画学的书并论中国的绘画》，《宗白华全集》（第二卷），安徽教育出版社1994年版，第43页。

② 柏格森把这一活力称为“生命冲动”（或译“生命之流”），奥伊肯则名之为“永恒活力”。

③ 宗白华：《读柏格森“创化论”杂感》，《宗白华全集》（第一卷），安徽教育出版社1994年版，第79页。

④ 奥伊肯认为：“宇宙生命是万物，即人类历史、人类意识和自然本身的根基。宇宙历程是从无机界到有机界、从自然到精神、从单纯的自然的心灵生活到精神生活的演化”。转引自梯利：《西方哲学史》（增补修订版），伍德增补，葛力译，商务印书馆1995年版，第548—549页。

绵延”等同起来，走向将生命心理学化的极端，也舍弃了奥伊肯认为宇宙生命在人的精神生活中才实现自己，因而精神生活是最真实的存在的片面主张。他确认自然处处充满了宇宙活力，“自然始终是一切美的源泉，是一切艺术的范本”①。罗丹的艺术创造所以伟大，就在他善于表现万物的“动象”，从而凸显万物的精神，万物的生命。文中特别提到：“我自己自幼的人生观和自然观是相信创造的活力是我们生命的根源，也是自然的内在的真实。”② 这提示我们，宗白华的生命哲学，决不是西方现代生命哲学的简单翻版，而另有其渊源所自。

比较《艺术学》和《艺术学（讲演）》两份笔记可以得知③，在20世纪二三十年代之际，宗白华对中国传统艺术的意境问题，有过深沉的哲学追索。前一份笔记，大体以玛克斯·德索的《美学和艺术理论》一书为蓝本，框架既以其为依傍，论点更多所采撷④。后一份则显然不同，其艺术理论已收缩到意境这一中心，全部创作、欣赏活动，均从意境着眼做出阐释。尤可注意者，文中将艺术创造归之为意境的形式化，而艺术创造的范本，即是自然本身：

> 凡一切生命的表现，皆有节奏和条理，《易》注谓太极至动而有条理，太极即泛指宇宙而言，谓一切现象，皆至动而有条理也。艺术之形式即此条理，艺术内容即至动之生命。至动之生命表现自然之条理，如一伟大艺术品。⑤

请不要轻轻放过这段话。这里有着宗白华美学思想一个完整的哲学纲领，有着他对中国文化哲学多项重要的发现。

第一个发现，是由中国生命哲学的道气观，引申出生命节奏的

---

① 宗白华：《看了罗丹雕刻以后》，《宗白华全集》（第一卷），安徽教育出版社1994年版，第310页。

② 宗白华：《看了罗丹雕刻以后》，《宗白华全集》（第一卷），安徽教育出版社1994年版，第309页。

③ 《全集》题解系年，两文同标为“1926—1928年”，恐有误。对勘两文内容，前者尚幼稚，后者则颇多独到心得，两文写作时间应有一定间隔。

④ 桑农：《宗白华美学与玛克斯·德索之关系》，《安徽师范大学学报》2000年第2期。

⑤ 宗白华：《艺术学（讲演）》，《宗白华全集》（第一卷），安徽教育出版社1994年版，第548页。

本体论意义。在中国传统哲学中，“所谓‘道’，就是这宇宙里最幽深最玄远却又弥纶万物的生命本体。”① 但儒家以“道”为“有”，道家以“道”为“无”，互见分歧。宗先生截断众流，不纠缠于这些歧解，而直取《周易》道论，以此涵摄各家：

> 中国民族的基本哲学，即《易经》的宇宙观：阴阳二气化生万物，万物皆禀天地之气以生，一切物体可以说是一种“气积”（庄子：天，积气也）。这生生不已的阴阳二气织成一种有节奏的生命。②

《周易》作为一部“生动的生命的哲学”，本是儒道二家所统宗的典籍。抓住气论这个基础，就抓住了两家道论的共同之点。道家之道，虽视之无形，听之无声，名为“虚无”，究其实，乃气之本然，万有之最后根源，虚空中仍充盈着生命活力。《周易》以阴阳互动之道涵盖天道、地道、人道，庄子倡言“道通为一”，“通天下一气耳”，都表明道乃气中之道，道即是气的流行，是阴阳相推而生变化、创生万物的伟大功能。

一阴一阳，流行不已，生生不息。“其流行，生生也，寻而求之，语大极于至钜，语小极于至细，莫不显呈其条理；失条理而能生生者，未之有也。故举生生即该条理，举条理即该生生……”③ 在宗白华看来，这“生生而具条理”的阴阳流转，就是天地运行的大道。它体现为天地的动静，四时的节律，昼夜的来复，生长老死的绵延，体现为大自然的一切生命运动以及人自身的生命活动。因此，生命是有节奏的生命，节奏是生命的节奏，节奏也具有本体论意义。如果说，把道和气联结起来做辩证的观察，那是传统生命哲学古已有之的思想；而由此进一步发挥，论定生命节奏的本体论意义，则应该说是宗先生独到的阐释。

第二个发现，是宇宙构成上的时空一体，以时统空的特有观

① 宗白华：《论〈世说新语〉和晋人的美》，《宗白华全集》（第二卷），安徽教育出版社 1994 年版，第 278 页。

② 宗白华：《论中西画法的渊源与基础》，《宗白华全集》（第二卷），安徽教育出版社 1994 年版，第 109 页。

③ 戴震：《孟子字义疏证 · 绪言卷上》，何文光整理，中华书局 1961 年版，第 83 页。

念。西方哲学在自然观上讨论宇宙构成，也重视时间空间问题，但不像中国古代哲学，直将时空等同于宇宙。《尸子》云："四方上下曰宇，往古来今曰宙。"佛家讲"世界"亦即宇宙，也是指时空："世"有迁流之义，指过去、现在、未来时间的迁行；"界"有界畔义，指东西南北之空间处所。中国没有类似西方近代机械物理学那种绝对空间和绝对时间概念。由于整个宇宙都被设想为阴阳二气的流衍历程，"空间是虚而不空，所以没有绝对的空间；由于阴阳二气充满空间，所以时间的延续只是阴阳二气运动性状的度量，而没有绝对的时间"①。于是"宇中有宙，宙中有宇，春夏秋冬之旋轮，即列于五方"（方以智《物理小识·占候类·藏智于物》）。秦汉哲学中，以四时比配五方的宇宙模式，正体现这种基于气论的时空观。

然而，在时空一体的宇宙模式中，时空并非平分秋色，而是时间率领空间，四时统摄五方。差不多同时撰成的《淮南鸿烈》和《春秋繁露》两书，都有所谓"阴阳出入"说，认为阴阳二气之运行消长，又各有其空间位置，阳气起于东北而尽于西南，阴气起于西南而尽于东北，于是按照阴阳二气之不同比例，每季各主一方：春主东，夏主南，秋主西，冬主北②。宗先生非但已注意及此，而且从汉人易学之"引历入易"，更从汉人之历学与律学相参，钩稽出一种"律历哲学"，为以时统空的宇宙模式，寻得伏源更为深广的文化依据。

揭明中国宇宙论以时统空的根本特征，中国传统哲学的生命哲学品格，也就无可移易地确定下来。生命是一个"永不停歇的持续的事件之流"③，生命只存在于时间流程之中。用中国的话来说，生命就是"日新变转，生生相续"的历程。时间是需要诉之于内心体验的，时间的体验即是生命的体验。从这个意义上看，柏格森将生命的本质归之于时间，说得并不错。问题是，柏格森的生命只存在于纯粹时间之流，全然与空间绝缘，对生命的把握，只归结于纯粹直觉——时间流变之所思，让想象吞并了五官感觉，难免失之一

① 李存山：《中国气论探源与发微》，中国社会科学出版社1990年版，第233页。

② 汪裕雄著《意象探源》，曾据"阴阳出人"说图示这一以时统空宇宙模式。请参阅该书第285页，安徽教育出版社1996年版。

③ 卡西尔：《人论》，上海译文出版社1985年版，第63页。

偏。中国与之不同，时空一体，空间与时间打通，即空间与生命打通。一方面，生命被空间化了，它取得了法则，取得了条理，而产生了自己的“范型”；另一方面，空间被生命化，节奏化，亦即人情化。而“以时统空”，又突出了对时间的体验，对生命的体验。人对外部世界的直观和内在世界的生命体验可以融贯为一。于是，生生而具条理的宇宙，成为人安居的家。“众鸟欣有托，吾亦爱吾庐”，居室成为小天地，天地即是大居室，宇宙的生命与个体的生命得以相互因依，息息相通。

自古以来，中国文化有种一往情深的理想，即人和自然的和谐和统一。人抚爱着万物，对自然采取眷恋、亲和的态度，从不做奴役自然之想；即使改造自然，也因循它、顺应它，从不违逆自然，而妄自作为。“时空合体，以时统空”的宇宙论，正是这种文化理想的哲学表述，成为中国文化传统中最可宝贵的成分。宗白华在这方面的发掘性诠释，若借用他评论前人的话，真可谓“透露了千古的秘蕴”[①]，实在功不可没。

第三个发现，是窥探到中国文化的“泛审美主义”特质。

泛审美主义（Pan-aestheticism），本是玛克斯·德索用以描述欧洲机能泛神论的美学观的专有名词[②]。这种美学观确认，神的光辉即是美，神性无所不在，普现于万物，万物皆因之而美。肯定自然美，将审美的重点从艺术移向自然事物，是这一审美观的重要特征。宗白华早年就在德国文学中发现，“诗人的宇宙观以‘Pantheism’（泛神论）为最适宜”[③]，后来又体会到，在中国魏晋以来的文学艺术中，也有一种泛神论的宇宙观作它的基础。但这种“泛神论”所谓“神”，并非人格神，而是“阴阳不测之谓神”，生机神妙变化之“神”。宇宙全体是大生命的流行，生命之气支配万物的神妙变化，整个宇宙便可视为“神化的宇宙”[④]。其间万物，无往而不美。这个美，即是万物在大化流行中显现的生气生机，生命情

① 宗白华：《中国画法所表现的空间意识》，《宗白华全集》（第二卷），安徽教育出版社1994年版，第146页。

② 玛克斯·德索：《美学与艺术理论》，中国社会科学出版社1987年版，第45页。

③ 宗白华：《三叶集》，《宗白华全集》（第一卷），安徽教育出版社1994年版，第215页。

④ 宗白华：《形上学——中西哲学之比较》，《宗白华全集》（第一卷），安徽教育出版社1994年版，第586页。

调。在中国，审美绝不仅仅限于艺术，而早就涉及自然风物、人格风度和物质器皿。“在中国文化里，从最低层的物质器皿，穿过礼乐生活，直达天地境界，是一片混然无间，灵肉不二的大和谐，大节奏。”① 宗白华一语道破了中国文化泛审美主义的特质。

因为有此特质，中国人制造器皿，才不止于用来控制自然，以图生存，更希望借此表达对自然的敬爱，以美的形式，作为宇宙秩序、宇宙生命的表征，一如三代的彝器、上古的玉器和中古的瓷器。

因为有此特质，中国人才忘情于山水之乐，不但从中觅取慰藉，而且从中汲取人格力量。中国的山水画、花鸟画才“成为世界第一流的，最有心灵价值的艺术。可与希腊雕刻，德国音乐并立而无愧”②。

因为有此特质，许多中国士人，才将艺术视为安身立命之所，才将审美的理想与人生的理想合而为一，将艺术式的人生态度，作为自由人格的主要标志，一如魏晋士人所倾慕的那样。

然而，中国人为泛审美主义的文化所付出的历史代价，也是足够沉重的。宗白华说：

> 中国人爱以生活体验真理，却不爱以思辨确证真理，所以“名学”“因明”最不发达……中国一向忽视逻辑，它的代价就是科学的不产生和不发达。学者皆“务为治”“学致用”，而不肯探求纯理，以为“为治”“致用”的基础。③

中国人不曾将自己的发明从工艺提高到科学水平，而是一味用来充作文化生活的手段。发明了火药，却用来制造奇巧美丽的烟火和鞭炮；发明指南针，却让风水先生用来勘定庙堂、住宅及坟墓的地位和方向。而这两项发明传入欧洲，却成就了他们控制世界的权力——陆上霸权与海上霸权，“中国自己倒成了这霸权的牺牲品”，在近代受人侵略，受人欺侮，以致自身“文化的美丽精神也不能长保”④，

① 宗白华：《艺术与中国社会》，《宗白华全集》（第二卷），安徽教育出版社1994年版，第412页。

② 宗白华：《艺术与中国社会》，《宗白华全集》（第二卷），安徽教育出版社1994年版，第339页。

③ 宗白华：《〈新艺术运动之回顾与前瞻〉编辑后语》，《宗白华全集》（第二卷），安徽教育出版社1994年版，第229页。

④ 宗白华：《〈神话传说与故事的演变〉等编辑后语》，《宗白华全集》（第二卷），安徽教育出版社1994年版，第402、403页。

这是何等沉痛的历史教训！宗白华不曾沉湎在泛审美主义的温馨里，以为只有在科学技术上迎头赶上，急起直追，才是应对西方科技霸权之道，才是民族文化真正复兴之道。

二、站在历史边缘的文化眺望

“少年中国”是宗白华永远的梦想，从青年时代到他的中年，乃至耄耋之年，他无时不在深情反顾五四时代中国的“少年气象”，那弥漫于青年心灵的对未来中国的浪漫憧憬。由于所取的是纯文化、纯学术的立场，宗白华“少年中国”之梦，就是他的“文化救国”之梦。在20世纪中叶，“武器的批判”被提到第一位，“文化的批判”则被挤到历史的边缘①，他从文化上建设未来中国的理想，显得迂阔、高蹈而不切世务。只是到80年代，当社会主义精神文明建设的课题提上全国议程，宗先生的许多文化主张，才从战火硝烟逐渐消散的历史天幕上慢慢凸显出来，重新获得自己的现实意义。宗先生当年站在历史边缘所做的文化眺望，具有超前的预见性②。

（一）人格的培育与建构

没有中国少年的新人格，便没有“少年中国”的新文化。两者关系是“小我”与“大我”的关系。民族文化的建设，个体人格的培育，都应各自充分发挥自己的个性。每个人的创造潜力都自由地展现出来，民族新文化才能获得川流不息的创造力的源泉。

宗白华理想的人格是全面发展的健全人格：“我们对于小己的智慧要日进于深广，对于感觉要日进于优美，对于意志要日进于宏毅，对于体魄要日进于坚强，每日间总要自强不息。”③ 这不是如尼

① 宗白华意识到自己的“边缘”地位。1951年，他撰文庆贺新中国的诞生，同时也为自己站在历史的“边缘”，未能投入实际斗争而深感愧疚。

② 有个最有说服力的例子：1920年，他曾为“新上海的建设”献策，呼吁在注重物质文明建设的同时，不宜忽视精神文明建设。他期望未来上海“不只做物质文明的名城，还盼望她同时做精神文化的中心”。(《宗白华全集》〔第一卷〕，安徽教育出版社1994年版，第177页）他的主张直到20世纪80年代才开始成为社会共识，他的话早说了60多年！

③ 宗白华：《中国青年的奋斗生活与创造生活》，《宗白华全集》（第一卷），安徽教育出版社1994年版，第98页。

采鼓吹的体现强力意志的“超人”，也不是古代中国悬设的可作万世师表的圣贤，而是双脚站在现实土地上的平民化人格。

然而，中国一般平民的生存状态，与这个理想的反差太大了。由于“生活环境太困难，物质压迫太繁重”，他们所过的几乎纯粹是“一种机械的，物质的，肉的生活，还不曾感觉到精神生活，理想生活，超现实生活……的需要”。而一般平民设若无此需要，则少年中国的文化运动，就不可能有“强有力的前途”①。

在这里，宗白华显示出一个文化启蒙主义者的天真与真诚。他“天真”，因为他明知一般平民生存状态限制了他们的生活需要，却不去谋求从根本上改变这种生存状态的必由之路；他“真诚”，因为他明知单靠文化启蒙将收效甚微，仍“知其不可而为之”，矢志不移地宣扬自己的人格建构主张。

宗白华认为培育健全人格的最有效途径是审美与艺术教育。审美和艺术，能使生命“经物质扶摇而入于精神的美”，它贯通物质生活、精神生活和理想生活、超现实的生活，使人具有高尚而丰富的内在世界。五四期间，他倡导一种“艺术式的人生态度”，主张把每个人的生活当作一个高尚优美的艺术品去创造，乃至抗日军兴、民族危难之时，仍不忘反对应付一时的实用主义教育观，以为徒然提倡实用，不注重人格培养，即使在国家危急之时，流弊也很大。在抗日战争最艰苦的20世纪40年代初，他特意著文称颂晋人的人格美，更是为了拿古人的范例，激励国人在同样混乱而黑暗的年代不息地“追求光明，追寻美，以救济和建立他们的精神生活，化苦闷而为创造，培养壮阔的精神人格”②。

宗白华不是没有因曲高和寡而自觉孤独的内心悲凉，然而，西方近代历史的发展，给了他坚持以美育建构健全人格的信心。他从康德、席勒那里，感受到了西方近代人对人性分裂的深深忧虑：“极端的理智主义与纵欲主义使人类逐物忘返，事业分功的尖锐化，使天下无全人。”③ 而欲恢复人格的全整与和谐，除了“美育”之

① 宗白华：《新人生观问题的我见》，《宗白华全集》（第一卷），安徽教育出版社1994年版，第219页。

② 宗白华：《〈论《世说新语》和晋人的美〉等编辑后语》，《宗白华全集》（第二卷），安徽教育出版社1994年版，第286页。

③ 宗白华：《席勒的人文思想》，《宗白华全集》（第二卷），安徽教育出版社1994年版，第113页。

外，别无良策。美育具有远期效应，美育不能立竿见影，但从宏观的历史看，人的全面发展，毕竟是人类永恒追逐的目标。正如宗白华已经认识到的：

> 这个理想在现在看来似乎迂阔不近时势，然而人类是进步的，我们现代生活既已感到改造的必要，那么，向着这个理想去努力，也不是不可能的，况且古代也不是没有实现过，不过我们要从少数人——阶级的实现到全人类的罢了。①

如果说，在20世纪三四十年代，当美育的实施还缺乏最起码的条件时，宗白华就有这样深情的展望，那么，在21世纪，在美育有可能以全社会规模加以实施的中国，我们当如何努力，才不致使宗先生当年的理想落空呢？

（二）技术与艺术贯通，自然与文化调合

在三四十年代，中国文化向哪里去，世界文化向哪里去的问题，始终萦回于宗白华脑际，挥之不去。而技术与艺术贯通，自然与文化调合，则是他所憧憬的理想文化类型。

宗先生是从文化的总体构成来思考技术与艺术贯通的必要与可能的。他曾绘出这样一个文化总体构成图式：

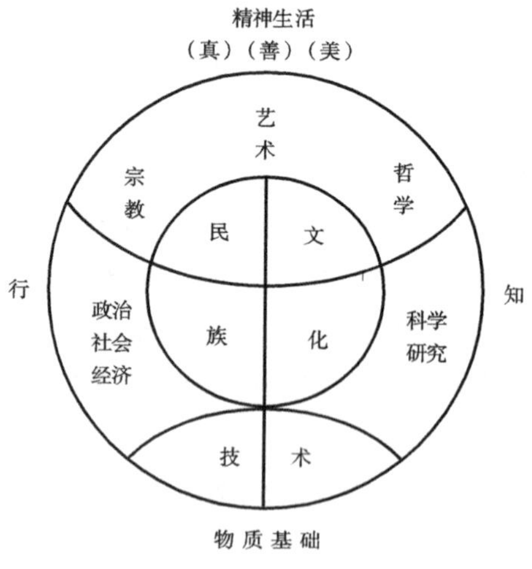

① 宗白华：《席勒的人文思想》，《宗白华全集》（第二卷），安徽教育出版社1994年版，第115页。

在人类文化体系中，技术为下层基础，艺术为上层建筑，技术介于科学与经济之间，借科学知识以满足社会经济需要；艺术介于哲学与宗教之间，从右邻哲学获得深隽的人生智慧、宇宙观念，从左邻宗教获得深厚热情的灌溉，故具有“人生批评”与“人生启示”的功能[①]。技术和艺术，分别联结人的知行两个方面，由物质界通向精神界，使上下层打通，构成“人类文化整体的中轴”[②]，占据着文化生活的“中心地位”[③]。艺术本就来自技术，涵有技术。但艺术中的技术，不只服役于人生，而且表现人生的价值与意义，它根源于物质生活与社会生活，却又超入精神世界。技术和艺术贯通，意味着人的物质生活、社会生活、精神生活三者的和谐统一，其实是人与人关系的和谐统一。

然而，西方近代文明的发展，使原有文化系统发生突变。工业革命造成极度发达的物质文明，造成现代资本主义社会，也带来人与人关系的恶化，“各国内的阶级榨压，国际间的残酷战争，替人类史写下最血腥的一页”[④]。连续两次世界大战，使人类蒙受巨大灾难，就是明证。

面对现代技术这柄双刃剑，西方人士有悲观论、乐观论两种截然不同的态度。前者预言近代文明必将趋于沉沦毁灭，他们对技术的发展充满恐惧与感伤，后者则预言技术的发展将使人类的联系愈来愈趋密切，设想全世界统一在一个技术政治之下，将是未来的理想社会。

宗白华对上述两种态度似都并不赞同。他以为，技术本身不能决定其为福为祸，全看掌握在什么人手里。技术运用得当与不当，责任在哲学。如果哲学智慧能为一个民族指导正确的政治轨道，道德标准，能为其确定人生理想与文化价值，而“技术能服役于人类

---

① 宗白华：《论文艺的空灵与充实》，《宗白华全集》（第二卷），安徽教育出版社 1994 年版，第 344 页。

② 宗白华：《技术与艺术——在复旦大学文史地学会上的演讲》，《宗白华全集》（第二卷），安徽教育出版社 1994 年版，第 185 页。

③ 宗白华：《技术与艺术——在复旦大学文史地学会上的演讲》，《宗白华全集》（第二卷），安徽教育出版社 1994 年版，第 181 页。

④ 宗白华：《〈西洋文化之理智精神〉编辑后语》，《宗白华全集》（第二卷），安徽教育出版社 1994 年版，第 251 页。

真正的文化事业，服役于‘创造的冲动’而不服役于‘占有的冲动’，才是人类的幸福而不为人类的灾祸”①。

遗憾的是，西方现代“智慧精神”的片面发展，导致了情感的粗鄙化与野蛮化，造成了理智与情感的严重疏离与脱节，“权力意志”的恶性膨胀。用宗白华的话来说，社会经济关系已入于全人类性，而人类的情绪还停留在部落时代。解救之道是哲学智慧，而只有“理智加上人类的同情才是‘智慧’，‘智慧’的根基是‘仁’，不是‘权力意志’”②。人类情感的净化和陶冶，最有力的手段是审美与艺术，所以宗白华理想中的哲学智慧，正是技术与艺术的贯通与互补：技术使艺术得以物态化，艺术则赋予技术以文化价值。于是，人的物质生活、社会生活和精神生活，才能在人生价值意义的导向下统一起来，才不致被机器、被贪得无厌的占有欲所支配。

在技术与艺术的深处，实际上都有一个人与自然的关系有待处理。通过技术，人在利用和改造自然，创造出非自然的物质文化世界；通过艺术，人类借助自己的智慧和热情，创造出第二个自然——精神文化的世界。人类的物质文化与精神文化，都以自然作为它的坚实的基础。文化与自然，看似相互对立，而实际上正好构成宇宙生命演进的历程：“从物质的自然界，穿过生物界、心理界，抟扶摇而入于精神文化界。”宗白华从宏观文化史的高度，展望着人类未来文化的光明前景：

> 人类思想往往表现于“进于礼乐”和“返于自然”两个相反的趋向（孔子与老庄）。然而健硕的向上的创造时代则必努力于自然与文化的调合，使人类创造的过程符合于自然的创造过程，使人类文化成为人类的艺术（不仅是技术！）。在这时期“艺术”往往占住全部文化的中心，希腊文化与中国古代的文化（六艺文化）都有这个色彩。在西洋近代则德国古典时期以歌德、席勒为中心的文化运动，也是实现这“自然与文化调

① 宗白华：《近代技术的精神价值》，《宗白华全集》（第二卷），安徽教育出版社 1994 年版，第 161 页。

② 宗白华：《〈西洋文化之理智精神〉编辑后语》，《宗白华全集》（第二卷），安徽教育出版社 1994 年版，第 251 页。

合”的精神。[①]

如果说，处身于动荡而混乱的年代里的宗白华尚且对“健硕的向上的创造时代”满怀期待，那么，生活在21世纪，肩负建设社会主义物质文明与精神文明重任的我们，对此又怎能不怦然心动！

三、“中西古今”关系的辩证思考

近代中国是在国力衰敝、文化老旧的情势下，遭遇中西文化大碰撞、大交流的。弱势的地位，被动的心态，加上对民族命运的深切焦虑，使中国人难以冷静地对待这一冲撞，对待西方文化，难以合理地处置文化上的“中西古今”关系。

五四期间，围绕中国文化的现代化课题，“中西古今”的关系如何处置，意见分歧更形尖锐。新文化运动的主将们，将中西文化之异，约化为古今文化之别，以为中国文化始终“未解脱古代文明之窠臼，名为‘近世’，其实犹古之遗也”[②]。而一些文化本土主义者，则以为西方虽国富兵强，但在精神文化上已遭遇绝大危机，有待东方文化予以挽救。前者以文化的时代性取消了文化的民族性，后者以文化的民族性取消了文化的时代性，但将本民族文化看成全世界无往而不适的最高文化，同样不理解文化的民族性。

如何合理处置文化上的“中西古今”关系，宗白华有过“深静的深思”：最初，他设想发扬东方精神文化，吸取西方物质文明，“使中国做世界文化的中心点”[③]；其后，已觉察在精神文化上，也需要融合中西文化，但仍设想以融合后的新文化“作世界未来文化的模范”[④]。就是说，此时的宗白华，还没有突破东方文化中心论的狭隘眼界。直到留德以后，由于对中西文化“对流”有了切身感

---

① 宗白华：《〈信足行〉编辑后语》，《宗白华全集》（第二卷），安徽教育出版社1994年版，第318页。

② 陈独秀：《法兰西人与近世文明》，《青年》杂志第1卷第1号（1915年9月）。

③ 宗白华：《我的创造少年中国的办法》，《宗白华全集》（第一卷），安徽教育出版社1994年版，第38页。

④ 宗白华：《中国青年的奋斗生活与创造生活》，《宗白华全集》（第一卷），安徽教育出版社1994年版，第102页。

受，由于受欧洲人自己起来批判“欧洲中心论”的启示，受欧洲人热心介绍东方文化这一“反流”的影响，宗白华才真正懂得，民族间的文化交流，彼此的相互吸取和相互融合，并不会泯灭文化的民族个性，而是使民族个性更丰满，更健全。因此，他认为中国新文化的建设，虽在几十年内需“以介绍西学为第一要务”，但终究的目标，仍在“极力发挥中国民族文化的‘个性’”①。展望世界，他既期待中国民族文化在世界文化苑囿放出奇光异彩，也盼望世界上各类型文化，“能各尽其美，而止于其至善”②。宗白华已丢弃东方文化中心论的幼稚幻想，而换取世界文化多元并存、和谐发展的高尚理想。

“真理往往是由辩证的方式阐明的。”③ 德国哲学精神和中国传统哲学，共同滋养了宗白华辩证思考的哲学心灵。通达的、多元发展的世界文化视野，使宗白华较少受到民族主义情绪的干扰，能以平静心态处置文化中的“中西古今”关系，展开平等的中西文化对话，深入的古今文化对话。

（一）平等的中西文化对话：跨文化研究

中西文化，既有时代之异，也有民族之别。这两种差异，在文化各个层面，各有其不同体现。照宗白华看，在物质文化层面，西方现代工业文明与中国古老农业文明之间，主要体现为时代差别，它取决于科学技术发展程度的不同。科学技术通过改造自然控制自然以满足人类物质生活需要，本身说不上什么民族性。而在精神文化层面，情形显然不同。各民族在长期历史中，形成互见分歧的民族智慧，它由各自不同的理智与情感凝聚而成，不但根基深厚，而且广泛渗入日常生活，成为该民族确定人生理想，衡估人生价值意义的准则。即使对各民族一视同仁的科学技术，其应用之当与不当，也得受这些准则制约。因此，中西文化的差别主要应从精神文化中去探讨。欲求了解中西文化各自的命运与前途，就得对中西两

---

① 宗白华：《自德见寄书》，《宗白华全集》（第一卷），安徽教育出版社 1994 年版，第 321 页。

② 宗白华：《〈中国哲学中自然宇宙观之特质〉编辑后语》，《宗白华全集》（第二卷），安徽教育出版社 1994 年版，第 242 页。

③ 宗白华：《介绍两本关于中国画学的书并论中国的绘画》，《宗白华全集》（第二卷），安徽教育出版社 1994 年版，第 48 页。

方的精神文化做比较研究。

宗白华的中西跨文化研究，是从艺术理想的不同追求，沿波讨源，进入哲学领域的形而上比较的。在中西绘画空间意识的对照中，宗白华发现了中西世界观突出的区别之点：在西方，不论古希腊对有限空间和宁静秩序的追求，还是近代人对无尽空间的不倦向往，都具有心与物、主观与客观两相对峙的特色；在中国，静观万物而求返自心，求得个体生命与宇宙生命节奏上的和谐共振，打破了心与物、主观与客观的僵硬对立。对这两种世界观各自的文化历史渊源，形而上的最终根据，宗先生在40年代做过探本穷源的追索，写下《形上学——中西哲学之比较》这篇力作。

在这篇堪称中国文化哲学经典之作的论纲里①，宗先生以其哲学家的睿智，提要钩玄，画出中西文化哲学的不同历史面目：

> 中国出发于仰观天象、俯察地理之易传哲学与出发于心性命道之孟子哲学，可以通贯一气，而纯数理之学遂衰而科学不立。
>
> 西洋出发于几何学天文学之理数的唯物宇宙观与逻辑体系，罗马法律可以通贯，但此理数世界与心性界，价值界，伦理界，美学界，终难打通。而此遂构成西洋哲学之内在矛盾及学说分歧对立之主因。②

中国文化哲学道体与心性之体通透融贯，西方文化哲学之理数界与心性界分隔两立，其渊源所自，其各自优长与缺憾，尽得于这段提纲挈领的提示中。

然而，比较自身并非目的。宗先生的跨文化研究，意在取得他

---

① 此文写作时间《宗白华全集》编者断为1928—1930年，有误。据王锦民先生考核，应写于1945—1949年。见王氏《建立中国形上学的草案——对宗白华〈形上学〉笔记的初步研究》，载叶朗主编：《美学的双峰——朱光潜、宗白华与中国现代美学》，安徽教育出版社1999年版，第523页。又，此文揭出“律历哲学”为中国哲学根基点一说，同见于《中国文化的美丽精神往哪里去?》与《中国诗画中所表现的空间意识》，两文分别发表于1946年与1949年，而为前此论述所未见，似可为王氏考核增一内证。

② 宗白华：《形上学——中西哲学之比较》，《宗白华全集》（第一卷），安徽教育出版社1994年版，第608页。

民族文化的参照以对本民族文化做创造性诠释，从而建立宗先生自己的中国的形上学体系。

道体与心性之体如何获得统一，又何以能获得统一，是这个体系在理论上的关键所在。关于如何统一，已有论者指出，这是宗先生“合汉宋”，即对发挥易传哲学的汉代易学和弘扬孟子心性之学的宋明理学，做创造性的综合，使之“在天人之际达到统一”的结果①。至于何以能统一，私意以为，颇大程度上取决于中国人握有“象”这一通天法宝。而宗先生对“象”所做的独到诠释，正是他形上学体系中一个夺目的亮点。

“象”之一语，最早是易传哲学提出的。“象”由运数而定，它涵摄世界的基本结构，是万物创造之原型，故可“观象制器”；“象”又是圣人效法天地，仰观俯察，“反身而诚以得之生命范型”②，故可“立象以尽意”。前者远取诸物，后者近取诸身；前者通向天道，后者通向心性；前者主要属宇宙论，后者主要属本体论、价值论。由于中国哲学将“宗教的，道德的，审美的，实用的溶于一象”③，天道与心性，宇宙论与价值论，便完全打通；形而下的器与形而上的道，也完全打通。

“象者，有层次，有等级，完形的，有机的，能尽意的创构。”④它从观物取象开始，把握万物理数序秩，直通宇宙运行的大道。它可以是具体事物之象，可以是天文地理，即天地垂示之“象”，也可以是形而上之道的象征（“象即中国形而上之道也”⑤）。同时，由于中国生命哲学建基于气论，以万物生成为阴阳二气氤氲和合所致，“天之生物也有序，物之既形也有秩”⑥，世界的序（时间）秩

① 王锦民：《建立中国形上学的草案——对宗白华〈形上学〉笔记的初步研究》，载叶朗主编：《美学的双峰——朱光潜、宗白华与中国现代美学》，安徽教育出版社1999年版，第526页。

② 宗白华：《形上学——中西哲学之比较》，《宗白华全集》（第一卷），安徽教育出版社1994年版，第628页。“象”作为“生命范型”，涵时间、空间意义，值得留意。

③ 宗白华：《形上学——中西哲学之比较》，《宗白华全集》（第一卷），安徽教育出版社1994年版，第611页。

④ 宗白华：《形上学——中西哲学之比较》，《宗白华全集》（第一卷），安徽教育出版社1994年版，第621页。

⑤ 宗白华：《形上学——中西哲学之比较》，《宗白华全集》（第一卷），安徽教育出版社1994年版，第611页。着重号原有。

⑥ 张载：《正蒙·动物》，引自王夫之：《张子正蒙注》，中华书局1975年版，第86页。

(空间)，无非生命之气的刚柔变化，进退流动，因而宇宙生命运行的大道，便体现在万物生生的条理之中。而象，作为器，作为序秩，作为形上之道的表征，便是气的和谐，节奏的和谐，是一“完形”。宇宙生命之气与人的生命之气，同出一源，两者“感而遂通”，万物生命节奏和人的情感节奏可以交相感应。于是，“象”便可“由中和之生命，直感直观之力，透入其核心（中），而体会其‘完形的、和谐的机构’（和）。……乃为直接欣赏体味（赏其意味）之意象”①。这个“意象”，足以引人由感性直观体悟宇宙的大理大法，体悟人生的价值意义，乃至进达天人合一的“天地境界”。

对苦于理数、心性两界分隔而极欲将其打通的西方现代哲学来说，宗先生建立中国形上学体系的努力，应该有相应的参照意义。19—20世纪之交，西方哲学中科学主义与人文主义的分歧更显严峻。以德国生命哲学为代表的人文主义思潮，在他们的文化批判中，也曾借助中国哲学，特别是“作为所有存在物中本真存在却又是可体验的”那个“道”②，试图打通理数、心性两界。只是他们习惯于将“道”理解为翻译为“理性、逻各斯、上帝、意义、正道等”③，对“道”与“象”的关系尚欠深究，终有一间未达之憾。在这样的情势下，我们有理由设问：宗先生对中国形上学体系的诠释，能否为西方学者增进对中国哲学的理解，提供新的提示呢?

（二）深入的古今对话：同情的了解

文化批判，对本民族文化的反思、自省，实是现代人与古代人心灵上的对话。“我们的弱点固要检讨，我们先民努力的结晶也值得我们这颓堕的后辈加以尊敬。”对待古人，唯有取“同情”的态度，才能建立心灵交流的条件，才能对古人和古代文化求得真切的了解。那种动辄“贴封条”，轻易宣判古人为“地主阶级代表”、古代学说为“纯粹唯心论”的做法，在宗白华看，乃是有害无益的

---

① 宗白华：《形上学——中西哲学之比较》，《宗白华全集》（第一卷），安徽教育出版社1994年版，第627页。

② 卡尔·雅斯贝尔斯：《老子》，载夏瑞春编：《德国思想家论中国》，江苏人民出版社1989年版，第222页。

③ 卡尔·雅斯贝尔斯：《老子》，载夏瑞春编：《德国思想家论中国》，江苏人民出版社1989年版，第221页。

“奇论”①。

“同情的了解”，或译“了解的同情”，是狄尔泰历史哲学所倡导的方法。

照狄尔泰，生命（生活）是一时间流程，“现在是我们的价值所在，将来是我们的目的所在，过去是我们的意义所在”②。研究历史，求取“过去”对于今日人生的意义，既不能起古人于地下，又无法使今人回复古旧的生活，只能凭借今人对“过去”生活的“体验”。人类本性具有“同质性”，今人对自身生活的体验与对前人生活的体验又有类似性，因而今人完全有可能借助对自身生活的理解，反思前人生活的价值意义。狄尔泰所谓“生命本身解释本身。它自身就有诠释学结构”③，指的就是这样的意思。

然而，对过去的理解必须以“同情”为前提：“只有同情才使真正的理解成为可能。”④ 只有对前人取“人同此心，心同此理”的友善态度，设身处地地重构过去的情境，感同身受地从容体验，沉静周密地深入反思，才能获得对古人及其生活价值意义的真理解。在狄尔泰看来，这是将生命哲学推展到历史领域，将哲学分析和社会心理学描述结合起来的研究方法。

中国文化本具有深厚的生命哲学精神，有“知人论世”“以意逆志”的诠释学传统。因此，当宗白华面对本民族文化传统，试图借取“同情的了解”的方法从事文化批判时，对象与方法之间非但无凿枘难入之憾，而且有桴鼓相应之妙。他对此有一简扼的说明：

> 我们了解古人及古代不仅是靠考证考据及流俗的成见，尤需要自己深厚的心灵和丰富的绪感，才能体会到古人真正精神与价值所在。这样的历史灵魂和新发掘才是于后人有益的。即从纯学术立场说，也是“生命才能了解生命，精神才能了解精神”，近代历史学家狄尔泰如是说。⑤

① 宗白华：《〈中国古代山水画史的考察〉编辑后语》，《宗白华全集》（第二卷），安徽教育出版社1994年版，第351—352页。

② 转引自杨河：《时间概念史研究》，北京大学出版社1998年版，第182页。

③ 转引自加达默尔：《真理与方法》，洪汉鼎译，上海译文出版社1999年版，第292页。

④ 加达默尔：《真理与方法》，洪汉鼎译，上海译文出版社1999年版，第300页。

⑤ 宗白华：《〈屈原之死〉编辑后语》，《宗白华全集》（第二卷），安徽教育出版社1994年版，第291页。

从中国传统艺术的意境，宗白华寻绎出我们先人的文化理想，即个体生命节奏与宇宙生命节奏的和谐，自然与文化的调合。“李杜境界的高、深、大，王维的静远空灵，都植根于一个活跃的、至动而有韵律的心灵，承继这心灵，是我们深衷的喜悦。”① 千古之下的宗白华，与古代伟大诗人心有灵犀，息息相通。

从汉魏六朝，那个“政治上最混乱、社会最苦痛的年代”，宗白华透过表层，深入精神生活，发现它“却是精神史上极自由、极解放、最富于智慧、最浓于热情的一个时代”②。对晋人的人格美，他们所发现的自然美，宗先生全身心投入，体悟之，默应之，赞叹之，意在从“精神生活上发扬人格底真解放、真道德，以启发民众创造的心灵，朴俭的感情，建立深厚高阔、强健自由的生活”③。

哪怕是在被人们视作迷信方术的陈旧学说中，宗先生也能以仁厚的胸怀拯救其精义：“中国建筑最讲求自然背景的调适。风水之说在迷信的外形下，具含着一种‘大自然的美学’。”④ 按此“美学”，我们的先人曾“因山就水，度其形势，创造适合的建筑物，表达出山水的风格，以人为的建筑结构显示出山水的精神灵魂，有画龙点睛之妙”⑤。我们完全可以将他赠给李长之先生的话，移赠他自己：“他之了解古人，皆深入而具同情。”⑥ 而一旦人们学会用这样的态度对待历史，历史也就不再辜负于他。深入历史宝山的探宝者，永远不会空手而归。

（原载《安徽师范大学学报》〔人文社会科学版〕2001 年第 4 期）

① 宗白华：《中国艺术意境之诞生（增订稿）》，《宗白华全集》（第二卷），安徽教育出版社 1994 年版，第 374 页。

② 宗白华：《论〈世说新语〉和晋人的美》，《宗白华全集》（第二卷），安徽教育出版社 1994 年版，第 267 页。

③ 宗白华：《中国艺术意境之诞生（增订稿）》，《宗白华全集》（第二卷），安徽教育出版社 1994 年版，第 267 页。

④ 宗白华：《〈我国都市计划溯源〉编辑后语》，《宗白华全集》（第二卷），安徽教育出版社 1994 年版，第 258 页。

⑤ 宗白华：《技术与艺术——在复旦大学文史地学会上的演讲》，《宗白华全集》（第二卷），安徽教育出版社 1994 年版，第 185 页。

⑥ 宗白华：《〈中国美育之今昔及其未来〉编辑后语》，《宗白华全集》（第二卷），安徽教育出版社 1994 年版，第 262 页。

审美静照与艺境创构

——宗白华艺境创构论评析

“静照（contemplation）是一切艺术及审美生活的起点。”[①] 静照，又译“观照”，即以无功利的寂静胸怀，凝神直观，历览万物，感受万物。无论中西，美感的获取，都从静照开始，意境的创构，也从静照开始。

然而，中西双方的静照方式，却有显见的不同。西方人站在固定地点，由固定角度透视深空，他的视线失落于无穷，驰于无极。中国人却不是从固定的角度集中于一个透视的焦点，而以流盼的眼光飘瞥上下四方，仰观俯察，移远就近，饮吸无穷于自我之中！

中国特有的审美观照法，宗先生以“俯仰往还，远近取与”八个字称之。这一观照法是怎样形成的，如何影响中国艺术的意境创构？宗先生有自己的思索，独到的领会。

一、中国观照法的原型

审美的“静照”，不是普通的、日常的“观看”，它在直观中有感悟，感知中有体验，有如陶渊明“悠然见南山”的“见”：一“见”之下，即会“真意”。它既是审美生活的起点，也是哲学彻悟生活的起点，两者在源头上是一致的[②]。因此，对审美观照的心理学描述，就应当和对它的哲学分析结合一起，取用“哲学-心理学”的方法去研究，这正是宗白华美学思想的一个重要特色。

---

① 宗白华：《论〈世说新语〉和晋人的美》，《宗白华全集》（第二卷），安徽教育出版社 1994 年版，第 275 页。

② 宗白华：《论〈世说新语〉和晋人的美》，《宗白华全集》（第二卷），安徽教育出版社 1994 年版，第 275 页。

“俯仰往还，远近取与，是中国哲人的观照法，也是诗人的观照法。”[①] 宗白华沿波讨源，从《周易》“设卦观象”之法中，为这一观照法找到了文化哲学的原型。

古代圣王为弥纶天地，彰显大道，制作了“易象”。而“易象”是“观物取象”的结果。“古之包牺氏之王天下也，仰则观象于天，俯则观法于地，观鸟兽之文，与地之宜，近取诸身，远取诸物，于是始作八卦，以通神明之德，以类万物之情。”[②] 易象制作，着眼于宇宙全景，着眼于万物生机生气之运行，故需历览上下四方，于是仰观俯察、远近取与之观照法成焉。

这一观照法，是和《周易》“气化宇宙”的宇宙构成论相适应的。阴阳二气，普运周流，此谓之“道”。阴阳互动之道，支配天体运行，四时代序，昼夜来复，“在天成象”；促使山泽通气，云行雨施，山川草木，得以养育，“在地成形”。这一由道而气，由气而物，由物而“象”的降生程序，构成此一现象世界。圣人体认此一世界，则反向而行。他仰观天象，俯察地理，是由万物之象，体察其所由生成之气的功能，复由气的功能而体察大道运行。阴阳二气是在一上一下，一往一返，一开一阖，一刚一柔的节奏中运行的，道的运行也循环往复，周而复始。“无往不复，天地际也。”[③] 人对天地的仰观俯察也是往复流盼，无有已时。天覆地载，人居其中，人以仰观俯察的流观之眼，尽得天地间阴阳二气流转不息之势，正如孟子所形容的君子：“上下与天地同流。”（《孟子·尽心上》）

如果说，仰观俯察所把握的是现象世界的纵向之维，俯仰之间，可以游观天地；那么，“近取诸身，远取诸物”所把握的便是横向之维，远近往还中便可历览四方。近取诸身，从我出发；远取诸物，观物而归返我心。心之与物，成一循环通路，阴阳二气，得以周流其间。此即《礼记》所谓“志气塞乎天地”[④]。

总之，照《周易》的观照法，宇宙是开放的，阴阳二气上下四

---

① 宗白华：《中国艺术意境之诞生（增订稿）》，《宗白华全集》（第二卷），安徽教育出版社1994年版，第436页。

② 《周易·系辞》，《十三经注疏·周易正义》（标点本），北京大学出版社1999年版，第298页。

③ 《泰卦·象传》，《十三经注疏·周易正义》（标点本），北京大学出版社1999年版，第68页。

④ 《礼记·孔子闲居》，《十三经注疏·礼记正义》（标点本），北京大学出版社1999年版，第1393页。

达，贯彻中边；人的心灵也呈开放状态，借俯仰、远近的往复观照与宇宙通贯一气，打成一片。于是，人遂成为“天地之心”：“天地高远在上，临下四方，人居其中央，动静应天地。”[①] 这一观照法的理论意义，从哲学上说，是将天道、地道、人道三道融通为同一的阴阳互动之道；从审美方面说，则是将律历哲学揭出的“无声之乐”转换为心灵的音乐。

《周易》观照法也与老庄之学多有相通。老子认为，道之体“独立而不改”，其运行方式是“周行而不殆”：“吾不知其名，字之曰道，强为之名曰大。大曰逝，逝曰远，远曰反。”（《老子》二十五章）王弼注曰：“周行无所不至，故曰‘逝’也”；“周行无所不穷极，不偏于一逝，故曰‘远’也”；“不随于所适，其体独立，故曰‘反’也。”[②] 就是说，道之为体，无所不至，不偏于某一隅，不止于某一物，在它生成万物之后，仍然返回到它独立的本体。正如老子所指出：“玄德深矣远矣，与物反矣，然后乃至大顺。”（《老子》六十五章）大道由远而返，由返而远，终而复始，无有穷时。

这一运行方式，老子以一字称之，就叫作“复”。它实是天地间元气流转所构成的宇宙生命大节奏。因此，观道就是观“复”。老子以为，“夫物芸芸，各复归其根”，每一物的生而壮，壮而老，老而死，都体现了道的运行，反归于道自身。人若以虚静空明之心，就可从万物蓬勃生长中，直观这个“复”，领悟宇宙生命的节奏：“致虚极，守静笃，万物并作，吾以观复。”（《老子》十六章）。与此相应，人在观“复”之时，空明的心，即随物宛转，跟着节奏化。其观物方式，用王弼的话来说，即“以复而视”。（《老子》三十八章）王弼注云：“以复而视，则天地之心见。”王弼认为“天地以无为心”[③]，这个“至无”的“天地之心”，亦即本体之道。观者“以复而视”，道体即自行呈露于心目。王弼从道的运行方式引出相应的观道方式，将其共同点归之于“复”，突出了体道也具有流动往复，循环不已的特点，应该说是符合老学本义的。

---

① 《礼记·礼运》孔疏。李学勤主编：《十三经注疏·礼记正义》（标点本），北京大学出版社1999年版，第699页。

② 王弼：《王弼集校释》，楼宇烈校释，中华书局1980年版，第64页。

③ 王弼：《王弼集校释》，楼宇烈校释，中华书局1980年版，第93页。

“庄子是具有艺术天才的哲学家，对于艺术境界的阐发最为精妙。”① 他所追求的“逍遥游”境界，既是体道的境界，也是深具艺术意味的境界。庄子“乘天地之正而御六气之辨（通“变”），以游无穷”（《逍遥游》），一个“游”字，泄尽了《庄子》书的秘密②。这个“游”，并非身游，乃系心游、神游。有如庄子在《天下》篇中所自叙自评：“独与天地精神往来而不敖倪于万物……彼其充实不可以已，上与造物者游，而下与外死生无始终者为友，其子本也，宏大而辟，深闳而肆……”庄子独自神游于无限的宇宙，但他并不是寂寞的孤独者，因为他能“乘变化而遨游，交自然而为友，故能混同生死，冥一始终”（《天下》，成玄英疏）。所以庄子又将逍遥游称为“乘物游心”③。

“道无始终”而“物有生死”，“道”无穷而“物”有限，自“物”如何去观道、体道？庄子认为“道不逃物”，道有“周、遍、咸”的品格（《庄子·知北游》），它体现在任何一物的生命过程。因为万物乃发乎天地的至阳至阴，“两者交通成和”而生，“消息满虚，一晦一明，日改月化，日有所为，而莫见其功。生有所乎萌，死有所乎归，始终相反乎无端而莫之所穷”（《庄子·田子方》）。就是说，整个宇宙充塞着阴阳二气，它支配万物日改月化，生萌死归，“始终相反乎无端”，在空间、时间上都无穷无尽。这一宇宙图景，庄子称其为“天地之大全”（《庄子·田子方》）。

所谓“逍遥游”，就是与“天地之大全”体合的过程。体道者以全副生命投入自然，将自身生命之气与宇宙生命之气、万物生命之气融合为一。庄子《齐物论》的“天地与我并生，而万物与我为一”，即此之谓。宗白华特拈出《庄子·知北游》一节，以明其融合过程：

> 吾已往来焉，而不知其所终。彷徨乎冯闳（郭注：“冯闳，虚廓之谓”）。大知（宗注：即智者）入焉，而不知其所穷，物

① 宗白华：《中国艺术意境之诞生（增订稿）》，《宗白华全集》（第二卷），安徽教育出版社1994年版，第364页。

② 宗白华说：“《庄子》书这‘游’字却泄漏了庄子的秘密。”宗白华：《道家与古代时空意识》，《宗白华全集》（第三卷），安徽教育出版社1994年版，第282页。

③ 《庄子·人间世》：“乘物以游心，托不得已以养中，至矣。”

> 物者与物无际。而物有际者，所谓物际者也。不际之际，际之不际者也（宗注：即见于物际仍是不际，即于物中见到无穷）。

宗白华说："庄子的空间意识是'深闳而肆'的，它就是无穷广大、无穷深远而伸展不止、流动不息的。"① 既如此，"智者"的"逍遥游"，便不能不是"往来"无尽，"彷徨"无止，"入"于宇宙大生命之流，泯灭物我界限，从而"于物中见到无穷"，与自然合为一体。其观物方式，便不能不是"一上一下，以和为量，浮游于万物之祖"（《庄子·山木》）。"大知观于远近"（《庄子·秋水》），以抚爱宇宙万物的情怀上下流眄，远近往复，与物绸缪。此时，"智者"便会得到真自由，真解脱，既体验投入自然的欣慰与满足，也体验超越现世的解放与超脱。较之老子，庄子的体道方式，已从静观于道转入精神活动的自由扩展，其观照方式，也从哲理领悟进于体道的内在体验。其上下流眄、远近往还的所在，已是心灵创造的又一时空。其中的高与远，已是意中之高，意中之远。逍遥之境，实乃想象中、体验中的心灵之境。从这一点说，它与审美的意境，已颇难区分了。

然而，在庄子，"逍遥游"毕竟是古代圣王、神人真人（即"大知"）的专擅。"逍遥游"转换为士人的普遍人生理想，需要经过魏晋玄学的洗礼。

在魏晋，类似庄子"逍遥游"的人生理想，有了新的名称，那就是"玄远"。玄学家"宅心玄远"，也就是寄情"逍遥"。"玄远"最初与人物品藻发生关系，见于刘邵《人物志》。刘氏提出观人之法有所谓"八观"，其第八也是最关键一法是"观其聪明，以知所达"。刘氏以为，"明"高于"智"，"智能经事，未必及道，道思玄远，然后乃周"（《人物志》卷中《八观》）。"玄远"之思，可及周遍之道，是人才最高智慧的标志。王弼更将"玄"与"远"视作"道"的别名，他在《老子指略》中提出，"道"也可用"玄、深、大、微、远"来表述。虽然道不可名，六种称谓都"未尽其极"，

① 宗白华：《道家与古代时空意识》，《宗白华全集》（第三卷），安徽教育出版社 1994 年版，第 282 页。

难该道之整全[①]，但王弼视“玄”“远”为“道”的同等概念，使之与“道”这个哲学最高范畴并驾齐驱，无疑会对当时崇尚玄远的士风，起有力的鼓荡作用。

阮籍、嵇康“以庄周为模则”（《三国志·王粲传》），不但“善言玄远”，而且身体力行，全面按照庄子的人格理想以塑造自我，将“逍遥游”的人生追求付诸实践，建构起超俗绝尘、自由放达的审美式人格。史称阮籍“志气宏放，傲然独得，任性不羁”（《晋书·阮籍传》），嵇康“超迈不群”（《晋书·嵇康传》），均不失“玄远”本色。在阮籍看来，所谓“玄远”便是“腾精抗志，邈世高超，荡精举于玄区之表，摅妙节于九垓之外而翱翔之”（《答伏义书》），即在精神的高飞远举中，在超越世俗的精神自由中，满足人生理想，实现人生价值。在嵇康看来，所谓“玄远”便是“矜尚不存乎心，故能越名教而任自然；情不系于所欲，故能审贵贱而通畅情”（《释私论》）。即超越名教羁縻而顺应自然之道，不为私欲所蔽而通达万物之情。总之，阮、嵇引庄入玄，以庄周为师，导致魏晋士人人格意识的觉醒。一种兀然卓立于天地之间，有着自身尊严和价值的独立人格，成为士人梦寐以求的目标。

向秀、郭象注《庄子》，“大畅玄风”。郭象注尤以“独化”之说撤除方内方外的藩篱，使世俗中人，人人可得学庄子，时时处处可得学庄子。“逍遥”之境，“玄远”之思，更为世俗化。东晋名士孙盛次子孙放，表字“齐庄”，以示仰慕庄周之意。放年方八岁进见太尉庾亮，亮问：“何故不慕仲尼，而慕庄周?”放答：“仲尼生而知之，非希企所及；至于庄周，是其次者，故慕耳。”（《世说新语·言语》刘注引《孙放别传》）孔子是至圣至贤，高不可及，庄子次其一等，可学而可及，故而慕之。这则纪事，表明庄子的人格和人生理想，已得士人普遍认同，成为众皆仿效的对象了。

如果说，魏晋玄风所被，对内是促使人格意识的觉醒，发现自我的人格价值，对外则促使士人寄情于山水，发现山水的美。魏晋名士几乎个个雅好山水。自然山水，“外其器务”，可寄超越世俗的玄思；自然山水，群生万殊，各自生命情态通向宇宙生生的大道，

① 《老子指略》，《王弼集校释》，中华书局1980年版，第196页。

从中可得“悠然一悟”①。这是双重意义上的“玄远”。所以，即或像庾亮那样的朝廷重臣，也乐于并习惯于将自己的玄远之心，寄托于山水，“公雅好所托，常在尘垢之外，虽柔心应世，蠖屈其迹，而方寸湛然，固以玄对山水”②。所谓“玄对山水”，用宗白华的话来说就是把山水“虚灵化”、“情致化”，让一种玄远幽深的哲学意味深透在对自然的欣赏中。③

“晋人向外发现了自然，向内发现了自己的深情。”④ 这双向的发现，是互为因果的。因为有自然的发现，魏晋人找到了人生理想的寄托之所，得以成就超然玄远的人格；因为有这种人格的树立，精神上得到真自由、真解放，才能使他们的胸襟“像一朵花似地展开，接受宇宙和人生的全景，了解它的意义，体会它的深沉的境地”⑤。魏晋诗文对自然山水那种“俯仰往还，远近取与”的观物方式，就是着眼于宇宙人生的全景，为从中体会其玄远意味产生的。

二、俯仰终宇宙，不乐复何如

仰观俯察以历览天地，这一观物方式，先秦儒家典籍亦时有所载。除前引《易传》之外，最著名的要算《礼记·中庸》中托名孔子所说的一段话：“《诗》云：‘鸢飞戾天，鱼跃于渊。’言其上下察也。君子之道，造端乎夫妇，及其至也，察乎天地。”⑥ “鸢飞鱼跃”二语，出于《诗·大雅·旱麓》，本用以叹美大王、王季“德教明察”，这里被孔子借来作为体察天地之道的观道方式。所谓“上下察”，亦着眼于天地全景，从万物得所，各具其乐的生命情态中观道体道，与老子“万物并作，吾以观复”，以及庄子逍遥游的体道方式，有相通的意趣。

① “外其嚣物”“悠然一悟”二语，均引自戴逵：《闲游赞》，《全晋文》卷一百三十七。

② 孙绰：《太尉庾亮碑》，《全晋文》，卷六十二。

③ 宗白华：《论〈世说新语〉和晋人的美》，《宗白华全集》（第二卷），安徽教育出版社1994年版，第270—274页。

④ 宗白华：《论〈世说新语〉和晋人的美》，《宗白华全集》（第二卷），安徽教育出版社1994年版，第273页。

⑤ 宗白华：《论〈世说新语〉和晋人的美》，《宗白华全集》（第二卷），安徽教育出版社1994年版，第274页。

⑥ 李学勤主编：《十三经注疏·礼记正义》（标点本），北京大学出版社1999年版，第142页。

正因为仰观俯察的观物方式有儒道相通的渊源，魏晋以降，就在士人中受到普遍推崇，在诗文中，首先作为体道方式而被广为传颂：

俯尽鉴于有形，仰蔽视于所盖，游万物而极思，故一言于天外。

——成公绥：《天地赋》

仰凌眄于天庭兮，俯旁观乎万类。……于是忽焉俯仰，面天地既必，宇宙同区，万物为一。

——陆云：《登台赋》

这里“俯仰”所见，是由有形的万物、万类，由体验而乘物游心，进入“至无”，即与天地合一的体道境界，基本上是庄子“逍遥游”的模式。但随着自然美被发现，“俯仰”所见，已非泛泛，而渐趋于具体景物，其中最突出的是青山绿水：

君子有逸志，栖迟于一丘。仰荫高林茂，俯临绿水流。恬淡养玄虚，沉精研圣猷。

——张华：《赠挚仲洽诗》

仰照丹崖，俯澡绿水。无求于和，自附众美。

——卢湛：《赠刘琨一首并书》

魏晋诗章中，类似的描写甚多。俯仰之间，即目所见，已是具体的色相与情态，如“仰诉高云，俯托清波”，“仰落惊鸿，俯引渊鱼”（嵇康《赠秀才入军》），“仰睎归云，俯镜泉流”（潘岳《怀旧赋》），等等。然而这里所显示的，与其说是具象的物态情态，不如说是诗人吞吐大荒、与天地并立的襟怀气度。左思的“振衣千仞冈，濯足万里流”（《咏史》），即使不直用俯仰字样，也抒写出“俯仰宇宙的气概”[①]。正如有的论者所指出，这是“旷观宇宙，用

① 宗白华：《中国诗画中所表现的空间意识》，《宗白华全集》（第二卷），安徽教育出版社 1994 年版，第 436 页。

自己的心灵编织天地的网，反映的是一种远游的精神气质”①。这气质，在嵇康的名句中表露得最为淋漓尽致：

手挥五弦，目送归鸿，
俯仰自得，游心太玄。

俯首弄弦，奏出生命的音乐；仰首远望，心灵循着飞鸿的归影，入于太空的无尽。心灵的音乐汇入宇宙的音乐，个我和宇宙渗化为一。诗人“拿音乐的心灵去领悟宇宙、领悟‘道’”②，所得的是体道的悟悦——人生最高的快乐，正如陶渊明《读山海经》所写：

俯仰终宇宙，不乐复何如！

然而，俯仰观物，未必一定通向体道悟道的宇宙意识，它也是感物抒怀的重要方式。宗炳《画山水序》说：“身所盘桓，目所绸缪”。在徘徊容与，流连往返之际，一俯一仰，往往感绪万端。曹丕《杂诗》写漫漫秋夜不能成寐，起而彷徨所见：

俯视清水波，仰看明月光，
天汉回西流，三五正纵横。
草虫鸣何悲，孤雁独南翔。
郁郁多悲思，绵绵思故乡。

清波映月，草虫悲鸣，离鸿远去，一片清冷孤寂之境，均自俯仰间得之。这俯仰，往复不已，这哀感，也缠绵无尽。这类抒情方式，在魏晋诗章中，不为少见：

徘徊蓬池上，还顾望大梁。
…………

① 朱良志：《中国艺术的生命精神》，安徽教育出版社 1995 年版，第 385 页。

② 宗白华：《中国诗画中所表现的空间意识》，《宗白华全集》（第二卷），安徽教育出版社 1994 年版，第 422 页。

朔风厉严寒，阴气下微霜。
羁旅无俦匹，俯仰怀哀伤。

——阮籍：《咏怀》

伫盼要遐景，倾耳玩余声。
俯仰悲林薄，慷慨含辛楚。
怀往欢绝端，悼来忧成绪。

——陆机：《于承明作与士龙一首》

仰听离鸿鸣，俯闻蜻蛚（即“蟋蟀”）吟。
哀人易感伤，触物增悲心。
…………
徘徊向长风，泪下沾衣衿。

——张载：《七哀诗》

诗中俯仰所见所闻，是朔风，是微霜，是遐景（斜阳暮影），是林薄，是离鸿悲鸣，寒蛩之泣，所有种种，都沉浸在同一的哀伤悲楚的氛围里。

西晋以降，俯仰观物已经成为观赏山水的常见方式。即或前所未睹的陌生景物，仰观俯察之际，也能发现它的美。东晋作家、音乐家袁山松的《宜都记》中有这样的记述：

> 常闻峡（按指三峡之一的西陵峡——引者）中水疾，书记及口传，悉以临惧相戒，曾无称有山水之美也。及余来践跻此境，既至，欣然始信，耳闻之不如亲见矣。其叠崿秀峰，奇构异形，固难以辞叙，林木萧森，离离蔚蔚，乃在霞气之表。仰瞩俯映，弥习弥佳，流连信宿，不觉忘返，目所履历，未尝有也。既自欣得此奇观，山水有灵，亦当惊知己于千古矣。
>
> 郦道元：《水经注》卷三十四《江水》引

这段游记，堪称晋人发现山水美的见证。素以“临惧”闻名的峡中风物，在作者心目之中，所以成为流连忘返的胜景，跟作者已具有高度的审美力，有“仰瞩俯映”的观赏方式相关。而“仰瞩俯映”之所以“弥习弥佳”，又因为物我之间，情趣往复交流，产生一份深切的认同感、亲和感：我既因得此奇观而欣然自得，物亦因幸逢知己而自来亲人。

宗白华把中国人对待自然的这种态度称作“纵身大化，与物推移”①。这种态度决定了中国山水画必然要放弃固定视点的透视法，而采取“以大观小”的特有方法。画家用心灵的眼，笼罩全景，视线流动往复，把全部景界组织成一幅气韵生动，有节奏有和谐的艺术画面，画中的层层山，叠叠水，虚灵绵邈，有如远寺钟声，空中回荡。“我们欣赏山水画，也是抬头先看高远的山峰，然后层层向下，窥见深远的山谷，转向近景林下水边，最后横向平远的沙滩小岛。远山与近景构成一幅平面空间节奏，因为我们的视线是从上至下的流转曲折，是节奏的动。”② 这种“以大观小”的构图法，今人称为“散点透视”或“动点透视”，往往被西方学者目为“反透视”，其实却是体现着中国文化民族特点，有着自己独特哲学-心理学依据的透视法。

三、移远就近，由近知远

在论述中国诗画的空间意识时，宗先生曾反复引陶渊明《饮酒诗》，并三致其意：

结庐在人境，而无车马喧，
问君何能尔，心远地自偏。
采菊东篱下，悠然见南山。
山气日夕佳，飞鸟相与还。
此中有真意，欲辨已忘言！

这“心远”，是诗人领悟天地“真意”的条件。因为“心远”，诗人远离尘嚣、超脱俗务而有了一颗空明的慧心；因为“心远”，诗

① 宗白华：《中国画法所表现的空间意识》，《宗白华全集》（第二卷），安徽教育出版社 1994 年版，第 148 页。

② 宗白华：《中国诗画中所表现的空间意识》，《宗白华全集》（第二卷），安徽教育出版社 1994 年版，第 434—435 页。

人才向自然敞开胸怀，有从自然寻求安顿的高情远致；也因为“心远”，诗人才在采菊之际悠然眺望，由东篱而南山，复由南山而东篱，随归鸟自由飞翔的节奏，将南山秀色，带回自身。其间俯仰自得、远近取与，“于有限见无限，又于无限回归有限”，终于从他的庭园，“悠然窥见大宇宙的生气与节奏而证悟到忘言之境”①。

在空间上向往无穷，追求无尽，可以说是全人类共同的理想。但对无穷空间的想望，中西意趣，大有不同。“西洋人站在固定地点，由固定角度透视深空，他的视线失落于无穷，驰于无极。他对这无穷空间的态度是追寻的、控制的、冒险的、探索的。”② 中国人的意趣却不是一往不返，而是回旋往复的：“我们向往无穷的心，须能有所安顿，归返自我，成一回旋的节奏。”③ 陶渊明的《饮酒》，最鲜明地表露着这种空间意识。

宗白华把这种空间意识称作“移远就近，由近知远”，认为它已成为中国宇宙观的特色。这是精审的论断，因为这种空间观照方式，起于观道、体道的哲人方式，照老子，道之自身既是“大曰逝，逝曰远，远曰反”（《老子》二十五章）；照《周易》，道之运行亦为“无往不复”④，所以观道之时，不能不取一种回旋往复的态度。纵向一维既有“俯仰往还”，横向一维遂必为“远近取与”。刘孝绰诗云：

日入江风静，安波似未流。

…………

暮烟生远渚，夕鸟赴前洲。

——《夕逗繁昌浦》

何逊亦有诗：

① 宗白华：《中国诗画中所表现的空间意识》，《宗白华全集》（第二卷），安徽教育出版社1994年版，第430页。

② 宗白华：《中国诗画中所表现的空间意识》，《宗白华全集》（第二卷），安徽教育出版社1994年版，第436—437页。

③ 宗白华：《中国诗画中所表现的空间意识》，《宗白华全集》（第二卷），安徽教育出版社1994年版，第437页。

④ 《泰卦·象传》：“无往不复，天地际也。”

野岸平沙合，连山远雾浮。
客悲不自已，江上望归舟。

——《慈母矶联句》

陈倩父评曰："一近一远，便是思乡之情。"诗人的目光流盼于远近之间，绸缪难已而感绪丛生，山水景物，于是而虚灵化，情致化。

这一"远近观"，在诗篇中还有一种突出的表现，即"饮吸无穷空间于自我，网罗山川大地于门户"①：

青溪千余仞，中有一道士。
云生梁栋间，风出窗户里。

——郭璞：《游仙诗》

结构何迢遰，旷望极高深。
窗中列远岫，庭际俯乔林。

——谢朓：《郡内高斋闲坐答吕法曹》

诗中的建筑，都依山傍水，因势而立，得山川之胜，而建筑自身窗牖四达，和大自然息息相通，这种建筑原则本身，就体现着与大自然亲和的精神。杜甫诗云："山河扶绣户，日月近雕梁。"山河日月，无穷宇宙，于建筑的主人何其依恋，何其有情！这份情缘，在唐诗中描绘得更见精彩：

画栋朝飞南浦云，珠帘暮卷西山雨。

——王勃：《滕王阁诗》

窗临汴河水，门渡楚人船。

——王维：《千塔主人》

户外一峰秀，阶前众壑深。

——孟浩然：《题义公禅房》

窗含西岭千秋雪，门泊东吴万里船。

——杜甫：《绝句四首》其三

① 宗白华：《中国诗画中所表现的空间意识》，《宗白华全集》（第二卷），安徽教育出版社 1994 年版，第 427 页。

园林艺术中亭台楼榭的设置，也都着意于笼罩远近，俾使观赏者仰观俯察之际，尽得全景。明人计成《园冶》有云：“轩楹高爽，窗户虚邻，纳千顷之汪洋，收四时之烂漫。”山水画轴常于构图关键处置一空亭，虽杳无人迹，但此亭吐纳云气，与周围远近诸景紧相呼应，使人在想象中如置身此亭，通望周博，一畅远情：

惟有此亭无一物，坐观万景得天全。

——苏轼：《涵虚亭》

石滑岩前雨，泉香树杪风，
江山无限景，都聚一亭中。

——张宣：《题倪画》

四山苍翠合，一亭贮空虚。

——李日华：《题画》

区区小亭，何以能聚万景？还是因为观览者的视线是流动往复的，高低上下，远近前后，“采取数层观点以构成节奏化的空间”①，因而中国山水画便有了“三远”之说。郭熙主张：“山有三远：自山下而仰山巅，谓之高远；自山前而窥山后，谓之深远；自近山而望远山，谓之平远。”这“三远”，可以是山水画构图处理远近的三种风格，但也可以见之同一画面。如宗白华所解释，是“对于同此一片山景‘仰山巅，窥山后，望远山’，我们的视线是流动的，转折的。由高转深，由深转近，再横向平远，成了一个节奏化的行动”。宗先生认为，郭熙最值得称道的地方是对“三远”同等看待，不论高远、深远还是平远，他都“用俯仰往还的视线，抚摩之，眷恋之，一视同仁，处处流连。这与西洋透视法从一固定角度把握‘一远’，大相径庭。而正是宗炳所说的‘目所绸缪，身所盘桓’的境界”②。

然而，“三远”的任何一远，终将和“近”相呼应，“移远就

① 宗白华：《中国诗画中所表现的空间意识》，《宗白华全集》（第二卷），安徽教育出版社1994年版，第431页。

② 宗白华：《中国诗画中所表现的空间意识》，《宗白华全集》（第二卷），安徽教育出版社1994年版，第432页。

近，由近知远”。因而，中国山水画的远空中必有数峰蕴藉，点缀空际，或以归鸦掩映斜阳，使我们远望的目光，能由远返近，复归自我。宗先生特意从清人周亮工《读画录》拈出庄淡庵的题画诗，以为最能道出中国诗画所表现的空间意识：

性僻羞为设色工，聊将枯木写寒空。
洒然落落成三径，不断青青聚一丛。
人意萧条看欲雪，道心寂历悟生风。
低徊留得无边在，又见归鸦夕照中。

宗先生评点道：“中国人不是向无边空间作无限制的追求，而是‘留得无边在’，低徊之，玩味之，点化成了音乐。于是夕照中要有归鸦。”① 这种艺术空间是超然的，空灵的，洒落的，但它内部充满了宇宙的生命感、节奏感，而且通过特定的透视方法和构图技巧，由远而近，让这种生命感节奏感返归人的自我深心，因而又是充实的。中国山水诗画在宁静、寂寞的外表下，涌动着深层的生命力。它能帮助人们从大自然中汲取精神力量，陶冶胸次，健全人格，原因就在于此。

（原载《安徽大学学报》〔哲学社会科学版〕2001 年第 6 期）

① 宗白华：《中国诗画中所表现的空间意识》，《宗白华全集》（第二卷），安徽教育出版社 1994 年版，第 441 页。

马恩文论研究

从艺术本质论看马恩的文艺观点体系

马克思、恩格斯的文艺观点的根本特色，是从整体上来把握文艺及其历史发展。他们第一次从人的社会性和人的历史发展中去探求艺术的本质："始终站在现实历史的基础上，不是从观念出发来解释实践，而是从物质实践出发来解释观念的东西。"① 在他们看来，艺术是以实践为基础的整个社会历史过程的有机组成部分，它的发展，决不是孤立的、封闭的自我运动过程。艺术产生和发展的根源，只有从人的社会实践，特别是从社会实践的最基本的形式——物质生活资料的生产中才能得到解释，艺术的本质，也只有从它与社会生活的广泛联系中才能加以阐明。马恩对艺术本质的看法，贯穿在他们有关文艺史和现实主义的论述之中，而通过对文艺史、作家作品、现实主义问题的论述，又进一步发挥和充实了艺术本质论。因此，尽管马恩没有完成他们计划中有关艺术和美学问题的专门著作，他们对文艺问题的论述具有片断的分散的性质，但却以艺术本质论为核心，组成了一个文艺观点的科学整体，提供了文艺史上从未有过的新的文艺理论体系。

在社会这个活的机体中，艺术究竟处于什么地位？这是马克思在探讨艺术本质时首先涉及的问题。他们明确地将艺术确定为意识形态的上层建筑之一，这就确定了艺术同整个社会生活最基本的关系和联系，找到了艺术发展最终的现实根源。一方面，物质生活资料的生产是人类最基本的实践活动。这一活动中人们结成的生产关系构成一定社会的现实基础，并由这个基础所决定；另一方面，艺术作为社会现象之一，它的产生和发展归根结底不能不由艺术不断反作用于这个基础，而且同其他意识形态形式，其他上层建筑部门

① 《马克思恩格斯选集》（第一卷），人民出版社 1972 年版，第 43 页。

处在经常的交互作用之中。艺术是更高地悬浮在空中的上层建筑，它和一定社会经济基础之间的相互作用，要经过一系列中间环节。马恩准确地抓住了其中最主要的环节，这就为科学地认识艺术的本质，提供了可靠的基本线索。从此，艺术的发展，就不再是混混沌沌的偶然现象的堆积，而显得有一定客观必然性和基本规律可寻了。同时对于艺术的特殊性表现在什么地方？它同哲学、政治、道德、宗教等其他意识形态形式的区别在哪里？在这个关于艺术本质的更深层次上，马恩还有过重要的论述。这些论述，其要义有三：

第一，艺术生产是物质生产发展到一定历史阶段的产物。

艺术生产是在物质生产的基础上历史地形成的。以满足人类物质生活需要为目的的物质生产，是社会生存发展的基本条件，也是形成艺术生产的基本条件。实用总先于审美。只有当物质生产发展到一定阶段，当产品不仅能满足生产者自己的直接生活需要，也能满足他人的需要时，人们才能从别人对对象的肯定中得到精神上的满足，变成自己的一种享受，从而在实用需要的基础上，发展起审美的需要。于是，人们便在努力使产品满足社会实用需要的同时，开始对它进行不自觉的艺术加工，努力使它能满足社会的审美需要；人们的日常生产和生活活动，也经过不自觉地艺术加工，转化成原始的艺术，产生神话传说、原始绘画和原始歌舞。物质生产活动和不自觉的艺术生产紧紧地结合在一起，只是当物质生产进展到“文明时代”，随着体力劳动和脑力劳动之间大规模的社会分工的出现，艺术加工才从物质生产中分化出来，变成专门的劳动，形成自觉的、相对独立的艺术生产。马恩明确指出，这个历史关节点，在奴隶制确立的时期。

第二，艺术生产的产品有特定的社会价值。

马恩把社会生产划分为物质生产与精神生产两大领域，艺术生产又是精神生产的一个特殊部门。艺术生产的目的在于满足人类特定的精神生活需要——审美需要；艺术产品也具有与物质产品不同的社会价值——审美价值。从艺术产品的创造来说，它不像物质产品那样可以进行批量生产，可以标准化，它要求反映艺术家自己的爱好、愿望和理想，在产品上打下自己个性的印记。艺术家的生产应该像弥尔顿创作《失乐园》那样，只能是出于“同春蚕吐丝一样的必要”，成为“他的天性的能动表现”①。艺术从产品评价方式来说，它不像物质产品那样，可以在使用过程中通过吃掉、用掉、加工掉来实现它的使用价值，而要通过对于产品的欣赏，唤起大众的美感，使之获得精神上的愉悦，来实现自己的审美价值。在艺术生产中，产品作为欣赏对象，大众作为欣赏主体，其间结成对立统一的关系：一方面，“生产为主体生产对象”，对象一定要适应主体的审美能力；另一方面，“生产也为对象生产主体”，对象反过来又可以提高和发展主体的审美能力。艺术生产就在对象与主体的矛盾运动之中，不断发展和进步。

正因为艺术产品和物质产品的社会价值有质的区别，所以艺术产品就其本性而言，是和商品化不相容的，艺术生产和雇佣劳动是不相容的。在资本主义条件下，资本家竭力将作家、艺术家变成雇佣劳动者，将他们的作品或表演当作可以出卖的商品大发横财，这种形势必扼杀艺术家在艺术生产中的主动性和创造才能，从而损害艺术的社会价值，阻碍艺术的进步。这就构成了资本主义生产方式与艺术生产的敌对性。但是，资本主义生产方式并不能完全取消艺术生产的特殊规律，它只能在有限的规模和范围内对艺术生产发生作用。书画只能在生产和消费之间的一段时间可以被资本家当成可以出卖的商品；被剧院老板雇佣的歌女只在她被作为老板赚钱的工具时才是雇佣劳动者。书画到了读者手里，歌女登台面向观众，艺术品一旦进入欣赏环节，其社会作用还得受审美规律的支配。因此，在资本主义条件下，只有那些不甘心将自己的艺术劳动商品化，还保持着崇高的社会责任感的艺术家，才能创造出有价值的艺术品。弥尔顿不顾他的《失乐园》只卖得五个英镑，仍然创造了这部伟大作品。他这种不计个人利害的创作态度，曾经受到马克思的称赞。

第三，艺术生产的发展和物质生产的发展存在不平衡关系。

艺术生产和物质生产都处在不停顿的前进运动中。但两者的发展和进步，有各自不同的表现形态。如果说，物质生产的进步，普遍表现为新旧产品的持续代谢，新的产品出现后，它便取代了旧产

① 《马克思恩格斯全集》（第二十六卷），人民出版社1962年版，第432页。

品的使用价值，旧产品便逐渐从市场上消失；那么，艺术生产的进步，则表现为一个又一个艺术繁荣期的到来，一批又一批具有不朽生命力的艺术品的出现。过去时代的艺术品，固然有相当大的部分被历史无情淘汰，但真正具有生命力的作品，哪怕是陈年古董，在后来却并不丧失其价值，而是继续活跃在现代人的精神生活里，并且作为典范继续影响着后代人的艺术创造。这样，艺术生产的发展就显示出相对独立性和特有的历史继承性。因而它的发展，不可能总是跟物质生产的发展形影相随，并肩而行，而会呈现不平衡的关系。在经济并不发达的条件下，有可能出现艺术的繁荣期，甚至可能出现后来不可企及的艺术高峰。例如，产生在历史的不发达阶段的古希腊艺术，它至今仍能给我们艺术的享受，向我们显示出永久的魅力。相反，在经济发达的现代资本主义条件下，有可能出现艺术的衰退，出现物质丰裕而精神空虚的景象。马恩强调指出，一般说来，艺术生产总得和物质生产相适应，但是，如果我们把物质生产放在一定历史的形式中加以考察，那么不同的生产方式对于艺术生产所产生的作用是并不相同的。如果说中世纪独立劳动的手工业者对本行业的熟练技巧还有一定兴趣，这种兴趣还可以达到有限的艺术感，那么，艺术复兴时代的伟大变革，则孕育出尚未受到分工局限的多才多艺的“巨人”，涌现了一大批艺术大师。因此，艺术生产对物质生产的适应，又是以不平衡的形态表现出来的。这两者既相适应又不平衡的辩证法，贯穿在马恩关于文艺史的许多具体分析里。马恩的艺术发展论，又成为他们文艺史观的理论前提和基点。

从上述马恩关于艺术生产形成的条件，创造与欣赏、发展的形态论述中可以看出，他们实际上把艺术的特征归结为它的审美属性。艺术生产的目的，既是以创造具有审美价值的对象来满足社会的审美需要，它就不但区别于物质生产，而且也不能不区别于创造某种思想体系为目的其他精神生产部门；艺术产品既然要通过美的欣赏才能被大众接受，才能实现自己的社会价值，它的社会作用也应该有别于哲学、政治、伦理等其他意识形态。众所周知，关于艺术社会作用的特殊性问题，马克思是以这样的命题概括的，即艺术是有别于理论思维的掌握世界的特定方式。

人们常常遗憾于马克思对这个命题语焉不详。但是，如果我们不拘泥于现成字句，而是把他们有关艺术本质的论述联系起来去理解，那么，我们就可以根据“掌握”一词的本来含义，根据他们关于艺术生产的论述进而断言：艺术这种掌握世界的方式的特殊性，只能是通过审美来认识世界和改造世界。审美，即对美的欣赏和评价，具体表现为美感。正是在美感的问题上，马恩有过独到的研究。早在青年时代，马克思便追踪黑格尔哲学那百科全书式的体系，逐一考察过各种意识形态形式，并彻底研究了黑格尔的《美学》①。唯其如此，他才能在《1844 年经济学哲学手稿》中通过批判黑格尔的唯心主义，对美感的本质做出全新的解释。照马克思看，美感是社会的人在实践中形成的对世界特有的感受形式。这是一种社会化直接感受，通过它，人可以从自己所创造的对象世界的可感面貌中肯定自己的才能、社会本质，肯定自己的智慧和灵巧。它是感性的直观，却包含着深刻的理性内容；它以个人感觉的形态出现，却能把握对象的社会意义。所以，美感同样具有认识的功能。但是，美感又是社会的人对外部世界的一种情感态度，它是动情的，因而美感又具有激发意志情感的作用，有着特有的感染力。艺术是美感的物态化形式。“如果你想得到艺术享受，那你必须是一个有艺术修养的人。如果你想感化别人，那你就必须是一个实际上能鼓舞和推动别人前进的人。”② 艺术能使人感奋起来，惊醒起来，走向团结和斗争，推动人们积极投入改造世界的实践活动。艺术之所以成为掌握世界的特定方式，正是因为它能将认识作用和感染激发作用统一起来，这和主要诉诸人的逻辑认识的理论思维，在功能上有原则性的区别。同马克思的这一看法相呼应的，是恩格斯在《反杜林论》中提出的观点。他认为，由不平等的分配所引起的道义上的义愤，在科学上并不能当作论据，它所证明的东西很少；但在艺术上，“愤怒出诗人”，艺术作品描写这种义愤，则是“完全恰当的”。可见，重视艺术的感染作用，重视艺术的情感因素，决不以马恩一时的偶感，而是对于艺术本质的深思熟虑的见解。

---

① 参见柏拉威尔：《马克思和世界文学》，梅绍武等译，生活·读书·新知三联书店 1980 年版，第 30 页。

② 《马克思恩格斯全集》（第四十二卷），人民出版社 1979 年版，第 155 页。

值得注意的是，马恩关于艺术生产和艺术社会作用一些主要观点，都是在1859年完整表述历史唯物论基本原理之前提出的。就是说，他们在确定艺术的上层建筑性质之前，已经认真考察过艺术生产和艺术社会作用的特点。他们将艺术确定为意识形态的上层建筑，一点也不意味着他们忽视了艺术的特点，恰恰相反，他们早已将这个特点估计在内。反过来，当他们论述艺术的特点时，不论是涉及艺术生产还是涉及艺术的社会作用，又都跟艺术的上层建筑性质相联结，其间并没有什么抵牾之处。他们对艺术本质的这种辩证理解本身，便要求我们把他们的艺术本质论的各个方面作为整体来加以理解。在这个问题上，我们过去的确有过各式各样的误解，归结到一点，就是把马恩完整的艺术本质论加以割裂或肢解，要么是只重视共性而抹杀个性，要么是只重视个性而抹杀共性。仅仅就纠正这种错误而言，如实地将马恩的文艺观点作为科学体系加以把握，其必要性也是显而易见的。

恩格斯在他的晚年书信中多次谈到，他和马克思为着反驳论敌的唯心论，往往把自己论述的重点放在从经济关系探索出思想观念以及由这些观念所制约的行动方面，对于其他参与交互作用的因素不是始终都给了应有的重视。尽管当时这样做是必要的，但终究是一个“过错”。然而，恩格斯也谈到，“只要问题一关系到描述某个历史时期，即关系到实际的应用，那情况就不同了，这里就不容许有任何错误了。”[①] 如果说，马恩在关于艺术本质的论述里，只是提出了艺术对经济基础具有第二性的反作用，艺术和其他意识形态形式、其他上层建筑部门处在经常的交互作用之中的观点而未做进一步的阐发，那么，他们在对艺术史各个时期，若干伟大作家作品的评述中，实际上发挥了这一观点。因而这些评述，不但可以帮助我们了解马恩对于从艺术的产生到未来的共产主义艺术的整个艺术发展史的完整看法，了解他们的文艺史观，而且对于深入理解他们的艺术本质，也具有特殊的意义。

我们先看马恩对文艺繁荣期形成原因的分析。他们评述过欧洲文艺史上一系列重要时期的文艺现象，如产生在“英雄时代”的希

---

① 《马克思恩格斯全集》（第三十七卷），人民出版社1971年版，第462—463页。

腊神话和史诗，“文艺复兴”时期的但丁、达·芬奇、拉斐尔、塞万提斯、莎士比亚；18 世纪德国文学和席勒、歌德；19 世纪现实主义文学和巴尔扎克等。这些都是文艺发展的繁荣期，有代表性的艺术大师。就欧洲文艺史而论，他们正好处在“完全成熟而具有典范形式的发展点上”①。马恩并没有把这些繁荣期的形成简单地归为某种“经济基础决定论”的抽象公式，而是全面估计到形成这些文艺繁荣期和造就这些艺术大师的政治、思想、文化以及文艺继承和个人才能等多方面的因素，把一定的经济基础和上层建筑各部门、意识形态的各种形式对艺术的交互影响综合起来，进行历史的具体的考察。只要回忆一下马恩在《德意志意识形态》和《自然辩证法·导言》中关于“文艺复兴”的论述，就可以了解，他们对这个伟大的艺术繁荣期形成的原因，分析得多么周到而细密！尤其耐人寻味的是：马恩着重论述的艺术繁荣期，几乎都处于社会的一定转变时期和过渡时期。他们实际上认为：这种历史时期一般说来是有利于艺术的发展的。这不仅因为，在一个新旧交替的时期，新生的社会力量要寻找自己的代言人表达自己的思想感情和愿望，如但丁作为“中世纪的最后一位诗人”和“新时代的最初一位诗人”，曾宣告过意大利资本主义新纪元的到来；而且这种时期，由于错综复杂的社会矛盾已经激化，社会心理在急剧转变，会出现充满戏剧性的社会事件和性格独特的人物。巴尔扎克能够充当 1816—1848 年法国社会的书记，写下不朽的《人间喜剧》；16 世纪有着比别的时代“更加突出的性格”，这种性格如果能以“五光十色的平民社会”为背景，即以“福斯塔夫式的背景”加以表现，就能创造出莎士比亚式的伟大戏剧，都是这个道理。社会的一定转变时期和过渡时期，也就是新生产力和旧生产关系激烈冲突的时期。正是经济关系的深刻变动，引起整个社会机体结构，包括全部意识形态和各个上层建筑部门的内在变革，为艺术的繁荣创造了相应的条件。这种看法，可以看成是对艺术生产发展同物质生产发展不平衡关系原理的具体阐明。这和庸俗社会学那种把文学艺术发展直接归因于经济发展的简单化方法比较起来，不啻有天壤之别。

① 《马克思恩格斯选集》（第二卷），人民出版社 1972 年版，第 122 页。

马恩对一些文学伟人及其作品的分析和评价，是他们运用和发挥自己的艺术本质论的又一个重要方面。大家知道，马恩是从历史的观点和美学的观点来评价作家作品的。这个评价的标准和马恩的艺术本质论在精神上是那样一脉相承，以至我们完全可以把它看成是艺术本质论的对应物。这个标准由恩格斯在1846年首次提出，他在1859年关于悲剧《济金根》的信中又重申过一次。众所周知，这封信和马克思评论《济金根》的另一封信，虽然写在不同地点和不同时间，论点却惊人地一致，不管他们有没有经过商量，这一事实足以证明他们对作家作品所持的评价标准是同一的。

那么，他们又是怎样运用这个标准的呢？应该怎样从他们的评价中领会他们的艺术本质论呢？用历史的观点和美学的观点评价作家作品，也就是把作家作品放在特定的历史环境中做社会历史的分析和美感的分析。在对歌德的评价中，恩格斯准确地选择了歌德对现实的既叛逆又妥协的双重态度作为评价的中心环节。由此入手，既分析了产生这种态度的社会历史原因，又分析了这种态度所决定的歌德的美感特点，恰到好处地把两方面统一了起来。恩格斯对歌德及其作品的社会历史分析和美感分析做得那样细致入微，结合得那么出色，使人不能不叹服他对文艺本质把握之准确。马恩对文艺史和作家作品的评述进一步表明，他们对艺术本质的基本看法是始终一贯，相当稳定的：艺术是具有审美特性的特殊意识形态形式、特殊的上层建筑部门。它最终要受经济基础的制约，任何文艺现象，都可以从它所由产生的经济基础予以说明，它跟一切上层建筑一样，要随经济基础的变更而或快或慢地发生变革。但是在任何情况下，又不能把它同其他意识形态形式简单地等同起来，不能把它同其他上层建筑部门刻板地等同起来。这个基本看法在文艺史上标志着一个根本性的变革。由此开始，文艺学才可能打破宣称艺术和社会历史无关的形形色色的唯心主义臆说，并同那些抹杀艺术审美特性的机械论和庸俗社会学划清界限。

马恩的艺术本质论，还通过他们关于现实主义的论述得到过进一步的阐明。马恩提出“真实地描写现实关系”的基本原则，既同以主观编造宰割现实的“席勒式”和法国“倾向小说”相对立，又同以左拉为代表的自然主义倾向相对立。他们围绕典型化这一中心论题，分别从典型环境与典型性格、典型的共性和个性、艺术的真实性与倾向性、作家的世界观与创作方法等好几个侧面阐发过这一基本原则的丰富理论内容。所有这些论述，处处都既坚持革命的能动的反映论，又尊重艺术的审美属性；既要求作品具有高度的认识价值，又要求对作品历史“富有诗意的裁判”，作为“诗情画意的镜子”，而具有不朽的审美价值。限于篇幅，这方面的问题就不拟详说了。

总之，马恩的艺术本质论同他们的艺术发展观、艺术批评论和现实主义理论的内在联系，并非出于任何人的夸张或虚构，而是来自这一理论自身。马恩的文艺观点，正是以艺术本质论为核心组成的文艺理论整体，是以特定概念体系表述出来的，由若干具有严谨逻辑联系的基本原理组成的科学体系。这个体系的内在逻辑联系的形成，并没有旁的秘密，只是因为它们有一元化的方法论基础——辩证唯物论和历史唯物论这个科学基础。

恩格斯说过：“马克思的整个世界观不是教义，而是方法。它提供的不是现成的教条，而是进一步研究的出发点和供这种研究使用的方法。”① 作为马克思主义世界观组成部分之一的文艺观，也同样是这样。马恩提出他们的文艺观点，并不企望将文艺学的所有问题巨细无遗地罗列尽净，他们只打算给后人留下研究文艺的一个坚实可靠的理论出发点，一个科学的方法。严格说来，马恩的文艺观点属于艺术哲学，它的任务是对文艺的发展做宏观的考察，对文艺现象做哲学的思考。而这，也正是艺术本质论在他们所有文艺观点中地位特别突出的原因。

正因为如此，马恩的文艺观点体系并不能简单取代马克思主义文艺学的学科体系。每一个学科都有自己发展的历史。时至今日，文艺学已从自己的历史发展中成为包含众多的分支和子学科的学科系统。在传统的文艺学原理、文艺发展史和文艺批评之外，又兴起了文艺心理学这样的子学科。具体的研究方法也日趋多样，除了传统的哲学、社会学方法之外，又有了系统方法、比较方法、综合研究方法等。在这种情况下，不但马克思主义文艺观不可能直接代替

① 《马克思恩格斯全集》（第三十九卷），人民出版社1975年版，第406页。

马克思主义文艺学，就是用学科体系的尺子去衡量马克思主义文艺观，也显得大而无当。当然，不论文艺学学科组成有多么纷繁，具体研究方法又是何等歧异，总得有一种基本理论充当它的方法论基础。如果我们建设的是马克思主义文艺学，那么，它也可能有繁复的甚至越来越繁复的学科组成，也可能采取这样那样的具体研究方法，但有一点是不能动摇的，即它的方法论基础应当是辩证唯物论和历史唯物论，它的一般指导原理应当是马克思主义的文艺观。我们强调马恩文艺观点是一个科学体系，正是为了维护马克思主义文艺学的一元化的方法论基础，而反对任何多元化的倾向。

有一种观点认为，马恩的文艺观点是不成体系的，因为他们用历史唯物论考察文艺现象时，并没有揭示文艺本身的规律。在这种观点看来，马恩文艺观点只涉及文艺的“外部规律”，而同文艺的“内部规律”即文艺本身的规律极少相关，甚至没有揭示文艺和其他意识形态形式相区别的特点。这种观点实在跟事实相去太远，很难符合马恩文艺观点特别是他们的艺术本质论的实际。本质和规律是同等程度的概念。我们承认马恩以辩证唯物论和历史唯物论为基础，相当深刻地揭示了艺术的本质，也就是承认他们相当深刻地揭示了艺术自身的规律。看来，把文艺规律强行划分为“内部规律”和“外部规律”，宣称历史唯物论只能揭示什么“外部规律”，很可能是出于一种误解——对历史唯物论和文艺规律的双重误解。

历史唯物论既是严密的理论观点，又是“唯一科学的方法”[①]。针对把历史唯物论庸俗化和公式化的错误倾向，恩格斯多次提醒：运用历史唯物论必须借助于辩证法。作为辩证法大师的马恩是毕生忠实于辩证法的。说他们单单在文艺问题上会背离这一方法，只注意文艺与其他意识形态形式的共同性而漠视文艺自身的特点，这无论如何难以令人置信。事实上，如我们在前文再三指出的，马恩用历史唯物论考察文艺现象，有个突出的特点，即是在文艺与社会生活的广泛联系中去把握它的本质，把文艺的历史发展同整个意识形态以至整个社会的历史发展联结起来，去把握它的规律。正是这个特点保证了他们文艺观点的科学性，使我们从中得到一把打开文艺

① 《马克思恩格斯全集》（第二十三卷），人民出版社1972年版，第410页。

的本质和规律的神秘之门的钥匙。如果像有人所说，马恩的文艺观点和文艺本身的规律极少相关，那岂不从根本上抹杀了马恩文艺观点的科学价值？

马恩用历史唯物主义考察文艺现象所得出的理论观点的科学价值究竟如何，在世界范围一直多所争议。其中有一个现象倒是值得深思的，那就是在西方文坛的“马克思学”者里面，不论对马恩文艺观科学价值评价如何，几乎无一例外地对历史唯物论的基本原理持否定或保留态度。且不说那些以“驳斥”马克思主义为职业的所谓“学者”，他们是把历史唯物论当作“社会学模式”或“机械论的经济决定论”来加以攻击和反对的。就是肯定马恩文艺观点理论体系的 R. 维莱克，也在他的《文学原理》一书中断言，马恩文艺观只能解决文艺的社会本质问题，而不能解决文艺学本身的问题。即使写出了具有较高学术价值的《马克思与世界文学》一书的柏拉威尔，在历史唯物论基本原理面前也同样过不了关。这并不奇怪。因为这个原理首先是一种革命学说。如同恩格斯早就指出的：“只要进一步发挥我们的唯物主义论点（按指历史唯物主义基本观点——引者），并且把它应用于现时代，一个伟大的、一切时代中最伟大的革命远景就立即展现在我们面前。”①。这个观点的强烈革命性质，应该是西方许多“马克思学”者敌视它或不敢正视它的根本原因。要不然，他们就很可能不是资产阶级的“马克思学”者，而是马克思主义者了。在这样重大的原则问题上，我们难道也可以盲目地随声附和？当然不能。

我们肯定马恩的文艺观点是一个科学体系，肯定它已经为马克思主义文艺学奠定了科学基础，决不意味着它已经将文艺的本质和规律一概穷尽了。即使再加上第二代马克思主义者梅林、拉法格、普列汉诺夫等人在文艺学上的贡献，加上列宁、毛泽东等同志对这些观点的丰富和发展，还是没有穷尽，也不可能穷尽。“人的思想由现象到本质，由所谓初级的本质到二级的本质，这样不断地加深下去，以至于无穷。”② 马克思主义对文艺的本质和规律的认识，同样永无止境。肯定马恩文艺观点的科学体系，完全不能误解为可以

① 《马克思恩格斯选集》（第二卷），人民出版社 1972 年版，第 117 页。

② 列宁：《哲学笔记》，人民出版社 1956 年版，第 256 页。

把这些观点教条化，公式化，不能误解为我们除了拘守这些现成结论之外，再也无事可做。恰恰相反，这正是为了强调我们文艺学的理论基础是一个整体，防止片面地、随心所欲地肢解它、曲解它。而这，不论对于坚持还是发展马克思主义的文艺观点，都是有利的。我们深信，如果我们能从精神实质上把握马恩考察文艺现象的立场、观点、方法，使之跟我们生动活泼的当前文艺运动、跟我们民族源远流长的文艺传统日益紧密地结合起来，我们对文艺的本质和规律的认识，就能逐步深入到新的层次，达到新的高度。

（原载《江淮论坛》1983 年第 5 期）

也释“莎士比亚化”的要义

——“马恩文论”学习札记

马克思和恩格斯毕生热爱和崇敬莎士比亚。他们曾在各自的“自白”中表示过，莎士比亚是他们最为喜爱的诗人和作家。[①] 因此，当他们在关于悲剧《济金根》的两封信中提出“莎士比亚化”的创作要求，以之跟“席勒式”的创作倾向相对立时，有人便不假思索地断言，这不过是出于马恩在审美趣味方面的个人好恶而已。

这当然是一种皮相之论。早在1933年，瞿秋白同志就批评过这种说法。他指出：马恩提倡“莎士比亚化”而反对“席勒式”，决不只是出于“私人兴趣”，它在理论上有着“原则上的意义”，这个意义便是“鼓励现实主义”。[②]

把“莎士比亚化”和现实主义联系起来，完全符合原著的精神。恩格斯的信明确说道：“我们不应该为了观念的东西而忘掉现实主义的东西，为了席勒而忘掉莎士比亚。”这是马恩在他们的文艺论著中第一次从美学意义上使用“现实主义”的术语。在这里，“观念的东西”和“现实主义的东西”、席勒和莎士比亚两两对举，“席勒式”相当于“观念的东西”，“莎士比亚化”则相当于“现实主义的东西”。瞿秋白同志以为提倡“莎士比亚化”便是“鼓励现实主义”，基本上揭示了它的内涵；后世许多学者把“莎士比亚化”当作马恩现实主义创作论的一个组成部分，力求从现实主义角度领会它的实质，这也是正确的。

然而，“现实主义的东西”，毕竟还不是“现实主义”的全部。照英文本，我们前引恩格斯那段话，直译出来是：“据我对戏剧的看法，我们不应该为了理想主义的东西而忘掉现实主义的东西，为

---

① 《马克思恩格斯全集》（第三十二卷），人民出版社1972年版，第683页。

② 瞿秋白：《瞿秋白文集》（二），人民文学出版社1953年版，第1 016页。

了席勒而忘掉莎士比亚”。过去曹葆华同志的译文大体也采取这种译法。[①]《马克思恩格斯全集》中译本，虽然把句子中“据我对戏剧的看法”这一短语做后置处理，但文意还是清楚的，这儿所谈的都是恩格斯对戏剧创作的看法。无论是马克思的信或是恩格斯的信都表明，他们提出“莎士比亚化”，并不是在一般地讨论现实主义问题，而是为了对戏剧创作——准确地说是对于悲剧创作——提出具体的现实主义要求。因此，我们不能把“莎士比亚化”跟马恩所主张的现实主义创作原则简单地看成一回事，而应该如实地把它理解为从属于马恩的现实主义理论的一项具体创作主张。既重视它和现实主义一般要求在精神上的相通之处，也不忽略它所包含的戏剧创作特别是悲剧创作方面的特定要求和具体内容。如果我们对这后一个方面置之不顾，把它和现实主义创作原则画上等号，那么对它的实质的理解，也就难免失之空疏了。

没有冲突便没有戏剧。如何处理悲剧性冲突，这对悲剧创作说来是至关重要的事。在这个问题上，马恩继承了黑格尔，又批判地改造了黑格尔。在艺术史上，黑格尔是把“冲突”的范畴引进悲剧领域的第一人。他从自己的唯心论辩证哲学出发，认为悲剧的根源在于理念的自我分裂和自我斗争，悲剧冲突的结果是分裂了的理念双方“求得和解”，而达到更高一级的理念，导致“永恒正义”的胜利。所以他认定只有“由心灵性的差异面而产生的分裂”，才是最适合戏剧艺术的冲突。这个主张就其对冲突根源的看法而言，是唯心的，因为他从理念出发，只着眼于人的精神差异；但是黑格尔毕竟是辩证法的大师，他强调悲剧冲突应当具有必然性，而且这种必然冲突又只有通过人物之间的矛盾和对立，即通过戏剧动作（情节）才能表现出来。因为照他看来，“能把个人的性格，思想和目的最清楚地表现出来的是动作，人的最深刻方面只有通过动作才能见诸现实。”[②] 因此，就冲突的艺术表现而言，黑格尔却又通过自己的辩证分析，认识到精神的差异一定得表现为现实的、活生生的人

① 参阅《马克思恩格斯列宁斯大林论文艺》，曹葆华等译，人民文学出版社1958年版，第14页；《马克思恩格斯论艺术》（一），人民文学出版社1960年版，第40页。这两处曹译均作：“依据我对戏剧的看法，我们不应该为了理想而忘掉现实，为了席勒而忘掉莎士比亚。”

② 黑格尔：《美学》（第一卷），朱光潜译，商务印书馆1979版，第278页。

物性格的冲突。他从理念出发考察悲剧，却没有把悲剧冲突永远禁锢在精神生活的圈子里，而是不自觉地把悲剧还给了社会，甚至得出了"悲剧性只有在人类实际生活中才显得出来"[①] 这样一种有利于现实主义的正确见解。正是基于这样的见解，黑格尔热情地赞扬莎士比亚，认为他的悲剧善于把对直接生活的生动描绘同对丰满的、具有个性必然性的悲剧性格的成功刻画统一起来，他所达到的成就，不但超出了古希腊悲剧，而且在欧洲近代悲剧创作上无人可以媲美。也正基于这样的见解，黑格尔称许歌德"对自然（按指自然界和社会——引者）的忠实和描绘特征的细致"，而不满于席勒在性格描绘方面的抽象化做法，认为他是"在勉强造作中失败的"[②]。

马恩批判地改造了黑格尔关于悲剧冲突的理论，剥去它客观唯心主义的外壳，拯救了它的合理内核。马恩极其重视黑格尔关于悲剧冲突具有必然性的观点，并给这个观点注入历史唯物主义和现实主义的内容，从而做出了全新的解释：

第一，悲剧冲突是社会历史生活矛盾斗争的反映，冲突双方是两种历史的具体的社会力量，而不是什么普遍的抽象观念。这一冲突的实质，应当是"历史的必然要求和这个要求的实际上不可能实现之间的悲剧性的冲突"。冲突如果不能体现"历史的必然要求"，或者虽然有了体现，但这种必然要求却在实际上没有遭到挫折、阻遏和失败，那都不会有真正的悲剧性。体现"历史必然要求"的社会力量，可能是过早降生的革命的新事物，也可能是已经陈旧但还没有完全丧失历史合理性的旧事物，这就出现了革命的悲剧和旧事物的悲剧这两种悲剧类型。判断一种社会力量是否体现了"历史的必然要求"，不能像黑格尔那样，一味从理念的必然发展中去思辨式地推导，而应该把它们放在特定的历史环境中做具体分析。因此，悲剧冲突应该从现实生活中来，应该具有历史具体性。

第二，悲剧冲突的结果是一方克服一方，而不是什么双方"求得和解"。悲剧从外在情节看，是代表"历史的必然要求"的社会力量遭到失败或毁灭，但从内在的思想倾向看，却是在激烈的冲突

① 黑格尔：《美学》（第三卷），朱光潜译，商务印书馆 1981 年版，第 302 页。
② 黑格尔：《美学》（第三卷），朱光潜译，商务印书馆 1981 年版，第 324—327 页。

中显示了“历史的必然要求”的合理性，它激起观众深刻的悲剧感，从而使“历史的必然要求”在观众的思想感情中得到伸张。和黑格尔主张跟现实妥协的、充满庸人习气的“和解”论相反，马恩主张悲剧的主要人物应是特定时代的一定阶级、一定思想的代表，悲剧应该通过冲突显示出历史发展的趋势，因而悲剧必然具有一定的思想倾向性。

第三，悲剧作为艺术并不赤裸裸地表现历史必然性，悲剧所反映的社会历史冲突要转化为性格的冲突。照马恩看，悲剧性格应该是带有时代特征的独特个性。不同的性格以各自不同的外在戏剧动作构成悲剧的外在冲突。他们主张看一个性格不但看他“做什么”，而且看他“怎样做”，主张以更加对立的方式表现人物，意在通过加强外在冲突来突出人物个性。不仅如此，马恩还进一步要求悲剧创作要深入展示人物从自己所处的历史潮流汲取来的隐秘的动机。一部杰出的悲剧，不但要有与剧中人物性格相适应的外在冲突，而且要有由不同性格的不同内在动机、愿望、目的意志（即内在戏剧动作）所构成的内在冲突。马恩反对以让人物不断“回忆自己”的方式来代替内心世界的刻画，反对用滔滔不绝的论辩来代替个性化的台词和独白，意在通过加强内在冲突使个性得到雕塑般的、丰满的展示，使性格得以自然的发展，取得相应的心理深度。恩格斯特别指出，人物的内在动机要“更多地通过剧情本身的进程”，“生动地、积极地也就是说自然而然地表现出来”。这就是说，悲剧创作要力求达到人物外在戏剧动作和内在戏剧动作、戏剧的外在冲突和内在冲突的有机统一。莎士比亚的剧作，是实现这种统一的模范，因此，恩格斯才极力称道“莎士比亚剧作的情节的生动性和丰富性”。在将社会历史冲突转化为性格冲突的问题上，马恩是将老黑格尔引为同调的。他们同样高度评价了莎士比亚，把他的戏剧创作看成超越古代的、可供后人学习的范本。

马恩关于悲剧冲突问题的这些论述，包含着对悲剧创作完整的现实主义要求，即历史具体性、思想倾向性和性格的个性化。这三项要求以悲剧冲突问题为核心，以严密的内在逻辑相互联结，组成完整的悲剧创作论。它的基本精神，用恩格斯的话说就是“较大的思想深度和意识到的历史内容，同莎士比亚剧作的情节的生动性和丰富性的完美融合”；用马克思的话来说就是“用最朴素的形式把最现代的思想表现出来”。这是一个很高的要求，它有待以“最现代的思想”即历史唯物主义武装起来的无产阶级革命作家去实现，因此马恩把这一要求的实现俟诸未来。

马恩的悲剧创作论，大体包举了悲剧的历史内容和艺术形式两个方面，涉及悲剧创作如何处理典型环境和典型性格的关系问题，因而也是对于他们自己的现实主义典型化理论的一个具体发挥。应该说，“莎士比亚化”跟这三项要求都有联系。但是从马恩原信的整个思想来看，“莎士比亚化”主要指的是第三项要求，即对悲剧冲突的艺术表现的要求。马恩强调应当学习莎士比亚的，正是他将悲剧的社会历史冲突转化为性格冲突进而创造独特个性的经验。因此，我们认为“莎士比亚化”的中心内容，就是通过悲剧冲突去创造个性化的悲剧性格，简言之，也就是悲剧性格的个性化。

我们对“莎士比亚化”实质的这一理解，也可以从马恩对《济金根》一剧“席勒式”创作倾向的批评中得到反证。该剧作者斐·拉萨尔，在哲学上是以黑格尔的信徒自命的，但却是黑格尔美学的一个浅薄的学徒；在艺术上，他是席勒的自觉的模仿者，然而却是一个不成功的模仿者。他在创作《济金根》一剧时所持的悲剧观，说明他只学得了，而且片面地发展了黑格尔悲剧理论中的唯心主义成分。他根本没有领会在黑格尔关于悲剧冲突的抽象叙述中所包含的可贵思想，即把现实生活的矛盾斗争转化为性格的对立冲突的思想。他把悲剧冲突肤浅地理解为仅仅是抽象的、思想上的冲突，而把悲剧人物只简单地当作“普遍精神的最深刻的对抗性矛盾的代表和化身”（《济金根·序》）。这种悲剧观，不管拉萨尔本人怎样自称是“现实主义”的，但在马恩看来，却是“非常抽象而又不够现实的”（《济金根·序》）。这种悲剧观是建立在历史唯心论基础上的，它势必促使拉萨尔对《济金根》一剧所反映的社会历史冲突做出错误的理解和处理。在艺术上，他认为席勒的戏剧创作成就远远超过莎士比亚，他夸大席勒剧作“伟大的思想深度”，追随席勒仅仅把“历史精神的重大矛盾”当作“悲剧冲突得以进行的基础”（《济金根·序》），完全无视莎士比亚表现悲剧冲突，特别是描绘悲剧性格方面的艺术经验，从而使他的《济金根》堕入“把个人变成时代精神的单纯的传声筒”的“席勒式”的泥淖。《济金根》一剧所表现的由济金根、胡登领导的骑士叛乱，是低等贵族对于罗马教权、皇帝和诸侯的反叛。他们的叛逆行动，虽然有利于德国统一和德意志民族的解放，有着某种历史合理性，但他们的真实目的，并不是为着解放全民族，而在于重振业已衰败的骑士制度，他们是“作为骑士和垂死阶级的代表起来反对现存制度的”，因而他们必然不可能与风起云涌的农民起义，与以闵采尔为代表的平民反对派汇合起来，从而不可避免要走向覆灭。如果拉萨尔尊重历史真实，以农民起义为积极背景，那么用济金根领导的骑士叛乱作为题材，本可以像歌德创作《葛兹·伯利欣根》那样，写出一个充满叛逆精神的旧事物的悲剧；然而，拉萨尔囿于自己的唯心史观和政治偏见，把骑士叛乱的历史作用远远置于农民起义之上，把骑士反对派看得高于平民反对派，在剧本中把济金根和胡登美化成最伟大的民族英雄，甚至称他们为全民族的“救星”，竭力把一出旧事物的悲剧拔高为一出“革命悲剧”，这就违背了历史真实，歪曲了这一题材所包含的真实的悲剧冲突和悲剧性。而且这种被歪曲的悲剧冲突用“席勒式”的方式加以表现，那就除了赤裸裸的“国民一致”的主题思想之外，再也提供不出感人的思想和活生生的悲剧性格来了。《济金根》一剧，就这样导致了思想上和艺术上的全面失败。马恩批评拉萨尔的“席勒式”，主要也是在悲剧冲突的艺术处理和性格塑造方面。既然“席勒式”是和“莎士比亚”相对立的，那么，从这一批评不是也可以看出，“莎士比亚化”的关键是在于正确处理悲剧冲突并创造出个性化的悲剧性格吗？

马恩关于《济金根》的批评意见，曾引起拉萨尔愤愤不平的反驳。这个被称为“《济金根》论战”的文学事件，早已成为历史的过去。但是马恩在这次论战中所阐明的悲剧理论，包括提倡“莎士比亚化”反对“席勒式”的创作主张，却有着经久的理论活力。这不只是因为这一主张的方法论基础具有严谨的科学性，而且因为这是对于文学历史经验的深刻总结。

恩格斯提醒人们要特别注意莎士比亚在戏剧发展史上的意义。这个意义世所公认，恰恰首先表现在性格描写的创新上。莎士比亚打破了古希腊悲剧描绘性格的古典主义方法，代之以现实主义的个性化，从而实现了戏剧史上划时代的伟大进步。苏联著名莎学专家萨马林认为，莎士比亚在戏剧史上的伟大革新，“就在于他提供了这样一种新概念：每一个人都是由人的本性、思想和感情（它们有时是尖锐地对立着的）所组成的不可重复的、繁富而复杂的世界。通过莎士比亚那些富于生活经验的多侧面的形象，世界文学第一次鲜明地刻画出个性的不可重复的特点，人的内心生动的丰富性和复杂性……”。他在《我们和莎士比亚的血缘关系》中强调指出，提出这一新概念，“其意义之重大，并不亚于那些伟大旅行家、学者和莎士比亚同辈与晚辈的艺术家所提出的关于地球和天空、人体和宇宙的一些新概念”。只要将莎士比亚的悲剧和古希腊悲剧在性格描绘方面做对比，就知道萨马林的说法并非过甚其词。古希腊人认为，人物的性格取决于人物身上占主导地位的某种固定气质。古希腊悲剧中高尚的理想人物，例如俄狄浦斯、普罗米修斯、安提戈涅，都有较为单一的性格特征，他们在和命运（常归之为神意）的斗争中，几乎在任何环境下都一成不变地按照各自固定的性格特征行动着。他们的性格缺乏多面性，也较少变化和发展，这其实只是一些“性格类型”，而不是个性化的性格。莎士比亚笔下的性格就完全两样了，不同性格的外在冲突往往引起性格自身的内在冲突，推动着性格的变化和发展。奥塞罗和牙戈之间的冲突，如何激起了奥塞罗心灵的暴风雨，使他经历了信任和嫉妒、爱和恨的斗争的狂澜，这是大家所熟知的。在莎士比亚的某些悲剧里，主人公的内心斗争得到充分的、戏剧化的表现：《裘力斯·凯撒》中的勃鲁托斯自己跟自己进行着斗争；丹麦王子哈姆莱特意识到自身之内存在着两种力量的对立——改造社会的崇高责任感和个人软弱的意志之间的对立；野心家麦克白一旦走上血腥的篡位之路，他的灵魂便时刻在受煎熬……这类以表现性格内在冲突为特色的悲剧，被称为“心理悲剧”，在后世历来备受推崇，莎士比亚本人也因而获得“伟大的心理学家”的美称。①

莎士比亚在艺术上的伟大革新，当然不是他个人偶然的成功。在他之前很久，希腊史诗就提供过阿喀琉斯、阿伽门农这类充满生

① 爱克曼辑录：《歌德谈话录》，朱光潜译，人民文学出版社1980年版，第99页。

气、能独立自足地生存着的性格。但是，只有到文艺复兴这个封建关系解体，出现着伟大变革的时代，历史本身才向艺术家提供了“惊人独特的形象”，与众不同的性格，人的个性特点才更加清晰地显露出来。于是才会有塞万提斯笔下的唐·吉诃德和桑科·潘札，才会有莎士比亚笔下那一大群活蹦乱跳、个性各异、具有心理深度的性格。莎士比亚极其熟悉当年英国上自宫廷要人下至脚夫、水手、流浪汉的各色人等，他对现实生活有过细密而精确的观察。有的莎学专家甚至可以指出他笔下人物的现实原型。尽管莎士比亚笔下的某些戏剧人物取自历史记载或异域的传说，但实际上无一不来自当时英国的现实生活。歌德说得好：“有人说，他把罗马人描写得好极了；我觉得不然；他描写的全是彻头彻尾的英国人，但当然他们是人，是彻底的人，所以罗马的长袍对他们也很配身。”他由此得出结论：莎士比亚的价值“是以现实为基础的”①。由此可见，马恩提倡“莎士比亚化”，完全不等于要我们去重复莎士比亚剧作的题材和情节，也不是让我们机械模仿莎士比亚艺术手法的一枝一节，而是要求我们从自己所处的现实生活出发，去借鉴莎士比亚成功的艺术经验。这个经验，既适用于戏剧，也适用于一切大型叙事文学体裁。

在我们今天的文学创作中，还要不要继续提倡“莎士比亚化”，反对“席勒式”？回答当然是肯定的。恩格斯在谈到未来戏剧应是“较大的思想深度和意识到的历史内容。同莎士比亚剧作的情节的生动性和丰富性的完美融合”时特别指出，这种融合“只有将来才能达到，而且也许根本不是由德国人来达到的”。对这番话，我们总不能不有所动心。如果回顾一下我们的创作实际，总的说来，固然是在向这个方向迈进，但进展却是不能令人满意的。我们的戏剧创作乃至整个叙事文学创作跟马恩所期望的境界还隔着一段不近的距离。我们曾走过“席勒式”的弯路。新中国成立以后曾有一段时间，创作上流行过图解政治口号和政策条文的公式化概念化倾向，那是一种“席勒式”；近年来一部分作者受抽象人道主义和社会主义异化论的错误思潮影响，醉心于表现“人性异化”的主题，他们

---

① 歌德：《说不尽的莎士比亚》，《莎士比亚评论汇编》（上），中国社会科学出版社 1979 年版，第 300、301 页。

往往把现实生活中的矛盾冲突抽象化为人道与反人道、人性与反人性的斗争，并从这种抽象的观念出发，编造矛盾冲突，使自己的创作不论在思想上还是在艺术上都受到严重的损害。这同样是一种"席勒式"。旧的"席勒式"也好，新的"席勒式"也好，都不是从现实生活出发，都不可能历史地具体地反映我们今天的社会主义现实，既不能正确处理艺术冲突，也不能创造出成功的感人的个性化性格。为着避免再走这样的弯路，不断重温马恩的悲剧理论和现实主义理论，使"莎士比亚化"在我们的文学创作中继续地更加自觉地"化"下去，看来依然是对症的药石。

（原载《安徽师大学报》〔哲学社会科学版〕1984 年第 2 期）

“断简残篇”、普列汉诺夫及其他

——与刘梦溪同志讨论马克思主义文艺学建设问题

在当前文艺界普遍要求加强文艺理论工作的呼声中，读到刘梦溪同志《关于发展马克思主义文艺学的几点意见》（载《文学评论》1980年第1期），的确有耳目一新的感觉。作者痛切地揭露了我们文艺学研究的落后状态，尖锐地批评了文艺学领域长期存在的教条主义习气，按照理论与实践相结合的原则，鼓励人们用马克思主义普遍原理创造性地研究当前文艺运动的新情况、新问题，一定程度上反映了生气勃勃的文艺实践对于理论工作的客观要求，这是值得肯定值得重视的。

文章还谈到了理论研究的方法。文章说：“科学的理论概括是极为艰苦的工作，它要求对研究对象作全面的系统的了解，熟悉其发展的历史和现状，掌握它和周围事物的各种联系及如何发生相互影响，然后经过周密地而不是粗枝大叶地研究，从中找出固有的而不是臆造的规律性的东西。”这段话，重申马克思主义关于理论研究的科学方法——历史地、具体地分析问题的方法，说得非常之对。然而，这个方法说来简单，真要做起来却大非容易。刘梦溪同志的文章把问题提得相当鲜明、显豁，固然使人不无新鲜之感，可是问题一展开，就显得缺乏历史的观点，有时还陷入了表面性和片面性，这不免又使人觉得锐意求新之心有余，而科学分析精神不足了。这种情形，集中反映在对马克思主义经典作家美学遗产的理论意义和历史地位的评价上。作者在这个重要问题上的某些疏失，不能不影响到对我们文艺理论现状的观察，影响到某些建议的准确性。

现在，我想着重就这个问题谈些不成熟的意见，以便就正于刘梦溪同志和广大读者。

一、“断简残篇”与“完整体系”

刘梦溪同志的文章，一上来就提出一个问题：马克思主义经典作家（包括马克思、恩格斯、列宁、斯大林、毛泽东）的著作里，有没有马克思主义文艺学的完整的理论体系？他说过去的回答一般是肯定的，而“肯定的回答并不一定正确”，他自己的答案则是否定的。他在列举了马恩等人的个别文艺论点，肯定其对无产阶级文艺运动的原则意义和指导作用以后，有过这样的推论——对于马恩：“这些文艺观点大都散见于马克思和恩格斯关于哲学、政治经济学和科学社会主义等理论著作和通信之中，不是专门的论述，有的只是顺便提到，在某种意义上真可以说是‘断简残篇’，怎么能够说已经建立了马克思主义文艺学的完整的理论体系呢！”对于列宁：“就像马克思和恩格斯没有来得及构造文艺学的完整体系一样，列宁也没有能够做到这一点，甚至可以说他对文艺理论问题还没有马恩涉猎的那样广泛。”对斯大林、对毛泽东，文章都有类似说法，限于篇幅我们不征引了。总之，作者想要说明：完整的马克思主义文艺学理论体系，马恩并没有建立，而需要后人来逐步完成。

不能说作者的推论没有一点道理。马克思主义经典作家，并不是美学或文艺批评的专家。他们没有留下系统的、专门的美学或文艺学论著，不但马克思关于巴尔扎克的专书未能写成，就是他为《美国新百科全书》写作“美学”条的计划，也未能实现。列宁在文艺方面也确乎不及马恩涉猎那样广泛。这些都是事实。可是，仅仅根据这些事实，能否立即认定他们的文艺观缺乏科学体系，甚至可以称为“断简残篇”呢？我们以为不能。

这里的问题，倒不在于“断简残篇”这样一种语意轻薄的提法，不管怎样，这终究只是个别提法而已。马克思主义不是宗教，说句“断简残篇”也用不着担心亵渎了什么神圣。问题的关键，在于作者这样观察问题，方法不大对头。他只看到经典作家文艺观在表述方式上的分散性、片断性，没有看到他们文艺观的内在联系及其在理论上、方法上的严整性。他看到了现象，没有看到实质。

马克思主义经典作家的文艺观是不是一个科学体系，这是需要郑重对待的问题。我们和作者都承认马克思主义文艺观的指导作用，但它是作为科学体系在起指导作用呢，还是作为“断简残篇”在起指导作用？这里似乎有着原则意义上的差别。就我们接触的有限材料来看，过去对这个问题做肯定回答的，许多人也并不是没有看到这个文艺观表述方式上的分散性和片断性。但他们没有停留在事情的表面，而是进一步认定这是一些“构成严整观点体系的整体的断片”①。或者说“虽然那些作品散见各处，看起来是偶然写成的，可是马克思和恩格斯的思想却独特地始终证实其清晰明白连贯一致”②。何以如此呢？就因为马恩的文艺观点，不是一时兴起的偶感，更不是自作聪明和卖弄渊博，而是他们根据辩证唯物论和历史唯物论的基本观点，对整个世界艺术史和一般文化史进行长期考察的结果，是从历史过程中抽取出来的科学结论。马恩对上自远古近至当代的各种艺术现象注意范围之广和研究之深，已为他们文艺观的本身和大量传记材料所证实，早就得到世界的公认，未必有人可以对此提出异议。而且，他们对文艺问题的研究还有一个特别卓越之处，就是他们从来不曾把文艺现象从整个世界历史中割裂出来孤立地加以对待，在他们眼中，文艺是完整的世界历史过程的一个有机组成部分。他们常常是在揭示自然、社会、人类思维最一般的规律的时候，在揭示资本主义经济发展规律的时候，涉及文艺及其发展的。以这样开阔而深邃的科学眼光考察文艺，人类历史上还从未有过。这种眼光，保证了他们关于文艺问题的一些基本论述，具有无可辩驳的科学价值。借用马克思的话来说，这也是“多年诚实探讨的结果”③。因此，他们的文艺论点分散，却不凌乱；有时是“顺便”提及，却决非随便瞎说。他们的有些重要论点，散见于某些并非专谈文艺的理论著作，一方面固然由于它们未得充分发挥和牵涉面广而使后人有时觉得难以把握，但从另一个角度看，对于并非思想懒汉的后人说来，又未必不是一种恩惠。因为这便于人们将其文

① 米海伊尔·里夫希茨编：《序言》，《马克思 恩格斯论艺术》（一），曹葆华译，人民文学出版社1960年版，第11页。

② 让·弗莱维勒编选：《马克思 恩格斯论文学与艺术·引论》，王道乾译，平明出版社1954年版，第5页。

③ 马克思：《政治经济学批判·序言》，《马克思恩格斯选集》（第二卷），人民出版社1972年版，第85页。

艺观点跟他们的哲学、经济、政治诸观点相互印证，相互发挥，而且可以迫使人们去用心思索文艺现象和经济、政治、人类其他精神活动等社会现象之间的复杂关系。这里应当强调一下马克思主义哲学同文艺学的关系。马克思主义哲学不是"科学的科学"，它不能取代其他任何一门具体科学，当然也不能代替美学或文艺学。但是马克思主义哲学又是整个马克思主义学说的理论基石，对于任何一门学科都有不容动摇的指导意义。马克思主义创始者本人，就为我们提供了运用马克思主义哲学基本观点分析文艺现象的典范。不仅如此，马克思主义美学作为研究现实生活中审美关系的一般规律特别是研究艺术创造的一般规律的科学，本来就是马克思主义哲学的一个分支，更和哲学难得分家。如果我们承认马克思主义学说是"十分完备而严整"的世界观（列宁语），那就不应当否认作为这个世界观组成部分之一的马克思主义文艺观，在理论和方法上所具有的严整性和体系性。事实上，不只是马恩，就是列宁和毛泽东的有关文艺论著，如果细心加以领会，都不难发现他们的文艺观，非但具有科学的理论基础和方法论，而且有它的基本组成部分和代表性论点。也就是在这个意义上，我们肯定马克思主义文艺观是一个科学体系。这种肯定，不惟完全符合客观实际，而且具有重要的理论意义。因为只有明确肯定这一点，我们才会懂得：如同马克思主义哲学的诞生引起了人类认识史的空前大革命那样，马克思主义文艺观的创立，也带来了美学史和文艺学史的革命性变革，为我们指出了全新的研究方向；只有明确肯定这一点，我们才会认真地、完整地从科学体系上去领会它的精神实质，自觉地抵制和反对那种寻章摘句，把生动的革命理论变作僵死的公式的教条主义态度。这样，我们就有可能同时避免两种倾向：或者对马克思主义文艺观的理论意义和历史意义估计不足，或者把它加以教条化。

应当说明，刘梦溪同志的文章，对马克思主义文艺观的哲学基础还是看到了的。他不但承认"马克思主义是一种严整而完备的世界观"，而且指出"马克思主义学说当然包括建立在唯物史观基础上的文艺观点"。本来，他跟我们看法的出发点并无二致。然而很可惜，他没有把这两个肯定性的判断作为逻辑前提进行推论，不知怎么搞的，却从中引出了否定性的结论——马克思主义文艺观是什么“断简残篇”！非但结论与我们全然相反，而且自己陷入了逻辑混乱。这似乎能够说明，作者虽然承认马克思主义文艺观有其哲学基础，但对其间的内在联系却缺少比较细心的体察。细读他的文章，我们觉得他对这个文艺观的哲学基础理解得是不够全面的。他好像对唯物史观有点偏爱，对辩证唯物论又有点故意冷落，即使在谈到马克思主义反映论即辩证唯物论的认识论时，也决不肯让自己笔下出现“辩证唯物论”的字样，而是硬把它跟唯物史观挂起钩来，以致出现了这样令人费解的提法：“依据唯物史观看待人的认识问题的科学的反映论”，这种情况，不能不损害作者对马克思主义文艺观的哲学基础，特别是认识论在其中的作用的理解。比如文章谈到，经典作家主要探讨的是文艺“外部规律”，“他们更多地注意的是如何把对文艺的本质的认识，更牢固地置于唯物史观的基础上，以及文学艺术在社会革命中怎样更好地发挥配合作用的问题”对于文艺的“内部规律”或者说“文艺本身的规律”，他们是“无暇做深入细致的理论探讨”的。这是文章中带有总括性的论断。这个论断，是下得过于含混的。撇开对文艺规律作“内部”“外部”的划分是否符合科学的问题不谈①，就从作者把对“文艺本质”的认识归入“外部规律”的范围，又将其哲学基础仅仅归为唯物史观的提法看，那也可以明显感到，作者对经典作家在用辩证唯物论的认识论去揭示文艺本质、揭示文艺自身规律方面所做出的重要贡献，是估计不足的。据我们理解，规律和本质是“同等程度的概念”②，或许可以说，文艺规律就是文艺本质的展开：这个本质体现在文艺发展的历史过程中，是文艺的发展规律（也可能正是作者所指的“外部规律”）；体现在文艺创作过程中，就是文艺的创作规律（也可能正是作者所指的“内部规律”）。如果我们这个理解不错，那就应当承认，经典作家对这两方面的规律，都有过深入研究和精

---

① 将文艺规律分为“内部规律”和“外部规律”，是一种虽然流行已久，然而又未必确当的说法。因为，“规律”从来指的是事物内部的本质联系，即使“外部规律”，指的是文艺与经济、政治或其他意识形态形式的联系，那么这种联系也非得通过文艺自身的本质和特点不可。如果又把“内部规律”当作“文艺本身的规律”的同义语那就完全可能导致一种误解：以为文艺和经济、政治等的联系，是文艺自身之外的问题，可以超越文艺的本质，甚至可以无视文艺的特点。而这种误解，在我国文艺学中可以说是屡见不鲜的。

② 列宁：《哲学笔记》，人民出版社 1956 年版，第 133 页。

辟见解，有过开创性的贡献。他们在考察文艺的历史发展规律时，论述过文艺的起源（包括审美意识的起源）、文艺与政治经济的相互关系、物质生产发展与艺术生产发展的不平衡关系、文艺的继承性和革新性等一系列问题。这里主要涉及文艺作为上层建筑的意识形态之一的社会本质，大体可以说是对于历史唯物论基本观点的运用。在考察艺术的创作过程时，他们论述过文艺的反映对象、形象性与典型化、真实性和倾向性、世界观与创作方法等许多问题，其核心是探讨艺术对现实的审美关系，主要涉及艺术的认识职能和审美本质，大体上又可以说是对辩证唯物论的认识论原理的运用。当然，这样划分，完全是相对而言的。唯物史观本来就是辩证唯物论在社会历史领域的推广，而文艺本身，又是极为复杂极为精致的精神现象和历史现象，要真正揭示文艺规律，不可能不动员整个马克思主义的哲学武库。经典作家的有些重要文艺论述，如果硬要指认它的哲学基础是哪一个哲学观点，那就会使指认者陷于可笑的窘境。例如他们对巴尔扎克或托尔斯泰的经典性分析就是如此。从他们揭示这两位作家的思想、创作跟当时社会现实之间那种曲折而隐秘的关系的角度看，这些论述体现了马克思主义的反映论；如果着眼于他们对两位作家思想、创作的社会作用和历史地位的评价，这些论述则又无一不显示着唯物史观的威力。关于哲学基础我们说了这么多，无非是想强调这样一点：即对马克思主义文艺观哲学基础的完整性，我们应当有充分的估计，既要看到唯物史观所起的作用，又不要忽略辩证唯物论的反映论所起的作用。

强调马克思主义文艺观是一个科学体系，当然并不意味着它已经提出和解决了文艺上的一切问题，已经把文艺规律一概穷尽，再也用不着发展了。马克思主义的哲学、政治经济学、科学社会主义，都有严密的科学体系，它们尚且需要随着革命实践的发展而向前发展，马克思主义文艺观怎么可以不要发展了呢？马克思主义经典作家在提出他们的学说时，从来不以为自己已经把一切都研究完结，他们更不想去包办后代子孙对世界的认识。他们总是勉励后人沿着他们开辟的通向真理的道路走下去，做出自己的贡献。恩格斯说："我们的历史观首先是进行研究工作的指南，并不是按照黑格尔学派的方式构造体系的方法。必须重新研究全部历史，必须详细研究各种社会形态存在的条件，然后设法从这些条件中找出相应的政治、司法、美学、哲学、宗教等等的观点。”他接着说：“这个领域无限广阔，谁肯认真地工作，谁就能做出许多成绩，就能超群出众。”① 请看马克思主义创始人是何等尊重客观历史，何等尊重社会实践，又是何等尊重后人的创造精神！这不但体现了他们博大无比的胸襟，而且首先体现了马克思主义学说的实践性。刘梦溪同志的文章的主要优点，就是从文艺学的角度大体把握了这个实践性。所以，不管在其他方面有多少分歧，对文章的这一优点，我们还是应当给予应有的尊重。

二、普列汉诺夫和“正统思想”

承认不承认马克思主义文艺观是一个科学体系，同如何评价它的历史地位是有直接关联的。刘梦溪同志的文章，由于过高评价了普列汉诺夫的理论贡献，几乎把他放到了马克思主义文艺学创始人的地位，使这个问题更加复杂化了。

文章以完全肯定的语气，称颂普列汉诺夫是“意识到并主张在马克思主义世界观的指导下，需要系统建立马克思主义文艺学的第一人”，接下去，作者指责了苏联学者里夫希茨对文艺学上所谓“普列汉诺夫正统思想”论的批判，这涉及苏联文艺学发展史上的一段公案，作者对这段公案所做的评述，则完全与史实不符。

文章说：普列汉诺夫的努力（按指根据他对马克思主义的一般理解“从新创造”马克思主义文艺学的努力——引者），遭到了国际共产主义运动中对马克思主义持教条主义态度的人的非议。直到1957年，里夫希茨在为俄文版《马克思恩格斯论艺术》撰写序言时，还指摘普列汉诺夫不重视马克思、恩格斯的美学遗产，并与第二国际修正主义联系起来。这对普列汉诺夫是不公正的。追溯产生这种状况的原因，还是把马克思主义当作了教条的结果。

要搞清楚里夫希茨的“指摘”是否公正，首先得看他“指摘”了什么。在那篇《序言》中，他谈到了两点：其一，他批评了普列

① 《马克思恩格斯选集》（第四卷），人民出版社1972年版，第475页。

汉诺夫和梅林的一种共同的看法，即在文艺学方面，他们“不得不只遵循着对辩证的马克思主义的一般理解而从新创造这一科学”。他以为这种看法反映了对马恩美学遗产的低估，而“机会主义在第二国际时代的工人运动中之占统治地位，与马克思和恩格斯的社会美学理想之被当作社会主义者所不需要的东西而不受重视，这两者是存在着一定的联系的”。其二，他在谈到“普列汉诺夫正统思想”的说法在苏联文艺界曾广为流行的事实之后，指出那些以普列汉诺夫“门徒”自居的人们，几乎完全抹杀了马恩文艺思想的存在，变本加厉地鼓吹“从新创造”马克思主义文艺学的口号，而他们自己端出来的，却是一锅庸俗社会学的杂碎汤。里夫希茨嘲弄了他们的无知和狂妄，并对他们后来在理论上的破产，表示了毫不掩饰的快意。

要搞清里夫希茨上述“指摘”是否公正，光在自己一厢情愿的主观猜测中去“追溯”是不行的，这需要“追溯”历史。尽人皆知，自1895年恩格斯逝世之后，机会主义就在第二国际占了上风。伯恩斯坦之流，肆无忌惮地宣称马克思、恩格斯的学说“不完备”和“已经过时”，恣意修正和糟蹋马克思主义的理论基础，同时又把自己一套机会主义的胡说八道吹嘘成“正统思想”。这自然严重阻碍了马恩学说的传播，他们的美学遗产之不被重视，更是势所必然的了。据格·弗里德连杰尔介绍，那个时候，包含马恩对文学艺术的见解的极为重要的著作、书信，如恩格斯致敏·考茨基论文学倾向性的信，致玛·哈克奈斯论巴尔扎克现实主义的信，都作为未经发表的文件，长年搁置在德国社会民主党的档案库里，该党领袖们隐瞒了存在这批文件的事实，它们直到列宁逝世以后，才由苏联学者公开发表出来。在这样的背景之下，梅林、普列汉诺夫提出“从新创造”论，怎么可能同机会主义在第二国际占统治地位的事实，一点不发生联系呢？

说到这个问题的时候，里夫希茨的提法还是比较谨慎的。他没有直截了当说梅林、普列汉诺夫如何如何，他讲的是马恩美学遗产不被重视同机会主义在第二国际占统治地位这两件事之间的联系，而且把它限定在“一定”的范围之内。就是说，他是在为人们提供判断是非的背景。因为他不是不知道（事实上《序言》也约略提到过）梅林、普列汉诺夫和“第二国际的英雄们”即伯恩斯坦、考茨基等人，是应当有所区别的。梅林政治上属于德国社会民主党的左翼，普列汉诺夫在1903年以前曾反对过伯恩斯坦的修正主义，而况，他们又都是对传播马克思主义有所贡献的人。以文艺学而论，梅林早在1902年至1918年间，就在他的《马克思传》和《德国社会民主党史》里，阐明过马克思主义美学的若干问题，1902年，他还编印过四卷本的马恩和拉法格的《文学遗产》，其中收录了不少涉及美学的马克思早期著作，对马恩论拉萨尔悲剧的信，也做了一些摘录。这个贡献已不在小。至于普列汉诺夫的贡献，那就更为大家所熟知了。因为他的许多优秀理论著作，不但对中国左翼文艺运动，而且对中国整个革命运动，都产生过有益的影响。他在自己理论活动的黄金期中，在广泛宣传马克思主义同时，写过像《没有地址的信》（1899）这样文艺学上的成功之作，即便1903年后，他虽在政治上、组织上逐步蜕化为孟什维克，但他探讨文艺社会本质的《艺术与社会生活》（1912），以及关于俄国革命民主主义美学的论著（1909年前后），也都还包含着若干值得重视的见解。然而，贡献归贡献，缺陷又归缺陷。梅林、普列汉诺夫由于理论上对马恩美学遗产重视不够提出“从新创造”论，毕竟是一个错误。而且历史证明，这个错误对苏联文艺学带来过不少的消极影响。为什么里夫希茨对这个错误“指摘”不得，稍一“指摘”，就成了“教条主义”了呢？

这里，我们虽不打算全面评价普列汉诺夫的历史功过，但在说到他在文艺学上的贡献之后，还是有必要提一提他在文艺学上的错误方面。普列汉诺夫在政治上组织上的堕落，他对马恩美学遗产的掉以轻心，使他在1903年以后的理论活动，蒙受过巨大损失。而他后来政治上的终于堕落，又反过来证明他先前在思想理论方面未必完全正确。这个情况，列宁早有过分析，非但在苏联早就不是什么新问题①，就是在30年代的中国，也早已不再是什么秘密。这里我们不能忘记瞿秋白同志的劳绩。他在1932年编译了一本题为《现

① 请参看符·福米娜：《普列汉诺夫的哲学观点》之七、八两章，汝信译，生活·读书·新知三联书店1957年版。苏联科学院哲学研究所和艺术史研究所：《马克思列宁主义美学原理》（上册），陆梅林等译，生活·读书·新知三联书店1962年版，第195—201页。

实——马克思主义文艺论文集》的集子，译载了马、恩、普列汉诺夫、拉法格的不少文艺论著，而且分别做了专题论述。① 其中《文艺学家的普列汉诺夫》一文，着重分析了普氏在文艺理论上的错误，特别是后期的错误，并追寻了产生这些错误的政治根源和理论根源。瞿秋白通过普氏文艺观和马、恩、列文艺观的对比分析，令人信服地论证了：马、恩、列已经达到的理论高度，普氏并没有完全达到，而他们一再提醒人们需要避免的某些错误，普氏却是一犯再犯了。然而瞿秋白并不因此而全盘否定普氏的文学遗产，他说："我们不应当抛弃这种遗产"，但是，只有"自己真正把握着坚定的马克思列宁主义的方法，然后才能够用批评的态度去运用宝贵的普列汉诺夫的文学遗产，同时，也只有这样，才能够真正了解普列汉诺夫的错误，而不至于自己又去重复他的错误"②。这些话今天读来，恐怕也是能收到振聋发聩的效果的。

里夫希茨批评的第二点，又是怎么回事呢？原来，在十月革命成功、列宁主义在俄国取得完全胜利之后，第二国际机会主义在一般理论上（即哲学、经济学、政治学方面）的"正统思想"已宣告破产，反对十月革命的普列汉诺夫，在政治上也随之声名狼藉，成了"可尊敬的化石"（罗莎·卢森堡语）。然而，普列汉诺夫的文艺观却在革命后的俄国仍被称为"正统思想"，被奉为无上权威。他的"门徒"，如弗里契、努西诺夫等人，结成一个"文艺社会学"学派，极大发展了普氏文艺学中本来就够严重的某些机械论、公式化的倾向。比如在文艺本质的问题上，他们把普列汉诺夫对文艺认识职能的某种忽视推向极端，径直宣称只有"作家的阶级思想"，"才是艺术作品的主要组成因素"，把文艺的意识形态职能加以绝对化。他们进而认为：作家只能表现他们所处阶级的生活和心理，而无法真实表现其他阶级的生活和心理。在文艺批评方面，他们把普氏关于批评的"两个步骤"，唯物史观分析方法的"五个程序"③

① 这个集子，1936 年由鲁迅按照自己保存的瞿秋白的手稿，收入《海上述林》上卷，使之在黑暗的旧中国得以广泛流传。鲁迅在自己一生的最后时刻，抱病完成这件对于传播马克思主义文艺观有重大意义的工作，这个功绩，我们永远不能遗忘。

② 《瞿秋白文集》（二），人民文学出版社 1953 年版，第 1079、1077 页。

③ "两个步骤"和"五个程序"见普列汉诺夫《"二十年间"论文集·三版序言》和《唯物史观的艺术观》等文。

这样一些带有浓厚教条主义气味的公式，当成万能的框框到处乱套，以致把文艺现象直接同经济关系联系起来，机械地从中寻找文艺现象的根源，得出了但丁是“贵族诗人”、莎士比亚是“商业资本主义文化的诗人”以及诸如此类的荒谬论断。于是，本来瑕瑜互见而仍不失为马克思主义的普列汉诺夫的“正统思想”，在这个学派手里，便被改造为一种浅薄粗鄙的庸俗社会学。不用说，这跟马克思主义文艺观点，早已相去十万八千里了。然而这个学派的观点，在20年代后期“拉普”统治苏联文坛期间，却占有举足轻重的地位。它风行一时，助长了创作中的图解主义和批评中的反历史主义倾向。这个学派的观点，还远远超出了苏联国界，产生了一定的国际影响。例如通过日本，就转而对我国左翼文艺运动发生过影响，成为我国文艺上某些机械论观点的思想渊源之一。[①]

这个学派后来在苏联受到严正的批判，正是理所当然的。从20世纪20年代末到30年代中期，苏联文艺界花了大约七八年时间，来清算“拉普”的错误和“文艺社会学”学派的不良影响。与此同时，苏联首次发表了恩格斯致哈克奈斯的信、致恩斯特的信等一系列重要文献，列宁的文艺论著，也开始引起普遍的重视。[②] 马列主义文艺观，在摧毁庸俗社会学的统治地位的斗争中，显示了自己的威力，开始确立了自己的指导地位。当然，对弗里契等人的批判，并不等于对普列汉诺夫本人的批判。但是这个学派的庸俗社会学，毕竟又同他们“乃师”的错误方面有着前因后果的关系。这就告诉我们：如果背离马克思主义经典作家美学遗产的科学基础，一味顺着普列汉诺夫的所谓“正统思想”去“从新创造”，在文艺学上将会导致多么可悲的结果。殷鉴不远，我们不能不引以为戒。

回顾这段史实就可以看出，刘梦溪同志指摘里夫希茨的批评犯了什么“教条主义”，实在把事情弄颠倒了。里夫希茨在30年代反对庸俗社会学，传播马恩文艺观的斗争中，是有过贡献的人。他曾对努西诺夫等人开展过相当激烈的论战，驳倒了对手；他还在1933

---

① 弗里契的著作，例如《欧洲文学发展史》，早在1931年就有了中译本，在四十年代和五十年代，又多次重版发行。从这部书在我国流行情况，大体可以看见苏联庸俗社会学对我国文艺界影响的广泛程度。

② 这两件事都发生在1931—1932年间。苏联学者认为，卢那察尔斯基的《列宁与文艺学》一文，对于列宁文艺观的研究，是具有奠基意义的论文。

年与人合编了马恩文艺论集，这在苏联文艺史上，还是第一次。给这样一位曾经认真反对过教条主义的学者轻易戴上"教条主义"的帽子，又怎能埋怨别人要为之打抱不平呢？也许刘梦溪同志本人并没有意识到，在评述马克思主义文艺学的发展史的时候，他是把教条主义的范围任意扩大了。他实际上把苏联50年代中期以前的文艺学史，看成了教条主义的堆积，这是不符合历史实际的。不错，苏联自30年代末至50年代中期，教条主义曾成为文艺学上的主要错误倾向，但是无论如何不能因此把前期反对教条主义的正确斗争也说成"教条主义"。此外，文章在论及马克思主义文艺学发展史时，还存在另一个毛病，即根本没有涉及文艺学上反对修正主义的斗争。如果我们没有忘记列宁对党内那种企图用托尔斯泰主义"补充"马克思主义的反动倾向的批判，对那种认为文艺可以超党派的"绝对自由"论的批判，没有忘记50年代中期以后，苏联文艺界存在着修正主义倾向的基本事实，那么，谈论马克思主义文艺学的发展，而又不把握开展两条战线斗争的基本线索和基本经验，那至少说是片面的。如果我们在这个问题上失之片面，即使有反对教条主义的良好愿望，也未必真能有效地反对它，弄不好还有走向自己愿望反面的可能。这不是危言耸听，而是有史可按的事实。

三、理论建设：恢复——发展

刘梦溪同志的文章对如何建设我国马克思主义文艺学所提的建议，是积极的。他强调我们的文艺学要随文艺实践的发展而发展，要带有中国自己的民族特点，要重视中国古代美学遗产的研究，这些意见不但重要，而且可行。

但是我们觉得在有些问题上似乎可以说得更周全一些，所以还想做两点必要的补充：

一方面，在当前文艺学的建设中，既要敢于解放思想，敢于用创造性的态度对待马克思主义文艺观，又要重视对其基本原理的学习和研讨，只有把这两方面结合起来，才有可能在斗争中恢复马克思主义的本来面目。有恢复才能有发展，恢复是为了发展。当前我国文艺学显得严重落后，恐怕表现为两个方面：一是粉碎"四人帮”三年多来，我们的文艺实践进展得很迅速，它向文艺学提出越来越多的迫切问题，要求予以科学的解释和说明，而文艺学又一时答复不了；二是林彪、“四人帮”横行时，文艺学跟整个文艺事业一道，经受了十年浩劫，它的基础遭到极大破坏。两个方面加在一起，落后状况就愈发触目。落后，是有原因的，这个原因值得好好探究。刘梦溪同志的文章痛切指出，我国文艺学长期存在严重的教条主义倾向，开始是受苏联的外来影响，继而又发展了自己的教条主义，使文艺学界的创造精神遭到窒息，这是说得对的。可是，如果把教条主义说成是我们文艺学错误倾向的全部，甚至笼统地用“教条主义”来概括整个新中国成立以来的文艺的发展史，那就不妥当了。照我们看来，新中国成立以后，主要是1957年以前，我们文艺学上虽然有教条主义的问题，但那时还能自己加以反对。如新中国成立初年对反历史主义倾向，嗣后对庸俗社会学倾向的批判，以及双百方针在一个短暂时间里的一度贯彻，恐怕都与反教条主义有关。由于那时还有那么点自由讨论的空气，文艺学领域也还颇有生气。1957年后，随着“阶级斗争”扩大化而来的，是文艺上简单粗暴的打棍子之风的盛行，结果非但不能认真克服确实存在的某些修正主义文艺思想的影响，而且使教条主义倾向愈演愈烈了。至于后来林彪、“四人帮”在文艺学领域的倒行逆施，那就不是“教条主义”所能概括的了。他们那套鼓吹“顶峰”论、制造现代迷信的做法，根本说不上什么“学风”不“学风”，因为这不但是他们仇视马克思主义的表现，也是他们仇视整个人类科学的表现。那个时候，一纸反对“纯学术讨论”的禁令，就可以把全国一切正常的理论工作几乎一网打尽。他们在利用毛泽东同志片言只语时，好像有点背诵教条的意味，但他们反起马克思主义来，连片言只语也不想要，而是干脆宣判“离我们太远”，一脚踢开了事。他们经常以“创造性发展”之名，把他们那种反历史、反人民的主观内省的经验，或者说是他们的反革命意志，径直吹嘘成最最革命的“最高真理”。这种种做法，说明他们那条极“左”路线的理论基础，是一种极端主观唯心论的经验论，即实用主义。文艺上的“空白论”“三突出”“主题先行”等，如果也能称其为理论的话，就是属于这种最鄙陋的实用主义理论。他们的影响所及，形成了一种贱视理论、人云亦云、随波逐流的恶劣的实用主义空气。对于他们破坏马克思主义文艺理论基础的严重性，我们应当有足够的估计。有鉴于此，我们更觉得有加强对马克思主义文艺观基本原理的学习、宣传和探讨的必要。我们应当重视经典作家文艺论著的整理和出版工作，对其中的基本观点，要进一步联系实际地、尽可能准确地做出解释，这对清洗林彪、"四人帮"蒙在我们文艺学上的尘垢，大有好处。这方面的工作，我们过去不是做得太多，而是做得太少，我们没有任何理由可以鄙薄它。我们还应当加强对于这些基本原理的学习和探讨。有些原理，乍一看来好像同实际问题相去甚远，实际上却往往关涉文艺发展和文艺创作的全局，这种情形，与自然科学中的基本理论研究有类似之处。例如文艺的审美本质，牵涉美的本质、形象思维等一系列理论问题，虽然同时是美学的研究课题，但我们的文艺学，也不宜嫌其烦难、深奥，或者目之为"从概念到概念"的玩意儿而拒绝研究。

另一方面，需要对文艺学在理论、历史、现状几方面的研究任务，做些通盘的考虑。文艺学作为一门科学，依其研究对象，大体可分为基本原理研究、文学史研究和文艺现状研究即文艺批评三个部门。关于基本原理研究，我们的想法已如前述。在历史研究方面，我们主张以自己国家为主，外国的也不要偏废。尤其对于马克思主义文艺学发展史的研究，很难把中外截然分开，都需要加强。因为无产阶级文艺运动毕竟有它的国际性。自马恩以来，马克思主义文艺学在国外怎么发展的，在国内怎么发展的，我们的研究虽不等于空白，但也实在薄弱得可以。旁的不说，左联成立五十周年了，但左联的功过尤其在理论建设上的功过，至今还是问题。面对为左翼文艺运动流血牺牲的先烈，我们不能不问心有愧。在现状研究方面，国外文艺创作的新特点，如我们以前曾经一笔抹杀的现代派文艺的发展，文艺学的新动向，如将现代科技成果（控制论、信息论等）用于艺术作品的分析，这些现象，也还是得有相应的力量去留心和研究才好。总而言之，我们文艺学的研究领域应当开阔一些。民族化不等于狭隘化。闭目塞听、闭关自守，对任何一门科学的发展都是不利的。文艺学当然不能例外。

在结束本文之前，我们还想利用有限的篇幅重申鲁迅关于马克思主义文艺学的一个重要见解。他告诫我们，从事文艺理论批评的同志，一定要加强马克思主义的理论修养，用他的话来说，叫作“致力于社会科学这大源泉”。他写道：“要豁然贯通，是仍须致力于社会科学这大源泉的，因为千万言的论文，总不外乎深通学说，而且明白了全世界历来的艺术史之后，应环境之情势，回环曲折地演了出来的支流。”① 这是鲁迅经历千辛万苦终于找到马克思主义真理以后的经验之谈，他不但提出了“深通学说”的要求，而且教给我们一种把理论、历史、现状三者统一起来研究的方法。这当然是很高的要求，不容易做到。但是我们愿以此自励，并且愿以此与一切有志于马克思主义文艺学建设的同志共勉。让我们努力照鲁迅的话去做吧！

1980 年 3 月 5 日于芜湖

（原载《江淮论坛》1980 年第 2 期）

① 鲁迅：《文艺与批评·译者附记》，载人民文学出版社编辑部编：《鲁迅译文集》（第六卷），人民文学出版社 1958 年版，第 307 页。

关于马克思恩格斯文艺遗产理论意义的再讨论

两年前，我曾围绕如何评价马克思主义经典作家文艺理论遗产的理论意义和历史地位问题，对刘梦溪同志《关于发展马克思主义文艺学的几点意见》一文，提出过若干不同意见。[①] 我们的分歧，主要表现在马克思恩格斯文艺观点是不是一个科学体系的问题上。去年，刘梦溪同志发表《四论马克思主义文艺学的发展问题》[②] 一文，对我的批评做过“澄清和讨论”。遗憾的是，他的“澄清”避开了我所提出的问题的实质，他的“讨论”好像并没有抓住分歧的主要之点。最近，读到他的《论马克思主义文艺学的发展问题》[③]，虽说力求从方法论角度重申自己的看法，但也没有补救自己在方法上的重大缺陷，因而未能消除我们之间的根本分歧。为了进一步把问题探讨清楚，看来仍有必要再加讨论。

一

我在前一篇文章里，首先对刘文这样一个重要论点提出了质疑：

> 这些文艺观点大都散见于马克思和恩格斯关于哲学、政治经济学和科学社会主义等理论著作和通信之中，不是专门的论述，有的只是顺便提到，在某种意义上真可以说是“断简残

---

① 汪裕雄：《“断简残篇”、普列汉诺夫及其他》，《江淮论坛》1980 年第 2 期。

② 刘梦溪：《四论马克思主义文艺学的发展问题》，《江淮论坛》1981 年第 6 期，以下简称《四论》。

③ 刘梦溪：《论马克思主义文艺学的发展问题》，《北方论丛》1982 年第 3 期，以下简称《五论》。

> 篇”，怎么能够说已经建立了马克思主义文艺学的完整的理论体系呢！①

这是一个多重因果复句。尽管从语法上看多少有苟简之嫌，但作者要表达的两重意思还是清楚的：马恩的文艺观点不是专门论述，“在某种意义上真可以说是‘断简残篇’”；因此，不能说马克思恩格斯已经建立马克思主义文艺学的完整理论体系。这里表明了作者对马恩文艺观点理论意义的一个基本估计，即认为它们不成体系。他正是以观点不成体系为“因”，证成文艺学未成体系之“果”的。我不同意这种估计，认为这是对马克思恩格斯文艺理论遗产的低估。因此，我着重指出：

> 马克思主义经典作家的文艺观是不是一个科学体系，这是需要郑重对待的问题。我们和作者都承认马克思主义文艺观的指导作用，但它是作为科学体系在起指导作用呢，还是作为“断简残篇”在起指导作用？这里似乎有着原则意义上的差别。

接着，我提出了“马克思主义文艺观是一个科学体系”的命题，跟他的估计相对立，并对此做了相应的论证。

《四论》对我的质疑是怎么“澄清”的呢？他的“澄清”归结起来是：你说的是文艺观点体系，我说的是文艺学学科体系，是你混淆了概念，咱们说的是两码事。用这样的办法把对方的意见干脆挡回去，当然是再轻易不过的，但这样做未必能“澄清”什么问题。本来，当刘文从马克思恩格斯文艺观点不成体系之“因”，直接推出文艺学体系未能建立之“果”时，他就已经把文艺观点体系和文艺学学科体系两个概念混为一谈了。这种概念上的混淆，在我的前一篇文章里未能及时予以澄清，应该说有交代不周的缺欠。但是，如果刘梦溪同志以为，仅仅因为我论述上的这一缺欠便可以避开我向他提出的实质性问题，便可以宣称我的意见是对不上口径的“架空之论”，那就未免有悖实事求是的精神了。概念的混淆是他本

① 刘梦溪：《关于发展马克思主义文艺学的几点意见》，《文学评论》1980 年第 1 期，以下简称《一论》。

人首先引起的。这一点，魏理同志早就明确地指出来了。①

《四论》埋怨我不该抓住“断简残篇”这样一个措词“大做文章”，这也是在借词回避实质性的争论。上面引述的有关“断简残篇”那段话，在刘文决不是无关宏旨的枝节之论，尤其是文章的第一部分，自始至终都在论述马克思主义经典作家的文艺观点是分散的，不是专门论述，是“断简残篇”。而我则根本没有在这四个字上多着笔墨，这有文可按。我注意的倒是他所说的“断简残篇”的实际含义，那就是：这些观点的表述方式是分散的、片断的以及它们未能更具体地涉及文艺本身的规律（或所谓“文艺的内部规律”）这两点。我的驳论就是在这两个问题上逐次展开的。如果刘梦溪同志也愿意严肃地讨论问题，那就应当明确回答：马克思恩格斯的文艺观点在理论上到底成不成体系，而不应当像《四论》那样，躲躲闪闪、含糊其辞：“经典作家的文艺观是不是一个科学体系，我觉得笼统地这样讲，比较费解”，“提出马克思主义经典作家的文艺观是不是科学体系问题，概念是不明确的”，等等。其实，对这个问题，刘梦溪同志还是有自己的看法的。他新近发表的《五论》，已不再使用“断简残篇”的提法，但他否认马克思恩格斯文艺观点有体系的看法并没有变，“马克思和恩格斯对文艺问题发表的见解，大都是片断的，比较零碎的看法，而不是以系统的面貌出现的理论形态”。

我所提出的“马克思主义文艺观是一个科学体系”的命题，是并不那么费解的。这里讲的文艺观，当然不是指经典作家有关文艺的个别结论，而是指他们在文艺方面包含一定理论原理的基本观点或基本看法。说这些观点自身就是一个科学体系，就是说它们在理论上、方法上都是首尾一贯的、有内在的严整逻辑的，因而也是科学的。这个观点体系同时是一种理论体系，这是“科学体系”的题中应有之义。经典作家的文艺观点构成马克思主义文艺学（最主要的是文艺学原理学科）的科学基础，同时又是马克思主义文艺学的一般指导原理。这就是我对马克思主义文艺观点科学体系的理解。刘梦溪同志当然可以不同意我的这个命题，但我觉得他所持的理由

① 魏理：《马克思主义经典作家的文艺理论体系和文艺科学的发展》，《文学评论》1980年第5期。

有些奇特。他说："一般地说，当涉及一种学说的理论构成时，才发生有没有完整的理论体系的问题，单纯的观察和认识世界的原则即观点，无所谓体系问题。"我至今弄不明白他所说的"单纯的观察和认识世界的原则即观点"究竟是什么意思。观点固然不等于理论，但理论却一定由观点所组成。① 包括文艺观点在内的马克思主义世界观，是经过严密理论论证的科学的世界观，这应当是常识范围内的事情。难道这个世界观所包含的所有观点，竟是些没有特定理论内容的抽象原则?! 这个问题经典作家自己是怎么个看法，也是一清二楚的，列宁不但多次用过"观点体系"的提法，而且实际上把它当作"理论体系"的同义语在使用。刘梦溪同志多次引用列宁关于"马克思主义是马克思的观点和学说的体系"这句话，试图证明"观点无所谓体系"。但是这样做结果适得其反，因为只要他稍稍多一点耐性，只要越过三行，他就能看到列宁这样的论述：

> 马克思的观点极其彻底而严整，这是马克思的敌人也承认的，这些观点总起来就构成现代唯物主义和现代科学社会主义——世界各文明国家工人运动的理论和纲领。②

一定观点体系即是一定的理论体系，这不是说得一清二楚了吗！为了印证同一个论点，刘梦溪同志还多次引用恩格斯的话："这个划时代的历史观是新的唯物主义观点的直接的理论前提，单单由于这种历史观，也就为逻辑方法提供了一个出发点。"③ 在引用这段话时，他毫不迟疑地把"划时代的历史观"理解为马克思的"唯物史观"。假设恩格斯的原意的确如此，那么这段话跟他的论点

---

① 观点，可以表现为理论形态，也可以表现为非理论形态，例如文学艺术。当我们讨论理论著作时，我们指的观点，却正是理论观点，刘梦溪同志的《五论》，很勉强地承认了马克思主义文艺观"在思想上（重点原有——引者）是有一定体系性的"，却不承认这是文艺思想体系，即文艺理论体系。他在"思想"和"理论"的概念上兜圈子，却忘记了经典作家经常把某一观点既称为"原理"同时又称为"思想"的事实，更忘记了我们常说的"毛泽东文艺思想"指的正是毛泽东同志的文艺观点即文艺理论。"思想"在哲学上从来说的就是对事物的理性认识，它用理论著作加以表述，即是理论原理，这里并没有多少纠缠不清的地方，讨论学术问题自然要依据经过严格定义的概念，但是也得了解这些概念有哪些变通用法，不要在概念上兜圈子。

② 《列宁全集》（第二十一卷），人民出版社 1955 年版，第 32 页。

③ 《马克思恩格斯全集》（第十三卷），人民出版社 1962 年版，第531 页。

真是再相像不过了，你看：观点只是一种理论的前提和方法的出发点而已，还不是理论和方法本身。然而非常可惜，这种假设只能是心造的幻影而已，因为恩格斯这里所讲的“划时代的历史观”，根本不是唯物史观，而是黑格尔的辩证的唯心史观！黑格尔的历史观当然可以作为马克思主义理论和方法的前提和出发点，但是，怎么能用这两者的关系来论证马克思主义自身的观点和理论之间的相互关系呢？引用，总得首先看清原文，怎么能够这样张冠李戴。

可见，《四论》否定马克思主义经典作家文艺观点在理论上是一个科学体系，实在没有站得住脚的理由。《五论》稍稍更换了角度，作者自称要从方法论上讨论经典作家文艺遗产的理论评价了。文章在讲了马克思主义学说和黑格尔哲学两种体系的区别之后，曾经谈到马克思恩格斯讲文艺问题“常常只提出观点，而不做进一步的论证和发挥”。据说“不是马恩不能论证和发挥，而是不想论证和发挥，他们宁愿把这个任务留给后人。这样，才使得马克思主义学说更具有自己的特点——它首先是一种世界观和方法论，是研究问题的指南，而不企图说明一切”。换句话说，马克思恩格斯文艺观点之所以不成体系，完全是他们两人有意为之，否则就同黑格尔的体系混同起来了。这种说法是完全不能令人悦服的。但是就方法而言，这却跟马克思主义的唯物辩证法相距十万八千里。除此而外，《五论》就是在为作者原来的看法补苴罅漏，说来说去，无非是观点无所谓体系，只有经过严密论证和充分发挥，甚至必须有专著才算有理论体系。其实还是那句老话：因为马克思恩格斯文艺观点表述上是分散的、片断的，“不是专门论述”，就够不上理论体系。而照我看，这里首先要考察的是马克思恩格斯文艺观点自身在理论上方法上的严整性和科学性，表述方式如何，是否有专著，并不能作为判定它们理论上成不成体系的唯一依据。马克思恩格斯文艺观涉及文艺的本质、文艺的发展规律和创作规律，在这三方面的一系列根本问题上，他们都有独到的、经过论证的深刻见解。这些见解，包含着研究文艺现象的新的方法。因此，这些观点本身就构成一个科学的理论体系，世界文艺理论中的新体系。

刘梦溪同志非常强调要从文艺学学科体系的角度去评价马克思恩格斯的文艺遗产，似乎普天之下衡量理论体系只能有学科体系这一把尺子，量得上就有，量不上就无。这种做法是否妥当，是值得研究的。

首先，任何一门科学都包含许多具体的学科，它们的理论体系是历史地发展的。马克思主义文艺学作为马克思主义指导下的一门科学，涉及范围很广。① 就以其中的基础理论学科——“文艺理论”或“文艺学原理”而论，同样以马克思主义文艺观为指导，也完全可以形成各不相同的理论体系，更何况时至今日，文艺学本身已经成为包含众多具体学科和子学科的学科系统，而且出现了多学科综合研究的趋势，因此，笼统地说某一位理论家已经为文艺学建立完整的学科体系，实在大而无当。马克思主义文艺学未来的发展，很可能出现马克思主义文艺观指导下的多种学科体系并存甚至是百家争鸣的局面，而不是某一学科体系的一家独尊，因为既很少有这种可能，更绝无这种必要。

其次，要对一个理论贡献做出评价，主要也应该看他们的理论观点的科学价值。我并不完全排除从学科体系角度进行评价的可能性，但我觉得，如果离开观点单纯从学科体系角度进行评价，那就会为了形式而忘掉内容，不易得出正确的结论。因为历史上以体系面貌出现的理论简直多如牛毛，以成套教程表述的学科理论体系也不在少数，其中有些完全是伪科学的体系，如被列宁斥之为“垃圾般的新体系”②，如果从它们所包含的理论观点的科学价值来评价，简直就不值一提。列宁把马克思主义称之为“马克思的观点和学说的体系”，说的是革命理论的科学体系；他把第二国际修正主义的理论主张称之为“一个相当严整的观点体系”③，说的是反动的理论体系。这都是从观点角度评价某种理论的显例。《五论》曾引用普列汉诺夫等人有关理论体系的言论，试图证明唯有“穿上体系外衣”，才称得起有体系，而且只有从学科体系角度进行评价才不会

① 勃·梅拉赫对“文艺学”一语的解释，可资参考。他认为：文艺学“是全面研究艺术文学，它的本质、起源和社会联系的科学，是有关语言艺术思维的特点，文学创作的过程、构成和职能的知识以及文学历史过程的地域性规律和一般规律的知识的总和；狭义地说，它是研究艺术文学和创作过程的原则和方法的科学，现代文艺学同美学不可分割，它和哲学、史学、语言学、心理学密切相关。在这个基础上，形成了对艺术的现代综合研究。这种研究甚至要动用某种自然科学——数学的方法”。

② 《列宁全集》（第十四卷），人民出版社 1955 年版，第 357 页。

③ 《列宁全集》（第十五卷），人民出版社 1955 年版，第 18 页。

把理论体系庸俗化。可是复按原文，这些言论的本意却和《五论》所说恰好相反，普列汉诺夫认为车尔尼雪夫斯基的历史观没有形成体系，恰好讲的是他的观点不成体系；车尔尼雪夫斯基在体系问题上之所以推崇亚里士多德而苛求柏拉图，主要也是因为《诗学》的艺术论有明显的唯物主义倾向，而柏拉图的艺术论则持较为彻底的客观唯心主义观点的缘故。至于《五论》把茅盾《夜读偶记》有关体系的言论引为论据，那就更是自相矛盾了。人们记得，《一论》是以热情的词句称赞过《文心雕龙》的体系的，作者断言其“体系之完整”，远在亚里士多德《诗学》之上；而《诗学》之有“独立体系”，又由《四论》《五论》反复征引车尔尼雪夫斯基的话一再加以肯定。《文心雕龙》之有完整理论体系，应该确定无疑。然而，《五论》又借一位大家之口，说它只是“片光吉羽”，理论体系不完整。原来茅盾同志用以衡量《文心雕龙》的，不在于“体系外衣”之有无，而在它的观点和方法是否科学。他觉得“不应讳言它的局限性（二元论倾向）”，所以不愿许之以完整的理论体系。看来，从观点的科学价值的角度去考察马恩文艺观之有无体系，未必一定庸俗化，而以虚悬的“体系外衣”去论马克思恩格斯文艺观点体系之有无，却未必不会庸俗化。

更为重要的是，从观点角度去评价马克思恩格斯对文艺学的理论贡献，完全合乎马克思主义学说的革命性和科学性。马克思恩格斯作为革命家兼学者，他们的全部理论创造之所以有别于资产阶级学者的纯科学研究，就在于它的主要目的，是为了替无产阶级锻造认识世界和改造世界的思想武器，即提供革命的、科学的世界观。恩格斯说过，他写《反杜林论》，是为了对他和马克思“所主张的辩证法和共产主义世界观做比较连贯的阐述”。他一方面声明“这本书的目的并不是以另一个体系去同杜林先生的‘体系’相对立”，另一方面也告诫读者，“不要忽略我所提出的各种见解之间的内在联系”①。恩格斯在逝世前一年给瓦·博尔吉乌斯的信中，还在谆谆教导后人，在读他和马克思的著作时，“不要过分推敲上面所说的每一字句，而要始终注意到总的联系”②。我体会，这里所说的“内

① 《马克思恩格斯全集》（第二十卷），人民出版社 1971 年版，第 8 页。
② 《马克思恩格斯选集》（第四卷），人民出版社 1972 年版，第 508 页。

在联系"和"总的联系"，就是指的他们的世界观是一个完备严整的科学体系。这一点，已经由列宁反复地透辟地做了阐明。

因此，马克思主义作为"观点和学说的体系"，就不但同杜林那一套守着"体系外衣"的"高超的胡说"有天壤之别，就是同黑格尔那种包含着丰富思想的体系比较起来，也不可同日而语。黑格尔的体系和他的辩证方法有不可调和的矛盾。他把世界描绘成有始有终的精神运动过程，他的体系是封闭式的；他以发现终极真理为目标并自称已经发现了终极真理，他的体系具有终极性。自从马克思和恩格斯从黑格尔的唯心主义哲学中拯救了自觉的辩证法并把它转为唯物主义的自然观和历史观之后，黑格尔这种封闭式、终极性的体系便得到了扬弃。恩格斯说："我们的理论不是教条，而是对包含着一连串互相衔接的阶段的那种发展过程的阐明。"[①] 他们的理论体系总是力求从客观世界的内部联系中阐明发展的过程，它不是封闭式的而是开放式的，不是终极性的而是不断发展的，这个体系，不但给我们提供了考察客观发展过程的理论和观点，而且提供了研究这一过程的科学方法。马克思主义世界观作为一个科学体系，正是理论观点和方法的统一。就以唯物史观而论，恩格斯把它叫作"关于历史过程的观点"[②]，列宁称之为"极其完整而严密的科学理论"[③]，马克思则称之为"唯一科学的方法"[④]。对于同一理论之所以会有这样三种不同的提法，决不是偶然的事情。这反映了马克思主义经典作家对理论体系的原则观点。离开这一观点，就会把握不住问题的实质。

马克思恩格斯的文艺观作为马克思主义科学世界观的组成部分，当然也可以这样看。我们不能不说，马克思恩格斯的文艺观也是对文艺发展过程的阐明，而且在相当程度上揭示了文艺的内部联系；我们不能不说，马克思恩格斯文艺观所阐明的许多基本原理，也是理论观点和方法的统一。我在前一篇文章讲到，他们对文艺问题的研究，在方法上有个卓越之处，"就是他们从来不曾把文艺现

---

① 《马克思恩格斯选集》（第四卷），人民出版社 1972 年版，第 459 页。
② 《马克思恩格斯全集》（第二十二卷），人民出版社 1965 年版，第 346 页。
③ 《列宁全集》（第十九卷），人民出版社 1959 年版，第 5 页。
④ 《马克思恩格斯全集》（第二十三卷），人民出版社 1972 年版，第 410 页。

象从整个世界历史中割裂出来孤立地加以对待。在他们眼中，文艺是完整的世界历史过程的一个有机组成部分。他们常常是在揭示自然、社会、人类思维最一般的规律的时候，在揭示资本主义经济发展规律的时候，涉及文艺及其发展的。以这样开阔而深邃的科学眼光考察文艺，人类历史上还从未有过。这种眼光，保证了他们关于文艺问题的一些基本论述，具有无可辩驳的科学价值。”既然如此，肯定马恩文艺观是一个科学体系，就不但是必要的，而且是合乎逻辑的了。

那么，马克思恩格斯的文艺观同马克思主义文艺学又是什么关系呢？我觉得，列宁关于科学社会主义理论的重要论述对我们理解这个问题是很有启发的。他说：“我们完全以马克思的理论为依据，因为它第一次把社会主义从空想变成科学，给这个科学奠定了巩固的基础，规划了继续发展和详细研究这个科学所应遵循的道路。”他还进一步强调：“我们决不把马克思的理论看作某种一成不变和神圣不可侵犯的东西；恰恰相反，我们深信：它只是给一种科学奠定了基础。社会主义者如果不愿落后于实际生活，就应当在各方面把这门科学推向前进。我们认为，对于俄国社会主义者来说，尤其需要独立地探讨马克思的理论，因为它所提供的只是一般的指导原理，而这些原理的应用，部分地说，在英国不同于法国，在法国不同于德国，在德国又不同于俄国。”① 这番话的基本精神，完全适用于马克思恩格斯在其他科学领域的理论贡献。当然，比较起来，他们在哲学、经济学这两门科学上的理论观点体系要更加严密一些，但能不能用他们的哲学、经济学理论，去简单地代替马克思主义哲学和经济学的学科理论体系呢？恐怕不能。他们在哲学、经济学方面的理论贡献，和在科学社会主义方面一样，只是给这些学科“奠定了巩固的基础”而已。我们应该在这个基础上，在马克思恩格斯提供的一般原理指导下，进行独立的理论探讨，把这些科学推向前进。三大领域尚且如此，文艺领域不也应当这样做吗！

所以，我们肯定马克思主义经典作家文艺观是一个科学体系，决不意味着可以用它来代替马克思主义文艺学的学科体系，更不意

① 《列宁全集》（第四卷），人民出版社 1959 年版，第 186、187—188 页。

味着我们在马克思主义文艺学的建设上已经无事可做了。这种肯定，是为了证明马克思主义文艺学理论基础和指导原理的完整性和科学性，既不能低估它，更不能动摇它。如果像刘梦溪同志那样，把马克思恩格斯的文艺观点当作“断简残篇”，或者当作“片断的、比较零碎的看法，而不是以系统面貌出现的理论形态”，那么，它们能否充当我们文艺学的科学基础和一般指导原理，就势必大成问题了。所以我们同刘梦溪同志在这个问题上的争论，就不是单纯的概念之争。因为这个问题对于马克思主义文艺学的建设，决不是无足轻重的。

二

刘梦溪同志的《一论》，在谈到毛泽东同志的《讲话》“着重解决的是文艺的外部规律”之后，有这样一个总括性的论断：

> 也不单毛泽东同志，马克思、恩格斯、列宁、斯大林，都是如此，他们更多地注意的是如何把对文艺的本质的认识，更牢固地置于唯物史观的基础上，以及文学艺术在社会革命中怎样更好地发挥配合作用的问题。对文艺的内部规律，他们无暇做深入细致的理论探讨。

我觉得这个论断过于含混，可议之处颇多。鉴于刘文一再把“文艺内部规律”看作“文艺本身的规律”的同义语，这就不得不令人想一想：假若事情真像刘文所说，马克思主义经典作家对文艺本质的认识，尚未涉及文艺本身的规律，他们竟然在文艺本身规律之外去求得文艺与社会革命的配合，那么，他们的文艺观点，岂不大都成了无视文艺特点的东西？用这样的东西作为我们文艺学的基础和指导原理，岂不近于滑稽？事情当然决非如此。

针对刘文的论断，我在文章中指出：将文艺规律分为“内部规律”和“外部规律”，“是一种虽然流行已久，然而又未必确当的说法”。而要说文艺规律，那就只有文艺的发展规律和文艺的创作规律，它们各自是文艺的本质在文艺发展过程和文艺创作过程的展开，都是文艺本身的规律，而不是自外于文艺的什么规律。我认为，马克思主义经典作家对这两方面的规律都有深入的研究和精辟的见解，而这些见解的本身就包含着他们对艺术本质的认识。因此，我不同意刘文关于经典作家对文艺本质的认识尚未涉及文艺本身规律的看法。

但是，有一点使我困惑的是：为什么在刘梦溪同志看来，用唯物史观看待文艺本质就揭示不了文艺本身的规律？直到《五论》问世，我才见到他对此做出的解释：马克思恩格斯的文艺理论遗产，从内容上看，涉及文艺外部规律即作为意识形态之一种的特性，谈的比较多，细致深入地探讨文艺本身的规律比较少……当然，这些言论的理论价值是非常重要的，它们启示我们如何依据唯物史观看待文艺现象，从而看出文艺观点作为新的世界观的一个组成部分的基本特征，并为我们树立了正确评价古典作家的典范。但文艺本身的规律，如文学艺术的个性特征，把它和其他意识形态区别开来的特点，文学艺术作品的构成，创作过程和艺术风格，以及对了解艺术本身的规律至关重要的艺术形式问题、文艺的道德力量和真善美的统一问题、情感在创作和欣赏中的地位和作用问题等，马克思主义经典作家谈得就比较少了，也有的根本没有谈到。

这段文字思路颇为混乱，疑问很多：文艺作为意识形态之一的“特性”既谈得多，它的“个性特征”“特点”何以又谈得少呢？既然文艺本身的规律都弄不清楚，还谈何“正确评价古典作家”，说什么“典范”不“典范”呢？但不管怎样，我们总算得到了一种解释。原来，照刘梦溪同志看，马克思恩格斯用唯物史观认识文艺本质，并没有揭示文艺与其他意识形态相区别的特点，充其量只讲了意识形态的共同性而已。

这种观点完全经不起推敲。因为它首先就不符合马克思恩格斯文艺理论遗产的实际。大家知道，历史唯物主义的基本原理，是马克思恩格斯在1845年就取得的研究成果，但它首次由马克思以经典性语言周密地表述出来，则是在1859年。这个表述将文艺规定成作为意识形态的上层建筑之一。而在这之前两年，马克思在《一八五七—— 一八五八年经济学手稿》的总导言里，又将文艺规定为不同于理论思维的一种掌握世界的方式，并指出它的发展与物质生产存在不平衡关系。如果以为马克思关于艺术的前后两种规定各不相干，那就再迂腐不过了。我们有理由相信，1859 年的规定是建立在 1857 年规定的基础之上的，即建立在对文艺特殊性的考察的基础之上的。这两个规定相辅相成，共同组成马克思对文艺本质的科学认识。

正因为文艺是社会意识形态的特殊形式，它的发展过程，既要受整个社会生活发展规律、整个意识形态发展规律的支配，其发展的最终根源在于社会生产方式即生产力和生产关系的矛盾运动，但是它又有自己的特殊性和相对独立性。这个思想，不但恩格斯在晚年书信中多次阐发过，而且贯彻在他们有关文艺发展的论述中。马克思在谈到“不平衡”关系时，就曾以古希腊艺术为例，既指出艺术的繁荣与社会的一般发展不成比例，肯定过古希腊艺术的永久魅力，又指出这种魅力同古希腊艺术“在其中生长的那个不发达的社会阶段并不矛盾”，并且正是那一社会阶段的结果。既不平衡，又相适应，艺术发展与社会发展这种复杂的辩证关系，取决于文艺的特点和本质。马克思恩格斯关于欧洲文艺复兴、十八世纪德国文学、十九世纪俄国文学和挪威文学的论述，关于但丁、莎士比亚、歌德、巴尔扎克、易卜生等重要作家的评价，都通过具体的历史的分析，肯定了社会的重大转折时期和过渡时期，是有利于文学的发展的。这种分析完全估计到了文学的特点，估计到了上层建筑其他部门、意识形态其他形式对文学的相互影响。马克思恩格斯还用同样的方法，论述过美感与艺术的起源、阶级社会艺术和未来共产主义艺术的一般问题，勾画过人类艺术发展的整体轮廓，限于篇幅，就不在这里一一回顾了。

如果我们把马克思恩格斯的文艺观点联系起来做整体的考察，那还可以发现，他们对文艺本质的认识，也渗透在他们的创作论之中。马克思关于要“莎士比亚化”不要“席勒式”，恩格斯关于典型化、真实性与倾向性，世界观与现实主义方法等问题的论述，都既坚持文艺是社会生活的反映，又十分尊重文艺的审美特性。马克思恩格斯的现实主义创作论，同样是他们文艺本质论的具体发挥。马克思恩格斯用唯物史观考察文艺的结果，就是这样把文艺的社会本质和审美本质联结起来，把社会发展规律和文艺发展规律联结起来，把意识形态的共同规律和文艺创作的特殊规律联结起来，得出了一系列科学结论。这些结论有机地构成一个理论体系，是谁也割不断、切不开的。它们自然没有穷尽也不可能穷尽艺术的全部规律，但是，却第一次从根本上打破了从前关于文艺的种种唯心主义的臆说，为科学的文艺学研究奠定了基础。事实雄辩地证实了恩格斯的估计，历史唯物主义原理“对于一切历史科学（凡不是自然科学的科学都是历史科学）都是一个具有革命意义的发现”①。

刘梦溪同志打算用开清单的办法来为自己的观点辩护，这个清单本身就很成问题。文艺的特点和创作过程，都是马克思恩格斯文艺观着重阐明的问题，要说没有谈，除非马克思恩格斯文艺观根本不存在。除此而外，那一大串，大都属于文艺学的具体课题，还不是文艺学的基本原理。具体课题是开列不完的，这个清单即使再扩充十倍八倍，也未必容纳得下。但这跟马克思恩格斯文艺观是否涉及艺术本身的规律，它是不是科学体系，究竟有多大关系呢？这个体系作为我们文艺学的一般指导原理，其意义正在于揭示文艺的本质和基本规律，就是说通过哲学的概括和宏观的考察研究文艺现象的整体。马克思恩格斯没有论及的具体课题和细节多着呢，我们在他们提供的一般原理指导下自己去研究得了。就是属于基本原理的问题，也完全可以继续研究，继续创造新的理论，否则马克思主义文艺理论就无法前进。然而这丝毫不影响我们充分肯定马恩文艺观的科学价值。

刘梦溪同志在这个问题上的失着，可能是先入为主的成见太深的缘故。头脑里先有了“不成体系”的框框，就不可能仔细领会马克思恩格斯文论所贯串的深刻的辩证法。恩格斯提醒过：运用历史唯物主义必须借助辩证法。② 辩证法的精髓就在于要求我们认识任何事物都把它矛盾的特殊性和普遍性即它的个性和共性联结起来，怎么能设想：马克思恩格斯用唯物史观看待文艺会漠视文艺的个性？除非是把唯物史观本身就看成形而上学的框框！

说到这里，我还想就刘梦溪同志的《四论》对我的一处批评略说几句。因为这同理解马克思恩格斯文艺观的哲学基础有关。我的

① 《马克思恩格斯选集》（第二卷），人民出版社 1972 年版，第 117 页。

② 《马克思恩格斯全集》（第十九卷），人民出版社 1963 年版，第 346—347 页。

前一篇文章不赞成他把这个哲学基础仅仅归结为唯物史观，更不赞成他关于马克思恩格斯用唯物史观考察文艺尚未涉及文艺本身规律的提法。我主张将唯物史观和辩证唯物论并提，前者主要涉及文艺发展规律，后者主要涉及文艺创作规律，这两者则是统一的。因为“唯物史观本来就是辩证唯物论在社会历史领域的推广，而文艺本身，又是极为复杂极为精致的精神现象和历史现象，要真正揭示文艺规律，不可能不动员整个马克思主义的哲学武库。”《四论》把我这一层重要说明丢开不管，就责备我在“割裂马克思主义哲学”，这不能令人心服。我是有这样的考虑的：恩格斯屡屡把自己的哲学称作“现代唯物主义”，它包括辩证唯物的自然观和历史观。而照列宁，“现代唯物主义”就等于“辩证唯物主义”。就是后来人们把辩证唯物主义和历史唯物主义并提了，前者包括了辩证唯物的自然观，其适用范围还是比后者广得多。而文艺，作为精神生产的成果，特别是在创作过程里，是会涉及大量心理现象的，心理学一般都认为属于自然科学，所以马克思主义的文艺创作论，不能不关系到辩证唯物的自然观。正是从这个角度看，列宁的《唯物主义与经验批判主义》虽然重点不在唯物史观，也没有直接谈论多少文艺问题，但它所阐发的辩证唯物论的反映论，对我们的文艺学还是具有巨大指导意义的。我的这些想法很可能不对，因为这牵涉哲学界久有争议的马克思主义哲学的理论构成问题，所以更缺少把握。我是一直期待着得到指正而不想固执己见的。然而，《四论》对此做出的正面回答，却使我大失所望。他写道：

> 我自己在比较系统地阅读和学习了马恩的著作之后，有一个印象，就是马恩从来没有使用过辩证唯物主义这个概念，他们只讲唯物史观和辩证法，或者总括起来叫辩证哲学。列宁的著作经常出现“辩证唯物主义”字样，但他是作为辩证哲学的同义语使用的，不是需要加以阐述和发挥的哲学新概念。他在解释马克思主义哲学的理论构成的时候，还是讲唯物主义历史观和辩证法两部分内容。辩证法和唯物史观是不可分割的，正如恩格斯所说：“单单由于这种历史观，也就为逻辑方法提供了一个出发点。”

读到这段话，我实在不胜惊讶："辩证哲学"，是恩格斯对黑格尔哲学的称呼，为的是强调它的辩证法方面，即它的革命方面，列宁也这样重述过，什么时候变成了马克思主义哲学的总称的呢？列宁说过不知多少遍："马克思和恩格斯几十次地把自己的哲学叫作辩证唯物主义。"恩格斯不但在《反杜林论》（马克思读过全部手稿，还亲自写过其中一章）几十次把自己的哲学叫作"现代唯物主义"即"辩证唯物主义"，而且他还曾明明白白地把它称作"唯物主义的辩证法"①。怎么能说马克思恩格斯从来没有使用过辩证唯物主义的概念？又怎么能说列宁使用这个概念是"辩证哲学"的同义语？至于这最后一句话，纯粹张冠李戴，不必再谈。总之，他的"印象"没有一处可以同经典著作对得上号。指出这个事实，决不是说我对马克思恩格斯文艺观的哲学基础的理解就不会有任何差错了。我只是想说明：在这个问题上，单凭"印象"是容易误事的，只有照恩格斯所说，按照他们的原著来研究，才可望得到较为准确的理解。看来，包括我自己在内，离这一步还很远，亟须重新学习。

三

尽管在马克思恩格斯文艺观理论意义的评价方面，我和刘梦溪同志之间存在原则分歧，但我并不认为他一切都错了。他的《一论》，强调我们的文艺学研究，要冲破长期以来的教条主义的束缚，鼓励人们用马克思主义普遍原理创造性地研究当前文艺运动的新情况、新问题。这个意思，我至今认为是对的。他的偏差出在当他反对教条主义的时候，对问题缺乏具体分析，把一些不应当否定的东西也加以否定，没有注意防止可能产生的另一种倾向，就是说他没有注意在文艺领域正确地开展两条战线上的思想斗争。

他在"体系"问题上的态度，就是一个突出的表现。从《一论》开始，他就隐隐约约地把肯定马克思恩格斯文艺观理论体系的观点跟教条主义拉扯在一起。到了《五论》，这个意思就说得更明

① 《马克思恩格斯全集》（第二十一卷），人民出版社 1965 年版，第 337 页。

白了。这里存在一个很大的误解。肯定马克思恩格斯文艺观在理论上的科学体系，是完全不利于教条主义的。因为要从科学体系上把握马克思恩格斯的文艺观，就要求认真领会它所包含的基本原理的精神实质，并联系实际加以运用，正像列宁所说：

> 马克思主义的全部精神，它的整个体系要求人们对每一个原理只是（α）历史地、（β）只是同其他原理联系起来，（γ）只是同具体的历史经验联系起来加以考察。①

这也就是前已引述的由列宁倡导的在马克思主义一般原理指导下，独立地进行研究，从而把马克思主义推向前进的方法。这跟教条主义恰恰相反，而完全是有利于马克思主义的发展的。可以回忆一下，在我们历史上，当文艺领域教条主义盛行而俘虏了一批人的时候，难道这些人不正是因为没有从科学体系上掌握马克思文艺观的精神实质才受骗上当的吗？我们文艺界吃过教条主义的亏，痛定思痛，需要作为教训吸取的，恰恰是要把马克思主义文艺观作为科学体系来学习、领会和运用。另一方面，肯定体系也完全有利于防止那种怀疑和企图动摇马克思主义文艺观的右的倾向。如果马克思主义文艺观是什么“断简残篇”，甚至还不是“以系统面貌出现的理论形态”，我们在文艺领域还坚持它干什么呢？当有人攻击它是支离破碎的“碎片和补丁”② 而企图否定它的时候，我们又拿什么去回敬他们，跟他们划清界限呢？道理很清楚，肯定马克思主义文艺观是一个科学体系，对于在文艺领域开展两条战线上的思想斗争，对于坚持和发展马克思主义文艺观，都是有利无弊的。

在追溯马克思主义文艺学发展史的时候，刘梦溪同志也缺乏具体分析。据乔·弗里德连迭尔介绍，苏联人对马克思主义文艺观点，有一个认识过程。只是到了 20 年代末 30 年代初，随着马恩致拉萨尔、哈克奈斯的信及《一八四四年经济学哲学手稿》的主要部分、《德意志意识形态》、《自然辩证法》等论著用俄文首次公开发表，随着对文艺界风行一时的庸俗社会学的清算，人们才逐步认识

① 《列宁全集》（第三十五卷），人民出版社 1959 年版，第 238 页。

② 欧内斯特·西蒙斯语，参阅《现代外国哲学社会科学文摘》1981 年第 5 期。

到：马克思恩格斯“对美学基本问题有着完整的深思熟虑的见解，这些见解同辩证唯物论和历史唯物论，即同马克思恩格斯整个科学的革命的世界观是不可分割地联系在一起的”[①]。就是说，他们才发现马克思恩格斯的文艺观点是一个体系。而在这以前，马克思恩格斯的文艺观点，甚至根本没有进入人们的视野。米·尼·波克罗夫斯基那句大家熟知的话很能说明问题：“历史过程的理论，我们早就有了，而马克思主义的艺术创作理论，还必须重新加以创造。”[②]波克罗夫斯基是1905年入党的老布尔什维克，他从1918年起到1932年逝世为止，一直担任苏联副教育人民委员。像这样的政治活动家尚且如此主张，文艺界整个倾向如何，可想而知。问题还常涉及另一个方面，即庸俗社会学派一边抹杀马克思恩格斯文艺观的存在，一边又把普列汉诺夫尊为马克思主义文艺理论的创始人。如弗里契就主张，唯物史观虽然在经济和历史科学中早已确立，但艺术领域依然“守着处女的纯洁”[③]，唯有普列汉诺夫才证明唯物史观可以适用于艺术。这种看法后来遭到历史的否定，是必然的。苏联清算庸俗社会学和继之而起的清算“拉普”这两场具有反对教条主义和机械论性质的思想斗争，带来了两个积极后果：一是确认了马克思恩格斯文艺观的体系；二是确认他们是马克思主义文艺学上的创始人。在这两场斗争中，苏联学者里夫希茨、席勒尔以及卢那察尔斯基等人，对反对庸俗社会学，阐发马克思恩格斯文艺观，都有过历史性功绩，他们是世界上最早承认马恩文艺观体系的人。[④] 刘梦溪同志对这段历史未做考察，就抓住里夫希茨批评普列汉诺夫的一两句话轻下结论，笼而统之把包括1957年在内的“苏联早期”（!?）的“文艺学著作”，一概说成“充满了教条主义气息”的东西，把里夫希茨列入“对马克思主义持教条主义态度的人”之中，送了他一顶不光彩的帽子。[⑤] 我曾提醒他，这样说与史实不符，因

---

① 《马克思恩格斯与文学问题》1962年俄文版，第5页。

② 转引米·里夫希茨编：《马克思恩格斯论艺术·序言》，《马克思恩格斯论艺术》，曹葆华译，人民文学出版社1960年版，第11页。

③ 弗里契：《艺术社会学》，胡秋原译，神州国光社1932年版，第96页。

④ 参见吴元迈：《关于马克思恩格斯的文艺遗产》，《江淮论坛》1982年第5期（本卷编者按：卢那察尔斯基在这个问题上也有失误，但到30年代初他就认真地改正了）。

⑤ 刘梦溪：《关于发展马克思主义文艺学的几点意见》，《文学评论》1980年第1期。

为这实际上把一部苏联文艺学发展史看成了教条主义的堆积，对里夫希茨也不公正。① 没有想到，他在《四论》中，来了一个惊人的发现："重新创造"论是卢那察尔斯基硬栽给普列汉诺夫的，里夫希茨则受了卢那察尔斯基的影响，结果是又一次捕风捉影，流为笑谈。② 苏联文艺界也是吃过教条主义的亏的。但是苏联文艺界教条主义开始流行并逐步严重，是30年代末的事情，怎么能因为强调反对教条主义，就把这以前的历史也不分皂白地归之于教条主义呢！

还有一个如何对待西方文坛的"马克思学"的问题。西方马克思学者的文艺观点，近年来陆续有所介绍，这是必要的。闭目塞听，对这些东西一无所知，缺乏对照和比较，对我们的文艺学建设没有好处。但是这些学者不但思想立场五光十色，而且学术水平大有轩轾。一些人专以"驳斥"马克思主义为业，我们应当加以驳斥；另一些人则在不同程度上肯定马克思主义和它的文艺观，但情形也不相同，有的根据占有的大量材料说话，持论严谨一些，不乏可资参考的见解；有的就难说了，常常是即兴式的评论居多，很有些信口开河。如《五论》有保留地引用过的梅纳德·索洛蒙的话："马克思关于美学（按指文艺理论——本文作者）的文章，都是一些富有美学思想的格言，这种美学是一种尚未体系化的美学，它为无穷无尽比附和隐喻的阐释敞开了大门。"这个话相对主义味道之浓，一望可知，因为他明确主张对马克思的文艺遗产可以"自由解释"③。马克思的文艺观怎么可以任意解释呢，又怎么可能容许无穷无尽的比附和阐释呢？这是不可思议的。比方，马克思阐明的唯物史观基本原理，它对揭示文艺本质和规律的伟大意义，许多马克思学者所做的唯一"解释"就是不承认主义。他们把这个原理视为"社会学模式"或"机械论的经济决定论"，加以攻击、怀疑和否

① 汪裕雄：《"断简残篇"、普列汉诺夫及其他》，《江淮论坛》1980年第2期。

② 《四论》用斩钉截铁的语气说，卢那察尔斯基1912年在巴黎同普列汉诺夫一次辩论中，曾宣布普列汉诺夫要创造一个"严整的理论体系"，"所谓'重新创造'论，最早就来自这里。"根据是普列汉诺夫的《艺术与社会生活》的有关论述，其实原文说的是，卢那察尔斯基曾指责普列汉诺夫没有运用波格丹诺夫的所谓"无产阶级文化"的"严整体系"。卢那察尔斯基的指责当然是不对的，但他却根本没有讲普列汉诺夫有什么"重新创造"论，是刘梦溪同志又一次在张冠李戴，见《艺术与社会生活》中译本第290至292页。

③ 梅纳德·索洛蒙：《马克思和恩格斯的艺术观》，《现代外国哲学社会科学文摘》1981年第5期。

定。有人在《国外社会科学》1981年第5期据此推论，马克思主义文艺观只能解决艺术的社会本质问题，而不能解决文艺学本身的问题，这是在今日西方世界比较流行的看法。难道马克思的文艺观也为这种阐释“敞开了大门”!？西方马克思学者对唯物史观的这种态度，倒并不难以解释。恩格斯早就说过：“只要进一步发挥我们的唯物主义论点（按指唯物史观——引者），并且把它应用于现时代，一个伟大的、一切时代中最伟大的革命远景就会立即展现在我们的面前。”① 唯物史观的强烈的革命性质，应该是西方马克思学者敌视或不敢正视它的根本原因。即使像柏拉威尔那样尊重马克思文艺遗产的有识之士，在这个问题上也同样过不了关。否则，他们就不是马克思学者而是马克思主义者了。但是，在这类原则问题上，难道我们也可以随声附和？显然不能。遗憾的是，刘梦溪同志的某些论点，是使我们有似曾相识之感的。这里是否存在对西方现代资产阶级学者理论上的迁就和让步，我以为值得深长思之。

当然，刘梦溪同志主观上是愿意坚持马克思主义文艺观的指导作用的。他在《五论》中郑重申述过这一点。他还谈到：“贬低马克思主义经典作家关于文艺方面的言论的理论价值，否定它们对发展无产阶级新文艺的启示和指导意义，这种情况是存在的，应引起我们的警惕。”这说明他现在已开始注意到防止另一种倾向。我当初写那篇文章，也就是为了在反教条主义的同时防止这种倾向的。可见，争论没有坏处，这会增进彼此的共同认识。尽管目前已有的共同认识还不足以消除我们之间的分歧，但争论有益，我们应当在争论中学习和前进，这却是完全可以肯定的。

1982年7月15日初稿，
1982年12月23日修改

（原载中国艺术研究院外国文艺研究所《马克思主义文艺理论研究》编辑部编：《马克思主义文艺理论研究》〔第二卷〕，文化艺术出版社1984年版，第240—263页）

① 《马克思恩格斯选集》（第二卷），人民文学出版社1972年版，第117页。

康德美学导引

为什么必须读康德

康德（Immanuel Kant，1724—1804），书斋式学者的典型，“生平=著作”。朱光潜《西方美学史》提到：“在西方美学经典著作中没有哪一部比《判断力批判》显示出更多的矛盾，也没有哪一部比它更富于启发性。不理解康德，就不可能理解近代西方美学的发展。”① 康德，总结了18世纪欧陆理性主义与英国经验主义，揭举德国古典美学大旗，开启西方现代美学潮流。

康德美学，承前启后，晦奥艰深，自来号称难治。但对学美学的人来说，又非读不可。最近我为朱志荣的《康德美学思想研究》所写的书评里提到：

> 康德美学始终是横在西方美学殿堂入口的一道雄关，只有下决心闯过这道关口，才有登堂入室的希望。②

为什么这样说呢？这有三方面的理由：

1. 康德美学第一次提供了美学学科的独立体系；
2. 康德美学是西方美学史承前启后的枢纽；
3. 康德美学深刻地影响着百年中国美学。

下面逐一说明。

一、康德美学第一次提供了美学学科的独立体系

学科形态的美学，是德国莱布尼茨-沃尔夫学派的哲学家鲍姆

① 朱光潜：《西方美学史》（下卷），人民文学出版社1979年版，第396—397页。

② 汪裕雄：《探寻康德的美学心路——读朱志荣的〈康德美学思想研究〉》，《江淮论坛》1999年第6期。此“关”有人视为“地狱之门”，有人称之为“鬼门关”。杨祖陶先生说：读它，要抱下地狱之决心。

嘉通（Baumgarten，1714—1762）创立的。他以为，人类心理既分为知、情、意三方面，哲学分类应有相应的三部分。研究知性（或理性认识）的有逻辑学，研究意志的有伦理学，研究情感的应有相应独立的学科。1750 年，他出版《美学》第一卷，1758 年出版第二卷，以“Aesthetik”为一门新学科命名，因之获得“美学之父”的美称。

但鲍氏只为美学求得独立地位，却未建立独立的理论体系。照鲍氏的看法，美学是感性学，美学是“初级认识论”。感性有两方面的意义，一方面是指感性直观，是认识的初级形式；另一方面，指的是人的感性欲求、意欲，作为行为动力，属于意志。鲍氏把感性放在认识论范围考察，感性两义未能展开。

从感性两义看，作为感性学的美学不能单单归结为认识论。美学既关乎认识论（感性直观），又关乎价值论（意欲的满足）。这后一方面，自柏拉图即已提出，但未受重视。美学产生在感性直观与情感满足的结合点上，中国人常讲情景交融，正得审美之实。

鲍氏认为“美是感性认识的完善（完满）”，这种完善的感性认识，体现在艺术中。艺术摹仿自然，但并非感性事物的简单再现，而要通过想象和灵感，表现自然事物的“可然性”，这种“可然性”即艺术里的“真”，它通向理性，但又不同于逻辑理性。所以，鲍氏又把美学称为“自由艺术的理论”。所谓自由艺术，英译作“fine art”，中译作“美的艺术、纯艺术”，在 20 世纪 20—30 年代被译为“美术”，指专供鉴赏的艺术，即今日的严肃艺术或高雅艺术。

鲍氏对美学有三大贡献：

一是为美学学科命名；

二是为美学确定了研究的主要对象和范围——艺术和艺术美；

三是重视审美能力的研究。

鲍氏是沃尔夫的弟子。沃尔夫认为：“美在于一件事物的完善，只要那件事物易于凭它的完善足以引起我们的快感。”[①] 所谓“完善”，即该事物能满足自身概念的要求。个别充分满足它所属的一般概念，即是“完善”，即是“美”。这很接近于蔡仪的“美是典

---

① 沃尔夫：《经验的心理学》，载北京大学哲学系美学教研室编：《西方美学家论美和美感》，朱光潜译，商务印书馆 1980 年版，第 88 页。

型”的理论（个别充分显现种属的一般）。鲍氏不满足这种客观的“完善”论，而转向主观方面，即感性认识能力的“完善”，这便开辟了从美感去研究美的新路向，康德美学就是从能力（审美判断力）入手去研究美学的。

但鲍氏美学有致命的缺陷，那就是他把感性的完善归结为艺术的想象和灵感，而力图去寻求想象和灵感的逻辑。事实上，想象和灵感是没有逻辑学意义上的逻辑可寻的。所以，正如卡西尔在《人论》中所指出的，鲍氏所做的只是知识的“‘低级的’感性部分的一种分析”，它还不能保证艺术有一种“它自己的独立价值”。①

也如卡西尔所指出，只有到了康德的《判断力批判》才“第一次清晰而令人信服地证明了艺术的自主性”②。不仅如此，康德把美学研究的对象范围从艺术扩展为整体自然，充分论证了审美和认识、审美和伦理之间的区别和联系，使美学真正取得了与（逻辑）认识论、（道德）伦理学鼎足而三的独立地位（“三分天下有其一”）。

康德美学体系有两个根本特点：

第一，从深寓辩证法的“三分”中肯定了审美的桥梁作用。

康德以前的德国理性主义哲学（以莱布尼茨-沃尔夫学派为代表），采取分析的两分法：

认识（知）—实践（行）；自然—自由；知性—理性

康德发现了情感在认识与意志之间的中介作用，用以情感判断为特点的审美能力（判断力）作为联结认识与实践、自然与自由、知性与理性的桥梁，把原来分析的两分法，改为综合统一的三分法：

认　识——→　感——→意志（欲求、行动）
自　然——→艺　术——→自由
知　性——→判断力——→理性
合规律——→合目的——→最终目的

① 卡西尔：《人论》，甘阳译，上海译文出版社1985年版，第175—176页。
② 卡西尔：《人论》，甘阳译，上海译文出版社1985年版，第175页。

康德的工作，在于既将三者做出区分，又对三者的联结和过渡做了细致的分析与论证。康德更提出，美学是哲学的入门。康德把美学置于批判哲学的网络中，使美学与知识论、伦理学的区别与联系得以充分展开，取得了空前的理论深度和广度。

第二，康德着眼于“整体人”的考察。

他不是一味将人的心灵能力割开来考察，而是有分析又有综合，力求探明人的整体心灵能力。这种考察，就个体人来说，是对人性结构（人之所以为人）的分析，就族类来说，是对人类主体性的确认。

康德要解决的问题是：

> 我能知道什么？（形而上学）
> 我应当做什么？（道德）
> 我可以希望什么？（宗教）

最终归结为：

> 人是什么？①

他的《纯粹理性批判》《实践理性批判》《判断力判断》三大批判，分别回答前面三个问题，而三大批判分别都指向于最后一个问题：“人是什么？”即“人类学”问题。人类学“Anthropologie”，即“anthropos（人）+logos（学说）=关于人的学说”，译为“人本学”“人类学”，也译“人学”。这个问题是全部康德哲学的出发点和归宿。康德写完三大批判后，出版过一部《实用人类学》（1798年出版于哥尼斯堡），过去并不受人重视。到20世纪30年代，经过一批新康德主义者的努力——例如卡西尔，他的《人论》（An Essay on Man）值得研读——才探明人类学立场原是康德哲学的基本立场，康德哲学是着眼于人，为了人，为了建构人性和人类主体性，要为“人之所以为人”“怎样才配做一个人”做出论证。

① 康德：《逻辑学讲义》，许景行译，商务印书馆2010年版，第23页。

所以，李泽厚通过对康德哲学的诠释，提出要建立人类学本体论，其基本论题是如何树立人类主体性，这是符合20世纪康德研究的学术走向的。

二、康德美学是西方美学史承前启后的枢纽

日本的安倍能成在《康德的实践哲学》中说：康德“在近代哲学上恰似一个处于贮水池地位的人……康德以前的哲学概皆流向康德，而康德以后的哲学又是从康德这里流出的。”① 这个比拟适合于康德哲学，也适合于康德美学。

（一）创造性地综合经验主义和理性主义两派美学

大家知道，西方人文哲学的兴起在文艺复兴。当时人文主义者以复兴希腊古罗马文化为旗号，提倡人权，反对神权，提倡个性自由，反对宗教蒙昧。但西方文化真正摆脱神学阴影出现理论自觉，还要等到18世纪启蒙主义的兴起。启蒙主义的中心是英国、法国和德国，它们各自秉承了欧陆理性主义（法：笛卡尔；德：莱布尼茨-沃尔夫）和英伦的经验主义（培根、洛克）传统，在美学上也形成了理性主义美学和经验主义美学的不同思想。英国经验主义美学，以夏夫兹博里（Shaftesburg，1671—1713）、休谟（Hume，1711—1776）、博克（Burke，1929—1797）为代表，在美学上强调美感的经验描述，主张心理上的联想主义，重视同情式的想象和情感上的快乐论。他们认为审美属于情感判断，而人之所以能做情感判断是因为人自有一定的心理结构（或称“内在感官”），但这个心理结构究竟为何物，他们并不做哲学上的深究，所以不能回答人言言殊的情感判断何以具有必然性的问题（如休谟就认为通过联想成为习惯，审美习惯中寓含标准——习惯性、经验性标准）。夏氏试图以“内在感官”证实审美的必然性，但在情感领域，他未将美感与道德感做出分疏，他的“内在感官＝理性＝善根”（人与生俱来的道德感和是非感），实际上是用道德必然性代替了审美必然性，

① 安倍能成：《康德实践哲学》，于凤梧、王宏文译，福建人民出版社1984年版，第3页。

审美被道德吞并了。

德国理性主义美学，以莱布尼茨-沃尔夫学派为代表，以“完善”的概念解说审美判断的必然性。沃尔夫称“美是事物的完善”，鲍姆嘉通称“美是感性认识的完善”，都强调它们符合理性、符合目的。莱布尼茨主张世界好比一架钟，其中部分与部分、部分与整体和谐一致，上帝便似做出这一“前定和谐”的钟表匠。部分以整体为目的，个别事物所以是美的，是因其完满地体现了和谐，即“寓杂多于整一”的原则。这是美学上的神学“目的论”。这个思想也被鲍姆嘉通承续下来，他将这个“完满”的和谐、“前定的和谐”，从（个别）客体事物移到主体能力方面来，宣称主体审美能力也指向这种“前定和谐”。

康德将英国经验主义美学和德国理性主义美学做了创造性的综合。就是说，一方面他认为美离不开美感经验，但这种经验性的情感又是必然具有普遍性的，这种必然性不能像以前的理性主义者那样用“前定和谐”即神学的“目的论”来解释，而应该用另一种目的论来解释。为此，康德提出了两大命题：

“美是无目的的合目的性形式”（吸取并纠正沃尔夫学派）
“美是道德的象征”（吸取并纠正夏夫兹博里经验论）

他用这两个命题综合经验主义、理性主义两派美学，既吸取了它们各自的优点又纠正了它们的失误。就是说，他重视美感经验，也重视审美判断的必然性，纠正了经验主义只讲经验不谈必然性、理性主义忽视经验一味从神学目的论来解释审美必然性的各自缺陷，这便吸取了欧洲整个启蒙主义美学的优秀成果，实际上综合了古希腊美学、文艺复兴美学和启蒙主义美学的各自优点。这被许多人看成调和折中，实际上是表现了学术上兼收并蓄的健全眼光、健全心态。①

（二）滋养着迄今为止的西方美学

黑格尔认为康德美学是整个德国古典美学的出发点：“对于了

① 现代西方美学由于长于分析的传统，而只具片面真理性，我们不能搞新的独断论（教条主义），而要学康德，看它们适于哪一个范围，在何种层次下有用，然后拿来做有效的综合，而不是搞一个杂拌。

解艺术美的真实概念，康德的学说确是一个出发点。”[①] 而德国古典美学（含歌德、席勒、黑格尔）又是西方近代美学的滥觞。宗白华在《判断力批判》上卷附录《康德美学原理评述》中说：康德第一个替近代西方哲学建立了一个美学体系，这个体系又发生了极大的影响，一直影响到今天的西方美学。[②]

康德美学从它诞生时（1790年）起就深刻影响着整个西方美学的历史进程。这个问题可从多方面考虑。

首先，狭义看，20世纪初，狄尔泰、卡西尔等创解释学、符号哲学，下半世纪出现伽达默尔的解释学美学（又派生出接受美学），中期成为符号学美学（以艺术为情感符号），这些美学派别与康德美学均有直接的渊源关系。

其次，广义看，有如德国当代学者施太格缪勒所言：“即使是对康德哲学持论战态度的学说，也采用了康德的某些对问题的提法，并且是建立在康德思想之上的。”[③] 叔本华在19世纪初，从右的方面（即从彻底的主观一元论方面）发挥康德思想，提出唯意志论，他的《作为意志与表象的世界》片面张扬康德的自由意志论，在20世纪初大大激发了尼采的灵感，使唯意志论变本加厉。[④] 这个思想和后来的现象学、存在主义等流派，都有剪不断的千丝万缕的联系（人文主义、科学主义两分，人文主义几乎都受康德影响）。

同时，自1871年费希纳提出“自下而上”的美学转向之后，现代美学一直以美感经验为中心，康德美学虽然属于“自上而下”，但他以审美能力（判断力）为研究中心，他的“美的分析”实为美感经验的哲学分析，“崇高分析”即崇高感的哲学分析。康德不愧为美感哲学分析的理论巨人。

朱光潜认为，所谓美感经验，在西方历来有两项涵义：

---

① 黑格尔：《美学》（第一卷），朱光潜译，商务印书馆1979年版，第76页。

② 参阅宗白华：《康德美学思想评述》，载《美学散步》，上海人民出版社1981年版，第226页。

③ 施太格缪勒：《当代哲学主流》（上卷），王炳文等译，商务印书馆1986年版，第17页。

④ 叔本华：《作为意志与表象的世界》附录《康德哲学批判》，石冲白译，商务印书馆1982年版。叔本华对康德这个哲学天才，推崇备至，认为其作品“对整个人类”有“直指人心”的作用（第565页）。叔本华坦承其是“直接上接着他（康德）”的（第567页）。《作为意志与表象的世界》尽管内容上与康德是如此的不同，但却“显然是彻底在康德思想路线的影响之下，是必然以之为前提，由此而出的”（第56页）。

1. 审美能力（the sense of beauty）

2. 审美情感（the Aesthetic feeling）

在两者中，前者是因，后者是果，前者研究清楚了，后者就迎刃而解。而审美能力的研究涉及人的本性和全部心理结构，光做经验描述是无法得其要领的，需要借助哲学的假说和理论推演。在这方面，康德对判断力的哲学分析所提出的若干方法论原则，至今仍影响着西方现代美学。可以说，“自下而上”的研究，如果不陷于“只下不上”，不流为肤浅琐细的经验描述，就非得承接康德不可。

最后，康德美学为德国古典美学建立了基本“范式”。歌德、席勒、黑格尔都深受康德影响。席勒1793—1794年完成其《审美教育书简》，在第一信中，他坦承信中的绝大部分命题是基于康德的各项原则，他是作为一个“康德主义”者在说话的。席勒认为人有感性冲动和形式冲动，感性冲动出于人的自然存在，其对象是人的生活，即呈现于感官的全部物质存在，形式冲动出于人的绝对存在或理性本质，其对象是形象，即事物的形式及其对人类思考力的关系。两者在近代被分裂、被隔离，使天下无完人，无完整人格。游戏冲动出于人的审美的创造冲动，游戏通过想象而求得自由，其对象是活的形象，即最广义的美。摆脱感性冲动的受动性、形式冲动的强制性，使对象成为“自由的形式”。席勒说：只有当人充分是人的时候，人才游戏；而且只有在游戏的时候，他才是完全的人。通过自由去给予自由，这就是审美王国的基本法律。（参阅《审美教育书简》第15封信）

三、康德美学深刻影响着百年中国美学[①]

1. 王国维（1877—1927）。1901年留日，仅四五个月便于1902夏返国进行自学，以“人生问题，日往复于吾前”而耽玩哲学；1903年起读康德《纯粹理性批判》，苦不可解，转学叔本华；1905复读康德兼及于伦理学与美学，至1907年做第四次研究，写成《人间词话》，并作《汗德象赞》：

---

① 参阅杨平：《康德美学在现代中国》，中国人民大学复印资料《美学》2002年第7期；杨平：《康德与中国现代美学思想》，东方出版社2002年版。

笃生哲人，凯尼之堡。息彼众喙，示我大道。

观外于空，观内于时……

谷可如陵，山可为薮。万岁千秋，公名不朽。

（按：笃生，生而得天独厚。息彼众喙，承前启后）

王氏由康德接引而转向叔本华，又因发现康德、叔本华哲学之可爱者与可信者之矛盾，于1907年（30岁）后转向文学。

2. 蔡元培（1868—1940）。长期旅德，深受康德启示，以审美为“实体界”（本体界）与现象界之“津梁”，审美能使人摆脱私人利害而建构完全人格，提出“以美育代宗教”的口号。

蔡氏曾留德（1908—1911年在莱比锡大学学习哲学）并“详细研读康德著作”。其谓康德美学有云：“康德之基本问题，非曰何者为美学之物（按：“美学”当作“审美”解），乃曰美学之断定何以能成立也。美学之断定，发端于主观快与不快之感……美学之断定，为一种表象与感情之结合，故为综合断定。”①

3. 宗白华（1897—1986）。我曾特别提出宗白华深受以歌德为代表的德国浪漫主义美学影响。② 而歌德与康德在美学上有相通之处。歌德十分推崇康德和他的《判断力批判》，认为在德国近代哲学家中，最高明的是康德，并说：“只有他的学说还在发生作用，而且深深渗透到我们德国文化里。”③ 他建议爱克曼，若读康德哲学，就要读他的《判断力批判》。歌德晚年提出自然与艺术的观点（第二自然，与自然争强），即深受康德启发。

《歌德谈话录》中有歌德与席勒关于康德的一段议论，席勒劝歌德不必读康德，说读了没用。歌德说，我看他在认真读康德，所以也读起来，读了觉得并非没用。歌德曾为《判断力批判》一书的出版欣然叫好。④ 他在1792年写道：

康德想要表明的是，“必须把艺术作品当作自然产品来对

---

① 高叔平编：《蔡元培美育论集》，湖南教育出版社1987年版，第36—37页。

② 参阅汪裕雄：《艺境无涯——宗白华美学思想臆解》，安徽教育出版社2002年版，第196—203页。（按：此书2013年由人民出版社再版）

③ 爱克曼辑录：《歌德谈话录》，朱光潜译，人民文学出版社1978年版，第131页。

④ 参阅爱克曼辑录：《歌德谈话录》，朱光潜译，人民文学出版社1978年版，第131页。

待，并把自然产品当作艺术作品来对待，各自价值必须从它本身去评估，根据它本身的情况来对待。”①

4. 朱光潜（1897—1986）。素来自称克罗齐主义者，但晚年在《谈美书简》（1980）中则称：

大家都知道，我过去是意大利美学家克罗齐的忠实信徒，可能还不知道对康德的信仰坚定了我对克罗齐的信仰。②

在朱光潜《文艺心理学》中，审美被规定为“无所为而为的观照”③，就是引的康德之语。原文应是“无关功利的观照（即“contemplation”）”，翻译成“无所为而为”，是化用老子“无为而无不为”，恰好点出康德关于审美“无目的的合目的性”的要义。这一点恰是朱光潜引进三说，使之相互联成一体的关键处。④

5. 李泽厚（1930— ）。在“文革”后期即重读康德，他曾自称写《批判哲学的批判》是为了“略抒愤懑”，有感于“文革”中人道失落、不讲人性，“兽性大发作”⑤。但他用马克思的实践观点破拆康德的先验主体性，主张在实践观点基础上研究人性（心理结构）和人的主体性（人格理想）问题。这个思路在我看是合理的。

最近他又提出“社会性道德”和“宗教性道德”问题，也是对康德的发挥⑥。社会性道德是讲现实的道德规范（公德），宗教性道德是讲自觉的道德自律（私德）。将道德规范、道德理想化为自身血肉（将道德化为信仰），不论什么情况下，坚守节操而永不变更。这也是很现实、很深刻的问题。

由此看来，中国美学从起点上（王、蔡）中经朱、宗跨越半个

---

① 转引自艾布拉姆斯：《镜与灯》，郦稚牛等译，北京大学出版社1989年版，第325页。

② 朱光潜：《谈美书简》，上海文艺出版社1980年版，第28—29页。

③ disinterested（无私的、无功利的、无利害的），contemplation（凝视、沉思、观照）。

④ 参阅汪裕雄：《“补苴罅漏，张皇幽渺”——重谈朱光潜先生的〈文艺心理学〉》，《文艺研究》1989年第6期。

⑤ 李泽厚对批“人性论”极反感，在1978年秋全国西方哲学史讨论会上曾发言谈到“文革”期间，批了“人性论”，结果“兽性大发作”，批了“人道主义”，结果出了“狗道主义”。

⑥ 康德：《道德的形而上学基础》第二节将道德分为：普通的道德判断和哲学的道德判断。参见华特生编选：《康德哲学原著选读》，韦卓民译，商务印书馆1963年版，第197页。

世纪，到李泽厚，百年影响十分深刻，这是抹也抹不掉的影响。研究和学习康德美学，可以更好把握中国百年美学和它在21世纪的走向。

四、怎样学习康德美学

1. 下定决心，硬读原著。

要抱下地狱的决心（杨祖陶语）。

康德为“晦涩哲人”，其作，德人也嫌艰晦。叔本华称康德文体的特征是具有“辉煌的枯燥性”①。康德学说为矛盾体、网状体。

2. 把握整体。

欲求了解第三“批判”，得大致了解一、二批判。

李泽厚说：康德，句子似可懂，思路难捕捉；黑格尔，句子似难解，思路颇清晰。

3. 厘清用语（理解涵义，确定范围）。

弄清康德基本术语及中文译法。参看庞景仁和杨祖陶材料。

4. 补充一些术语。

（1）知识即判断、分析判断、综合判断、先天综合判断。

①知识即判断。孤立的概念不能构成知识，需要概念与概念发生关系，构成“S”“P”两者的肯定或否定关系即形成判断才能构成知识。

②分析判断，从“S”中分析“P”，“S”中原含有“P”，“这黑板是黑的”。“S”与“P”陈述同一事实，不能增加知识。

③综合判断，主宾语互不相含摄。“这黑板是一种教具。”不是一切黑色的板都是教具，也不是一切教具都是黑板，互不含摄，将黑板这类事物纳入更大范围加以肯定，就为两概念各自增添了新东西，故能提供知识。但综合判断不一定能提供可靠的知识，不能确保判断普遍有效，具有必然性。如“今天天气很热”，“天气”和“热”也构成综合判断，但这只是一种经验性描述，没有普遍有效性。从空间说，今天你这里天气热，别的地方不一定如此，赤道附

① 叔本华：《作为意志与表象的世界》，石冲白译，商务印书馆1982年版，第583页。

近居民会以为这里气温根本不算热。从时间说，可能明天天气会冷。

④先天综合判断。要构成可靠的知识就应该是“放之四海而皆准，行之万世而不惑”的判断，例如铁受热会膨胀，那是不论在什么时空条件下都会普遍有效的。这种真正科学的知识应该建立在先天理性基础之上，符合先天的原则。康德哲学就是为认识、伦理、审美各领域的判断找寻这些先天原则，用先验的概念、范畴、原理来规范经验事实，使其判断具有普遍有效性和必然性。审美判断是情感判断，其宾词愉快、美等，也不是由对象自身分析出来的，它是主观评价，但又有普遍有效性和必然性。

（2）判断力、规定判断力、反思判断力。

判断力，指把特殊与普遍联结起来加以判断的能力。康德将判断力分为两种：

①规定判断力，指人们掌握了一般规律之后，将某一特殊事物置于普遍（一般）规律之下，从而判断某一事物从属于某种一般规律。简单说即从一般出发，去包摄特殊与个别，这属于知识和科学的判断力，即我们常说的逻辑判断力。所以又译为“决定判断力”或“定性判断力”。在这里，一般规律是既定的，“先在”的，这个“先在”是指逻辑上的“先”，而不是时间上的“先”。在实际判断中，从时间上说，可以是同时出现的。

②反思判断力，指从特殊出发，去寻求普遍性的东西。这里的普遍性，不是现成的规律，而是从特殊事物中另行发现的普遍性。

康德把这种发现过程，称之为内在的合目的性的活动，就是从合目的性方面去寻求个别事物引起主观上的普遍态度，如愉快或不愉快。这是一种对个别事物表示主观态度的情感判断。实际上，反思判断是一种价值判断。[①]

反思判断又分为审美判断力、目的论断力两种。《判断力批判》依此分为上下卷，上卷前60节，下卷61—91共31节。

---

① 正如康德将辩证逻辑纳入形式逻辑框架来论析，他把价值也纳入以认识论为基础的形而上学框架来论析。价值论在西方出现很晚，价值原是经济学概念，但作为价值哲学（Axiologe）出现于1902年，并由法国哲学家拉皮埃（P. Lapei，1869—1927）提出，1903年由德国哲学家哈特曼（Hartmann，1842—1966）采用。至20世纪中期，把人文学科称为价值科学，有多种价值形式组成体系。

（3）目的论、合目的性、主观合目的性和客观合目的性。

目的论（Telos + Logos = Teleology）问题最早是古希腊学者提出的，指按照某种结果或目的来解释事物的学说。由亚里士多德《形而上学》一书提出，他说事物发展变化的原因有四：质料因、形式因、动力因和目的因。目的，应是人的行为的预设目标、意图。所以，研究人的道德是要讲目的论的。但亚氏在《物理学》卷二中认为，既然人的技术产物有目的，自然的产物也应该有目的，所以后来推扩到探究宇宙万物的终极目的、终极原因。那么，自然究竟有没有目的？中世纪神学哲学认为有，因为自然和整个宇宙是神创造的，而神创造任何一物，都规定了各自的目的：植物之存在，是为了食草动物……各自以目的和手段的联结组成宇宙的秩序与和谐，这就是“前定和谐”论。康德不赞同神学目的论，认为自然万物自身并无目的。但自然万物又构成一个有机系统，全体与部分、部分与部分互为目的和手段。（人与地球，是地球选择人还是人选择地球——方励之“人择原理”）一棵树，根干以树叶为目的，还是树叶以根干为目的？一个人脑袋以生长头发为目的，还是头发以保护脑袋为目的？康德认为，只能是互为目的与手段。事事物物，彼此间互为目的和手段，以此结成有机整体，这种情形像是有目的、有意图安排的，为了把握这样一个有机的活的系统，我们可以认为自然客观上是符合某种目的的，即认为自然似乎、好像有目的，我们应如此这般去看待它，研究它。所以，“合目的性”的目的，是一种人的理性自行设定的目的，是“象似”目的的目的。这种自然的“合目的性”，康德认为是客观合目的性。他的“目的论判断力批判”，讲的就是自然的这种客观合目的性。

还有一种主观合目的性，康德认为属于审美。人的审美活动没有主观目的，审美就是为了审美，不为别的什么，正像儿童游戏就是为了好玩，在游戏中陶醉，为游戏而游戏。但它又是符合目的的，符合人的心理功能的协调活动，这是一种符合主体心理功能的主观合目的性，对象以其形式引起主体心理多种功能的和谐活动，所以又叫形式的合目的性。

两种“合目的性”都是无目的的，就自然说，没有客观目的，就审美说，没有主观目的；但自然和审美都符合某种目的，都有

“合目的性”，所以康德常说“无目的的合目的性”。

把康德这些主要术语大致涵义区别清楚，我们就可以进而读解康德美学了。

康德的生平非常单纯，海涅说，康德的著作就是他的生平。

他生于1724年，死于1804年，活了整整80岁。终生未娶，没有后嗣，一辈子未离开家乡哥尼斯堡（现改名为加里宁格勒），1740年入哥尼斯堡大学，毕业后任家庭教师九年，1755（31岁）年以《论火》获硕士学位，发表《宇宙发展史概论》（《自然通史和天体论》）论证银河系的存在，提出星云说，得到讲师学衔（学位），开始在母校任讲师。

康德1770年（46岁）提升为教授（经三次申请始得）[①]，1797年退休，从教41年，著作共40多种，退休后所写《实用人类学》是其绝笔之作。他生活单调，一辈子的单身汉，每天教学、写作。他每天下午3点30分外出散步，他所住的哥尼斯堡那条街的居民不用看钟，一见康德教授出门散步就知道3点30分到了！他一生都在不断学习、钻研、思考、创作，留给后人丰厚的精神遗产。他的理论和人格一致，他向往的境界是“位我上者灿烂的星空，道德律令在我心中”。人立于天地，上无愧于天，下无愧于地，中无愧于人。不把他人作工具，把人当作目的，尊重他人也尊重自己，艰难困苦，在所不计，这是大写的“人”！

五、康德美学研读书目

（一）主　读

1. 康德：《判断力批判》（上、下卷，上卷为主；上卷：宗白华译；下卷：韦卓民译），商务印书馆2000年版。分别简称为“宗译本”“韦译本”。

2. 《康德三大批判精粹》，杨祖陶、邓晓芒编译，人民出版社2001年版。

---

① 同时代的谢林（1775—1854），23岁即为教授；黑格尔（1770—1831）大学毕业，当过长时期家庭教师，于31岁谋得教授职衔，而且借助于谢林之力。

3. 康德：《判断力批判》，邓晓芒译，杨祖陶校，人民出版社2002年版。简称“邓译本”。

（二）参　读

1. 蒋孔阳：《德国古典美学》，商务印书馆1980年版。
2. 李泽厚：《批判哲学的批判》，天津社会科学院出版社2003年版。
3. 曹俊峰：《西方美学通史》（第四卷），上海文艺出版社1999年版。
4. 阿斯穆斯：《康德》，孙鼎国译，王太庆校，北京大学出版社1987年版。
5. 邓晓芒：《冥河的摆渡者——康德的〈判断力批判〉》，云南人民出版社1997年版。
6. 朱志荣：《康德美学思想研究》，安徽人民出版社1997年版。

（三）康德哲学术语及其译名

1. 庞景仁：《译后记》，载康德：《任何一种能够作为科学出现的未来形而上学导论》，庞景仁译，商务印书馆2009年版，第186—212页。
2. 杨祖陶、邓晓芒：《康德〈纯粹理性批判〉指要》，人民出版社2001年版。

康德的批判哲学和他的美学

康德从1770年以后，开始他思想发展的新时期。这一年，他提出一篇申请教授的答辩论文《论感性世界和知性世界的形式和原则》（1769年构思写作），提出感性、理性两分，要对理性（指知性）何以能认识这两个世界进行重新考察，开辟了批判哲学的新思路。

这篇教授就职论文粗线条勾勒出新的认识论体系：

1. 事物区分为现象与物自体（本体）；人类认识能力区分为感性（接受性能力）与知性（自发性能力）。

2. 感性认识的对象为现象：先天知识形式为时间、空间——对时间、空间的反省产生先验科学——数学；知性的先天知识形式为一般概念，凭借知性形式的逻辑运用对通过时空得到的知觉的加工改造，产生关于现象的必然性知识，即经验的自然科学。

3. 通过知性形式的实在运用，即用于物自体，产生与物自体相适合的知识，即形而上学这门先验科学。知性之所以能产生形而上学，是因为知性和事物本身都根源于上帝。①

这篇论文是《纯粹理性批判》的基础，拉开了批判哲学的序幕。史家将1770年前称康德前批判时期，后称批判哲学时期。将就职论文扩充为一部专著，康德原以为只要两年就可完成，孰料随问题的深入，竟费时八九年之久。

当上教授后，康德沉默11年，艰苦卓绝，构思他的《纯粹理性批判》，并于1781年出版。接着一发而不可收，1788年出版《实践理性批判》，1790年出版《判断力判断》，完成了他的批判哲学体系，即所谓的“三大批判”，② 这时康德已64岁。

---

① 参阅杨祖陶：《康德黑格尔哲学研究》，武汉大学出版社2001年版，第147页。

② 此外，康德还发表了如下重要著作：《未来形而上学导论》（1783）、《道德形而上学奠基》（1785），《自然科学的形而上学基础》（1786）、《纯粹理性批判》第2版（1787）、《单纯理性界限内的宗教》（1793）、《道德形而上学》（1797）、《实用人类学》（1798）。

康德的三大批判是一个整体。按照康德的有机论（系统论）思想，整体大于部分之和，每一部分应是整体的分别显现，对于《判断力批判》，尤其如此。不大致了解康德批判哲学的总体系，就无法了解他的美学思想体系，也根本不可能读通第三批判，尤其是它的“导论”。

围绕这个话题，我在这里做三点提示。

一、第三批判，标志着批判哲学体系的完成

从三大批判的构思过程可以看出，第三批判的写作主要不是为了解决美学问题，而是为了建构批判哲学体系。就是说，康德是为了探寻人的整体心灵能力，为了全面建构人的主体性，为了人学意义上的“整体的人”才去关心美学的。这样，我们就不能将第三批判的美学问题孤立起来就事论事，而要从人学整体视野来看待，这对美学研究所起的作用是十分深远的。

第一批判，出版于1781年，但这部著作耗费了康德至少11年的心血。从1770年算起，是11年；从他写教授论文算起，就不止11年了。他当教授后11年中一直沉默，一直苦苦钻研，语不惊人死不休，第一批判用力最大，影响也最大，出版不久便在欧洲引起巨大震动，因为它打破了莱布尼茨-沃尔夫学派旧的形而上学（独断论和自然神论），照海涅的说法，是在欧洲掀起了一场“精神革命”。康德自己也自许很高，声称是哲学上的“哥白尼革命”[①]。马恩则称整个康德哲学为“法国革命的德国理论”，即法国革命在德国哲学上的投影。康德第一批判既打破理性主义的独断论，又纠正了休谟的怀疑论（他以为因果关系没有必然性，因果联系出于联想，出于心理习惯，规律是否存在、是否可知，值得怀疑）。康德通过先验感性论和先验逻辑范畴原理分析，使人的知性建立在经过论证的坚实基础之上，既使人得到可靠的科学知识，又使人避免知

① 编者按：康德并未明确宣称自己进行了一场哲学上的“哥白尼革命”，而只是把自己就哲学思维方式所做的“倒转”，即由传统的“知识依照对象”倒转为批判的“对象依照知识”（BXVI），类比于哥白尼在天体物理学上所做的理论工作。参阅张汝伦：《康德的“哥白尼式的革命”辨》，载《复旦学报·未定稿》1983年第2期，后收入《含章集》，复旦大学出版社2011年版，第1—8页。但就比拟的意义，这样说也未尝不可，康德毕竟有这样的思路。

性的误用，而免犯错误。

七年后的1788年，康德出版第二批判——《实践理性批判》。第二批判讨论的是人的实践（广义实践——外部行为，实用活动）理性，回答“人应当做什么”的问题。实践理性与理论理性不一样，它作用于人的意志行为，不是科学知识能解决的。康德认为实践理性优位于理论理性，道德优位于知识。目前高科技犯罪和高科技迷信（电脑算命）说明实践理性即道德理性是一种价值理性。它和理论理性一样有普遍、必然的先天原则，在各自领域为知识、道德立法。但前者指向自然的规律性，后者指向意志的自由；前者追求的目标是科学知识，后者追求的目标是道德的自律。自由行动，是指人因赋有理性而能自由地选择目的和采取相应的手段并使之得以实现这样一种行动。意志自由是道德的必要条件和基础，而且就是道德本身。也就是说自主自决地确定目标和实现目标，自己为自己立法，“你要这样行动，就像你行动的准则应当通过你的意志成为普遍的自然法则一样”①。

至于审美有没有自己的先天法则？审美作为一种情感判断，是否可确立它的普遍性和必然性？康德起初是怀疑的。《纯粹理性批判》1781年第一版的注（A21）中，他表示“审美判断不能从属于先天法则”，认为审美只能是单纯经验性的，只属于“所感知识”，而非“所思知识”，它是一种感性学说，就像前批判期写的《对美感和崇高感的观察》。所以，永远得不到指导审美的先天原则。这说明他完全赞同休谟等人经验主义的美学观。

1787年6月，《纯粹理性批判》第二版，他修订了此注（B36），把“得不到先天原则”改为“得不到确定的先天法则”，说明他思想已发生微妙变化。注中还说：美学可以和思辨哲学共用“感性批判”（Aesthetik）“这个名称”，部分在先验的意义上使用它，而部分在心理学的意义上使用它。这说明他原先赞同经验主义美学的看法已发生动摇，“审美判断力批判”的思想已胎动腹中。

1787年12月28日，他在致莱因霍尔德的信中，更进一步宣称，他已发现审美判断力的先天原则：“现在，我试图发现第二种

① 参阅康德：《道德形而上学原理》，苗力田译，上海人民出版社2002年版，第39页。

能力（快乐与不快的感觉）的先天原则，虽然过去我曾认为，这种原则是不能发现的。”[①] “审美判断力批判”的思想业已成熟，先验哲学体系建构成功。

康德这个转变之所以发生，是因为他在《实践理性批判》的写作中，已经开始意识到需用“目的论”来解决审美问题。道德行为是有目的的。康德的“实践理性”论，实际上是一种“道德目的”论，而他发现，道德的最高境界即自由人格境界是通向审美的。他的《实践理性批判》的结论是以这么一段话开头的：

> 有两种东西，我们愈是经常不断地思考它们，它们就愈是使我们的心灵充满永远新鲜、日益强烈的赞叹与敬畏：位我上者灿烂的星空，道德律令在我心中。

在1804年2月12日康德辞世后，人们把“位我上者灿烂的星空，道德律令在我心中”这两句话刻在康德墓碑上，成为他的墓志铭。沉痛悼念康德的人们，准确把握了康德哲学的精髓。“灿烂的星空”，是与人相对应的大宇宙自然律的象征，它茫茫无际，神奇奥妙，但人可以凭自己的知性，凭借不倦的探索，掌握它的必然律。虽说康德认为人只能掌握自然的现象，本体不可知，但他承认物自体（即自在之物）的存在，而且认定它是现象的基础，不是彻底的唯心论者（idealist）。这是人向外的探索，这个探索，是庄严的责任，是无穷尽的使命。[②] 在我心中的道德律令是被掌握了的先天原则，人自觉道德律并化为自我立法、自由自决的选择，这就是自由意志[③]。这是指人这个小宇宙的人律，探求并树立这个人律，也许比探求自然律更为伟大，更为神奇。这是人向自身心灵的内向探索。将这两方面联结起来，那就是人与自然的和谐，整个宇宙的和谐。“灿烂的星空”是自然律在召唤人，“道德律令在我心中”是人律对自然的呼应，这是西方式的天人合一的理想，这是最高的道德境界，也是最高的审美境界。

---

① 康德：《彼岸星空：康德书信选》，李秋零译，经济日报出版社2001年版，第156—157页。

② 参阅劳承万：《审美的文化选择》，上海文艺出版社1991年版，第77—80页。

③ 自由意志可以视为人的心灵本体，它通过信仰（体验）来接近宇宙本体。

怎样将两者联结，天人如何合一？康德重新审视审美。1787—1788 年间，即《实践理性批判》行将脱稿前后，康德在目的论研究中有了新的突破。1788 年 1 月，康德发表《论目的论原则在哲学中的运用》一文，表明目的论研究使他成功地将审美判断力纳入其批判哲学体系。他概述了目的论在自然和艺术中的体现，并将自然与艺术做出类比，即自然和艺术都是活生生的有机整体。自然的合目的性使其像艺术品一样有活的生命，有井然的秩序，艺术品则以其形式的合目的性显得浑然天成，如出天然。

合目的性的原则即是先天原则，这使审美判断和对自然的目的论判断都纳入了先验哲学的理论框架，使批判哲学在知、情、意三方面都把先天原则贯彻到底，都使相关判断获得了普遍性和必然性。

1787 年 12 月 28 日他在给友人莱因霍尔德的信中宣告，他已发现过去以为不可能发现的审美判断力的先天原则。他还谈道，他对知性、理性、审美三种能力的剖析，使心灵的知、情、意得以贯通，形成全部心意机能的总体系，他的哲学便有三个部分，每部分都具有自己的先天原则。[①]

这一发现使康德自己惊喜不已，因为这个发现“奇迹般地给我提供了我有生之年可能探索的充足素材”。康德又在日记中说：“1769 年给我以伟大的光明。”[②] 1787 年，发现判断力的先天原则使他的思想形成一个体系，则给了他“第二次伟大的光明”。这个自我评价的意义，从康德人类学研究的视角来体会，是不难理解的。所以说，“两次伟大的光明”为他提供了有生之年可能探索的充足素材。

这一发现是如何取得的呢？

第一，两大批判的构思，使康德深入思考了理论理性和实践理性的关系。

第二，这要归功于他在 1787 年前后关于“目的论”的研究。

1788 年 1 月康德在《德意志信使》报上发表《论目的论原则在哲学中的运用》，发现了艺术和自然界都适用“合目的性”这个先天原则。在自然界，万物结成互为目的和手段的和谐整体，有如一

① 参阅康德：《彼岸星空：康德书信选》，李秋零译，经济日报出版社 2001 年版，第 156—157 页。

② 指教授论文《论感性世界和知性世界的形式和原则》提出批判哲学的新思路。

伟大的艺术作品；而艺术品虽是人工创造的，但它的每个部分，也互为目的和手段（例如内容与形式、情节和思想、人物与环境、人物与人物），有如大自然一样浑然天成。这两者都具有自己的完满性，有如为某一目的、某一意图而创造出来的一样。艺术和自然，都可以从“合目的性”这个先天原则去考察，形成“反思判断”，这便是审美判断和审目的判断。

康德长期为目的论问题所困扰、所苦恼，1755 年他在《宇宙发展史概论》中批判了理性主义“前定和谐”的神学目的论（自然神学），而用物质的机械运动解释宇宙起源，指出地球和太阳系是在星云的机械运动中由引力和斥力的相互作用而逐渐生成的。在《宇宙发展史概论》的“前言”中，康德自豪地宣布，给我物质，我就能创造一个世界。但是他觉得有机界是充满奥秘的，他问：我能说给我物质我能创造出一只毛毛虫吗？他自己回答说：不能。[①] 所以，康德发现自然界是有如艺术品一样的有生命的活的系统，标志着他系统论的方法的胜利。这使他的第三批判，获得了理论上的支点。

第三批判的完成，使他建立起批判哲学（先验哲学）的完整体系。他把“先天原则”在人的三种能力（总起来又称认识能力，这是广义的认识）中贯彻到底。于是批判哲学成为对人的心灵结构（人性结构）的整体考察，所以后来的康德学家将三大批判合称为康德的“先验人类学”或“哲学人类学”。

二、审美判断力是沟通知性（自然）和理性（自由）的桥梁

（一）《导论》的要点

《判断力批判》有一短短的《序言》和长长的《导论》，这个《导论》难读之至，又重要之至。照阿斯穆斯的说法，它是康德美学的导论，又是康德整个哲学体系的概述，它指出了美学在整个哲学体系中的地位，美学问题同康德认识论、伦理学的关系。[②] 这个

① 康德：《宇宙发展史概论》，全增嘏译，上海译文出版社 2001 年版，第 10 页。

② 阿斯穆斯：《康德》，孙鼎国译，北京大学出版社 1987 年版，第 310 页。

《导论》表明的是两点：

（1）判断力处于三种能力的中介地位（情感是认识到行动的中介）；

（2）《判断力批判》是沟通前两大批判的桥梁。

康德在《导论》末尾列了一个著名的总表：

内心的全部能力	诸认识能力	诸先天原则	应用范围
认识能力	知性（理论理性）	合规律性	自然
愉快不愉快的情感	判断力（反思的）	合目的性	艺术
欲求能力	理性（实践理性）	终极目的	自由

这个表需要注意三点：

第一，横向展示康德的批判哲学意向，分别考察人的知、情、意各种心意能力的可能性和应用范围；

第二，纵向展示康德的人类学意向，探讨全部心意机能，即我们今天所说的文化心理结构或人性结构；

第三，要特别注意“认识”一语的广狭二义。

在三大批判中，《判断力批判》最后完成，但却处于核心地位，因为它将前两大批判所考察的知性与理性、自然与自由联结起来，成为两者自然过渡的桥梁。“位我上者灿烂的星空”（必然律）、“道德律令在我心中”（自由律），大宇宙和人这个小宇宙，因为有了判断力，不再是互不相干的叠合，而将走向融为一体的境界——人类追求的理想境界，真善美合一的境界。

（二）一、二批判所揭示的两个世界

一、二批判是同时构思的。它们分别揭示了两个世界：现象界和本体界。现象界，由自然的必然律支配着，它作用于人的感官，产生感觉材料，感觉材料被先天的直观形式（时空）所规范，产生表象，表象又经在时间过程展开的想象过程，被纳入先验的概念、范畴和推理，形成对自然必然性的可靠认识，提供科学知识（合规律性）。这个认识过程，康德谓之“人为自然立法”，它只能应用于现象界。至于本体界，它是存在的，它能呈现为现象，是现象的基础，但它本身却是“超验”的，不能用知性的概念去规定和把握，只能由理性引导人们去追问，去想象，去思考，总之是“可思而不

知”。如追问灵魂到底是什么？灵魂是否不死？追问宇宙究竟多大，有没有起点、终点？追问上帝到底存在不存在？这一类问题，都绝对不可能用知性概念去判断、推理，进而得出科学知识，因而本体虽然存在，但不可知。本体处在可思而不可知的彼岸，如果强用知性加以判断，那就会出现“先验幻相”而使推理陷于种种困难，如在灵魂问题上陷入谬误推理，在宇宙问题上陷入二律背反，在上帝问题上陷入理性神学。过去旧的理性主义所以陷入独断论的迷途，就是没有把现象界和本体界分清楚，把只适合于现象界（经验界）的知性能力，错误地用到了本体界（超验界）去了。康德的这些论证打破了旧形而上学的“独断论”，否定了上帝是一客观存在，有解放思想的意义，正如康德自己宣称的“我不得不悬置知识，以便给信仰腾出位置”（BXXX）。

如果从整个哲学史发展来看，康德的第一批判的积极意义是主要的：第一，他限制知性，使人们知道科学并非万能，人对世界的认识，不可僵化；第二，他限制知性，不止为宗教信仰留出地盘，更为了拯救自由。

第二批判《序言》写道：“自由概念……构成了纯粹的、甚至思辨的理性体系的整个建筑的拱心石。”① 他所讲的自由，是精神的自由，道德的自由。而论证和张扬道德自由，是康德整个哲学的主旨。如果说，第一批判考察的是人以何种能力应对外部自然界，是外向性探索，那么，第二批判的考察便转向人自身，考察人如何在理性引导下实现道德自由，实现自由意志和自由人格。

人和自然一样，也可作本体、现象两分。人是现象界的经验主体，又是本体界的理性主体。在现象界，人得受种种必然因果律的限制，不可能自由；但作为道德主体，人可以超越精神领域，具有超越经验世界制约的理性力量，自主自决地选择行为目的，规定行为准则，这种理性力量是人先天具有的，它保证了人能在意志行为中实现自由。

所以，人在意志行为中是“理性为自己立法”，这样的法则有“主观原则”和“客观原则”两种。

① 康德：《实践理性批判》，韩水法译，商务印书馆1999年版，第1—2页。

主观原则：从欲望冲动出发，作为自然法则为现象的人立法，称“假言命令”（取“假如……那么……”的假言判断形式，如中国人之“养儿防老”：如果你想安享晚年，你就应当好好培养自己的下一代）。这种道德原则中会有个人利益追求，以个人快乐（幸福）为目标。现在人们喜欢说的对孩子的“智力投资”，人际关系讲“情感投资”，都属此类。所以这种法则是有条件的，有人就以为与其培养好孩子到晚年享清福，不如自己及时行乐划算。因为有条件性，就有相对性，这种道德法则便自外于人，从现实利害着眼，属于他律。

客观原则：是绝对无条件地要求人“应当”怎样做。这是作为理性的本体的人为自己立的法，采取直言判断形式（我应当、我必须……），成为人对自己的一种“绝对命令”（“至上命令”），是一切道德行为的最高原则。这便是他自觉自愿的选择，这种道德律属于自律。为培养后代不图任何报偿，把它看成庄严的义务、应尽的天职，为培养子女含辛茹苦、毫无怨言，必要时，即使付出生命也在所不惜（最近中央电视台播出新闻调查，那位为女儿献出自己的肾的母亲就说：妈妈为了女儿，只要需要，怎么做都是应当的）。这种道德律，超越了个人任何欲求，他出于人的自由意志（“善良意志”“良知”）。能这样做的人，就是一个自由个体，自由人格。这个人决不把自己、也不把任何一个别人当成手段，他有高度的人格自觉，把自己和别人都当作独立人格来尊重，这便是康德多次讲的“人是目的本身”和“人的本性是人的自由”的真实涵义。

康德强调，道德自律即意志自由的重要，主张要有高尚、正直、无私的动机，但他也承认主观原则的道德他律的合法性、合理性。他不是禁欲主义者，主观法则追求个人幸福，英法18世纪伦理学大都是幸福论（快乐论），主张利己不损人，或利他亦利己（合理的利己主义）。康德认为这在伦理上讲是太不够了，因为并没有实现意志自由。理想的道德境界应该将德与福结合起来，成为两者完满结合的“至善”或“圆善”。这就出现了伦理上的二律背反，即道德自由和个人幸福的二律背反：求福是道德原则的推动原因，德行成为幸福的发生原因。因为如此，康德便将“至善”的完满境界推到“理想”的彼岸，要人在服从“绝对命令”时，建立起

"至善"的信仰，即今生不得报偿，来世必得报偿。康德将"至善"委托给上帝，他讲的上帝是道德化的上帝，他讲的"至善"是宗教化的道德——类似于托尔斯泰将基督教道德化所形成的道德化的宗教。

总之，第一、二批判组成一种双向结构：

对外：把握自然必然律，知性使人落在现实的此岸

对内：理性引导人实现意志自由，把人接引到理想的彼岸

两岸两界，隔着鸿沟。但是，自然是一个整体，它既是现象也是本体，自然还包括人在内，人既是现象又是本体。如何将两个世界合为一个世界、如何把理性的人与知性的人结合成一个完整的人？康德将这个任务委派给了审美判断力。简单地说，第一批判面向外在世界，第二批判转向人自身，审美则是外、内的统一。

（三）审美判断力的桥梁作用

审美判断力是一种情感判断。无论对于优美、对于崇高，都是如此。从心理学上说，情感是认识通向意志行为的中介，这在经验事实上，人人可以体会：同做一件事，可以哭着做，也可以笑着做，效果迥异。在康德哲学里，情感被规定为知性与理性的中介。知性和理性都各有自己的领地（ditio，能于上行使立法的部分），而审美则没有自己固定的领地，它可以随机地沟通上述的任何一方。（邓译本第2页）所以，优美感是"知性-情感"复合体。

对于崇高，对象之无形式迫使主体转向内心，想象力唤起理性（是道德理性而非理论理性）的力量得到崇高感、惊赞感，这是一种"理性-情感"复合体。不论优美感还是崇高感，作为审美判断都是想象力和知性或理性的和谐活动（自由活动）的结果，优美感使人得到感性的自由，成为道德自由的预演或初阶；崇高感富于伦理内涵，更能通向理性的自由。所以，不论对美感或对崇高的判断，都可以在不同程度上视为"道德的象征"。从知性到理性，经过不同层级，自然和谐地得到联结和过渡，正因为如此，所以康德说审美判断力批判（美学）是"一切哲学的入门"（邓译本第30页）。

审美判断力就是这样来实现桥梁作用的。大体说来，对优美事物，表象唤起想象力与知识的和谐活动，得到审美愉悦，这是一种经验上的自由感，它对真正的自由是一种“启示”和“类比”，通过这种自由感过渡到道德行为是自然而然，不用费力的。例如：

行为美：形式规范（例如“对不起”或“握手”）——→尊重他人——→平等交流

自然美：宗白华《世界的花》

世界的花/我怎忍采撷你？
世界的花/我又忍不住要采得你！
想想我怎能舍得你/我不如一片灵魂化作你！

爱自然美到爱自然，再到自觉的环境意识、生态观念，只是一步之隔。审美把道德形式化，成为道德的弱化形式。审美时只在形式上受义务原则支配，“理想的鉴赏具有一种从外部促进道德的倾向”①，有利于道德自觉将他律化为自律。

三、初步破解“审美之谜”

康德《序言》指出判断力原理中有一种谜一样的东西（邓译本第3—4页）。这里他首先指的是审美判断力之谜，这个谜的谜底又在审美判断力和目的论判断这两种反思判断力的关系之中。

“反思判断力”和规定判断力不同。规定判断是从一般（现成的规律）出发，去包摄特殊与个别，即以概念和逻辑定式去规范现象，形成逻辑判断；反思判断则从特殊与个别出发，去寻求普遍的东西，这个普遍，不是现成规律，而是从对象身上反观自身，求得有普遍意义的判断。所以，它并不是为自然立法，并不“规定”自然界，而是看起来“好像”为自然立法，实际上是判断力为自己立法。反思判断类似于今天所说的价值评价，所判断的是自然对人的价值意义，所以是价值判断。正如康德第一批判中把辩证逻辑纳入

① 康德：《实用人类学》，邓晓芒译，上海人民出版社2002年版，第149页。

形式逻辑框架来论析一样，他把价值判断纳入广义认识论的框架来处理。因此他要设定“合目的性”的概念，并把反思判断的过程称为内在的合目的性的活动，带来用语的绞绕和思想的艰晦。这不能责备康德，因为价值论是后起的。“价值”概念最初运用于古典经济学（17 世纪下半叶至 19 世纪初），讨论的是经济价值问题。只是到了 1902 年，法国学者拉皮埃（Lapei，1869—1927）的《意志的逻辑》才创立价值哲学（Axiologe），1903 年为德人哈特曼（Hartmann，1842—1906）《哲学体系纲要》所采用，至 20 世纪中叶，西方学者才把人文学科视为价值科学，即一个由多种价值形式组成的学科体系。

那么，康德讲的判断力原理之谜是什么？他又如何破解？

（一）从审美判断力看

审美的秘密就在，它是情感判断，来自表象，归为表象，经由想象、知性的和谐活动而普遍有效。康德称之为“合目的性的审美表象”[①]，它先验地符合主体能力，不是从中求得知识，而是引起主体的快感不快感，全依你从中看出什么来，这是主观的形式的合目的性。

审美判断力，即美感能力，是十分奇特的东西，它联结着截然对立的两极，一极是具体、特殊、充满生香活意的表象；另一极是超越的、渊深的形而上境界；两极之间，自由地过渡超升，不凭借概念、判断和推理，而是由情感推动想象，达理想之境，诉之于内心体验，诉之于体悟。审美所进达的理想境界可以意会，难以言传，照庄子是“非言”的、不可言说的境界。莱布尼茨将美感称为“不可言传之物”，传入法国成为描述美感的名言：

---

① 宗白华译为“美学表象”，不妥。朱光潜在克罗齐《美学原理》第二章的译注中已说明，略谓：审美的（Aesthetic）一词源于希腊文 Aisthêtikos，原意为“感觉”，即见到一种事物而有所知……Aesthetic 应译为“感觉学”，它原来丝毫没有“美”的涵义。但是凡是“美”的感觉都由直觉生出，所以一般人把 Aesthetic 和“美学”（The Science or Philosophy of Beauty）混为一事。又 Aesthetic 也当作形容词用，这有两个意义，其一是“美学的”，例如美学的原理，美学的观点，美学的学派之类；其二是“审美的”。现在一般人常把“美学的”和“审美的”两个意义混淆起来，例如说音乐是“美学的对象”，所指的实是“审美的对象”。“美学的对象”应该指美学这门学科所研究的对象。参阅克罗齐：《美学原理 美学纲要》，朱光潜等译，外国文学出版社 1983 年版，第 167 页。

je ne sais quoi

直译是“我不知道是什么”。歌德晚年感慨道：“我对美学家不免要笑，笑他们自讨苦吃，想通过一些抽象名词，把我们叫作美的那种不可言说的东西，化成一种概念。美其实是一种本原现象，它本身固然从来不出现，但它反映在创造精神的无数表现中，都是可以目睹的，它和自然一样丰富多彩。”①

这类“本原现象”涉及本体论，是很玄虚的。这类问题不止美学有，哲学、宗教学、伦理学都会碰到，只要涉及人生价值、意义，涉及人性深层本质，这类问题就回避不了。既然问题存在，那么思想家特别是哲学家就有权追求，他们的苦苦思索和不倦探求，就不能说“自讨苦吃”②。因为这是关系到每个人安身立命、找到人生立足点的问题。这些“不可言说”的问题，属于“非名言的领域”，使这不可言说的东西如何成为能够言说，就是每个人文学者的应尽职责（绝对命令）。

众所周知，康德是用“美是合目的性的形式”和“美是道德的象征”来将不可言说的美化为言说的。我们不必把他的所有看法都当成最终结论，他也不可能把审美的奥秘揭示无余，但他的探讨表明，从理论上探讨审美判断力，是完全可能的。康德美学因此对后世有永远常新的范导意义和启示价值。

（二）从目的判断力来看

黑格尔在评述康德的判断力理论时说：“判断力的对象一方面为美，一方面为有机的生命；而后者是特别的重要。”③ 前者是审美判断力，对这种判断力的批判考察谓之美学；后者是目的论判断力，它批判考察的对象是自然界的有机生命，或称自然的有机生命系统，这种批判考察谓之“自然目的论”。康德的判断力有两义，

① 爱克曼辑录：《歌德谈话录》，朱光潜译，人民文学出版社1978年版，第132页。

② 法国沙龙故事：一位哲学家大谈玄学，一位贵妇人问：“先生，你的哲学有什么用？”哲学家说：“夫人，你怀里抱着的孩子有什么用？这是不用之用呀！所以我劝那些想轰动效应的年轻人不要搞哲学不要搞美学，歌德已经嘲笑过了，你还自找苦吃干什么？！”

③ 黑格尔：《哲学史讲演录》（第四卷），贺麟、王太庆译，商务印书馆1959年版，第294页。

规定、反思，此处讲反思判断力——第三批判考察的对象。第三批判所讲的两种判断力均是反思判断力，两者均为“形式合目的性”，但审美是主观的形式合目的性，目的论是客观的形式合目的性。

自然目的论的提出，是为了解释（按照类比来猜测，参邓译本第 15 页）自然界的有机统一性（有机 = 生命）。包括人在内的自然界，是不是一个整体？这是知性不能完全回答的。因为知性只能把握自然界的现象，只能用科学知识去证明其中的规律性和必然性，自然界还有大量偶然、随机的东西，处于规律之外，那是无法用科学知识去证明的，而且即使是合规律性的现象，规律对具体现象事物的规定方式也是多种多样的。因此，主体面临的依然是错杂纷纭的现象世界，而人类理性有一种必然的要求，它总想从杂多中求得整一，否则人类自己就会感到彷徨不宁。康德认为“多样统一”是理性的一条先验原则，这条原则如何运用于自然界的有机统一性？康德长期为此苦恼。

1788 年前后，康德从艺术作品的有机结构得到启示，以“类比”方法，把艺术品的合目的性推扩到有机自然界，把自然的有机生命系统“看成”一位不出场的“艺术家”，按照某种目的、某种意图创造出来的艺术品，从而提出了“自然目的论”。和神学目的论不同，康德设想的不出场的“艺术家”，不是人格神的上帝，而是自然本身。所以它不是如审美是一种主观合目的性，而是设想自然有一种客观目的、客观意图，即自然好像有意图地要将无机界当作有机界的前提基础，要由无机界产生有机界，而生命产生后，又要按不同的种、属、类组成等级秩序，最后产生人，人由自然的人（非文化的粗野的人）进到文化的人。自然界就是按这样的序列自行进化、自行创造，形成井然有序的巨型整体，好像是有一个预先的目的一样。这个合目的过程，给人提供的是“合目的性的逻辑表象”、客观的形式合目的性，诉之于人的知性和理性，用以把握自然整体性（与快感不快感无关）。这个整体性序列，康德视为自然的特殊规律，不是自然的必然性，而是人用来反思自然的偶然性整体的范导性原则。这个“合目的过程”的实质，康德称之为“自然界向人生成”。在这个过程中，人是自然的目的，而且是最终目的，在第三批判的下卷，他反复强调的正是这一点：

> 人就是这个地球上的创造的最后目的。(邓译本第284页)
> 人对于创造来说就是终极目的。(邓译本第294页)

自然目的论涵摄道德目的论。人有自由意志，为自己提出理想，要求自己成为文化的人。这样一种目的论，提供的是人与自然和谐统一的图景，是杂多的统一，是美，是真，也是善。在这个总图景中，自然给人以恩惠，或有用，或美，人应当领略这种恩惠并进而善待自然。

因为人是自然的一部分，人是和谐的有机生命体，自然也是和谐的有机生命体，所以自然系统的统一图景同人的能力必然是先天适应的，所以自然目的论是一种有机系统论，它包含着人与自然——异质同构的思想。当人采取静观态度来对待自然中的任何个别（包括具有规律性和偶然性的事物），都会必然地由有限进达无限，由现实超入理想。所以自然目的论虽是从艺术（亦即从审美）类比推扩所形成，却反过来成为解释审美必然性的根据。在优美，人面对事物的表象，必然会激起“知性与想象力的和谐活动”而得到愉快；在崇高，直观和想象力受挫时，必然会唤起理性的力量来把握对象，以及审美（含审崇高）的情感必然具有普遍有效性，其总根源就在自然的合目的性。所以韦卓民先生生前一再向学生提醒，康德美学的全部秘密都在于自然目的论。[①] 这个提示值得我们认真体会。宗白华的艺境论讲人与自然的统一，关于大小宇宙的对应关系，都有康德自然目的论的背景，因为把自然看成有机生命系统，是康德哲学和中国生命哲学共有的主张。这是德国古典美学和中国传统美学的文化哲学依据。康德《判断力批判》的上下卷是相互补充的，不了解审美判断力就不可能了解目的论判断力，反过来亦如此。康德难读的原因即在此。

---

① 此条由韦卓民先生的学生劳承万教授处获告。

康德美学要义

一、美的分析

（一）问题的性质

1. 康德美的分析，是对审美判断力的分析，事物在何种主观条件下才显得美，是他关注的中心。而审美判断力或鉴赏判断力即是美感能力，所以康德的“美的分析”是对美感特征的哲学思考。他用哲学方法处理美感的心理现象，用的实际是“哲学-心理学”方法①。研究审美经验（美感）拒绝用哲学思考就会流于琐碎而难有创获。

2. 康德对审美能力的分析，是“契机”分析，宗白华说是指关键性、决定性的东西、要点，但涵二义，是因素分析，这些要素是极精微的，在转瞬间起作用的。康德取用“moment”这个字兼有因素、瞬间二义，德语以此词指“瞬间曝光”的快拍照片。宗白华译此为“契机”，极确。既是对要素的分析，又是对美感过程的重要关头、时刻的分析。

3. 四契机是按质的、量的、关系的、方式的②顺序排列的，依次回答审美判断力的特殊性、普遍性、无目的的合目的性、必然性四大问题③。每一契机包含一则“二律背反”，鲍桑葵《美学史》

---

① 参阅汪裕雄：《审美意象学》，辽宁教育出版社 1993 年版，第 276—288 页。（按：此书 2013 年由人民出版社再版）

② 原文“Modalität”，朱光潜译为“方式的”，李泽厚译为“模态”，宗白华译为“情状”。

③ 蔡元培概括：“康德立美感之界说，一曰超脱，谓全无利益之关系也。二曰普遍，谓人心所同然也。三曰有则，谓无鹄的之可指，而自由其赴的之作用也。四曰必然，谓人性所固有，而无待乎外铄也。”蔡元培：《美学观念》，载高叔平编：《蔡元培美学文选》，北京大学出版社 1983 年版，第 66 页。

称其为“四个‘paradox’”①。这种分类法，仿照第一批判先验逻辑的范畴分类法（4类12个［对］范畴），因为审美总和知性发生这样那样的关系，但是康德在审美上将“质”放在第一位，而在先验逻辑中“量”是第一位的，它的顺序是量、质、关系、模态。“规定判断”，即由一般来规定特殊，一般更重要，故“量”置首位；审美的判断是“反思判断”，它要由特殊去求得一般，特殊更重要，故“质”置首位。这个顺序的变更，表明康德重视审美与认识的差别。这里体现着康德的辩证思考：袭用知性判断力（规定判断）的概念分析法，但又强调审美和知性判断不同，它属于反思判断。

为什么契机分析要借用范畴分类法，康德特别加注说明：他之遵循判断的逻辑功能去寻求审美的契机，是因为审美判断中“总还是含有对知性的某种关系”（邓译本第37页），而他之所以首先探讨“质的契机”，是因为对于审美判断首先应该顾到质的方面。这个思路很清楚：审美也属于广义的认识机能，它和知性有联系，但又跟狭义的认识机能（理论理性—知性）不同。它包含认识但又不能归结为认识。

（二）四契机分析

1. 质的契机：“无利害”而归于愉快。

康德认为，愉快不愉快的情感可分三类：A. 感官的愉快；B. 道德赞许，由尊重而引起的愉快；C. 审美的愉快。

A、B都由客体引起，都关系到利害，A是客体满足感官而引起属于物质性的利害感欲求；B是客体引起意志欲求，是理性的利害感。审美快感与客体性质无关，排除任何欲求（如欣赏罂粟花），这种愉快是自由的愉快，它不出于偏爱，而是一种“惠爱”，既非认识，亦非实践，而是无功利的观照。这种美是自由美、纯粹美。

审美无功利性是古老的思想，但是在欧洲，只是到了18世纪夏夫兹博里才第一次提出这个命题，到康德才从哲学上加以深刻论证。中国传统亦重无功利，儒家经由道德自由而入审美；道家则经由超感性的精神自由而入于审美。

① 鲍桑葵：《美学史》，张今译，商务印书馆1985年版，第342页。

欧洲人、东方人一致强调审美的无功利性，老子讲弃知去欲，18世纪夏夫兹博里讲无功利性。这都是大家熟知的，但不少人有一误会，以为讲审美无功利就是不讲审美和社会生活的联系，讲无功利性就是突出个体的绝对君主地位，就是私人性，这是一个绝大的误解。

美国哲学家斯托尔尼兹指出夏氏是第一个注意到审美无利害性的哲学家[①]，这是对的。但有人（卡西尔）称夏氏“第一个创立了内容丰富而独立的美学”，便不妥。因为夏氏的“内在感官”即是道德良心，对审美快感与伦理快感亦未加分疏。[②] 审美的愉快是感性的愉快，但它具有超越性：超越感官快乐而不流于快乐主义和官能主义；超越个我而不流为自私的享乐且具有族类共同性。

第一，讲非功利性是强调审美愉快的精神性、超越性，它“悦目赏心”，耳目的感官愉悦要通向内心的激赏、心灵的愉悦；

第二，讲非功利性是强调审美愉快的非私人性，它排除私人功利，而合于族类功利、精神上的功利。所以康德的非功利性可以理解为“无私性”。苏联学者里夫希茨说过一句著名的话：“审美的无私性是功利性的最高形式。”这一点，蔡元培的理解是深刻的、对头的，他说美感（指优美感）“从容恬淡，超利害之计较，泯人我之界限，例如游名胜者，初不作伐木制器之想；赏音乐者，恒以与众同乐为快；把这样的超越而普遍的心境涵养惯了，还有什么卑劣的诱惑，可以扰乱他么?”[③] 他又说，专己性是人道主义最大的阻力，“美感之超脱而普遍，则专己性之良药也”[④]。

结论：鉴赏是凭完全无利害观念的情感对某一对象及其表象方式的一种判断力。

第一契机包含两个二律背反：

①从审美愉快与感官愉快的关系看（不做合题，两种愉快，

---

① 斯托尔尼兹：《“审美无利害性”的起源》，载中国社会科学院哲学研究所美学研究室编：《美学译文》(3)，中国社会科学出版社1984年版，第19—24页。

② 参阅朱狄：《当代西方美学》，人民出版社1984年版，第280页。

③ 蔡元培：《在香港圣约翰大礼堂美术展览会演词》，载文艺美学丛书编辑委员会编：《蔡元培美学文选》，北京大学出版社1983年版，第218页。

④ 蔡元培：《美学观念》，载文艺美学丛书编辑委员会编：《蔡元培美学文选》，北京大学出版社1983年版，第66页。

§57 有说明）：

正：审美愉快不同于感官愉快（前者无利害，后者有利害）

反：审美愉快需以感官愉快为基础

②从审美愉快与道德愉快的关系看：

正：审美愉快不同于道德愉快

反：美是道德的象征

合：审美愉快是一种自由感，此为道德自由的初阶、预演。①

2. 量的契机："无概念"而具普遍性。

这一分析有三个要点：

（1）审美判断为什么没有概念？康德"第三批判"的《导论》和"美的分析总注"中对此有所说明，可示图表为：

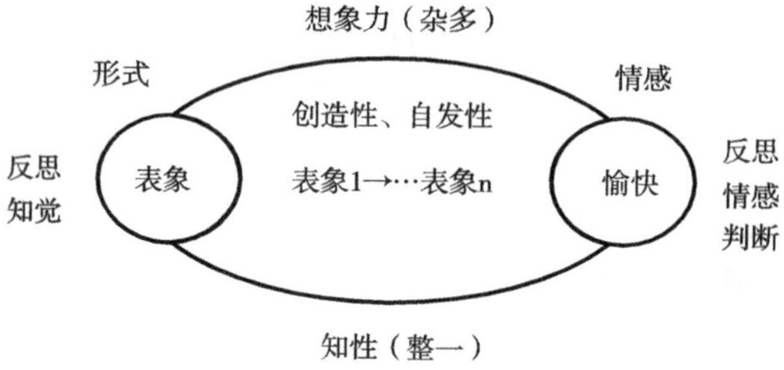

表象向主体联系而不向对象联系，不去规定对象实体，不提供关于对象的知识，而只提供快感不快感，在知觉基础上做表象运动（表象1……n）。所以说表象直接与快感不快感联系，而知性则在暗中起指引作用，概念从不出现——"如果我们只是按照概念来评判客体，那么一切美的表象就都丧失了"（邓译本第51页），而两者

① 道德形式化。在"审美中，它只有形式上受义务原则支配，因而，理想的鉴赏具有一种从外部促进道德的倾向。"（康德：《实用人类学》，邓晓芒译，上海人民出版社2002年版，第149页）以行为美为例：行为美只是形式，它之得到赞同是由于形式，但含有对他人的尊重（善）。故由审美养成第二天性（习以成性）则善在其中。

的结合，是“无意识”的，知性在此不基于任何概念，也不提供任何概念。

所以，审美判断一不出现概念，二不构成逻辑定式，人们不能用理由或原则强使他人赞同某一审美判断。康德比较过三个判断：

这朵玫瑰花是美的
玫瑰花的香气令人快适
玫瑰花一般说来是美的

只有第一个判断是审美判断，第二个是感官判断，第三个是逻辑判断。

虽如此，知性仍起作用，它规范着表象，指引着表象的运动，支配想象趋向于某种认识。这种认识是朦胧多义的，非概念的，可意会而难言传的。这种认识中，知性和想象力协调一致，两者都得以自由发挥，有如自由游戏（“很好玩”），审美的愉快由此而产生，故被视为自由愉快。

（2）没有概念何以有普遍性？这里先得弄清楚审美判断的普遍性是什么意思。

A. 不是客观普遍性（逻辑判断关乎对象的客观普遍性），而是人的主观普遍性（康德又称经验普遍性，即朱光潜所说“人同此心，心同此理”）。

B. 这种普遍性体现为一种规定心情，即判断者期待中、设想中的普遍性（期待、设想别人的普遍赞同）。

C. 这种普遍性来自哪里？它不在对象，也不在逻辑推理之中，而来源于审美的理念①（自由理性）和最后目的（在第三契机将予以展开）。

（3）“判断在先”的原则：在审美判断中，判断先于快感，还是快感先于判断？

---

① 理念，原文 Idee，宗白华以为亦可译为“理想目标”，朱光潜以为是带有概括性和标准性的具体形象，所以依希腊原文本义译为“意象”，有时又可译为“理想”。参阅朱光潜：《西方美学史》（下册），人民文学出版社 1979 年版，第 386 页。

康德说，“解决这个课题是理解鉴赏批判的钥匙”（邓译本第52页）。审美判断是一种情感判断，“美没有对主体情感的关系自身就什么也不是”（邓译本第53页）。

判断先于快感，这判断是审美的判断。快感先于判断，这判断是对生理快感的判断。

这个“先”是指逻辑的“先”还是时间的“先”？从经验上说，审美既以情感态度做出判断，时间上必后于快感，先觉得愉快才觉得美。这里是指“逻辑上”的居“先”，逻辑上判断选择是前提。因为审美判断是对象的表象与主体心意功能结构（及其能力）两相适应的结果，所以两者的适应在逻辑上说，应是前提，审美判断的“选择在先”，审美心意功能的和谐活动所产生的快感在后。要评判美，得先有一个有修养的心灵。“判断在先”的原则，进一步区别了生理快感和审美快感。①

结论：美是那不凭借概念而普遍令人愉快的。

第二契机包含的二律背反是：

正：有概念而具普遍有效性（逻辑）→客观对象的、概念的——

反：无概念而具普遍有效性（审美）→主观能力的、情感的——

正反二题构成矛盾，矛盾就是第三者：审美的理念（Idee）。总之，“要评判美，就要有一个有修养的心灵；平常人对于美是不能下判断的，因为这种判断，要有普遍正确性。”②

3. 关系契机：深入的主客体关系分析。

这个契机，在“美的分析”中，所占篇幅最多（共22节：其中第一契机共5节，第二契机4节，第三契机8节，第四契机5节），内容最复杂，也最重要，它是“美的分析”的中心项，这一

① 编者按：此处对“判断在先”的分析，后由当时听课的研究生李伟在先生的指导下撰文发挥。参阅李伟：《试论康德美学的“判断在先”原则》，《安徽师范大学学报》（人文社会科学版），2003年第4期。

② 黑格尔：《美学》（第一卷），朱光潜译，商务印书馆1979年版，第73页。

契机可以讲三个要点。

（1）进一步论证审美判断的纯粹性。

“美是无目的的合目的性形式”，这是一个悖论，包含深刻的二律背反。这个二极中展示的张力，中有丰富的内容，催人思考。

所谓“无目的”，是指审美既无主观目的，也无客观目的。无主观目的，从主体角度说，好理解，因为审美和一切意欲绝缘，人不为认识的目的、实用的目的去审美，只为审美而审美。无客观目的，是从对象自身说的。对象的客观目的有两种：一种是它的有用性（如花，是植物的生殖器官，不仅外观美，而且花粉的微观结构呈现出美妙的螺旋形图案，令人叹为观止。一把镰刀，它的形状、结构服从于“割”等）；一种是它的完满性（理性主义美学认为美是事物的完善。鲍氏认为是感性认识的完善，这里的“完善”都指事物感性形式能满足某个概念的要求）。这两种客观目的，一个涉及对象实体（有用是其实体有用，在实用活动中它便成为人所占有、利用、消灭的对象），一个涉及对象所属的概念。而审美，既不涉及有用性（与欲求无关），也不顾及概念，它只就表象欣赏表象，始终不脱离表象，而表象只是形式，所以说审美只关乎对象的形式，而不问其实体如何。

审美的对象是合目的的，合于什么目的呢？表象能符合主体的知性与想象力的和谐活动并导致（不是唤起，和谐活动本身便是一种愉快的情感体验）审美的愉快。这种符合不由主观意欲引起，也不由概念引起，它是无意识的又是必然发生的，就像这些事物的表象“好像有意”要去符合人的审美能力那样，必然给人以审美愉快。这就叫作“形式的合目的性”，反过来，从对象而言，就是“合目的性的形式”。

形式的合目的性，用今天的话来说，就是表象与审美心理结构（结构产生能力）的异质同构，所以李泽厚称之为“人与自然相统一的一种独特形式”①。康德是借用夏氏、哈奇逊的“内在感官”论来说明的。他在论述审美以心意诸功能的协调一致的情感进行判断时加了一个夹注：“内感官的”（邓译本第64页），说明他把英国经

① 李泽厚：《判断哲学的批判》，天津社会科学院出版社2003年版，第366页。

验主义美学的命题纳入德国理性主义美学的范畴（目的性、合目的性）内加以理解，这在方法论上给我们以启示。[①]

（2）自由（纯粹）美与依存（附庸）美。

康德着力论证的是纯粹美，纯粹美之所以纯粹，一不受欲念干扰，二不受概念制约，它是想象力和知性的和谐的自由发挥，故纯粹即自由。但他看重的却是依存美。它分析纯粹美是为了给审美制成一个提纯的标本，给予纯粹的分析，以判定审美与认识、伦理的界限。正如我们研究酒，要把酒提纯了研究酒精，但我们喝的酒总是勾兑了一定比例的水的，我们不能喝纯酒精。而酒精和水总是融为一体的，酒里含水，但水不是酒，酒不是水。他看到，在审美的整个领域，纯粹美是相当少见的。因此，他为纯粹美划定一个狭小的范围，他所列举的大约是：自然美中如花、鸟、海贝，艺术美中如图案、无标题音乐、无词歌曲，即今日所谓形式美。

除此而外，人的美（指人体美）、马的美、建筑物的美，以及广大的艺术美，都并不纯粹，而常常和道德（目的）结合着。就是说经常出现的审美对象是美与善相彰的，这时美便成了善的形式方面，美取得了更为丰富的内容。这种美，有条件，有依附，可以和善结合，乃至充当善的工具，但依附并不破坏诸心意功能的和谐活动，就是说不破坏美的形式。朱光潜说艺术没有道德的目的而有道德的影响，亦此意。朱志荣在书中对此讲得很雄辩，大意是纯粹美不以善为必然条件，但不能说美不具有善的基础。[②] 我看他还不如宗白华说得深刻，宗氏在《略谈艺术的“价值结构”》一文中说，艺术价值结构分形式价值、描象价值和启示价值三部分，形式价值即“美的价值”，但“艺术固然美，即不止于美。……艺术不只具有美的价值，且富有对人生的意义、深入心灵的影响。”他的结论是，“艺术同哲学、科学、宗教一样，也启示着宇宙人生最深的真实，但却是借助于幻象的象征力，以诉之于人类的直观心灵与情绪意境，而‘美’是它附带的赠品。”[③] 这种理解，符合德国古典美

① 西方现代美学各执一端有片面真理性，要把它们放在合适的度、层次、侧面上加以吸取，如弗洛伊德、融恩、接受美学……合理阐释，恰当吸取，就是理论创造。

② 朱志荣：《康德美学思想研究》，安徽人民出版社1997年版，第107页。

③ 宗白华：《宗白华全集》（第二卷），安徽教育出版社1994年版，第69、72页。

学、尤其符合于康德美学。纯粹美和依存美的划分，照朱光潜先生的说法，一是从分析的角度回答什么样的美才是纯粹的，二是从综合角度回答什么样的美才是最高的、理想的美。这种说法，可参考。

（3）审美理念与审美理想。

审美判断的标准是经验性的、范例性的标准。《文心·知音》云："观千剑而后识器，操千曲而后晓声。"概念性的原则不可能有，理想的美不是纯粹美而是依存美。纯粹美判断的标准是形式自身，依存美判断的标准则是审美理念与审美理想。

审美理念，康德用的是德文"Idee"（相当于英语的"Idea"），柏拉图的"理式"、黑格尔的"理念"都是这个字。宗白华译为"观念"，但加注说亦可译为理念、理想目标（宗译本第53页）。①"理念"也就是"理性的概念"，但与一般概念不同，它是不确定的，不能被规定的概念，只能借由个别经验性表象来体现，这需要诉之于想象力。而符合审美理念的个别事物的表象就是审美的理想（Ideal），亦即最高的美。这种最高的美乃是表象通过想象与"理念"的结合。（邓译本第68页）依存美，使美和道德理性联系在一起。如果说纯粹美的美感是一种"知性-情感"结构，那么，依存美的美感便属于"理性-情感"结构，这种结构形成的就是审美理念和审美理想。

从美的事物而言，纯粹美的花朵、海贝、艺术中的图案是谈不上审美理想的，而一涉及人，就有审美理想问题，因为"只有那在自身中拥有自己实存目的的东西，即人，他通过理性自己规定自己的目的"，所以，"只有这样的人，才能成为美的一个理想，正如惟有人类在其人格中，作为理智者，才能成为世间一切对象中的完善性的理想一样。"（邓译本第69页）只有人，才有关于自己最完善的理想；只有人，才有人格（个性），才有理想人格（将人类性体现在个性中）。

"审美理想"体现于人的形象，有两大要素：

① 这个字的希腊字源含有"最高范型""形式"等意义。朱光潜在《西方美学史》的"康德章"加注说（第386页），此字译为"观念"不妥，因为它是具有概括性和标准性的具体形象，所以依希腊原文本义，应译为"意象"，有时可以译为"理想"。

第一，审美的“规范理念”。如人体之美可求出各项平均指数，取一千人其高、阔、厚，总和除一千。这样的“规范理念”求出的美，不过是“合规格”而已，对人来说，这种类型化的形象往往显得没有性格，很平庸，只能涉及完全外在的东西，对于美来说，也是消极的表现。

第二，审美的“理性理念”，这就需涉及道德，它体现了人体形象的最大合目的性，这个判断来自评判者自身，它可以突破“规范理念”的限制，外表上不妨有某些缺陷，但却显示出人的道德力量（试设想米罗岛的维纳斯的从容、镇定与舒展的美，贝多芬胸像雄狮一样的精神力量）。“这就需要那只是想要评判它们、更不用说想要描绘它们的人，在内心中结合着理性的纯粹理念和想象力的巨大威力。”（邓译本第72页）所以审美理想乃是理性与想象力的和谐统一。

4. 方式（情状、模态）契机：

在先验逻辑的范畴分类里，方式这个类项包括三个范畴，即可能性、现实性、必然性。

这一契机，康德分析的是审美判断的必然性。论题是：美是不依赖概念而被当作一种必然的愉快的对象。

从表面看，这和量的契机（第二契机）雷同，都讲无概念的普遍有效性，而且都是从“先天共通感”加以论证，但实质上，这两者是有区别的。第四契机回答了第二契机的必然性和所以然，即回答主观的合目的性的判断，为什么必然具有客观必然的普遍有效性。①

对“先天共通感”的分析：

（1）它不同于普遍知性，不是按概念而是按情感和“模糊表象”做出判断的。这里的情感并非“私人情感”，而是“共通情感”，即它具有族类性质的必然性。

（2）“知性和想象力和谐活动”，必然引出共通感的结果，而两

① 宗白华论“必然”：“文艺不只是一面镜子，映观着世界，而且是一个独立的自足的形相创造，它凭着韵律、节奏、形式的和谐，彩色的配合，成立一个自己的有情有相的小宇宙；这宇宙是圆满的、自足的，而内部一切都是必然的，因此是美的。”宗白华：《宗白华全集》（第二卷），安徽教育出版社1994年版，第348页。

者和谐活动不属于“外在感觉”，而属于心理结构的内在联系。

（3）“共通感”的普遍有效是“范例”的有效性。美感趋向于审美理想，以其为规范，面对“审美理念”（显现为审美意象），人人面临一个“应该”：它不是每个人都事实上同意我们的判断，而是“应当”同意。这就是说，共通感的必然性来自人类情感的理想规范的力量，它对别人也构成一个道德律令：“应该”。康德在 §41 用人的社交本性解释共通感：作为社会的生物，社会交往是人性里的特性，他要求将情感传达给别人，所以每个人都要求普遍传达，使感情在社会里为他人共享，就好像是人类自己为自己指定的“原始契约”一样。这个分析是深刻的，它触及“共通感”乃是人类实践史的伟大积淀这样的思想。

从上述四契机分析可以见出，康德美学的要点是要从“知性-情感”向“理性-情感”过渡。在纯粹美里，自由感是前阶；在依存美里，自由感是预演（理性自由）。中间的层次递升是很细密的。有人（如朱光潜先生）认为康德的两类论述有矛盾，这是因为不了解康德人类学视野而导致的误解。

二、崇高的分析

（一）崇高论的历史回顾

1. 朗吉弩斯（Longinus，213—273）《论崇高》。

崇高是作为雄辩术中的修辞学概念被提出的。追求崇高出于人的本性，大自然并不把人当作卑微的动物，而是为了把人丢进宇宙生命的运动场，让人参加生命的竞赛。所以，人总追求崇高的事物，对真正伟大的、使人惊心动魄的奇特事物，有永恒的爱，总怀有敬畏之情。

“崇高是伟大心灵的回声”有五个来源：

A. 庄严伟大的思想；B. 强烈激动的情感；C. 思想和语言的藻饰；D. 高雅的措词；E. 堂皇卓越的结构。

朗吉弩斯《论崇高》湮没一千余年，这部以希腊文写成的著作，16 世纪发现于欧洲，17 世纪后半叶，由法国古典主义者布瓦洛（Boileau，1636—1711）译为法文，多次重版，被推许为与亚氏《诗学》并驾之作，产生了巨大影响。

2. 博克（Burke，1729—1797）首次将崇高与优美作为平行范畴做了论述，崇高与美被视为两大“范畴”。

《论崇高与美两种观念的根源》（1756），从生理主义观点对两者做出解释。人有两大本能：自我保存和社会交往。前者求个体生存，后者求群体繁衍；交往首先是两性交往，由爱异性而爱他人。前者是崇高的基础，后者是优美的前提。

“凡是可怖的也就是崇高的。”高大、深渊、黑暗，都能引起恐怖，但因主体处于安全地带，激起的自我保存欲望不是使人付诸行动（如逃生），而是产生自豪感与胜利感，此即崇高感。

康德认为博克对崇高的经验描述可以为人类学提供丰富资料，但这属于经验人类学，因此它不能解决崇高鉴赏的根本问题，即对崇高的判断何以普遍有效的必然性问题。康德给自己规定的任务是探讨这一必然性，为其找出普遍遵循的先天原则，使经验人类学上升为先验人类学。

（二）康德对崇高的分析

对崇高和优美的鉴赏，都属于审美的反思判断，服从审美判断力的先天原则，四契机的分析对优美、崇高都能适用。质：无功利愉快；量：非概念普遍有效；关系：无目的的合目的性；方式：无概念的必然性。

但崇高与优美又有区别，最根本的一点是崇高的对象，是数量的巨大与力量的巨大，它在主体面前呈现的不是有限的感性形式，而是“无形式”。这就使崇高四契机的顺序和优美四契机有所不同，崇高必须从量的契机开始。其分析框架是：

- 崇高
  - 数量的崇高
    - 量：无形式
    - 质：消极的快感（不快——→痛快）
  - 力量的崇高
    - 关系：理性合目的性
    - 方式：历史必然性

1. 量的契机：关键要掌握“无形式”的意义和数量“大”的确切涵义。

（1）关于“无形式”。

首先，它是和“优美”相对而言的。优美的对象提供的表象是由感官把握的“有限形式”，崇高对象提供的表象则是“无形式”（unform），亦可译为非形式，它是不定形的，在时空上都是无限制的形式。无限时空易唤起崇高感。

其次，优美的感性形式是整体的，符合多样统一等形式美的法则，而崇高是不规则的、奇特的、反常的。

第三，优美由感官可以把握整全形式，故鉴赏方式是“静观”，崇高的鉴赏方式则是动态的。

（2）关于数量的“大”的确切涵义。

崇高的“大”是绝对的大、无比的大。只要有可比，就不会产生崇高感。因为有可比，小的作为参照就可以用来度量大，那么“大”就可以度量，就会被纳入抽象的数量关系而归于逻辑认识。李白《蜀道难》：“噫吁嚱，危乎高哉！蜀道之难，难于上青天！”《梦游天姥吟留别》：“天姥连天向天横，势拔五岳掩赤城。天台四万八千丈，对此欲倒东南倾。”这都是无与伦比的大。刘禹锡《九华山歌》：“奇峰一见惊魂魄。”毛泽东《念奴娇·昆仑》：“横空出世，莽昆仑，阅尽人间春色。飞起玉龙三百万，搅得周天寒彻，夏日消溶，江河横溢，人或为鱼鳖。千秋功罪，谁人曾与评说？”亦类此。因为无可比，人只能在想象力的直观里去力求把握对象整体，以便将无限作为一个整体来思考。

2. 质的契机。

（1）“通过无能之感发现自身的无限能力”。

崇高感是由不快感转化而来的快感（消极的快感）。优美感是外向的：感官能把握对象的有限形式，想象力激发知性去把握，主体感受是宁静的、圆满的、欣然怡悦的。崇高首先使感官受拒绝，生命力受挫折，引起恐怖感，但人又处于安全地带，生命安全不受现实威胁，所以想象力便转向内心去寻求支持，它自由地唤起理性的力量（例如“整体”这个理性观念；宇宙整体＝大全）去努力把握对象的整体。主体此时的心情动荡不安，对象对于人轮番地交替着推拒和吸引，生命力受阻，又接着有生命力的洋溢迸发。想象力面对超感性的对象，有如面临万丈深渊，生怕迷失于其中，但超感性的东西又适合理性，想象力转而求救于理性的力量去加以把握，这是符合规律的。这样，生命力的受挫反而唤醒了理性而导致生命力的高扬。所以宗先生在译者按中说："（崇高感）即通过无能之感发现着自身的无限能力。"（宗译本第99页）

（2）由痛感转化为快感的转换机制在于"偷换"（subreption）作用。

康德指出，对崇高对象的崇敬，其实是人对自身使命的崇敬转移到对象身上去的。对自然的崇高感就是对我们自己的使命的崇敬，通过一种"偷换"（隐瞒真相而获益）的办法，我们把这崇敬移到自然事物上去，"用对于客体的敬重替换了对我们主体中人性理念的敬重"（§27，邓译本第96页）。这是一种"自居作用"，朱光潜先生以为有"移情"说的雏形。

3. 关系契机：无目的主观（理性）合目的性。

鉴赏崇高，想象力不能和知性和谐结合，而跳过知性去和理性力量协调一致。照康德，知性的应用范围是经验世界，超越经验的宇宙大全、自然整体，属于本体界，它不可知，不能提供可靠知识，却可以思考，可以想象，可以设想（不可知而可思）。超验世界的思考，正是理性的任务，所以，理性在崇高鉴赏中被唤起，是完全符合理性自身要求的。这同样是一种主观合目的性。

在力量的崇高面前，个人显得渺不足道。但只要自觉安全，我们的心灵就会被提到超出凡庸的高度（反常对象使我们打破惯常尺度），使我们产生一种抵抗力，有足够勇气与表面上万能的力量展开较量。

这种较量即是使命感。第一，他要突破有限而达无限，属于数量的崇高，"世界整体"观念；第二，他要抗拒外界力量对生命的摧折，伸张自己的全部心灵能力（知性不够就用理性），来抗拒外界暴力的侵袭，属于力量的崇高，"道德勇气"观念。这种使命出于绝对命令，是权利，更是义务、职责。在现实中，即使这种抵抗是徒劳的也要去抵抗，即使是无望的期待也要去期待，因为这是最高命令，没有理由可说。

崇高的鉴赏，从对象说，要从局部到无限整体，由经验到超验，就主体说亦是如此。超越物理的我（生理的我）到理性的我，把小我转为大我，感性主体转为族类主体，这两方面都趋向于本体，这个思想是十分深刻的。因为没有理性去把握整体，人生的价值意义无法做终极追究，主体的心灵无处安放，驱除不了焦虑感、不完全感。从主体说，只有将感性主体（个我）融入族类主体，融入人类事业，才能摆脱个我的局限。

正因为崇高在更高层次上唤起理性的力量，有提升人格的作用，所以康德才在崇高分析之后提出“美是道德的象征”的命题。这里的“美”包含优美与崇高。

然而，崇高只是通向实践理性，它不是实践自身。它之所以是“象征”，乃因为鉴赏崇高仍不脱离表象，不脱离想象，不脱离直观，理性观念只对想象起范导作用，依然是暗中起作用的因素，一如知性在优美中只引导想象趋向不确定的认识，所以这里的理性理念，不是直接实践性的，这里的理性自由只是对道德自由的体验，而不是实践中的道德自由，就是说，它并没有转化成道德行为。如果说，优美感中知性范导着想象，指向不确定的认识，崇高感中理性就范导着想象，指向不确定的理性观念。正如康德所言：

美似乎被看作某个不确定的知性概念的表现，崇高却被看作某个不确定的理性概念的表现。（§23，邓译本第 82 页）

崇高所包含的不确定的理性概念是什么呢？大体上说，在数学的崇高，体现为“世界整体”这个思辨性的范导性理念；在力量的崇高，则表现为“抵抗力”即道德勇气，是那种在危险面前从不退缩的勇敢精神。

4. 方式契机：崇高感之历史必然性。

和优美感一样，崇高感的普遍有效性是主观的普遍性，但它同样有自己的必然性。这个必然性在文化历史之中。照康德，崇高只有文化的人、道德的人才能欣赏：

事实上，没有道德理念的发展，我们经过文化教养的准备而称之为崇高的东西，对于粗人来说只会显得吓人。（§29，邓译本第 104 页）

崇高是道德观念演进的历史成果，它以道德为前提，崇高反过来又提升道德人格，唤起理性的力量，使崇高较优美，更趋近于道德，于是美（崇高）成为道德的象征。

（三）康德崇高论的评价

对康德的崇高论有两种误解应当破除：

1. 认为康德论崇高[①]，否定了崇高对象的特征，把崇高感当成崇高，是美感决定论。如蔡仪同志直到晚年还是这样批评康德。不错，康德说过，崇高不能从自然对象中寻找，而要从主体心灵中寻找："崇高不该在自然物之中、而只能在我们的理念中去寻找。"（§25，邓译本第88页）但是，康德的要点不在否定自然对象有崇高的特征，而是强调产生于特殊的主客体关系中。他肯定崇高事物的"无形式"的感性特点，肯定了对象体积之大和力量之大，没有这一条，无所谓崇高。同时，康德对判断力的批判即是对美感（含崇高感）的批判，如同在"美的分析"中，着重论证事物在何种主观条件下才显得美；在"崇高分析"中，论证的是事物在何种主观条件下才显得崇高。康德没有研究清楚的东西，我们继续研究就是了，但说康德否定了崇高对象的特征，不公道。

2. 认为康德关于美的两大命题前后矛盾。"美是无目的的合目的性形式"，讲形式合目的性就是美，主张美在形式；"美是道德的象征"，讲道德观念作为内容通过感性体现出来才是美，主张美在内容。两者自相矛盾。朱光潜先生认为这是第三批判写作过程康德思想发展的结果，其实他没有认清康德美学的总体理论架构。合目的性的形式，只适合于"纯粹美"，"道德的象征"却涵盖了纯粹美、依存美、崇高三者；这三者是由自然目的论整合起来的，它们各自通过"道德的象征"作用，而指向自然的最终目的："道德－文化"的人。其结构如后图：

① 崇高，拉丁文（或希腊文）原意为"高度"（竹内敏雄：《美学百科辞典》，池学镇译，黑龙江人民出版社1988年版，第179页），德文（Erhaben）字面意义为"提高"。（邓译本第100页中译者注）

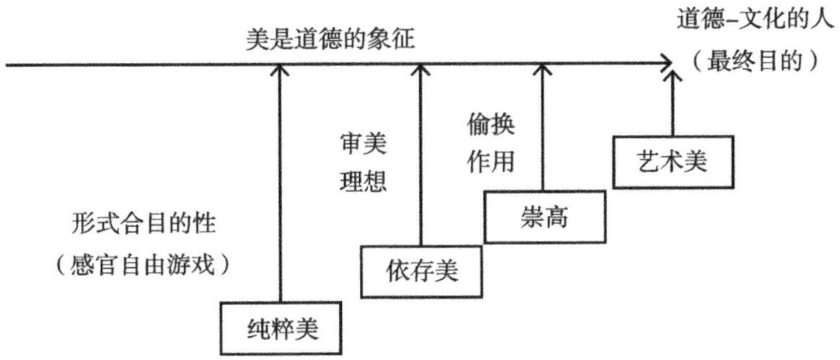

席勒认为康德的崇高论过于侧重主观，他主张："崇高从悟性来看是不合规律的，即受无秩序的对象的诱发，把主观和对象的关系看作更密切的东西。"赫尔德认为，康德关于崇高的无限大对象的描述是非现实的，实际上崇高把界限推向前方但界限本身常在眼前。叔本华发展康德，认为悲壮是崇高的一种或是它的派生物，认为对崇高的分析是《判断力批判》全书"最卓越的"部分。①

康德崇高论有它的缺陷，照我看，不在别处（例如数学崇高与力学崇高的划分，布拉德雷所指摘），而在他把崇高强行限制在自然界，忽略或有意遗漏了社会性崇高——悲剧。在《关于美感与崇高感的考察》（简称《考察》）中，康德将悲剧视为崇高，喜剧视为优美并做过分析，而在第三批判，悲剧却被排除在审美判断的全领域之外。这种忽略或有意遗漏，可能起因于体系建构的需要，是为了同自然目的论相衔接。如果是这样，康德为体系而牺牲理论内容，那是太可惜了。这不仅因为《考察》已涉及这个课题，而且第三批判也谈到"一个不惊慌，不畏惧，因而不逃避危险，但同时又以周密的深思熟虑干练地采取行动的人"，在野蛮时代和文化时代都被人当作战士受到高度崇敬。谈到战争，如果它是借助于秩序和公民权利神圣不可侵犯而进行的，这战争本身便具有某种崇高性，而进行该战争的民众如果他们遭受的危险越多，越是能在危险中坚持到底，其思想境界越是崇高。（§28，邓译本第102页）这里悲剧分析已经呼之欲出可惜又失之交臂。

① 本段材料参阅竹内敏雄：《美学百科辞典》，池学镇译，黑龙江人民出版社1988年版，第179、180—181页。

三、艺术论

美和崇高的分析侧重于鉴赏力，艺术论则侧重于创造力。§43－44，依次讨论艺术一般、艺术天才、审美意象、艺术分类诸问题。由于审美意象不但涉及艺术创造，也涉及审美鉴赏，我们需要将它另行提出介绍。

（一）艺术一般

康德对艺术活动和艺术产品（艺术品）一般特点的分析，是按其外延，由大而小逐层界定。这种带系统性观点的分析，真个是抽丝剥茧、条分缕析，能给我们不少启示①：

艺术与自然（含人）　　艺术与科学　　艺术与技艺　　艺术本身

最宽泛的外延
艺术与自然
- 自然产品—非人为产品
- 艺术产品—人为产品（有意图）
  - 科学—理论活动（发现）
  - 艺术—实践活动（发明）
    - 手艺—雇佣性（非自由）
    - 艺术—自由游戏
      - 快适艺术
      - 美的艺术

康德在四层级分析中提出了四方面的问题，需要特别说明的是自然与艺术、自然美与艺术美的关系。

自然产品是无意图的，一切取决于本能（蜜蜂与蜂房）。艺术活动则是有目的的自由任意活动。但自然的无目的中，却有着整体上内在的合目的性，这种合目的性以感性直观表现于我们面前时，我们称之为自然美；艺术虽有主观目的，但主观目的必须隐藏于艺术作品，使其像无目的自然一样，浑然自成整体。于是便导出了另一个问题：自然美与艺术美孰高孰低的问题。（“天然风景美如画，画中山水胜天然”）

康德对这个问题的答复也是一种辩证式的思考：

1. 如果艺术品只出于单纯模仿或以单纯形式技巧与自然美竞

① 美的艺术，是快适而有深层意蕴，需要反思判断，联系知性与理性，终成“全人格”。

赛，那么艺术美低于自然美（纸花和小孩模仿夜莺）。

2. 如果艺术美使人知其为艺术而又貌似自然，自然美使人知其为自然又貌似艺术时，艺术美与自然美等价。人们用艺术眼光看待自然，又用自然的眼光去看待艺术，自然与艺术能得到最佳的统一。王鉴云：见佳山水，辄曰“如画”，见善丹青，辄曰“逼真”。不露任何人工痕迹的作品，无斧凿痕，大器若朴，大巧若拙。

3. 当艺术出于天才的创造，属于“美的艺术”，作为第二自然，作为道德的象征时，艺术美高于自然美。因为道德的人是自然的最高目的。

康德强调的正是美的艺术的优越性。第一，它具有理想，别具精神（Geist，灵魂）；第二，艺术可以化丑为美，把自然中原本是丑的或令人不快的事物描绘得美。复仇女神、疾病、战争、毁坏这些坏事都可以写得很美，甚至可以绘画来表现。

（二）美的艺术是天才的创造成果

1. 美的艺术。作为“自由游戏”的艺术，又可分为娱乐（快适）的艺术和美的艺术。前者的表象只伴有单纯感官的愉快，后者的表象则提供为一种认识样式；前者以单纯享乐为目的，后者则是“一种意境”，它没有目的，却自具“合目的性”，可以促进心灵多种能力的陶冶，具有社会性的普遍传达作用（交流思想与情感）。

2. 天才四特征。美的艺术是天才的作品，“天才是一切美的艺术品的出生证”。它有四个特征：

（1）质：独创性。大胆想象，突破陈规，出乎“无心”，确立无法的“至法”。天赋才能，是自然禀赋，天才为艺术制定法规。

（2）量：典范性。它自身非模仿而生，也不为别人提供模仿对象，却能成为别人评判的法则或创作的准绳。艺术的发展非累进式，而是突创式。艺术发展高峰不可企及，不可超越。

（3）关系：天才的创造技巧不可描述，不可科学说明，不能公式化，因而不可传授；无意识、无概念、不能传授或摹仿，只能依靠灵感，但却可作为范例唤醒他人独创性的灵感力量，唤醒新的天才创造。但艺术中有机械的原则需要遵循，这是一些属于基本技能的东西，它是可教可授的。

（4）方式：无法之法。大自然通过天才替艺术确立法规，无规则的规则，而不是替科学确立法规。科学是发现，艺术（美的艺术）是创造。

3. 天才与鉴赏的关系。

天才属创造力，鉴赏属判断力，虽然鉴赏之中有创造，但两者毕竟有重要区别。鉴赏追求普遍有效性（主观的、非概念的普遍有效），是自然美的首要条件；创造追求独创性，是艺术美的首要条件。但两者又有密切关系，天才需以鉴赏为基础，有鉴赏力的人未必有天才，但有天才的人必能鉴赏。鉴赏力是一般人都具有的，只是有高尚与低下、奇特与庸凡之别，伟大而奇特的（稀有的）创造力，即是天才。

天才的表现在想象力特别发达。光有想象力还不够，还在这高明的想象力中要能恰如其分地、自然而然地融入知性或理性的力量（优美与崇高，都是知性、理性服从于想象力）。

天才能借用自然素材创造出另一个自然（第二自然），第二自然提供自然中没有的范例。这种创造力的心理功能如何？是康德为后人留下的重大课题。

（三）艺术的分类

康德在艺术的分类上有自觉的分类原则，他的原则建立在三项基础上：

1. 确定艺术与非艺术的界限。

在人工制品中，划分出机械艺术与审美的艺术。前者出于一个实用目的而去制作它，这指的是工艺技术；后者没有实用目的，而只追求审美的快感。西方历来将艺术与技艺混而不分（希腊语 technen），康德首次从“目的”的判定上，将两者明确做了区分。

2. 确定艺术的共同特征。

要确定各门艺术的统一性，将跨度极大而表面上极不相似的艺术品类之内在的共同性确定下来，是有很大难度的。亚里士多德认为这共同特征是模仿，至博克开始质疑，他认为诗和修辞（文学）以情动人，而非以模仿动人，这和绘画明显不同。康德认为一切艺术的共同特征是表现艺术家的审美观念，它是作家借助作品传达出来的心灵自由感（想象力+知性［理性］和谐一致），就是说艺术是不同程度上心灵化的产品。

3. 分类的根本依据——传达方式。

亚氏认为艺术的共同特点是模仿，因而艺术品类就以模仿所取的媒介不同而不同。色彩、音响节奏和语言成为绘画、音乐和诗三者区分的界限。

康德将模仿改为传达审美理念，即从艺术的传达方式来区分艺术，包括：作用领域（思想直观、感觉）和凭借符号（语言、自然$_1$、自然$_2$）。

思想——人工符号：语言（文字）艺术→雄辩术与诗

直观——自然符号$_1$（综合感性材料）：造型艺术→雕刻、绘画、建筑、园林

感觉——自然符号$_2$（单一感性要素）：感觉游戏艺术→音乐、色彩

这种分类有两大优长和两大缺陷。两大优长：第一，他将诗抬到最高位；第二，他提出造型艺术概念。两大缺陷：第一，他将语言艺术与造型艺术都视为依存美，而把感觉游戏归为纯粹美，他特别重视诗，又未免看轻了音乐；第二，将造型艺术作为一类，囊括雕刻、绘画、建筑、园林是很对的，但将绘画与色彩分置两类是牵强的，肢解了绘画。但他启发了后世侧重从审美感受来捕捉分类标准的思路。20世纪将艺术的时空、视听关系作参照进行分类，但两者如何会通，依然是问题。

卡瑞特分类：空艺（建筑、雕塑、绘画）；时艺（音乐）；时空综合（诗）。

哈特曼分类：视觉；听觉。

《美学基本原理》以表现与再现及时空关系将艺术分为五大类①，可能是比较合理的方法：

① 刘叔成主编：《美学基本原理》，上海人民出版社2001年版，第175页。

表现再现 \ 空间时间	空间静态	时间动态
偏表现	实用艺术：建筑、工艺	表演艺术：音乐舞蹈
偏再现	造型艺术：雕塑、绘画	综合艺术：戏剧电影
兼表现再现		语言艺术：文学

四、审美意象论

（一）审美意象的概念

康德在论及美与艺术时均论及一个概念：Aesthetische Idee。它有两义：第一，最高概念；第二，涵不确定理性概念的表象。宗氏言此字可译为“审美观念”和“审美理想”（宗译本第160页），邓译本则译作“审美［感性］理念”。但朱光潜、蒋孔阳两位以为都可以译为“审美意象”。因为只要涉及审美，不论观念、理想，均不脱离表象，观念指不确定的概念或理念，它们之所以不确定，就因为和表象没有割断关系，保留着感性特征，却又暗指、暗示出某种理性概念，是一种象征性的理性概念。第三批判§51开宗明义：“美（无论自然美还是艺术美）一般可以称为审美意象的表现。”§49说得更透彻：

> 我所说的审美意象，就是由想象力所形成的那种表象。它能够引起许多思想，然而，却不可能有任何明确的思想，即概念，与之完全相适应。因此，语言不能充分表达它，使之完全令人理解。很明显，它是和理性观念相对应的。理性观念是一种概念，没有任何的直觉（即想象力所形成的表象）能够与之相适应。①

（二）审美意象的特点

第一，创新性。审美意象是想象力的创造品。想象力在审美中

① 译文采自蒋孔阳：《德国古典美学》，商务印书馆1980年版，第115、113页。参阅邓译本第166、158页。

起主导作用，没有自由想象，就没有审美的自由，审美就不能成为道德的象征（自由）。“想象力作为一种创造性的认识能力，是一种强有力的力量，它从实际自然所提供的材料[①]中，创造第二自然来。”[②] 审美表象自然来自经验，但又是按照类比律，根据理性中更高的原则重新改造原有经验的成果。它是想象的结果，所以可以成为道德自由的象征（创造审美意象完全出乎自由意志）。

第二，超越性（理想性）。它的最大优点是，将经验的东西提升为超验的东西，或者反过来，使超验的不可见的理性世界，变成具有客观现实面貌的可感世界。天堂、地狱、永恒、创世，被翻译成可感的东西；或将经验中的东西，如死亡、嫉妒、恶德、生命、爱情、荣誉等，经由想象而具象化，在具象化中同时达到理性高度，以致使现实中的这类经验事物相形见绌。在诗的艺术中，这一特点尤其显著。

正因为审美意象具有这两大特点，它显示人的想象力特有的创造力量，所以它成为天才的确切标志。天才能构造审美意象而且能完满地传达这意象。这种特殊才能非学问所致，非勤奋历练所得，而出于一种天赋。它能突破前人的法则而自立法则。

审美意象是包蕴着不确定概念的表象，它呈现为感性，却暗示、指引着超感性的理性内容。审美意象的创构和传达，是艺术天才的表征。

（三）审美意象的功能

审美鉴赏过程和艺术创造过程，都涉及审美意象，但在两个过程，审美意象的地位、作用并不相同。

1. 在鉴赏过程，审美意象体现为审美理想，取德语理念（Idee：①理性概念；②涵不确定理性概念的表象）的第二义，即包涵理念的个别事物的表象，“Ideal”在这里即典范、理想、目标之义。它的作用是充当鉴赏的判断标准。纯粹美只关对象的形式，只关乎知性，不涉及理性，无所谓审美理想；依存美，涉及人自身，

---

① 即“感性材料”，作为题材的素材，作为传达的媒材。

② 译文采自蒋孔阳：《德国古典美学》，商务印书馆 1980 年版，第 113 页。参阅邓译本第 158 页。

包括人体美、人格美（人体美体现于形体外表，人格美体现于外在行动），把人当成理性动物，能按理性来决定目的、有意志自由的主体来对待，所以人有美的理想，他有一种追求自身完善的能力。这个美的理想，体现为审美意象，作为典范、原型被引入判断，成为审美判断的参照。范型，其中含有不可言说的东西，因之成为想象的范导力量。这种典范、原型不是一种规范观念（朱光潜译为“规范意象”），那只是统计的平均数，只提供类型，只规定“合格”，它作为判断标准，是经验性的、相对性的，所以不能当作审美理想。真正的典范、原型（最后典范、原型）亦即真正的审美理想，是和理性观念即道德精神相联系的，如人体美，那就不只是肢体的美，不是虚有其表的色相，而是与精神气质相结合的特有风度，使支配内心的道德情操从形体上呈现为可见的表象。这种美，很接近于魏晋人格美的一种类型——风姿韵度，简称“风韵”，如嵇康“肃肃如松下风”“岩岩孤松之独立”，庾亮（太尉）“神姿高彻，如瑶林琼树，自然是风尘外物”。因为道德理性是先验的、代表全人类的，所以审美理想（以审美意象体现之）才是审美判断普遍的、先验的标准。按照这个标准做出的判断，才会有普遍可传达性，才能得到普遍赞同。

2. 在艺术创造过程，审美意象则是“灵魂”（Geist：心灵、灵魂、鬼魂、幽灵。宗译作“精神”）。康德称“Geist”为“内心的鼓舞生动的原则”（§49，邓译本第158页），心意赋予对象以生命的原则，是天才的心理能力（想象和理解）中含有的东西。它是创作的出发点和归宿，审美意象是创造的目标，是成就的标志。它是理性观念最完善的感性形象的显现。这和纯粹美不同，如形式美，它的美只在形式，艺术则不仅仅在形式，还要有“灵魂”。这个“灵魂”，又称作“生气”[①]，它来源于艺术家的心灵，来自天才。艺术天才创造审美意象，“天才不过是表达审美意象的功能”（§49，参邓译本第158页），为人类的审美提供典范，提供审美判断的标准。

这样，我们就可以看到鉴赏和创造的关系，鉴赏不能创造代表

① 生气（神灵的气息）灌注，是康德、黑格尔和歌德共有的主张。

审美理想的审美意象，它要从艺术的天才创造去借取典范、原型，以充当判断的标准。也就是说，鉴赏不能自立标准而要以典范的艺术品为标准。艺术可以突破原有标准，自创典范，自立标准，但又可以反过来影响鉴赏，于是两者便构成水涨船高的关系。艺术以鉴赏为基础，又反过来规范、引导鉴赏。

（四）审美意象与美

§51 开头说："美（无论自然美还是艺术美）一般可以说是审美意象的表现（邓译本作"表达"）。"（参阅邓译本第166页）因此，在这个意义上可以说，审美意象即是广义的美（含优美、崇高、自然美、艺术美）。叶朗《现代美学体系》即持此看法。他认为"广义的美=审美对象（非物亦非心，而是主客体意向性关系的产物）=审美意象"。

但我们要注意，康德有保留，"一般可以说是"，这是排除了特殊的。这个特殊应是纯粹美（形式美）。这里便有一个问题，审美意象必与理性观念、道德精神相联系，这不适合形式美，形式美既然不能用审美意象概括，那就不能称为美。这里留下一个问题，即形式美是否是美？按康德美的分析，形式美也是由知性与想象力和谐活动引起审美愉快做出的情感判断，形式美美在形式，又不仅仅是形式，它也是一种有意味的形式。因而形式美构成的表象，也应称之为审美意象。康德总称为"合目的性的审美表象"，我们以为即是审美意象的一种形态。[①] 这里需要引入宗白华关于意象的理论：

> 象者，有层次，有等级，完形的，有机的，能尽意的创构。[②]

这里的"完形"，指整体性、统一性；完形（构形）能力是天赋能力；有机，即有生命；尽意，即充分表达主体情思。层次和等级即结构。意象作为系统、序列，究竟可以划分为哪些级别、哪些

---

① 参阅汪裕雄：《审美意象学》，辽宁教育出版社1993年版，第32页注。

② 宗白华：《形上学——中西哲学之比较》，《宗白华全集》（第一卷），安徽教育出版社1994年版，第621页。

层次，值得研究，我以为大致可分三个层次：

超越层	超越意象（境界）———	体验
心理层	心理意象———————	交流
形式层	物　　象———————	静观

康德的自然目的论与康德美学

问题：审美之谜在哪里？感性经验中何以能把握形而上的超验内容？

比较宗教与审美可知：

宗教：以贬低或否弃现实为代价来维持信仰；

审美：从现实中发现美、肯定美，把人引入理想之境（以理想人生、理想人格为信仰）。

一、康德自然目的论要义

自然目的论是对目的论判断力的批判性考察。黑格尔《哲学史讲演录》曾评述过康德的自然目的论："判断力的对象一方面为美，一方面为有机的生命，而后者是特别重要的。"《美学讲演录》中说康德的目的论"已接近于了解到有机体与生命的概念"[①]。

（一）自然的客观合目的性

康德认为美和自然，均具有合目的性，即可以设想，美的事物和自然事物都似乎、好像有某种意图、某种目的。但两者又根本不同：美的事物合目的性是主观的、形式的，即对象表象对于主体的想象力、知性或理性和谐活动能力的天然适应（对象形式与主体心意能力的异质同构性）。自然事物的合目的性是客观的、实质的（韦译本作"实在的"）：第一，它自己如此，不关乎主体能力；第二，它关乎对象本身，不关乎形式。然而，这种合目的性不是指导人对对象实体做科学认识，不是做规定判断，而是引导人去认识自

---

① 黑格尔：《哲学史讲演录》（第四卷），贺麟、王太庆译，商务印书馆 1959 年版，第 294 页；黑格尔：《美学》（第一卷），朱光潜译，商务印书馆 1979 年版，第 71 页。

然事物的相互关系，从个别中寻出“普遍”，这个“普遍”就是自然界万事万物的统一性，其统一性不是知识，而是范导性线索。因此，审美判断和自然目的论判断都是反思判断，这两种判断都从表象（即感性）开始，但审美表象诉之于想象力、情感、知性与理性，这叫合目的性的审美表象；目的论表象只诉诸知性与理性而与想象、情感无关，这叫合目的性的逻辑表象。

（二）自然是个完整的有机（生命）系统

康德从三个方面来分析。

1. 大自然是活的生命系统。自然物划分无机物和有机物，无机物是产生生命的条件，任何一个有机物，都作为整体（生命体）存在，它的各部分都只有在整体中才有意义和价值。在整体和部分之间、部分和部分之间，都互为目的和手段。由此形成一个自律的生命系统，即自组织、自产生、自调节（钟表自组织但不能自产生，不能自调节）。这个生命系统的每一部分都包含了整体生命，取一树的叶芽、小枝嫁接到另一树的树砧上，长出来的还是这种树。“有机生命的目的论”提出一种猜测，包含着有机论（即生命论）的系统方法，对后世的结构主义、系统论有重大影响，现代生物学尤其如此。

2. 自然（含人在内）是一个秩序井然的创造序列，即：无机物——→有机物——→人（自然人）——→文化人。康德把自然人称为兽（生物学的人），文化的人则是人的类本体，即人类的人。从有机物到人，有一个根本的变化，即人有自我意识，可以自己为自己立法，自己决定意志行为、生存方式。如果说，一切有机物的自然目的都是有条件的，它的目的和手段都要依赖他物的目的和手段，只有人有理性，而凭借理性决定自己存在的目的，是无条件的。但作为自然人，还是兽，而只有具备道德自觉的人、有道德良知的人，才能称之为人，这个人是“类的存在者”“作为本体看的人”。这个序列，构成了“自然向人生成”的巨型系统，这是自然的宏伟图景，它指向人的文化世界或文化人的世界，是康德理想中的真、善、美合一的理想王国。从自然人类向文化人类的过渡永远没有完结，因为人毕竟是血肉之躯，是直接自然物。所以，人类永远面对着一个最高命令：做一个类的存在者（做一个人类的“我”）。此乃“人类学本体论”。康德说：“人只有不考虑享受，不受自然界强加给他什么而仍然自由地行动，才能赋予自己的存在作为一个人格的生存的绝对价值。”（§4，参阅邓译本第43页，宗译本45页）

这个思想是康德人类学的结穴。它的意义在于为宇宙勾画总体图景，为自然提供统一性，从而确定人类在其中的地位，规划人类的努力方向。

3. 从自然人到文化人的转换有赖于道德。道德是人类前进的年轮，但自然人也有道德，它出于人的欲求（物质—生理需求），奉行主观原则，表现为假言判断，如“假如……，我就……”，以追求快乐即幸福为目标，它要受欲求束缚，因而没有意志自由。只有无条件地服从最高命令，奉行客观原则，不计祸福，不计荣辱，绝对忠实于道德责任，才能发挥大无畏的精神，是一切人间的不幸、灾祸都摧毁不了的，百折不挠的精神力量。从“小我”到“个我”、“感性的我”提升为“理性的我”、“人类的我”到“大我”，这需要靠信念、信仰。信念以及坚持信念的动力是什么？这种信仰从何而来？从道德的上帝那里来，从道德的神学而来。康德反对自然神学目的论（上帝造世界、造人，给人分配道德义务，要无条件服从），反对神学道德论（宿命论、独断论），而用道德的神学来高扬自由，高扬人的主体性。

在目的论批判最后部分，康德把现实的自由换成了思想的自由，重复了第二批判对未来道德王国的设想，即德和福的统一。这需要社会为道德自由创造条件，对把他人当手段、甚至迫使每个人把自己当手段的普鲁士国王专制政体和基督教神学，他表示了自己的不满和抗议，这种幻想，也是抗议的一部分，尽管它显示了妥协、庸人习气，但在思想解放的意义上，还值得肯定。

二、自然目的论与美学的关系

自然目的论是从艺术品与自然事物的类比中引申的，从这个意义上说，美学（尤其是艺术论）是自然目的论的根据。但自然目的论一经设立，反过来又成为解释审美的主观（形式）合目的性的思考线索，成了理解反思判断的指导线索。

（一）自然美是自然给予人的恩惠

康德在§67 提出：

> 自然事物，除了给我们以有用的东西而外，为什么还将美和迷人的力量赠给人们？这应该归结于自然的好意，就像是自然在其整体作为一个系统时，它所具有的一种客观目的。（参韦译本第30—31 页，邓译本第233 页）

这个目的，对于人和自然有双向意义：就自然来说，是为了唤起人热爱自然，尊重自然；就人来说，是为了让自己也崇高起来。所以康德的自然目的论并非人类中心主义，不是“戡天役物”、强迫自然屈从人的意志，而是人与自然彼此善待，彼此相安，接近于张子《西铭》所谓“民，吾同胞，物，吾与也”。

正因为如此，人在静观中对待自然，自然的形式才和人的多种认识能力的活跃取得一致，用我们今天的话来说，就是异质同构，或同态对应（事物形式结构与人的心理结构相对应）。有这个前提才可能有审美的无功利的愉快。审美无需去考虑自然的客观目的，自然事物会自然地符合我们的主观能力；而用自然目的论去看待自然美，就可以设想自然似乎有意识向人显示自己的“好意”，故意显示这么多美好形式来促进我们的文化。（参邓译本第233 页康德自注）

在崇高中尤其明显。自然中数量的崇高可以唤起“宇宙整体”（即大全“The Whole”）的理性观念，使人从无形式、不定型的、无限制的表象开始，经由想象去追求无限，而不致使自己失落于无限；在力量的崇高里，自然激起人的“抵抗力”，唤起人理性上的“使命感”，去抵抗一切暴力的侵袭，焕发人的大无畏精神。说到底，是自然在有意磨砺人的意志，考验人的理性，提升人的精神，这也是自然对人的“好意”或“恩惠”。

当然，自然并不是总给人以“恩惠”的。§83 谈到，自然常给人带来祸患，这有两种，一种是自然灾害，一种是因人的无情的利己心造成的灾难，后者如战争。康德认为，人类是趋向于建立一个世界公民整体的，但在事实上，又存在有野心的政治家，有强烈的权利欲，贪婪的当权派，他们总是设法去阻止这种计划成为可能，使战争成为不可避免的事。战争无疑使人饱经苦难，和平时期不断备战，使人类受苦更甚，然而由于和平幸福的景象去我们更远，就反过来使人追求和平幸福的动机更为强烈，从而发展人类各种有利于实现这一动机的才能。总之，各种灾祸都能唤起心灵的力量，使之奋发有为，坚韧不拔，不向灾害低头，从而使我们感觉到自身拥有一种更高的价值。（参邓译本第 291 页）

（二）美是道德的象征

康德在§59 即上卷将结束时，提出了一个重要的命题："美是道德的象征"。"象征"一语，德文"Symbol"，德国浪漫主义美学常用的术语，即以一具体表象去暗示、意指某一抽象的意义。如康德所说，一个独裁统治的君主国好比一副手推磨，这"手推磨"即是象征。

德国浪漫主义对"象征"有着诸多论述。谢林将"象征"视为"图式化"与"比喻"的综合，这样的对象一方面是具体的图景，另一方面又像概念一样有其普遍性和丰富的内涵。奥·施莱格尔认为，"美是无限的一种象征性的表现，因为这才能说明无限何以能表现为有限的现象"；"诗不过是一种永恒的象征化"，"每一物都有内在的本质，这种本质还要表现出来，因而每一物首先表现了自身，这就是说它通过外在的东西展露了它的本质（因而它也就是自身的象征）"。①

康德在讨论作为鉴赏标准的审美理念（理想）时，提出这个命题，所以有人认为这个命题所说的"美"，只限于依存美，即排除了纯粹美之后的自然美和艺术美。我的看法不然，我觉得康德这里所说的美，可以包括纯粹美、依存美、崇高和艺术美，是广义的"美"。它们都在一定意义上，可以看作"道德的象征"。

我们先看纯粹美。纯粹美是无目的的合目的性形式，不关乎理

① 参阅朱立元主编：《西方美学通史》（第四卷），上海文艺出版社 1999 年版，第 304、366、368 页。

念，但它提供的是感官的自由愉快（“好玩”），表象引起知性与想象力的和谐活动，导致合目的性和合规律性一致所得到的自由，可以同道德兴趣、习惯性做类比，可以视为道德自由的前阶：“鉴赏仿佛使从感性魅力到习惯性的道德兴趣的过渡无须一个太猛烈的飞跃而成为可能”（§59，邓译本第203页）。这里讲的从“感性魅力”开始的起点，正是纯粹美。

康德将崇高与优美视为平行范畴，但又把它们看作两种美。他在1763年写的《论优美感和崇高感》中说：“美有两种，即崇高感和优美感。每一种刺激都是令人愉悦的，但却是以不同的方式。”①这样，我们就可以理解，康德将鉴赏力的对象，不论优美和崇高，均称之为美。他讲自然美时，含自然界（现实界）的优美和崇高，当他讲艺术美时，无疑也含艺术中的优美与崇高。这样，我们就可以看到纯粹美、依存美、艺术美、崇高都可以用“美是道德的象征”的命题加以统摄；而其深层的原因则是自然目的论，自然作为不断创造的生命系统，指向道德的目的，向人显示“好意”。

（三）康德美学中“有希望的萌芽”

自然目的论有一个动力问题，自然界是一个不断创造的生命系统，其创造的动力来自哪里？这个第一动力问题在西方长期以来归于上帝。康德不相信人格化的上帝，但他却指望道德的上帝，这使他的“自然向人生成”的思想大打折扣。

康德说，人是社会的生物，他有天然的社会倾向，因而社交性便成为人性（nature）里的特性。情感的相互交流以及这种交流能力，正是促进社交性这种天然倾向的有效手段，成为文雅人（有文化的人）的标志（§41，邓译本第139页）。所以，尽管美的事物不能引起人的利益兴趣（无利害），人还是乐于传达这种审美的情感，而且期待着别人也这样传达。

因此，“社交性”即是美感社会分享性（交流性）的依据。从欣赏者内心来说，叫作传达性；从分享者来说，叫作共通感。可传达也好，共同感也好，都是先天的、必然的。因为人作为社会的生

---

① 参阅康德：《论优美感和崇高感》，何兆武译，商务印书馆2001年版，第2页。

物，总要使自己摆脱兽类的局限性，而审美正是与兽类相区别、走向“文化的人”的开始。后来席勒曾发挥其观点：“只要人开始偏爱形象而不偏爱素材，并为外观（他必须认出是外观）而舍弃实在，他才突破了他的动物圈子，走上一条无止境的道路。”① 很明显，这一切，都符合于自然目的论，都指向自然的最终目的。

李泽厚按照马克思《巴黎手稿》中“自然人化”的思想发挥康德“自然向人生成”的理论，提出在实践观点基础上的“人类学本体论”。自然被人化、人的主体性建立，都来源于一个根本的动力“实践”。实践引起两重性的自然人化，分成社会工艺系统和文化-心理结构两大序列，图示如下：

实践—自然人化
- 外在自然人化→社会工艺系统→物质文明
- ↕　　　　　　↕
- 内在自然人化→文化心理结构→精神文明
  - 主体性的建立
  - 建立“新感性”

而康德关心的是：从官能享受（感官愉快）到道德情绪的过渡。他意在证明：使感性刺激转换为习惯性的道德兴趣成为可能。

康德是成功的！

（按：《康德美学导引》为汪裕雄先生未刊稿，最早于1999年秋季为文艺学专业研究生授课所用，后经反复修改而成）

① 席勒：《美育书简》，第27封信，徐恒醇译，中国文联出版公司1984年版，第139页。

附：

探寻康德的美学心路

——读朱志荣的《康德美学思想研究》

也许是对自己读康德过迟而常自追悔的缘故吧，愈是临近老境，便愈希望有更多的年轻学者及早研习康德，接受康德美学思想的沾溉。所以，当志荣考入复旦，有幸师从蒋孔阳先生读博，告知将以康德美学为研究方向时，在我是喜出望外，期待也就更为殷切。

如今，志荣早已成就博士学业，他的学位论文《康德美学思想研究》也由安徽人民出版社出版。志荣特意将它奉献给含辛茹苦而又于新近亡故的慈母，足见他是如何珍爱这一成果。

其实，这本书值得一切喜爱康德的读者珍视。书中对康德美学的论列，取用了独特的视角——历史的视角，它不但告诉读者，什么是康德美学的体系，而且追踪康德的心迹，看他如何借用前人思想材料，又如何自出机杼来营构自己的美学体系。循着康德的美学心路，从历史与逻辑的结合上去展现和理解康德美学体系，成为本书一大特色，成为读者最能受益的方面。

众所周知，康德美学是在对18世纪德国理性主义和英国经验主义两派美学的创造性综合中建构的。目前国内康德美学研究以此为专题的论著，尚未之见。本书以这一综合的历史进程为线索，首先考察前批判期对经验派美学的吸取，如何使康德侧重从主体审美能力的角度去研究美学，萌发出自然性与道德性相统一的新思路；继而将批判时期的康德美学安放在他整个哲学体系进行论析，凸显他因发现判断力的先天原则而导致对理性主义和经验主义两派美学的重大突破，尤其是提出“美是一个对象的合目的性的形式”和“美是道德的象征”两大命题的理论创新意义；最后就审美判断、崇高论、审美意象论、艺术论四方面对《判断力批判》一书要旨作条分缕析的评述，每论一题，又都返回到如何综合理性主义与经验主义两派美学的基本线索，从细部呈示康德对前人思想的继承与创新。似此，全书便将西方美学的历史流变与康德美学的理论展开交织起来，使之相互映发，有利于从历史进程中和前后期思想演变中把握康德美学。

在康德美学的思想渊源问题上，西方美学界流行着两种不同见解：有人以为主要得益于德国理性主义美学（如克罗齐），有人则以为主要归功于英国经验主义美学（如卡瑞特）。本书没有简单附和任何一方，也不试图对他们做调和折中，而是根据自己掌握的资料，实事求是做具体分析。书中指出，康德在美学问题上，和他整个哲学思想的形成历程有所区别。在哲学上，他先接受莱布尼茨-沃尔夫理性主义影响，后来才由休谟怀疑主义的经验论打破他独断论的迷梦，建立他的先验辩证论学说；在美学上，他却是先接受经验主义的影响，通过目的论的研究，才对审美判断力进行批判，将美学纳入批判哲学的体系之中。“康德逻辑哲学和道德哲学是由经验主义纠正理性主义偏颇而形成的，而美学则是将经验主义美学纳入理性主义体系中形成的。”这类平实公允的见解，书中所在都有，体现着作者务实求真的良好学风。

正因为作者将目的论研究视为康德美学的诞生地和秘密所在，书中对目的论问题的分疏就更为着力，更见成效。书中基本上理清了审美判断先天原则的多种层次：在自由美，是形式的合目的性，通过想象力与知性的协调，形成感官的自由游戏，产生某种自由感；在依存美，即本书所说“美善相彰”的情形下，审美附着于认识和道德，通往美的理想；在崇高的判断中，对象形式的无限性（无形式）迫使主体转向自身，唤起道德理性的力量与想象力取得和谐，崇高感寓含道德尊严感。不论在哪一个层次，美（含崇高）都通过“类比”“暗换”作用，成为“道德的象征”。康德将这一象征作用之所以可能，归结为自然目的论，自然自身是多样统一的巨型有机系统，它指向一个最终目的：人，文化的人，道德的人。从自然目的论返观审美判断，不但前辈学者关于自由美与依存美存在矛盾、关于美的两大命题相互脱节等疑惑可以涣然冰释，而且能向我们呈现出从自然的必然性到道德的自由逐步过渡的梯级层次关系，使审美判断力的桥梁作用得到确切的理解。这个自然目的论，作为康德美学的结穴处，在《判断力批判》下卷（“目的论判断力批判”）有深入论证。本书虽多次涉及有关论证，可惜没有辟出篇幅专事评述，这多少有些令人遗憾。

书中还有若干论述似可争议。比方康德为什么要借用知识性范畴分类（量、质、关系、方式）来展开美的分析？是如书中所说“只是从形式上与他的哲学方法保持一致”，还是别有原因？康德自注中所称“遵从逻辑功能的指导”去寻求审美判断的契机，是因为“鉴赏判断永远会有它对于悟性的关系”，这话当怎样理解？又如，审美判断的二、四两契机所论，虽都指向审美的主观普遍性问题，但两者在理论层次上是否应加以区别？如此等等。这些固无损于全书大旨，但也说明，康德美学是难解的，它的丰富内容还有待于人们深思，再深思。

康德学说，自来号称难治。理论上的艰晦，网络似的结构，博大宏深而又问题丛生，又因翻译总难确切，愈发增加了国内学者董理的困难。但这并没有使志荣退缩。因为他深深懂得，康德美学始终是横在西方美学殿堂入口的一道雄关，只有下决心闯过这道关口，才有登堂入室的希望。既然志荣以理论上的勇气和毅力开始了闯关的尝试，登堂入室不是指日可待了吗？我继续期待着。

（原载《江淮论坛》1999 年第 6 期）

文 艺 散 论

文艺心理研究漫说

一、文艺心理研究在复苏

——“形象思维”问题讨论的间接收获

前些年颇为热闹的关于形象思维问题的讨论，如今已渐归沉寂。从表面看，这次讨论并没有多少实质性的进展，关于形象思维的实质，关于形象思维与逻辑思维的关系，这两大问题仍然是“老、大、难”，而且就意见的歧异纷繁而言，甚至超过五六十年代的那次讨论，似乎更难见出解决问题的前景。然而，这次讨论却有一个间接的收获，那就是推动了文艺心理研究的复苏。

问题要从“形象思维”一语的内在矛盾说起。本来，别林斯基在提出“寓于形象的思维”这一命题时就声明过，他之所以要把“艺术”和“思维”这两个“完全对立、完全不相连接的范畴连结在一起”，目的就在于说明：“在艺术和思维的本质中，正是包含着它们的敌对的对立以及它们相互间的亲密的血肉联系。”[①] 这个思想诚然来自黑格尔，来自黑格尔关于艺术与艺术美是感性与理性的特殊统一的论述。照黑格尔看来，艺术并不借助哲学思考的方式（就知识形式说，它正与艺术相对立），而能通过感性形式直接把握理性内容。他着意强调审美心理中两种极其重要的功能：“充满敏感的观照”和创造性的艺术想象。前者主要用来解释观赏中的审美态度，肯定“敏感”（Sinn）这种心理能力可以使人“在直接观照里同时了解到本质和概念”，获得“概念的朦胧预感”。[②] 后者则主要被用来说明艺术创造的精神活动，它是艺术家“最杰出的艺术本

① 别林斯基：《别林斯基选集》（第三卷），满涛译，上海译文出版社1980年版，第93、95页。

② 黑格尔：《美学》（第一卷），朱光潜译，商务印书馆1979年版，第166—167页。

领”，是“理性内容和现实形象互相渗透融会”的心理过程，既具有理解性，也具有抒情性。① 应当说，这些富于辩证法的论述，已经准确地把握住审美心理的基本特点。遗憾的是，黑格尔身上过于强烈的大陆理性主义气息，他那客观唯心主义的美学体系，妨碍了他对此做出进一步的阐发。别林斯基提出“寓于形象的思维”这个命题时，基本上还是个黑格尔主义者。他和黑格尔一样，认为外部世界也是能进行自我思考的理念。因此，艺术中对立着的感性与理性，只要通过思维自身、精神活动自身，便能达成统一。别林斯基后来放弃了这个看法。但值得注意的是，当他自1841年开始批判黑格尔、坚决转向唯物主义立场之后，他却没有放弃形象思维的用语，而是把它作为创造性地再现现实的方法，做了进一步发挥。他强调艺术起于对现实的直接感受，这种“直感性”也受理智的制约，不等于“不自觉性”；他强调创造性的艺术想象是艺术家的主要活动和主要才能，凭借这种想象，他便能通过活生生的想象来显示普遍的观念；他强调艺术家要以情感态度承受现实印象，并且要诉诸观众和读者的情感，他尤其重视“动情力”，即一种饱和着思想的情感在创作中的动力作用和感发观众、读者的作用，从而把它看成艺术批评的关键所在；他强调整个艺术的自觉性和高度思想性，并为此做过艰难的战斗，但他也承认创作的灵感状态存在着非自觉因素……由此可见，别林斯基的“形象思维”论，并没有抛开黑格尔关于艺术与艺术美是感性与理性特殊统一的思想，而是在唯物论基础上，辩证地展开了艺术内部感性因素与理性因素的对立统一关系，深化了这种思想。不用说，这种深化是通向文艺心理研究的。

国内关于形象思维的两次讨论，也在把人们的注意力引向文艺心理研究。人们越来越清楚地意识到，“形象思维”这个用语，具有二律背反的性质：一方面，哲学、逻辑学和心理学确认，思维是理性的、抽象的认识活动，思维得凭借概念，用形象不能思维；另一方面，艺术史和艺术事实昭示人们，艺术可以借助感性形象，经由感性直观、联想想象、情感活动到达理解，把握某种理性内容，

① 黑格尔：《美学》（第一卷），朱光潜译，商务印书馆1979年版，第359页。

用形象又可以思维。讨论中的各种观点，实际上都从各自不同的角度，接触到这个二律背反。形象思维否定论，只承认“正题”，不承认“反题”，把艺术创作过程等同于哲学认识论，用逻辑认识吞并文艺心理，干脆倒是干脆了，无奈处处会遭到艺术史和艺术事实的反驳。大多数肯定形象思维的同志，则想极力为这个二律背反做出应有的“合题”，力求解释清楚：为什么艺术创作和艺术欣赏都能通过感性形象的传达或领悟，到达某种理性内容？它特有的传达方式和领悟方式何以具有类似逻辑认识的功能？

对这个问题的回答，大体有三种思路：

有的同志认为逻辑思维和形象思维都要遵循人类思维的一般规律，这个规律，实际上是逻辑思维所固有；因而把两者的关系看作共性与个性的关系，形象思维借助形象或意象来思维，也得遵循逻辑思维固有的程序和格式。于是，他们用形象（意象）取代概念，用形象（意象）的多种组合关系取代逻辑判断，用联想和想象过程中形象（意象）的推移取代逻辑推理，以期找出形象思维自身的逻辑形式。然而，“形象大于思想”，形象（意象）与概念，毕竟各有不同的质的规定性。以形象（意象）为基本单位，一般说无法构成形式逻辑的逻辑定式，不论是定义，判断或是推理。如果强自为之，那就很可能削足适履，牺牲形象、意象、联想、想象等审美心理生动活泼的感性内容，用形式逻辑定式吞并了形象思维。这条路，能否走得通，看来是个问题。

有的同志特别重视理智性情感在艺术活动中的作用，作为对艺术思维的一种设想，提出了“情感思维”论。他们把理智性的情感判断当作一种重要的思维形式，认为它也可以用来指导、支配审美实践和其他社会实践。比如艺术创作，作为情感思维过程，就是以情取舍、以情评价、以情而作的过程。这种设想会遇到心理学上的重重困难：首先，情感判断不是对客观事物及其关系的判断，而是以主体需要为尺度的情感态度，反映的是客观现实与主体需要之间的关系，具有与逻辑判断全然不同的意义；其次，情感的激发、演化、转换，固然有相应的生理基础和心理机制，表现为自身的发展“逻辑”，但这种“逻辑”从思维逻辑看来，恰恰是不合逻辑的，因而不能与思维逻辑混为一谈；再次，理智性情感与非理智性情感也非截然可分，把理智性情感从整个情感、情绪活动中孤立起来，而且把它当作一种相对独立的思维形式，实在难以办到。研究艺术思维或形象思维，情感问题诚然是亟待考察的重要环节，但是如果把情感判断简单地比附为逻辑判断，其结果必然用逻辑思维的模式来宰割形象思维或艺术思维，因而无助于问题的解决。

有的同志认为形象思维的实质是以创造性艺术想象为主体的多种心理功能（如感知、情感、想象、理解等）的动态综合体，它包含认识，又不能简单地归结为认识。艺术的认识作用，同它对情感意志的激发作用、审美愉悦作用交融一起，都渗透在多种心理功能的综合活动之中。因而，形象思维的"思维"，就只是广义的"思维"，借用意义上的"思维"。这种看法，比较接近别林斯基本人在20世纪40年代中期关于形象思维问题的见解，与西欧文论在艺术创作心理或审美心理方面历来强调创造性想象的观点也较为吻合。而且，这种看法并不否定逻辑思维对形象思维的指导和支配作用，倒是强调后者要以前者为基础。虽然究竟如何"为基础"，即认识究竟如何渗透在多种心理功能的综合活动之中，还留下了一系列有待深入探讨的问题，但这样一来，艺术活动过程的感性与理性的内在矛盾，便从抽象的二律背反落实到文艺心理和审美心理的层次，吸引人们去全面考察艺术创作与艺术欣赏过程的各种心理功能，以及它们的相互诱发，相互推动，相互渗透，从而突出了文艺心理研究的重要性。

上述三种答案，对形象思维的实质以及形象思维与逻辑思维的关系，理解上显然有较大分歧。不同见解之间，自然还会从哲学、美学、逻辑学等学科角度继续深入论辩。但异中有同，这就是大家自觉不自觉，都把目光转向文艺心理的探讨。替形象思维找逻辑形式的尝试也好，"情感思维"的设想也好，"多种心理功能的综合体"的看法也好，大家不约而同，都想从意象、形象、情感、联想、想象、理解等审美心理功能及其相互联结、相互过渡之中，去寻求形象思维的底蕴。这里显然透露出一个信息，即文艺学在呼唤心理学。

这一呼唤，得到了积极的应答。近年来，文艺心理研究呈现出复苏的迹象，审美心理学、文艺心理学、中国古代审美心理研究等许多领域，都时有新的论著发表，文艺心理研究作为文艺学的一种重要方法，已引起文艺界、美学界和心理学界的普遍关注。如果回顾一下我国20世纪以来的文艺心理研究状况，我们就会知道，这实在是大可庆幸的事。

心理学被引入文艺学研究，在我国是开始得比较早的。1902年，即心理学学科在西方确立后20年左右，梁启超就在《论小说与群治之关系》一文中，从心理学角度论述过小说熏、浸、刺、提的四种艺术感染力，并同我国佛典关于渐悟、顿悟的心理学思想相参照，为“小说界革命”张本。其后（1904年），王国维又引进叔本华的悲剧理论，对《红楼梦》做过“哲学-心理学”分析。五四前后，蔡元培倡导“以美育代宗教”，根据康德的美学思想，对美育心理做过深入论述，也涉及不少文艺心理问题。

我国现代文艺心理研究，最有影响的应推朱光潜先生。他在30年代问世的《文艺心理学》一书，综合了国外20世纪初的文艺心理、审美心理研究成果，而且“移西方文化之花接中国文化传统之木”[①]，对我国传统的文艺心理思想材料，多有阐发。这个起点是不低的。宗白华先生的有关论文，钱锺书先生的《谈艺录》，都以中西比较的方法研究文艺心理，具有民族特色的文艺心理学呼之欲出。可惜的是，新中国成立以后，这方面的进展极为缓慢。50年代的美学大讨论，集中在美学的哲学基础方面，美感问题即审美心理和文艺心理问题，未遑展开。本来，关于哲学美学的富有成效的讨论转过来会推动文艺心理研究，但美学讨论在60年代初年便不幸中断。而心理学，实际上从50年代末便陷于被取消状态。接下来便是“打倒”一切正常科学探讨的十年动乱。在这样的背景下，除了像王朝闻、李泽厚同志还在坚持苦心研究文艺心理并有所建树之外，从总体上说，这方面的研究真是荒芜得很。

回顾这段历史，我们就能看到，当前文艺心理研究日益活跃的局面，是何等来之不易，何等令人欣慰。我们的研究至少有半个世纪以上的历史，有相当可观的基础，有中西合璧、重视民族遗产的良好传统；当然，我们也有令人痛心的中断和空白。我们今天的文

① 意大利汉学院沙巴提尼教授语，转引自朱光潜：《朱光潜美学文集》（第一卷），上海文艺出版社1982年版，第20页。

艺心理研究，并不能当作天外飞来的新方法，而应当如实地看作前辈学者辛勤耕耘的继续。毫无疑问，我们应当在原有的基础上，有所前进。

二、兼顾文艺心理的个体方面与社会方面

——文艺心理研究的对象与范围

文艺心理研究，是介乎文艺学与美学之间的研究领域。它可以归属文艺学，把文艺现象当作心理事实加以研究，成为文艺学的一个分支，一种研究角度；也可以归属美学，同对现实美欣赏、创造过程的心理研究一起，构成审美心理学，成为美学的一个分支。它能否归属普通心理学呢？看来是个问题。19 世纪末，号称“现代美学之父”的费希纳就没有将“自下而上的美学”（即审美心理学）变成普通心理学的一个部门，但一个世纪以来，他的设想并没有成为事实。国内近年也有同志试图按照某种普通心理学原理来构筑文艺心理学框架，结果并不太理想。如果仅仅从普通心理学出发，仅仅把文艺现象当作阐释其中原理的实例和特例，懂固然是好懂了，但在使文艺心理学通俗化的同时，难免又有简化、浅化之嫌。因此，文艺心理研究，坚持从艺术的特点出发，充分尊重文艺心理自身的特殊性（例如艺术的审美感知便以其浓郁的情绪色彩、更强的选择性和整体性而迥异于日常感知），在引进、利用现有普通心理学成果时，注意避免忽视和抹杀这些特殊性，实在至关重要。既然文艺心理研究有它特定的对象，它也就应当有自己的术语、术语体系和基本原理，有自己特定的研究范围。照我不成熟的想法，其范围大致可分两个方面，即个体心理功能研究和社会心理研究。

先说个体心理功能方面。任何艺术活动，包括创作、欣赏，都是通过个体实现的。研究个体心理功能，是文艺心理研究的中心环节。西方传统心理学思想注重分析，擅长于从个体心理功能中离析出某项功能，再从个体间的比较对照中求其类似之点，导出某种心理法则。这种方法的优点是能将个体的多项心理功能考察得相当深入，相当细致，同时也容易将某项功能从生动的活跃的心理过程割裂下来，加以抽象化，受到片面地强调。西方文艺心理研究也承袭

着这样的优点和缺陷。如18世纪在英国经验主义哲学襁褓中成长的心理学思想，特别推重联想的作用，认为它是从感知过渡到情感和理性的纽带。这一“联想主义”观点，长期被美学、文艺学所援用，我们甚至从20世纪初立普斯的“移情说”中，还能见到它的影子。19世纪风靡整个欧洲的浪漫主义文艺潮流，前期揭起“热情、想象、天才”的旗帜，后期讲究隐喻和象征，把想象一直抬到“一切心理功能的女皇陛下”（波德莱尔语）的高度，如此等等，也都和联想主义的心理学思想有一脉相承的关系。19世纪末以来，随着心理学脱离哲学母体成为独立学科，随着对个体心理功能考察的更趋深入，文艺心理研究也涌现出众多学派和流派。它们各自强调某一两种心理功能，企图从该功能角度描述整个艺术创作和艺术欣赏的心理活动，并在这个基础上去概括艺术的特点和本质。如强调感觉作用的“直觉说”，强调知觉作用的格式塔心理学美学；强调情感表现的“表现说”和“情感符号”说；强调本能欲望通过想象得到升华和满足的文艺创作动力学等。它们大体从知、情、意三个心理领域分别深入，有不少精彩的现象描述和富于启发性的假说，足资参考；但同时也存在将知、情、意各自割裂的弊病，只在局部上揭示了文艺心理的某些规律，如若从整体把握个体心理活动过程的要求来看，距离还远得很。至于它们各自提出的对艺术本质的见解，诸如“艺术即直觉”（克罗齐）、“艺术即情感的富于想象的表现”（科林伍德）、“艺术即人类情感的符号的创造”（苏珊·朗格）、“艺术即本能欲望在想象中变相的满足”（弗洛伊德）等，其中包含的片面性恐怕不见得比真理性更小一些。所以，我们在引进和借鉴西方文艺心理学思想的时候，既要重视它们在研究个体心理功能上的成就和贡献，又要注意避免它们在理论上的片面性。

同时，我们也应珍视自己民族的文艺心理思想材料。它零星，分散，有如吉光片羽，缺乏完整的理论形态，长于描述而疏于分析，这都是它的弱点。但是力图从整体上、从动态中来把握个体审美心理功能，重视诸功能的相互联结与相互过渡，又是它突出的优点。《易经》提出的“意、象、言”三者关系的古老哲学命题，几乎支配着历代的文艺心理探讨，由“感物动情”而激发“意兴”，由“情志合一”而“陶铸性情”，由“神与物游”而导致感知、情感、想象、理解的和谐活动[①]，凡此等等，都表明我们先人力图从总体上对文艺心理做动态把握的意向。至于大量诗、词、画论，侧重于美感经验的现象描述，力图对作品的意境画龙点睛，把欣赏者引入意境之门。这种“点悟式”的批评，不但保存了丰富的文艺心理资料，而且可以提供从心理学角度研究创作和欣赏的可贵线索，值得我们用现代心理学观点加以发掘、辨析和整理。

我们还需要重视文艺的社会心理研究。文艺既是个体对客观现实的再现和对主观世界的表现，同时也是一种社会交往手段、思想情感的交流方式。诚如黑格尔所言：艺术作品尽管自成一种协调的完整的世界，它作为现实的个别对象，却不是为它自己而是为我们而存在，为观照和欣赏它的听众而存在……每件艺术作品也都是和观众中每一个人所进行的对话。文艺作品的“对话”性质，文艺活动的心理交流功能，要求我们重视个体心理的社会性，重视社会关系、个体与群体关系以及具体的人际关系对个体心理的影响，重视个体心理与群体心理的相互推移和相互转化。而这些，正是需要从社会心理学角度加以研究的。

充分估计文艺的心理交流功能，我们的文艺心理研究就增加了一个参照系——社会心理参照系。从这方面提出的课题甚多。如创作个性的形成，就需要从具体人际关系和群体关系出发，研究一个作家个性心理特征和心理倾向的成长发育过程，弄清特定社会环境下特定社会心理氛围对这一个性形成的影响。刘勰论创作个性的形成，就标举过“才”“气”“学”“习”四个大字，黄侃又将它们概括为两端：“才气本之情性，学习并归陶染，括而论之，性习二者而已。”[②]“性”是个体的东西，“习”是社会文化的熏陶感染，两相结合，才成为个性的相对稳定的心理结构（所谓“器成彩定，难可翻移”）。这里实际上讲了一番社会心理内化为个体心理的道理。这个内化过程，显然还有待深入研究。又比如在创作的构思和传达过程，欣赏者的需要就已作为潜在因素介入其中，作者心目中就已

① 例如《文心雕龙·神思》：“神用象通，情变所孕。物以貌求，心以理应。”据张光年同志的译文，可解为：“神思借形象来表达，孕育出文情的变化。万物以美貌召唤我，我自有文理来对答。”参见张光年：《〈文心雕龙〉选译（六篇）》，《中华文史论丛》1983年第3辑。

② 转引自范文澜：《文心雕龙注》，人民文学出版社1960年版，第507页。

在开始同假想中的欣赏者对话，他既要考虑自己想说什么，还要考虑怎么说才能诱发和指引欣赏者的心理活动，为他们提供必要的心理容积，以激起对方的同感、共鸣以至欣赏中的再创造。一句话，他既要适应和征服物质媒介材料，也要适应和征服欣赏者的心理。这种同欣赏者交流的意向，会影响作品的整个面貌，影响到作品的风格。照约翰·高尔斯华绥的说法："风格乃是作家排除自己与读者之间的障碍的一种才能，最高的风格，就是那种能使作者和读者亲切交流的风格。"① 可见，与欣赏者的心理交流，对创作影响之深。那么，这"假想的读者"属于什么社会群体？作者跟这个群体是什么关系？它的审美需要、审美趣味有什么特征？这欣赏者或欣赏者群体是作者所期望的还是现实的？……这一系列具体问题，显然需要借助社会心理学才能阐释清楚。再比如艺术的社会影响问题。艺术欣赏足以影响人的感受方式、思维方式与行为方式，能重新塑造人的性格，这是大家公认的。但是，欣赏不只是个体活动，同时也是社会性活动。艺术对个体心理的影响能迅速转移到社会上去，渗透到社会审美心理中去；社会审美心理，一定的审美需要、趣味、风尚、情境，又会影响和调节个体的审美心理活动，其间复杂的双向运动，提出了一系列社会心理学的具体课题：艺术的不同社会传播方式的不同心理效应，艺术对社会的感染性，社会审美风尚、审美趣味的形成，它的流行性和变异性，个体审美心理对社会审美心理的顺应和逆反，欣赏心理经由艺术批评对创作产生的反作用等。总之，上述课题的提出和探讨，证明普列汉诺夫当年的看法是有道理的："社会心理学异常重要……在文学、艺术、哲学等等学科的历史中，如果没有它，就一步也动不得。"②

社会心理学在西方已有近百年的研究史。有趣的是，它以研究人类文化现象（如语言、神话、艺术、宗教、风习等）起家③，后来却把这些课题让给了文化人类学。战后兴盛起来的西方社会心理研究，偏重于社会应用方面，例如用于教育、生产、家庭、法律、

---

① 高尔斯华绥：《小说家托尔斯泰》，转引自特·莫蒂廖娃：《论托尔斯泰的世界意义》，苏联作家出版社1957年版，第520—521页。

② 《普列汉诺夫哲学著作选集》（第二卷），生活·读书·新知三联书店1961年版，第273页。

③ 社会心理学的确立，一般以冯特1900年出版《民族心理学》一书为标志，该书即以这方面的研究为内容。

民族关系等领域，较少涉及文艺心理和审美心理，只有弗洛伊德与荣格的“精神分析”论（即“深层心理学”）、马斯洛（Maslow）的“动机层次”论，可算是较有启发性的成果。对文艺的社会心理研究，从世界范围看，虽然发展很不平衡，但都在进行积极地开拓。在这样的情况下，研究工作的展开，既需要借鉴国外社会心理学以及相邻学科（例如文化人类学、社会学）的新成果，也更需要重视自己民族的优秀遗产。儒家关于“兴、观、群、怨”（即感发志意、考见得失、群居切磋、怨刺上政）的诗教理论，由司马迁所强调的“发愤著书”说、韩愈的“不平则鸣”说、欧阳修的“诗穷而后工”说，由刘勰所发挥的“知音”说，都包含不少社会心理学的思想材料，同样值得认真发掘、辨析和整理。

三、研究方法的多样化和方法论基础的一元化

——文艺心理研究的方法论问题

前面说过，文艺心理研究对于文艺学说来，既是一个分支，也是一种研究角度。研究角度习惯上也称作研究方法，如对某学科的哲学研究法、社会学研究法、价值论研究法等，如果多学科、多角度的研究同时并举，则可称之为综合研究法。但是，每一种研究角度本身，依然存在一个方法论问题，都要考虑选择某种由哲学方法论（即方法论基础）、学科方法论和具体研究法组成的方法论体系。文艺心理研究的情形也是如此，而且，对它说来，这个问题似乎还更加尖锐。这有两层原因：首先，艺术起于至微，文艺心理有它特别精细微妙的地方，有它更其只可意会不可言传的地方。创作的灵感状态，欣赏的“顿悟”“妙悟”方式，至今为止，非但难于做出准确的解释，即使做出近于实际的经验描述，也不容易。对这类心理环节，过去那些唯心论的、神秘论的解释，一时难于打破。其次，心理学作为一个科学学科，还处在早期阶段，基本上还处于经验描述水平，不少有影响的理论观点，还只是一些假说，非短期可以做出确证。而心理学在西方，主要是作为自然科学成长起来的，

“现代心理学的方法是竭力想追赶自然科学方法”[①]。百年来追赶的结果，是在实证研究方面积累了丰富材料，实验的技术手段也日益先进；但与此同时，也形成了忽视人的心理的社会性的严重弊端，许多人看不见“人脑是一个受社会作用的、活的、变化的系统”这样一个基本事实，看不见社会关系、文化力量对人的心理的深刻影响，而生理还原论、生物学还原论大为流行，使当代西方心理学面临理论上的危机[②]。由于上述两方面的原因，西方文艺心理研究，在方法论上更加歧异纷繁，在观点上有那么多的唯心论、神秘论，有那么多的多元论和折衷论，就不显得奇怪了。面对这样的现状，当我们学习和引进西方有关理论的时候，如果不善于从方法论高度去分析鉴别，那就极有可能步入迷宫而找不到出口。为着学习和吸取，为着批判和改造对方，也为着丰富和发展自己，认清对方方法论的特点，自己采取正确的方法论立场，看来都同样重要。

当然，我们应当把西方心理学研究的学科方法论和作为它的基础的哲学方法论做适当区分。西方许多心理学家往往是相当高明的自然科学家，又是“半通的”、不很高明的，有时甚至是很不高明的哲学家。当他们将自己的研究成果做出理论概括时，在自然科学范围内，他们还能遵循正确的方法论原则，其结论不失局部的真理性；而一旦上升到哲学世界观的高度，往往因为局部的真理向前跨了一小步，便弄得谬误百出。如完形心理学美学，在研究审美知觉特别是视知觉方面，提出“等形同构”等假说，对理解审美知觉的整体性和抒情性问题，对解释造型艺术的审美功能，很富于启发。这说明他们的学科方法论原则——整体大于部分之和，说明他们的研究成果——确认人们具有知觉“完形能力”，是可取的。但是，他们把审美知觉的“完形能力”归之于天赋，并由此证明“物是感觉的复合”，那又重复了马赫主义的哲学错误。对于这样的文艺心理学思想，我们既不可因其哲学方法论的谬误而对之尽行抹杀，也不可因其学科方法和研究成果具有部分真理性而把他们错误的哲学观点也当真理加以崇奉。只有坚持辩证唯物论和历史唯物论的方法

① 舒尔茨：《现代心理学史》，沈德灿等译，人民教育出版社 1981 年版，第 390 页。

② 50 年代以来，西方心理学学科性质的争论重新激化，社会心理学的兴盛和“人本主义心理学”的兴起，都起于对这一危机的关切和试图摆脱危机的愿望。

论基础，对它做恰如其分的分析批判，“披沙拣金”，才能达到学习和借鉴的目的。

在文艺心理学领域，坚持用历史唯物论观点批判改造现有理论成果，显得特别重要。历史唯物论的基本观点之一，是确认人在社会历史实践中形成的社会本质，它不否定人的本质包含着自然性的因素，但强调即使这些自然性因素也已经带上社会性。而唯心主义心理学思想，恰恰否定这种社会性，因而在解释人的心理活动特别是心理活动的能动方面时，或者陷入生理主义，或者陷入生物本能论。对于这样的理论，简单地斥之为唯心主义的胡说，是无补于事的，对心理活动的能动性采取不承认主义更显得愚蠢。正确的态度应该紧紧把握人的自觉能动的社会实践这个基本线索，对之做出新的解释。如弗洛伊德的“深层心理学”，以“泛性论”面貌突出地阐述了潜意识（被压抑的本能欲望）在心理活动中的作用，把艺术归结为欲望在想象中变相的满足。这个理论，弗洛伊德本人固然曾自许为哥白尼式的伟大发现，被人赞誉为心理学上的达尔文“进化论”，但是也被一些人讥之为“精神病患者的心理学”，或“艺术即神经病的理论”。它受到的赞誉和嘲弄都可以说无以复加。平心而论，这一理论把文艺心理研究引向人内在的隐秘的心理领域，把人的需要同想象、梦幻，并通过想象梦幻与过去的经验（尤其童年时代的经验）联系起来，对于解释创作个性的形成，解释艺术创作的心理动力，确有可供借鉴之处。但它把人的内在欲望仅仅看作生物学本能，而且片面地归结为性的欲望，并加以普泛化，这就不能不使人感到是牵强附会，以至荒诞可笑。多少人都试图补救这个瑕瑜互见的理论：他的助手荣格用“集体无意识原型”的假说来加以修正，使它从历时研究角度伸入历史，结果仍然没有脱掉神秘色彩；厨川白村用柏格森的“创造进化论”和“生命力论”取代它的“泛性论”，用受阻碍的生命力的突进和跳跃，解释创作的心理动力，把文艺称之为“苦闷的象征”。但也因为闹不清“生命力”从何而来，而不免抽象化；亨利·帕克把“性欲”换成“不自觉的意欲和情感”，但仍归结为生理本能，依旧不能把这一理论从荒诞的外壳中解救出来。看来，只有历史唯物论能“啄破”这层“老壳”（鲁迅语），因为只有历史唯物论才能科学地说明，人的内在需要和欲望乃是建基于生理需求、在社会历史实践中成长起来的社会性的东西，其中既包含着现实社会因素，也包含着历史的积淀。按照这个思路去理解，“欲望在想象中的满足”也好，“集体无意识原型”也好，“苦闷的象征”也好，都可望得到新的解释。而且我们还不妨同古代“发愤著书”“不平则鸣”“诗穷而后工”的观点参照起来，重新建构我们的创作心理动力理论。

文艺心理研究是相当广阔的领域。它涉及创作和欣赏，个体和社会，既可以进行共时研究，也可以进行历时研究（如从心理学角度研究艺术的发生、艺术流派和艺术风格的演变等），而且得时常借用相邻学科（美学、社会学、文化人类学等）的成果和方法。这种研究工作在广度深度上都有较高要求，借用徐悲鸿先生的话来说，便是“致广大，尽精微”。因此，它不但允许而且要求采取多种多样的研究方法，不但允许而且要求多种方法的并存和互补——新引进的与传统的，自然科学的与社会科学的。至于具体研究法，更是多多益善。传统的观察法、反省（自我观察）法，各式各样的实验法、描述法、调查分析法，都可为我所用。

鉴于上述种种考虑，我觉得仍有必要重申：在文艺学研究上，既要提倡研究方法的多样化，也应坚持方法论基础的一元化。作为文艺学分支的文艺心理研究，当然也是如此。

1985 年 9 月 28 日初稿，12 月 20 日改定。

（原载中国艺术研究院马克思主义文艺理论研究所《马克思主义文艺理论研究》编辑委员会编：《马克思主义文艺理论研究》〔第八卷〕，文化艺术出版社 1987 年版，第 148—164 页）

关于审美心理研究的“哲学-心理学”方法

审美心理作为研究对象，可谓广大无涯而又精微之至。它允许而且需要以不同方法去研究，去接近。

方法服从于对象。合宜的研究方法，无非是对于被研究、被思考的对象的适应。所以恩格斯才会说：科学方法是对象的“类似物”。如果我们确实承认具体对象各有其特殊性和复杂性，那就得跟着承认，单一的、可以充当“秘密武器”的万能方法，实际上是不可能存在的。

西方美学用来研究审美心理的传统方法是哲学方法。从柏拉图起，中经普洛丁，到夏夫兹博里，发展了理性主义的美感论，由亚里士多德肇始，经由休谟、博克等人的努力，则兴起了经验主义美感论。康德美学作为两派的综合，对审美心理做了深刻的哲学概括，使源于古希腊美学的两种不同思辨路向，得以会合，走完了一个圆圈。

当代西方审美心理研究面临又一次综合。自 19 世纪 70 年代费希纳（Fechner，1801—1887）倡导“自下而上”的美学以来，对美感经验的心理学研究，引起普遍关注。一些人从心理学理论体系出发，或运用心理学的手段与研究法，对美感经验做解释与描述，推进了审美心理研究。然而，对美感经验做哲学思辨论证的势头，并未稍减。许多哲学家继续着康德的工作，从各自哲学体系出发，对审美直觉（柏格森、克罗齐）、审美快感（马歇尔、桑塔耶那）、审美经验与日常经验的关系（杜威）、审美对象与审美知觉（杜夫海纳、英伽登）、艺术形式对情感的符号性关系（卡西尔、苏珊·朗格）等问题，做了思辨性论证与阐释。这两种研究路向，一开始便存在相互渗透的趋势。一方面，某些心理学思想，本来就具有思辨色彩，他们在审美心理领域的探讨，也达到较高的哲学水平，如弗洛伊德、融恩对深层心理的揭示，阿恩海姆对视知觉的研究，马斯洛在他的“需要层级论”中对审美需要的处理等。另一方面，在对美感经验的哲学研究中，实际上也融会了现代心理学的成果。从叔本华、尼采到海德格尔、萨特的欧陆“诗化哲学”，即浪漫主义美学思潮，便是如此。

而标志着两者结合的自觉形态的，则是20世纪中期“科学美学”概念的提出。“科学美学”的倡导者托马斯·门罗（Thomas Munro，1897—1974）主张以自然科学方法研究美感经验，但他不舍弃哲学思辨的成果，而试图使两者相互配合，共存互补。尽管他过分强调美感的生物学属性而忽视其社会性，将美国的自然主义、经验主义哲学奉为唯一可同自然科学方法相容的哲学，但他提出“科学美学”的“描述法”（即所谓“中间道路”），仍不失颇具启发性的思路。

以为审美心理研究方法可以完全自然科学化（其标志应是数学化），是一种不切实际的设想。美感经验作为人类最复杂的心理现象之一，其实是并不能彻底自然科学化的。人的内心感受的每一精微变化，决不仅仅是机体对于环境、条件的简单反应，决不仅仅是机体生物化学或生物物理能量的变化，而蕴含着丰富的、复杂的社会、文化、历史因素，显示着个体全部人格系统的独特功能。因此，美感心理虽以机体的“生物-生理”活动为前提，却不能还原为“生物-生理”活动。而美感经验的关键，恰恰在它的“超生物-生理”方面。这方面的研究，无疑要涉及人的本质与本性，仅仅依赖自然科学的诸多实证方法，往往不能完全奏效，这便给哲学的思辨——包括逻辑论证和理论假设，提供了用武之地。同时，美感的“生物-生理”反应和“超生物-生理”两方面是一个活的系统，以自然科学方法做出的现象描述和局部研究，需要借助一定的哲学手段加以理论上的整合。这样看来，审美心理研究决然不能离开哲学思辨，“形而下”的实证考察决然取代不了“形而上”的探讨。审美心理将作为人的本质、本性这个常新的哲学问题的一个方面，引起世世代代人去探索，去思考。

托马斯·门罗说得好：“艺术和美学研究方法的发展，并不意味着哲学的探讨方法已经过时了，或者不必要了。其实，这两种研究方法是互相补充的。”① 他指出，历来的哲学沉思，对美学研究有两重意义：作为一种历史的和心理学的现象，从中可以看出不同文化和不同类型的个人是如何看待艺术的；作为指导进一步考察的假设，某些方面往往远远走在科学前面。“思想深刻的学者从少数或单个的实例中所做出的论断要比思想迟钝的人从无数的实例中所做出的论断更加深刻，更加正确。”② 哲学沉思对美学研究的重要意义，即使在今日和未来，也决不会消失，决不可能消失，采取“哲学-心理学”方法研究审美心理是始终必要的。

托马斯·门罗的美学方法论主张，已引起国内当代学人的注意③。80年代初，我国的审美心理（含文艺心理）研究，曾一度出现过横移普通心理学的幼稚现象。这种研究由于缺乏审美心理的翔实实证依据和必要的哲学概括，实际上将美感经验大大简化和浅化了。有感于这类研究方法的缺憾，人们普遍察觉到在这一研究的领域，哲学的思辨论证实不可少。托马斯·门罗对美感经验的研究方法自然易引起大家的兴趣。

其实在中国，正毋需舍近求远去援引托马斯·门罗，朱光潜先生早在30年代便开始使用这种研究方法了。他从不抹杀从康德到克罗齐的西方哲学美学对美感经验的研究成果，却又尊重审美的心理事实而不愿为哲学成见所囿限。他在《悲剧心理学》中主张的“批判的和综合的”方法，在《文艺心理学》中对克罗齐美学的“补苴罅漏”，便都着眼于哲学美学和心理学美学两种方法在审美心理研究领域的共存互补。④ 这实际上是一种“哲学-心理学”的综合方法。推动朱先生做出这种方法论抉择的，除了从西方式的科学实证精神和哲学上“整体人”的观念，更得益于中国传统文化。中国文

---

① 托马斯·门罗：《走向科学的美学》，石天曙、滕守尧译，中国文联出版公司1984年版，第205页。

② 托马斯·门罗：《走向科学的美学》，石天曙、滕守尧译，中国文联出版公司1984年版，第20页。

③ 参阅钱谷融、鲁枢元主编：《文艺心理学教程》，华东师范大学出版社1987年版，第26—28页。栾昌大：《论美学研究的“中间道路”》，《吉林大学社会科学学报》，1987年第2期。

④ 汪裕雄：《“补苴罅漏，张皇幽渺”——重读朱光潜先生的〈文艺心理学〉》，《文艺研究》1989年第6期。

化擅长于从整体上对对象做直观把握，这种致思途径，孕出独特的艺术哲学。它常从具体生动的美感经验着眼，直接体认、领悟某种人生哲理，不是对美感经验做纯粹的哲学思辨，也不是对美感经验做解剖性的理论分析，而是十分尊重美感经验的完整性与生动性。这实际上也是对人格整体结构的尊重，对人的精神生活有机性的尊重。如像朱先生所肯定的那样：“从整体人出发，不像近代西方美学家往往把知、情、意三个因素割裂开来而片面强调‘知’（认识）中的感性阶段，而是三个因素不偏废而侧重‘情’”，正是中国古代美学的一大特色。[①] 朱先生自幼熏陶在这种艺术精神之中，又怎能不倾心于“哲学–心理学”的综合方法！

托马斯·门罗选择的美学方法，则可以说是他哲学选择的必然延伸。他所信奉的新自然主义哲学，本是欧陆人文哲学和英国科学哲学相交融的思想成果，已为“哲学–心理学”综合方法提供了可能的方法论基础。托马斯·门罗在美学方法上的相对主义和多元论特点，本是新自然主义哲学方法论上的固有色彩。正因为在哲学上更为自信，所以他在倡导这一方法时，揭起了“科学美学”的旗号，比起朱先生当年，态度更为鲜明，影响也更为深广。

而不论是朱先生还是门罗，美学方法论的选择都取决于一个目标：美学与艺术创造、艺术欣赏的实践更紧密地结合。“把文艺的创造和欣赏当作心理的事实去研究，从事实中归纳得一些可适用于文艺批评的原理”[②]，这是朱先生的初衷；“任何一种理论，如果不是为了指导实践，就不能算是可靠的理论，也不可能提供真正的解释”[③]，这是门罗的信念。在这些想法背后，隐藏着对“形而上”美学的抽象化、片面化和经院化倾向的怀疑和不满。他们要求美学研究“自上而下”与“自下而上”的结合，思辨论证和经验描述的结合，正回应着20世纪日益普泛化的审美实践的呼声，这是解决19世纪末以来，“自上而下”和“自下而上”两大美学途径孰优孰劣的长期争论的可能的探索。不论对这种探索已获得的成果做怎样的

---

① 朱光潜：《朱光潜美学文集》（第三卷），上海文艺出版社1983年版，第551—552页。

② 朱光潜：《朱光潜美学文集》（第一卷），上海文艺出版社1982年版，第3页。

③ 托马斯·门罗：《走向科学的美学》，石天曙、滕守尧译，中国文联出版社公司1984年版，第23页。

评价，它标示着两大途径综合的一种趋势和综合的可能，却依然是值得重视的。

当然，科学的综合，决不能一蹴而就，哲学美学与心理学美学分属不同学科层次。简单的相互嫁接和归并，不免会导致语义的缠绕和混乱，更不要说是无原则的拼凑了。然而，我们如果确认，在以往一切有价值的对美感经验的思辨成果与活生生的美感心理事实之间，并不存在不可逾越的鸿沟；美感经验深藏着的历史文化内容，有待哲学思辨加以发掘，那么，我们就应当有足够的信心和耐心，去谨慎地寻求两者可能的接合点，或者如门罗所说，“利用过去的思辨理论，并把它们当作一些有待验证和发展的暗示”①；或者从经验现象的描述和实证材料中，加以归纳，以哲学思辨去指导实证研究，并对它的成果进行理论上的整合。

审美心理研究的难点，在形式与情感之间。在审美活动两端，一头是审美对象的形式，另一头是审美主体的情意状态。审美对象的形式为什么能激起主体的情感和情绪反应？为什么被称为“有意味的形式”？审美主体的情意状态为什么要化为一定的形式得以表现？西方审美心理研究的视线，始终在这两端来回逡巡、审视，从各自的视点、视角，得出过不同回答。精神分析学，以其对深层心理动力的探讨，解说了主体的审美内驱力问题；审美态度的理论，是对审美驱力呈现于意识水平之时的“哲学-心理学”考察；表现主义理论，则论证了主体在审美态度的伴随下，通过直觉与想象，表现自己的情感；现象学美学，着重讨论了审美中主体与对象（物与我）的同一问题。这四大理论，都从主体出发，在不同环节上说明主体心理以什么方式，以何种程度在逼近对象，指向对象的形式。在另一端，从审美对象和它的形式出发，有着席勒的审美外观理论，克莱夫·贝尔和洛吉·佛莱的“有意味的形式”说，它们则说明审美对象的形式，以什么方式，以何种程度在吸引和适应主体的情意状态。这样，已有的审美心理理论，便从审美主体与对象两端，提出两大理论序列。而卡西尔——苏珊·朗格的“情感符号”论，恰好可被视为两大序列的联结纽带（见后图）：

---

① 托马斯·门罗：《走向科学的美学》，石天曙、滕守尧译，中国文联出版公司 1984 年版，第 21 页。

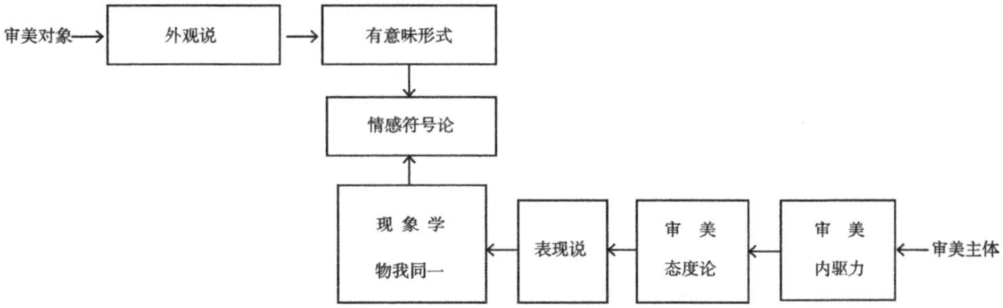

而两大序列一经贯通，美感经验完整过程的各个环节也就豁然在目。不用说，西方已有的审美心理理论，远未穷尽审美心理的奥秘，但却启示我们：已有的对审美心理哲学思辨（或具有哲学意味的心理学探讨），对于今后的审美心理研究，有着多么重要的意义。

值得注意的是，中国传统美学在审美心理方面，也提供了同样有价值的理论观点。

常被误认为“唯物主义反映论”观点的“感物动情”说，其实非关认识，倒是对美感心理反应的一种解说。“感物动情”说强调外物对心灵的感发作用。外物及其运动，作为一种刺激，一种触媒，能引发人内心的情感活动，情动于内而形于外，发为艺术创作。这一说，着眼于由外及内，侧重解说了美感心理的表层操作。但它又不同于西方的美感心理操作理论（例如“直觉”说和各式各样的“审美知觉”论），它不只注意表层操作，而且直探它植根的深处——人的天性。“人生而静，天之性也。感于物而动，性之欲也。”（《乐记·乐本》）按儒家观点，性被外物挠动而生情，情指向物，要求满足，即是欲。性、情、欲三者，都系于心，其关系有如朱熹所说：“心如水，性犹水之静，情则水之流，欲则水之波澜。”（《朱子语类》卷五）“性安然不动，情则因物而感。”（《朱子语类》卷九十八）总之，情和欲都是人的天性在外物感发之下的外显表现。儒家承认情欲被感发是天然合理的，但又反对感性物质欲望泛滥成灾，反对“穷人欲，灭天理”，“夫物之感人无穷，而人之好恶无节，则是物至而人化物也。人化物也者，灭天理而穷人欲者也。”（《乐记·乐本》）因此，他们主张以一定的形式（礼与乐）去规范它，节制它，使之不失其和。节人欲而存天理，达到天地同和，正是儒家礼教、乐教、诗教的旨归，儒家艺术精神的根本，正是儒家主张“乐通伦理”（《乐记·乐本》：“乐者，通伦理者也。”）、礼乐交相为用的理论依据。孔子既主张“诗可以怨”，又要求“思无邪”“怨而不怒，哀而不伤”，倡导温柔敦厚的诗教，讲求一个“和”字，骨子里也是要求节制情欲，使人性保持平正中和。

发端于屈原的“发愤抒情”，而由司马迁加以发挥的“发愤著书”的观点，为美感心理提供了另一番解说。人的情意受到外部现实条件的阻遏而郁结于心，“不得通其道”，转而诉之诗文，成为艺术创造的推动力。自唐以降，张扬此说者代不乏人，形成流注着楚骚精神的美学传统。李白高唱：“正声何微茫，哀怨起骚人。”[①] 韩愈鼓吹“不平则鸣”，欧阳修为“诗穷而后工”辩护，李卓吾欲“夺他人之酒杯，浇自己之垒块；诉心中之不平，感数奇于千载”（《焚书》卷三，《杂述·杂说》），再到黄宗羲对“风雷之文”的深情呼唤[②]，都在不断突破儒家诗教的樊篱，推动着、创造着饱含忧患意识，有时是惊世骇俗的诗文。如果说，“感物动情”说最初是建立在“和”的文化观念之上，而以求得原始的圆满和谐为旨归的话，那么，“发愤著书”的观点，则着眼于主体情感意志与外部条件——包括现实条件与历史文化传统——的冲突和对抗，似乎更接近于精神分析学的审美内驱力理论。

中国式的审美态度理论，可推著名的“虚静”说做代表。经过自觉的努力，摒除私欲和知性的介入（即所谓“去智去欲”），进入“湛怀息机”（虚）和“罄澄心以凝思”（静）的心境，以便让主体的直觉能力活跃起来，作为审美的前提条件和伴随条件，这是中国美学上几乎已成为常谈的观点。在强调审美态度的非功利性，非概念性，以及强调审美态度同时是对于审美对象的持续审美注意——“凝神观照”方面，和西方的说法大致相同。但我国的“虚静”说，似乎更重视这种态度具有的开拓主体心理空间、增强主体直觉能力的积极意义。刘禹锡说“能离欲，则方寸地虚，虚而万景入”（《秋日过鸿举法师寺院便送归江陵》），苏轼认为“静故了群动，空故纳万境”（《送参寥师》），如冠九则揭示“澄观一心而腾踔万象”（《都转心庵词序》），都一致认定“虚静”心态足以开阔胸襟，拓

① 《古风五十九首》，《李太白全集》，中华书局1977年版，第87页。

② 他说：“逮夫厄运危时，天地闭塞，元气鼓荡而出，拥勇郁遏，坌愤激讦，而后至文生焉。”见《南雷文约》卷四，《谢翱年谱游录注序》。

展主体心理空间。这种自具特色的审美态度论，其实是中国古代源于《易》经的宇宙生命哲学的组成部分。“《易》者，儒道两家之所统宗也。”① 而《易》的着眼点，不在宇宙的物质构成，而在宇宙的生命运动：“一阴一阳之谓道”，“生生之谓易。”（《易传·系辞上》）不论儒家或是道家，都主张静观而体道，只有排除一己私欲和知性的“我见”“我执”，入于“空明”的心境，才能使主体的感性生命和宇宙万物的生命运动相感相通，达到对“道”的体认。六朝画论讲“澄怀观道”（宗炳《画山水序》），禅宗倡“止观”“定惠”之学②，宋明理学主张“不虚不静故不明，不明故不识”（朱熹《晦庵诗话》）。“虚静”，是把握“道”的前提和伴随条件，而把握的途径，则是感性直观——静观。这种通过感性直观把握宇宙生命运动的方式，是哲学的，同时是审美的。“虚静”说哲学根源如此深厚，就不怪它在中国传统艺术中具有如此久远深刻的影响了。

由于传统艺术哲学认定审美直观的任务在于“体道”，即把握宇宙万物的生命运动，因而，审美直观的极致，便是指向“物我同一”的境界。“道”无所不在，“道”与物不隔，“道”与我亦不隔（庄子甚至说“道在屎尿”），这便必然合乎逻辑地引出“物我交融”，即物我双向交流而在直观中获得同一的美学命题。以此去综合审美经验的现象描述，便得出“情景交融”的审美心理理论。这一点，在我国几乎已成文家常谈，就毋庸乎细说了。

我国传统美学对审美对象的形式研究是不很发达的。我们的美学史上，找不到与克莱夫·贝尔的“有意味的形式”、俄国形式主义美学以及西方当代结构主义美学相类似的对于审美形式的系统研究和理论概括，有的只是关于艺术传达技巧技法的形式规范方面的大量记载，例如诗歌的格律、书画的笔法、墨法等。然而这并不意味着传统美学不重视形式的审美意义。中国传统哲学既擅长于对“未封”之境的整体把握（《庄子·齐物论》：“道未始有封。”），中

---

① 熊十力：《新唯识论（语体文本）·初印上中卷序言》，《新唯识论》，中华书局 1985 年版，第 240 页。

② “止观”：“止”为“息止散心”，“观”为“直观境相”。“定慧”与“止观”义近。禅宗六祖慧能在《坛经》中，主张“定慧体一不二”，认为定是慧之体，慧是定之用，将“虚静”与“直观”能力视为体用（结构与功能）关系，更可见出虚静心态的作用。

国美学也便不可能以对审美对象的分析性考察见长。我们的前人将审美作为心理事实加以论列时，对象的形式方面并没有从整体对象中离析出来，也不曾脱离主体的直觉与体验，而是作为对象与情意的统一体加以对待的。这便铸成了中国美学的特有范畴——意象。作为主体情意与对象外在形式的统一体，意象的范畴在中国不仅绵亘上千年，几乎贯通于整个美学史，而且渗入传统美学的诸多理论之中。所谓“感物动情”“发愤抒情”，不都在指向审美的意象么？所谓“虚静”与“止观”，不都是在“直观境相”，即获取意象的手段么？所谓“物我交融”“比兴”等，不正是对意象形成的心理展开么？审美意象作为一个中心概念，始终活跃在传统美学思想之中。有关审美意象的多方面理论，可以也应该成为我们今日审美心理研究的重要借鉴。

中国和西方美学史都昭示我们：研究审美心理，决不能忽视前人的思辨成果。而这些成果，恰恰是以“哲学-心理学”方法取得的。审美心理研究之需要“哲学-心理学”的综合方法，并不取决于哪个研究者的个人喜好，而取决于它的研究对象——美感经验自身。因为只有这一方法，才适应它既广大又精微的特点，才可能“致广大，尽精微”，从宏观与微观两方面将这一研究深入下去。当然，根据不同课题和论者的不同学术个性，完全允许有人侧重于实证研究，有人侧重于思辨论证，具体研究法更加可以百花齐放。这一点，我想是不会招致误解的。

既要采取“哲学-心理学”的综合方法，既要批判地综合前人的成果，就有一个不可回避的问题：究竟采取什么样的哲学观点，作为研究方法的方法论基础？

在这个问题上，我还是老调重弹：提倡研究方法的多样化，坚持方法论基础的一元化。我在几年前的一篇文章中强调过，在审美心理与文艺心理研究领域，坚持用历史唯物论观点批判改造现有理论成果，显得特别重要：“历史唯物论的基本观点之一，是确认人在社会历史实践中形成的社会本质，它不否定人的本质包含着自然性的因素，但强调即使这些自然性因素也已经带上社会性。而唯心主义心理学思想，恰恰否定这种社会性，因而在解释人的心理活动特别是心理活动的能动方面时，或者陷入生理主义，或者陷入生物本能论，对于这样的理论，简单地斥之为唯心主义的胡说，是无补于事的，对心理活动的能动性采取不承认主义更显得愚蠢。正确的态度应该紧紧把握人的自觉能动的社会实践这个基本线索，对之做出新的解释。”①

这些话，我是有感而发的。

我想起了朱光潜先生。这位以“移西方文化之花接中国文化传统之木”著称的美学前辈，他对中国现代美学的贡献早已口碑载道。但对他后期转向马克思主义的成败得失，看法并不尽一致。有人认为他中断美感研究和西方美学新潮的引进，去讨论美学哲学基础的那些 ABC，似乎得不偿失。这些人不愿承认马克思主义哲学所引起的美学思想的根本变革，也全然无视朱先生走向马克思主义有他自己思想发展的内在依据。他们把朱先生在这方面的反复申说一概看作时势所逼的违心之论。这样的判断委实离实际太远了。

朱先生在学术上走过曲折的路。他早年信奉从康德到克罗齐一派唯心论美学，但又发现它常与审美心理事实相抵牾。他曾花极大的气力用心理学美学成果去填补这一派美学的疏漏，做过认真的“补苴罅漏”工作。这个工作在微观上、分体上不无成功之处，使朱先生提出过不少启人深思的新见；但在宏观上、整体上却使朱先生时时陷入支离龃龉、难以自圆的窘境。尤其是“人的美感从何而来”这样一个根本性问题，曾长期困扰在他的心头。已有的心理学美学令他深感失望：无论是“环境决定论”（即“S—R”两项式），还是“美感＝生理快感”的生理主义，还是“美感＝本能情欲的变相满足”的生物本能主义，都为朱先生所不满。在哲学美学上，他求救于康德和克罗齐，并在唯心的心物二元论和唯物一元论之间徘徊、游移了好久，也发现作为美学的哲学基础，它们本身就存在缺陷。② 后来，通过对克罗齐哲学的批判，终于引起朱先生对整个唯心论美学的深深怀疑：

> 作者自己一向醉心于唯心派哲学，经过这一番检讨，发现唯心主义打破心物二元论的英雄的企图是一个惨败，而康德以

① 汪裕雄：《文艺心理研究漫说》，《马克思主义文艺理论研究》（第八卷），第 162 页。

② 如康德和克罗齐将人的美感能力归结为“先验的综合”，就颇为朱光生所诟病。

来许多哲学家都在一个迷径里使力绕圈子，心里深深感觉到惋惜与惆怅，犹如发现一位多年的好友终于不可靠一样。[①]

处身迷径又觉无路可走，这是一个学者在学术上的深重悲哀。说严重一点，这是遭遇思想危机的表征。我们没有理由怀疑这种危机感的真实性，也就没有理由怀疑他在新中国成立以后接触马克思主义时那种“相知恨晚，是欣喜也是悔恨”的感受的可信性。

历史唯物论的实践观点，为美感的根源、审美的发生提供了全新的答案，也为朱先生指明了绕出唯心论哲学迷径的一条新路，为他开辟出崭新的学术天地。尽管他对马克思主义的运用还远未熟练[②]，尽管他因卷入美学哲学基础问题的论争而少有机会再回到早年得心应手的美感研究上来，但他已着手从实践观点去研究美感经验的最终根源，重新探讨人的本性和真、善、美的统一，提出了一系列的新的深刻见解。如他的《美感问题》一文，便显示出唯物史观对于批判、汲取和改造既有美感理论的巨大威力和潜力。在新中国成立以后的30多年中，朱先生学习和运用马克思主义，心悦诚服，坚持一贯，可谓至死靡它。他晚年一再劝诫美学界的后继者认真学习马克思主义，断言“不懂马克思主义，走不上正道”[③]。这是一个“过来人”用痛苦的探索和深切的教训换来的悟道之言，我们不能不永远铭记。

（原载《安徽师大学报》〔哲学社会科学版〕1990年第2期）

① 朱光潜：《朱光潜美学文集》（第二卷），上海文艺出版社1982年版，第372页。

② 如他强调生产劳动在审美发生学上的意义，不惜“矫枉过正”，甚至宣称“生产劳动就是艺术活动”。参阅朱光潜：《朱光潜美学文集》（第三卷），上海文艺出版社1983年版，第367页。

③ 朱光潜：《怎样学美学》，载全国高等院校美学研究会、北京师范大学哲学系合编：《美学讲演集》，北京师范大学出版社1981年版，第3页。

意与象谐

诗家所尚，思与境偕。然而，只有动人的意象，才能提供深永的意境，“思与境偕”，首先得意与象谐。

北宋词人晁补之（字无咎，1053—1110）写过一首《咏梅》词，头两句是：

开时似雪，谢时似雪，花中奇绝；
香非在蕊，香非在萼，骨中香彻。

词人力求把笔下的白梅写成一种“奇花”。他极写白梅的色和香，用“奇绝”“香彻”一类夸饰性形容语，竭力提供“奇花”的意象。

然而，他并没有成功。清代词评家陈廷焯只用九个字便把它抹倒了：“费尽气力，终是不好看”（《白雨斋词话》），没有留半点面子。

陈评有没有道理？如有，道理又在哪里？

我们不妨将晁词与林和靖（林逋，967—1028）《山园早梅》中的名句做一比照：

疏影横斜水清浅，暗香浮动月黄昏。

初一看来，这两句诗大笔勾勒，线条颇粗，梅花被写得影影绰绰，甚至没有提及梅花的色彩，比之晁词所写，笼统多了，含糊多了。然而，细一玩味，这看似淡淡写来，全不费力的两句，却突现了一种朦胧之美，细腻地传达出梅花独占的风情。你看，这梅花临水旁出，枝也疏疏，花也疏疏，但它临水自照，似乎在自窥幽姿，自赏疏影。这梅花在一片昏黄的月色中清芬暗溢，香也浮动，光也浮动，奏出了月光与花香的交响：花香弥漫在月色中，月色朦胧在香气里。若两句合看，那画面则越发诱人：疏影既由梅枝横斜、池水倒映而来，也因月色晦暗朦胧而来。月色之中，不独弥漫着梅的“暗香”，似乎还若明若暗地闪烁着梅那黝黑的疏枝与星星点点的疏花。疏影，暗香，和着朦胧的月色，融成了一片。它同时诉诸读者的视觉与嗅觉，构成静中有动，动中有静，逗人遐想的空灵意境，难怪要被后人尊为“深得梅花之魂”的绝唱了。

相比之下，晁词的弱点也就赫然在目。他既没有去捕捉梅花这一景物在生命运动中的每一精微变化，更没有关心自然景物之间丰富多彩的组合关系，而一抓住梅花的色与香这两种一般属性，就把它孤立起来，做超时空的描述。“开时似雪，谢时似雪，花中奇绝”，无非确定此花从开到谢，都洁白如雪。这只是对白梅生态属性最平常的介绍，作为说明文，犹有可说，作为诗句，从“花开”到“花谢”这一跳，便把白梅在具体时空中生动的感性特征尽行抖落，令人顿生抽象之感。更何况，把本不可惊的雪白之色一下抬到“奇绝”的吓人高度，更令人感到矫揉造作。至于“香非在蕊，香非在萼，骨中香彻”，梅的香气竟以论辩式语气出之，简直像冲着读者抬杠子。梅花之香不在此亦不在彼而独在骨，虽雄辩滔滔，却难唤起人们的真切印象。晁词借论辩手段来突现梅花的清香，无奈梅骨难摹，梅香只剩下概念的躯壳。

晁词“象”既平庸，“意”也不见丰盈深切。雪白言其“奇绝”，香味言其“彻骨”，虽也表示了作者的赞叹，毕竟失于浅露，了无余蕴。这两句诗，除了为读者提供一个笼统的“奇花”的观念之外，还能使人感受到领悟到别的什么呢？没有了。林逋则不同。那临水自照、暗送幽香的早梅，多么启人遐想！它寂寞，凄清，却孤芳自赏；它疏疏落落、影影绰绰，不邀众人青睐，却获得了诗人由衷激赏。它是梅，又确乎是人，是一位遗世独立、不流凡俗、精神上自我满足的高人雅士。此情此意，溶入“疏影”，溶入“暗香”，没有一笔写情，却字字流露真情和深意，熔铸成水乳交融新鲜隽永的意象。

梅花，作为“四君子”之一，在诗人眼里，历来有隐者的高标。“偏是三花两蕊，消万古才人骚笔。”（吴潜：《暗香》）魏晋六朝以来，吟咏梅花之作绵延不绝。现存最早的诗作，是何逊的《咏早梅》：“衔霜当路发，映雪拟寒开。枝横却月观，花绕凌风台。”梅花作为凌霜傲雪的强者，作为预报春光的使者，曾被移注进多么丰富的情思！林逋长年隐居西湖孤山，终身不娶，所居多植梅畜鹤，有“梅妻鹤子”之称。梅花对他，亲如美眷，其每一瞬间的现象形态，生命活动的每一精微变化，它在自然界错综、转瞬即逝的画面组合，都能引起他深切的认同之感。他极其敏锐地捕捉住早梅临水斜出，暗香月影的刹那间形象，寄寓自己的情怀与人生感慨，既为梅花传神，又为自身写怀，“疏影”“暗香”后来竟成为梅的代名词，他的成功实非偶然。

意象是艺术的细胞，意境是意象有机组合的活的体系。意象做到意与象谐，意境才能求得“思与境偕”。林逋的成功，从正面说明了这个道理。反之，象失于拙陋，意失于枯槁或浅露，或意与象相乖相离，不是水乳交融而如油水相分，意象的经营便告失败，也就无意境之可言。晁无咎费尽气力，终于在艺术上未能讨好，道理也在这里。如此看来，陈廷焯对晁词的考语，也算不得苛评。

（原载《学语文》1990 年第 5 期）

读蔡元培的《图画》

蔡元培先生的文言短文《图画》，原是他在20世纪初为旅法华工编写的《华工学校讲义》中的一篇。新中国成立前夕，曾由朱自清、叶圣陶、吕叔湘选进《开明文言读本》，被誉为"说明文的模范"。1982年，又被选入现行中学语文课本。作为一篇课文，它的生命力也真可以说是历久而不衰了。

《图画》在写法上、内容上都有独到的好处。它写得极其凝练：短短五六百字，便把绘画艺术介绍得确切明了，既统观全体，又条分缕析。没有举重若轻的本领，是写不出这样好的文章的。就内容看，它专门介绍有关艺术方面的知识，说得系统而准确，是不可多得的美育教材。蔡先生一贯提倡美育，认为美育最有力的手段就是艺术教育。他写《图画》这类文章，目的就在实践自己的美育理论。今天它被重新选入现行语文课本，自然也会在普及艺术教育、加强学校美育方面产生积极的作用。

《图画》文章虽短，所介绍的绘画基本理论、基本知识却并不简单。它涉及绘画的审美特性、内容、传达手段，中西绘画比较，中西画史等五个方面，都有一定广度和深度。要把这些问题向学生大致讲清楚，有必要将课文略做阐释。因此，我拟就《图画》涉及的有关问题，稍做解说，以供参考（引作例证的绘画作品，均选自上海中小学教材编写组的《美术》试用课本）。

一、绘画的审美特性

绘画可以从不同角度来规定它的审美特性。从它表现的对象着眼，可以称之为空间艺术；从它所凭借的物质材料（色、线、形）着眼，可以称之为造型艺术；从它诉诸欣赏者视觉的心理功能着眼，又可以归入视觉艺术。蔡先生这样写道：

> 吾人视觉之所得，皆面也，赖肤觉之助，而后见为体。建筑，雕刻，体面互见之美术也。其有舍体而取面，而于面之中仍含有体之感觉者，为图画。
>
> 体之感觉何自起？曰，起于远近之比例，明暗之掩映。西人更益以绘影写光之法，而景状益近于自然。

这段话，把绘画的审美特性规定得言简意赅。绘画、雕刻（今通称雕塑）、建筑，都需借助色、线、形这样的造型手段创造出作品，而观众则通过视觉加以欣赏，达到审美效果，所以它们同属于视觉艺术。但绘画和后两者又有所区别。雕塑、建筑提供的是“体面互见”的立体造型，绘画则作于画布、画纸或粉墙之上，所提供的只能是“舍体而取面”的平面造型。然而，世界上任何物体的可感外形都是立体的，绘画把它移入平面，会不会导致失真的后果呢？不会。绘画“于面之中仍含有体之感觉”。用科学语言来说就是：绘画能够通过只有长和宽的两度空间，表现出有长、宽、高的三度立体空间的效果。绘画这个面中见体的审美特性，早已为中西古代画论一致肯定。意大利绘画大师达·芬奇说过：“绘画显示的第一个奇迹乃是物体从墙壁或其他平坦的平面上凸出，使得精于判断者上当，因为事实上并无凸起。”我国传统画论也有这样的记载：南朝梁大画家张僧繇所作壁画，“远望眼晕如凹凸，近视即平”（杨慎《画品》），同样是一种奇迹。我国传统画论甚至要求艺术家作画时“下笔便有凹凸之形”（董其昌《画禅室随笔》），就是为了充分发挥绘画面中见体的特殊功能，创造出这样的奇迹。

绘画之所以能于面中见体是有心理学的根据的。视觉，可以分视感觉和视知觉。从感觉说，人的眼睛感受所得，只是一个个面。由视感觉上升为视知觉，人们就把其他感官的感觉经验特别是触觉的经验融合进去，视知觉所得，便可将面综合为体，产生对事物的完整感受，形成立体感和空间感。视知觉的这个心理功能，使人们在日常生活中可以“以目代手”，不经触摸便可用两眼“看出”事物形状大小、距离远近、质地软硬、光滑还是粗糙。而在人的孩提时代，这些经验却是非借触觉不可能取得的。视知觉这个功能，也使绘画“于面之中仍含有体之感觉”，成为可能。《图画》一文劈头就抓住视知觉的心理功能，进而规定绘画作为视觉艺术之一的审美特性，便显得有根有据，立论坚牢。

绘画的特性既是面中见体，那么怎样才能在平面上将事物的立体感体现得真切动人呢？绘画凭借的是两个办法：透视法（“远近之比例”）和明暗法（“明暗之掩映”）。在这方面，中西绘画理同一律，只不过具体的技法技巧各有特色罢了。西方用的是几何学的焦点透视，绘画人观察对象的视点、视角都是固定的，画面上用来表现纵深的所有透视线经过延长都可以交会于一个焦点，因而画面呈现的视野也较有限制。如达·芬奇的《最后的晚餐》，所有透视线都集中在耶稣的头顶，突出了耶稣在画面的中心位置。中国画用的是散点透视，绘画人的视点视角不求固定，允许视线沿着对象上下左右做往复移动，画面呈现的视野也较为自由。一幅绘画，或可鸟瞰层峦叠嶂，如宋代范宽的《雪景寒林图》；或可遍览绵延数里的疏林、村舍和市井街衢，如宋代张择端的《清明上河图》。这就可以见出焦点透视所见不到的开阔景象。在明暗处理上，西方有精巧的“绘影写光之法”，即所谓光影透视和空气透视。他们运用近代物理学的光学、色彩学知识于光影描绘，往往精细逼真地去表现对象由于受光的不同而形成的阴影的浓淡深浅，表现笼罩着对象所处空间的空气本身的不同透明度和不同色调，有力地形成画面的立体空间感和远近距离感，使画面图像酷似于现实对象。我国绘画对光影描绘虽没有西方那样精细严格的要求，但却通过墨色的黑白、浓淡、枯湿以及皴擦、渲染等一系列技法来处理明暗，形成立体感和空间感。

二、绘画的内容

《图画》在列举绘画常见的八种题材之后谈到，绘画的内容比之建筑雕塑更为繁复，“而又含有音乐及诗歌之意味，故感人尤深”。在视觉艺术三者之中，绘画再现现实能力最强，雕塑次之，建筑最小。绘画常用的八种题材，植物、宫室、山水三项，就不适宜于雕塑；而建筑，即使是失去实用意义的纪念性建筑，也几乎不能直接再现现实题材。文章说绘画的内容比建筑、雕塑“繁复”，也就是指它的题材比后两者更为广阔。

三种视觉艺术都可能表现某种音乐意味。建筑和雕塑都可以通过线条和体积的组合变化，显示一定的节奏和韵律，传达特定的情调。绘画也可以借画面的构图、线条、色彩和光影的组合对比，造成音乐般的效果。如意大利绘画大师拉斐尔的杰作《西斯廷圣母》，画的是圣母玛利亚向人间献出她幼小的儿子耶稣的故事。前景的帷幕刚刚拉开，玛利亚怀抱耶稣从云端降到人间。三角形的构图显得稳定；微风吹拂着的衣褶、帷幕、飘浮的白云，呈现出优美的曲线，寓有动势；全画以宁静的蓝色为主调，又间有热烈的红色，益发显得静中有动。这些造成崇高而又和谐的颂歌一般的节奏，正好和玛利亚庄重而温柔的表情相呼应，表现出圣母献子的庄严主题。

绘画内容可以传达诗意，这是古今中外公认的艺术事实。诗和画作为姐妹艺术，确乎结下了不解之缘。古希腊诗人西蒙尼德斯就说：“画为不语诗，诗是能言画。”达·芬奇说得更俏皮：“如果你称绘画为哑巴诗，那么诗也可以叫作瞎子画。”我国传统的说法与西方不谋而合。宋代画家郭熙在《林泉高致》中说：“诗是无形画，画是有形诗。”明代画家沈颢则把诗和画看成“有韵语，无声诗”。我国历代都涌现过许多工诗善画的大艺术家，王维、苏轼就是杰出的代表。宋徽宗以诗句考试画士，判定品第。如以“野水无人渡，孤舟尽日横”为题，有人“画一舟人卧于舟尾，横一孤笛，其意以为非无舟人，止无行人耳”，结果名列第一；表现“乱山藏古寺”的诗意，有人画的是“荒山满幅，上出幡竿以见藏意”，结果得了优胜。这都说明，绘画虽然以再现现实事物为特长，却也具有音乐和诗歌那样的抒情表现功能。《图画》说绘画“含有音乐及诗歌之意味，故感人尤深”，是概括得很准确的。

三、绘画的传达手段

任何一门艺术都要借助一定物质材料把艺术家对现实的感受和情意传达出来。这种作为传达媒介的物质手段（又称“介质”），在文学是语言，在音乐是乐音，在绘画则是色彩、线条和形体。《图画》一文把绘画大致分为设色不设色两类，两两对举，从比较中说明各自传达手段的特点。中外绘画，都有设色类，西方的水彩画、油画，中国的彩墨画、设色没骨画（不用线条勾画轮廓），都呈现了五彩缤纷的绚丽图景。它们虽也以形体和线条感染人，但最令人动情的，还是色彩给予人的刺激。特别是西方在文艺复兴以来兴起的油画，用色彩来构成形体，绘影写光，传达感情，把色彩的表现力推向登峰造极的地步。如 17 世纪荷兰画家伦勃朗的《戴金盔的男子》，把一位年老的战士的头像放在微暗的色调中来表现：上身的衣饰若隐若现；面部光线微明，表情坚毅，陷入沉思与回忆；只有头上那一顶镂花金盔，光辉灿烂，放射着耀眼的光芒。作者在描绘这顶金盔时，把油彩堆得像小丘一样，表现着色彩微妙的闪动，形成炫人眼目的强烈效果。这顶金盔，标志着主人公青年时代远征西班牙的战功，辉煌的色彩正好强调了辉煌的业绩，补充了主人公沉思和回忆的内容，巧妙地激发着观众的联想和情绪反应。

不设色的绘画，在西方称为素描，在我国则有水墨和白描。我国的水墨画，自王维倡导“水墨渲染”的画法之后，曾盛极一时，它以墨泼、点墨、皴擦、渲染等一系列技法，以墨代色，甚至能达到“墨分五色”的精妙境界。其感人力量并不亚于设色画，是我们民族对世界绘画艺术的宝贵贡献。

四、中西绘画之比较

《图画》关于中西绘画的比较，集中在画法、画风两个方面。

就画法而言，中国人学画重临摹旧作，西方人学画重描写实物。但蔡元培先生并没有一概而论。他说：“中国之画，自肖像而外，多以意构。虽名山水之图，亦多以记忆所得者为之。”这两个“多以”，颇值得留意。因为画人物肖像固非对人写生不可，就是山水花鸟，也并不绝对排斥对景写生。据我国画论记载，画竹，有人是在“灯下照竹枝摹影写真”（李衎《竹谱》卷一）；画草虫，有人开始是“笼而观之，穷昼夜不厌”，接着又“就草地观之，于是始得其天”，落笔之际，竟然“不知我之为草虫耶，草虫之为我耶”

（罗大经《画说》）。然而从总体来看，中国画毕竟以“意构”取胜。所谓“意构”，就是在作画时不求一枝一节的毕肖，而是着眼于对象的风姿神采，借以抒发画家的主观情意。这是同西方侧重写实的古典绘画判然有别的一种写意画法。中国画论比较强调“神似”，即在形似的基础上，允许对所描绘的事物做较大的变形，以适应抒情写意的需要。

由此也就形成中西各自特异的画风。“中国画与书法为缘，而多含文学之趣味。西人之画与建筑雕刻为缘而佐以科学之观察，哲学之思想。”所呈现出来的风格是：“中国之画以气韵胜”，“西人之画以技能及义蕴胜。”

在我国画论史上，“书画同源”，自唐朝以来几乎成为千古不易之论。元代大画家赵孟頫有首诗说得好：“石如飞白木如籀，写竹还应八法通。若也有人能会此，须知书画本来同。”（《论画》）书法，是在我国发展起来的独特的线的艺术，它在线条的粗细、刚柔、疏密和抑扬顿挫的组合关系中，表现着音乐般的节奏，有很强的抒情性。中国画法既以意构为主，又以书法技巧入画，这就使抒发主观情趣意兴的写意画能够兴盛起来。元明以降，文人写意画蔚然成风，艺术家们往往只用极简练的笔墨，就能够传达出景物的风神，传达出深永的意境。这就是《图画》所说“以气韵胜”。我们不妨看清初朱耷（别号“八大山人”）的《荷花水鸟图》：那交错在画面突出地位的三根线条苍劲有力，那浓淡相映的泼墨又颇豪放，它们简括地描绘出三两枝疏荷。荷下是临水的孤石，石上的水鸟孑然独立，缩着颈子若有所思。整个画面在一片孤寂清冷的气氛中，又隐隐透露出狂放不羁的意气，这就十分传神地抒发了画家孤傲而又落寞的心情。清人笪重光有两句话和《图画》关于中国绘画的看法正相吻合，他说：“点画清真，画法原通于书法；风神超逸，绘心复合于文心。”（《画筌》）书画同源，侧重表现风神气韵，而又富于文学趣味这样一些特点，大体都包举在这两句名言里了。

西方古典绘画既以写实为主，它的题材就比较注重社会生活方面。自文艺复兴以后，人和人的生活在西方绘画特别是油画中始终占据着中心位置。有的作品，直接描绘了情节性的画面，深入表现社会的矛盾和冲突，其蕴含的意义，达到哲理性的高度。在技巧技法方面，又吸取了近代几何透视学、人体解剖学、光影学、色彩学的科学成果，显得更为精确细密。因此，说西画“以技能及义蕴胜”，其发展“常与科学及哲学相随”，也就不难理解的了。

五、中西绘画发展史

《图画》最后一段，简要撮述了中西绘画的发展历史。中国画“始于虞夏，备于唐，而极盛于宋”。三句话概括了几千年的中国画史，今天看来，仍可以一字不易。我国现在已发现的最早绘画，是保留在仰韶彩陶上的人物或动物图饰，如近年在河南临汝出土的仰韶陶缸彩绘《鹭鱼石斧图》，1973 年在青海通县出土的陶盆上的舞蹈图像纹饰，它们产生在距今五六千年的新石器晚期，也就是历史传说中的“虞夏之世”。至唐，由于高祖、太宗相继提倡，设立艺苑，王公贵族习画成风，文人画中山水、人物品类繁盛，寺庙壁画也颇发达，不论是画种还是规模，都可谓已经齐备。宋代开国之初就设立了翰林图画院，对画士推重备至。到宋徽宗，竟把绘画列为科举考试项目之一，诗文论策之外，兼以绘画取士。宋仁宗、宋徽宗本人，就是很不错的画家。宋代绘画事业蔚为大观，绘画和画论，都可说到了成熟阶段。宋以后呢？“其后为之者较少，而名家亦复辈出”，就此一语带过。接着介绍西方画史：“始于希腊，发展于 14—15 世纪，极盛于 16 世纪。”西画的发展兴盛是和“文艺复兴”运动分不开的，特别是 16 世纪的意大利，相继涌现了“艺术三杰”——达·芬奇、米开朗基罗和拉斐尔。恩格斯《自然辩证法导言》中说：“达·芬奇不仅是大画家，而且也是大数学家、力学家和工程师，他在物理学的各种不同部门中都有重要的发现。”米开朗基罗是杰出的雕塑家、画家、建筑师和诗人，拉斐尔则是杰出的画家、诗人、建筑师和考古学者。他们多才多艺的创造性活动，在西方文化史上写下了光辉的一页。“近三世纪则学校大备，画人伙颐，而标新领异之才亦时出于其间焉。”就是说，西方绘画在全盛期之后的几百年中，始终保持着发展的势头。这和对我国宋以后的评述比照起来，就不难听出作者的弦外之音：我们落后了。蔡元培先生是伟大的教育家，辛亥革命后第一任教育总长，曾经为发展教育事业、倡导美育而长期奔走呼号。他一向主张艺术教育是美育的重要手段，提倡美育就得普及艺术教育，发展艺术事业。蔡先生又是伟大的爱国者。他珍视祖国的文化传统，对自己民族的绘画艺术的优点和特点有深切的了解，同时又不故步自封，敢于肯定西方绘画的长处。他主张在发扬传统的基础上学习西方，以促进我国艺术事业发展的殷殷之意，流露在《图画》一文的字里行间，是我们在阅读时需要着意领会的。

（此文原载于《安徽师大学报》〔哲学社会科学版〕1983年第3期，署名昱雄）

青春的旋律

——《查密莉雅》赏析

钦吉斯·艾特玛托夫的成名作《查密莉雅》，发表前曾有过一个耐人寻味的标题：《旋律》。

当你初读这个中篇的时候，你也许觉得《旋律》这个标题拟得并不那么贴切。小说的整个叙述是从一幅画开始的。“我”，年轻的画家谢依特，在返回家乡的前夕，又一次欣赏着自己的毕业创作。画面唤起他对画中人物的深切怀念，唤起他少年时代一段温馨的回忆。于是，他开始讲述创作这幅画时所体验的创作冲动，讲述查密莉雅和达尼亚尔相爱和私奔的故事……照理说，给这部小说安上类似“一幅画的来历”这样的标题，真是再合适没有了。

可是，只要你把小说再仔细读上几遍，在你掩卷深思之际，你的想法就会发生动摇。你会发现，艾特玛托夫把它称之为“旋律”，确实有他的深意在。“一幅画的来历”只不过道出了小说外部结构的框架而已。作家本人所重视的，却是借助这副框架所描述的一切：查密莉雅和达尼亚尔之间那种甜美而又苦涩的爱情，这一爱情的萌生和发展；“我”，作为一个敏感的少年，查密莉雅知心的挚友，对这一爱情的感受和思考，以及由此引起的心灵上隐秘的变化。三个人物内心世界的激荡和共鸣，他们思想情感的脉流和节奏，共同组成一支发自心田的交响曲。这就是作者所说的“旋律”。这就是他所企图表现的东西。正是这一“旋律”，决定着中篇的内在结构，使它获得了强烈的艺术感动力。

一

查密莉雅和达尼亚尔的婚外之爱，双双出走，本来是文学史上早已有之的题材，何况他们还侥幸绕过了来自外部的阻挠，他们的爱情故事实在缺乏外在的戏剧性，以致显得是那么平淡无奇。然而，就在这样一个并不起眼的题材中，艾特玛托夫为我们开拓出一片新的艺术天地：他向人物的内心世界深入探寻，从性格的内在冲突中表现出一代青年对理想生活的追求和憧憬，终于把平平常常的爱情故事，变成一支充满诗意和激情的歌曲。

小说是以相当舒缓的语调，逐渐揭示故事的内在戏剧性的。年轻美丽、活泼好动的查密莉雅，来到恪守古风、殷实而和睦的婆家。照人们世代相传的观点，她并不缺少什么：丰足的衣食，公婆的疼爱，远在前方的丈夫在家书中对她的附笔问候……，她理当感到满足，感到幸福。然而，对于浑身充满青春活力而且具有男子气概的查密莉雅，这样的生活毕竟是过于陈旧、过于狭小了。她不满足于渗透在这个家庭的每一个角落的古老风习，不满足于丈夫那种平庸的、居高临下的爱情，不愿再像上辈人那样循规蹈矩“安守本分”，更不愿像她们那样，以生儿育女、不愁吃穿为最大的幸福。她有自己的追求和理想。我们从她接读丈夫来信时突然黯淡下来的眼神里，从她眺望落日时突然涌上面庞的孩子般柔和的微笑里，从她为自己不被人理解而发出的深深叹息里，不难觉察到她正在向往着什么，她迟早会冲出原来使它感到压抑的生活圈子，向着新的生活高飞远举……查密莉雅就这样萌发了对真正的爱情的渴望。她不是因为爱情上的失意才厌倦原有的生活，而是因为想求得一种新的生活才渴求得到新的爱情！

不是别人，正是孤苦伶仃，除了一件军大衣、一双破套靴再也一无所有的达尼亚尔，成了她走向新生活的旅伴，使她获得了幸福的爱情。这位瘦削颀长、肩背微驼，还瘸着一条腿的青年，是那样不苟言笑，孤僻内向，以致村里的乡亲都把他看成是可有可无的角色。查密莉雅跟他一道运粮的当初，也不免把他看成一个可怜的残废人，甚至看成可以揶揄取笑的对象。然而，一次“愚蠢的玩笑”，使查密莉雅突然看到他身上潜藏着的巨大力量。他不顾在场所有人的劝阻，独自扛上重达七普特（一百多公斤）的粮袋，拖着一条受过伤的腿，在惊呆了的人们目不转睛地注视之下，在死一般的静寂中，颤颤巍巍，一步一步，不回头，不退缩，终于以沉重的步伐走完了陡斜的跳板。他艰难挪动的每一步，都显示着惊人的毅力，像是敲击在查密莉雅心坎上的鼓点。如果说，这无声的一幕足以使查密莉雅窥见他性格的坚毅和刚强，那么，达尼亚尔在运粮归途中那美妙的歌声，则无异于向查密莉雅敞开自己的心扉，使她进一步感受到他内心世界的丰富和宽广。在那令人难忘的草原上的八月之夜，达尼亚尔纵情歌唱他内心珍藏已久的爱，他歌唱草原，歌唱家乡，歌唱生活，歌唱爱情。这歌声像一股暖流涌进查密莉雅的心田，激起了她的共鸣，点燃她心头的希望：她爱上了达尼亚尔。

艾特玛托夫没有将这对年轻恋人的情感发展写成一支平庸浮泛的田园牧歌。他敢于触及由这一爱情而引起的人物的内心冲突，善于从这种冲突中表现出新生的爱情的力量和美。达尼亚尔的歌声给查密莉雅带来的，不只有欣喜、鼓舞和慰藉，也还有忧虑、烦闷和苦恼：

> 查密莉雅突然变得多么不同了啊！似乎从来就不曾有过那样一个热热闹闹、好说好笑的人。一丝朦胧的惆怅的阴影笼罩在她那光彩敛去的眼上。走在路上，她常常一个劲儿地在想着什么。一种缥缈的、梦幻一般的微笑，荡漾在她的嘴上，她不知因为什么一件好事暗自高兴，那件事只有她一个人知道。有时候，把粮袋扛到肩上，就这么一个劲儿地站着，怀着一种莫名其妙的胆怯，恰似在她面前有一道汹涌奔腾的急流，她不晓得，可不可以往前走。她躲避着达尼亚尔，不敢直望他。

这里并没有直接细腻的心理描写，但却通过人物微妙的表情和动作，洗炼而准确地传达出她此时此刻复杂的精神状态。她毕竟是一个和善人家的儿媳，一个为保卫祖国流血负伤的军人的妻子。她对家庭对丈夫都承担着一定的义务。当她开始意识到对达尼亚尔的爱情已在心中觉醒的时候，她既不能不暗自欣喜，也不能不产生莫名的胆怯。那道看不见的急流，使她感受到无形的压力，使她产生了犹豫和不安。每当她走在回村的路上，跟在达尼亚尔的车后倾听他的歌声的时候，有多少次，曾忘情地向达尼亚尔伸过手去，有多少次，又猛然地抽回手来。尽管达尼亚尔的歌声以不可抗拒的力量把她吸引到他的身边，他们已经依偎在一起，可是另一种力量又拉着她突然离去，跳下车子……横在她面前的那道急流，总是那样难以跨越。

然而，决定性的一步，毕竟是要跨出去的。一旦征服她所面临的急流，一个新人就会在查密莉雅身上诞生。艾特玛托夫以动人心魄的艺术力量，描绘了这个重要的时刻。在火车站，丈夫带来了即将返回家园的音讯。达尼亚尔失望地愤然而去。查密莉雅已面临最后的抉择。她终于战胜了多余的犹豫和顾忌，在一个风雨之夜果敢地向达尼亚尔表白了自己的心迹：

> “达尼亚尔，我来了，我自己要来的，”她轻轻地说。
>
> 周围一片寂静，闪电无声地滑了下来。
>
> “你在难过？很难过，是吧？”
>
> 又是一片寂静，只听到一块被冲刷下来的土块掉到河里去时轻柔的溅水声。
>
> “难道是我的错？你也没有错……”
>
> 远处群山之上雷声隆隆。……

这时，风暴乍起，雷电交加。在大雷雨即将爆发的那一刻，查密莉雅倾泻出自己久蓄心头的激情：

> “难道你以为我会舍得了你，去爱他？”查密莉雅热烈地悄声说，“不会的，决不！他什么时候也没有爱过我。就连问候也不过在信末尾附笔写一下。我才不稀罕他和他那背时的爱情，让人们爱怎么讲就怎么讲好啦！我的亲人儿，孤孤单单的人儿，谁也别想把你夺走！我老早就爱你了。当我还没有认识你的时候，我在爱着，等待着你，你终于来了，就像知道我在等你似的。”
>
> 蔚蓝色的闪电，一个接一个婀娜多姿地朝陡岸下面的河里直钻。一滴滴倾斜的冷雨，沙沙地打在麦秸上。
>
> “查密莉雅，亲爱的查玛尔苔！”达尼亚尔悄声说，他用哈萨克语和吉尔吉斯语中最亲热的叫法叫着她的名字。“转过脸

来，让我好好看看你！”

雷雨大作。

这不愧为名副其实的暴风雨的交响乐：大自然的暴风雨和人物心灵上的暴风雨是那样声息相通，紧密呼应。作者别具匠心地采取电影切分镜头的方法，把声画并列起来，表现出自然界暴风雨的逼近和人物思想情感的激荡所取的同一节奏，构成巧妙的蒙太奇语言，为这一对新人的爱情，增添了庄重、圣洁的色彩。他们的爱情是值得作者用这样高昂激越的语调去歌颂的，因为它焕发着新的生活理想的光辉。而只有这样的爱情，才是幸福的爱情，才是真正符合道德的爱情！

因此，当查密莉雅和达尼亚尔毅然决然、头也不回地双双出走的时候，读者是充分谅解他们的。人们由衷赞许他们在生活道路上的这一抉择，并且相信这对勇敢坚强的新人，一定能凭着自己的双手，创造出幸福的未来。人们会情不自禁，默默地从心底为他们祝福。

二

如果我们把整个中篇比成一曲交响乐，那么，查密莉雅和达尼亚尔的爱情，只是其中的第一主题。这曲交响乐还有它的第二主题，那就是“我”在精神上的成长。

“我”在中篇小说中起着特殊的作用。他首先是故事的叙述者。“我”对童年生活的回忆，使整个故事染上梦一般轻柔温暖的色调，使整个叙述语调带有浓厚的抒情意味。读者会在不知不觉之中，以“我”的眼光为眼光，以“我”的心胸为心胸，像“我”一样去观察和感受周围发生的一切。但“我”又不单纯是故事的叙述者，他也是一个活生生的独特的个性。“我”这个酷爱艺术的敏感的少年，还刚刚踏上青春的门栏。战争，把劳动的重担突然压上他稚嫩的双肩，也把他提前卷进生活的矛盾冲突的漩涡，迫使他认真思考社会人生的重大问题，在精神上加快成熟起来。

战时大后方的特殊环境，把他一下子推上查密莉雅“保护人”

的地位。天真的“我”，出于对嫂嫂的热爱，也出于对家庭的义务感，开始时是十分乐于为嫂嫂“保驾”的。他甚至为自己能提前担当“骑士”的角色而暗自高兴。可是没有多久他就发现，所谓“保护”，决不仅仅是要对付奥斯芒一类无赖的纠缠，按照妈妈的心愿，还得要防范嫂嫂本人可能产生的“越轨”思想和“越轨”行为。正是这后一种意义上的“保护”，使“我”对查密莉雅的爱，使他艺术家爱美的天性，经受了严峻的考验。

“我”深深懂得，年老善良的妈妈，多么希望查密莉雅能沿着她曾经走过的道路走下去。这条路是按照自古以来的生活原则为吉尔吉斯的女子们安排的，那就是忠于丈夫，忠于家庭，安分守己，做一个“贤主妇”，做一个家业继承人。“我”也深深懂得，这个古老的生活原则是跟查密莉雅自由洒脱的性格格格不入的，是跟她丰富的内心生活不协调的，她不会按照老人的心愿在这条路上走得多远，除非她甘愿扼杀自己的个性。

尽管“我”原来就朦胧地预感到查密莉雅“越轨”是不可避免的，可一旦发现这种“越轨”是以爱上别的小伙子的方式表现出来，“我”还是感到内心的痛苦。这种违背现有生活原则的爱情，必然带来家庭的不宁。他不忍心让自己心爱的嫂子离开家庭同别人结合，尤其不愿意看到年老的妈妈为此而伤心。然而对嫂嫂的诚挚的爱，使他意识到应该尊重她爱情的权利；跟达尼亚尔的交往，也使他认识到达尼亚尔是不平凡的小伙子，是值得查密莉雅为之献出爱情的人。查密莉雅和达尼亚尔之间的爱情，是美好的，是理应得到支持的。

“我”的心灵深处，似乎安放着一台衡量美丑是非的天平。一端是查密莉雅和达尼亚尔新生的爱情，一端是自己对于家庭所承担的义务。这两者究竟孰轻孰重？天平应该向着哪一端倾斜？“我”经过了痛苦的权衡。这和查密莉雅面临“急流”的内心状态几乎是一样的。作者巧妙地运用形象相互反映的手法，把这种痛苦的内心状态描绘得异常动人：

她一声不响地把我的头放在她的膝盖上，一面望着远处，一面揪弄着我那毛扎扎的头发，用颤动、滚热的手指抚摩着我的脸。我仰面望着她，望着她那充满不安和苦闷的脸，并且觉得，从她的脸上看出了我自己的神情。她也正被一种东西折磨着，一种东西在她心中蕴积已久，渐渐成熟了，要求出头。她非常害怕这一点。她极端地愿意，同时又极端地不愿意承认她在恋爱，正像我一样，又希望又不希望她爱达尼亚尔。

“我”心中的天平，终于向着查密莉雅和达尼亚尔这一端倾斜。决定性的砝码是“我”在倾听达尼亚尔的歌声时，所体验到的美感。这歌声是那样彻底地震撼了“我”的心灵，以致一听到它，它便在“我”的心中生了根：

我处处听到这一声音：在簸谷老汉趁风扬起的麦粒的金雨般轻柔的簌簌声中，在草原上空孤独的鹞鹰那悠悠水流般的盘旋飞翔之中，——在我所看到和所听到的一切之中，我都觉得有达尼亚尔的歌声。

这是为什么呢？达尼亚尔所歌唱的，并不是人们陌生的奇异的事物，而是“我”从童年起就十分熟悉的一切：草原，牧群，平凡的劳动，和战时动荡而英勇的生活。但是这一切因为发自达尼亚尔的心田，浸透了他彻骨的爱，现在便在“我”的面前，组成一个奇异的世界，显示出令人惊讶的美。这种美，是只有像达尼亚尔那样，投身于这个世界并为之献出青春和鲜血的人才能发现，才能传达的。

从达尼亚尔的歌声中，发现那个隐藏在平凡的生活背后的美好世界，对于“我”，对于查密莉雅，都受到一次灵魂的洗礼。如同这歌声唤起了查密莉雅新生的爱情那样，这歌声也唤起了“我”不可遏止的创作冲动：

听着达尼亚尔歌唱，我真想匍匐在地上，像儿子对慈母那样紧紧抱住它，就因为它竟能使人这样热爱。那时我第一次感觉到，有一种新的东西在我心中觉醒了……这是一种不可克制的东西，这是一种要求——要求把它表现出来，是的，要求表

> 现，不仅要自己能看见、能感触到世界，而且要把自己的观察、思想和感觉带给别人，要对人们叙说出我们的土地之美，像达尼亚尔叙说得那样感人。

这最初的强烈的创作冲动，终于驱使“我”握起了画笔。他的第一幅画描绘的就是达尼亚尔和查密莉雅亲密依偎在一起的图景。尽管这幅幼稚的素描，曾替他招来那么多的怒骂和误解，但“我”是始终不悔的，因为他赞美了应该赞美的东西。愿自己所爱的人真正得到幸福，无私地全心全意地用艺术来表现他们争取幸福的努力，这也是自己的幸福所在。“我”就这样毅然选择了献身艺术的道路。和查密莉雅一样，“我”也“出走”了。他们以各自的方式，冲破了人们从吃奶的时候便接受下来的古老的生活原则，大胆地、坚决地走上了追求幸福的道路。

查密莉雅的爱情和“我”的觉醒，就这样不可分割地联结在一起。交响乐的这两个主题，常常交织成美妙的和弦，奏出动人的旋律。这是青春的旋律。因为被它感动的千百万读者并不难听出作者的弦外之音：人应该这样度过自己的青春——既要敢于去追求自己的幸福，敢于用双手去创造自己的幸福，也要善于以高尚的心灵去尊重和支持别人的幸福。

和艾特玛托夫后来的作品相比，《查密莉雅》有它的不成熟之处。作者似乎过分沉醉在自己浪漫主义的激情里，他对生活的感受、对人物的观察还显出涉世未深的痕迹。然而，这并不妨碍它是一部真正独创性的作品。艾特玛托夫在日后的创作中日益鲜明地体现出来的风格特点，如注重诗意地展现人物的内心世界，注重表现作者对生活中是非美丑的哲理性的沉思，在这部中篇里已经初步显现出来了。

（原载《苏联文学》1986 年第 5 期，署名昱雄）

译贵传神

——读力冈同志《静静的顿河》新译本

每一部文艺作品，都有它特定的丰姿——风神韵味、情调色彩。举凡故事叙述、人物刻画、景物描写，无不流露着作者特有的胸襟气度，识见素养，爱恨情仇，用一句我们祖先的话来说，就叫别具神韵。这神韵，往往起于至微，可以意会，难于言传，有顽强的抗译性。只要移译时对原作揣摩不细，或笔力有所不逮，就容易把它的神韵丢失，容易译走了样，“信达雅”也便无从谈起。可见，传神之于译事，实在难能而又可贵。

正因为如此，当我读到漓江出版社出版的力冈同志《静静的顿河》新译本时，就不能不感到由衷的喜悦。因为这个新译本的最大特色，正是忠实于原作的风貌，做到了译笔传神。传神，是新译本的最大特点，也是它胜过旧译的突出优点。

新译本这一特点和优点，有多方面的表现。这里只着重谈谈它对叙述语调的艺术处理，看看译者是如何用传神妙笔，传达原作的风采的。

《静静的顿河》，是号称“长河小说”的宏伟史诗。作者以哥萨克的历史命运为中心，将十月革命和国内战争那个严峻年代的各种生活画面——革命与反革命，战争与和平，城镇与乡村的生活，组成浩浩的洪流，全面加以展现。它一如顿河流水，时而百折千回，时而奔腾直下，时而安详舒展，时而惊涛澎湃。与此相应，作者的叙述语调也不断变换：或平缓，或峻急，或深沉，或跳荡。对于《静静的顿河》富于变化的语调，译者的感受极为敏锐，表达得细致入微。为着便于说明问题，我们不妨将原文、新译、旧译做一对比分析。

全书是以这些平静舒缓的语调开始叙述的：

Мелеховский двор—на самом краю хутора. Воротца со скотиньего база ведут на север к Дону. Крутой восьмисаженный спуск меж замшелых в прозелени меловых глыб, и вот берег: перламутровая россыпь ракушек, серая изломистая кайма нацелованной волнами гальки и дальше—перекипающее под ветром вороненой рябью стремя Дона.

新译：

麦列霍夫家的院子，就在村子的尽头。牲口院子的小门朝北，正对着顿河。从绿苔斑斑的石灰岩石头丛中住下坡走八俄丈，便是河沿：那星星点点的贝壳闪着珍珠般的亮光，水边的石子被河水冲得泛出灰色，就像一条曲曲弯弯的花边儿。再往前，便是奔腾的顿河水，微风吹动，河面上掠过一阵阵碧色的涟漪。

旧译：

麦列霍夫家的院子，就坐落在村庄的尽头。牲口院子的小门正对着北方的顿河。在许多生满青苔的浅绿色石灰岩块中间，有一道陡斜的、八沙绳长的土坡，这就是堤岸；堤岸上面散布着一堆一堆的珍珠母一般的贝壳，灰色的、曲折的、被波浪用力拍打着的鹅卵石边缘。再向前去，就是顿河的急流被风吹起蓝色的波纹，慢慢翻滚着。

新译本对全书开头的这种叙述节奏，把握得很准确。这就像一个讲故事的老人，用拖长了的声调，款款道来。接下来便是叙述麦列霍夫的家世，引出普罗柯菲和他的土耳其女人那一幕惨绝人寰的悲剧，全书从此开始波澜迭起，生活的波浪，汹涌着、奔腾着，不断推进。在这节译文里“перламутровая россыпь ракушек”译为“星星点点的贝壳闪着珍珠般的亮光”。“и дальше—перекипающее под ветром вороненой рябью стремя Дона”译为“再往前，便是奔腾的顿河水，微风吹动，河面上掠过一阵阵碧色的涟漪”，既增添了文采，又增强了平静舒缓的叙述节奏。比较旧译，显得文气贯通。

《静静的顿河》叙述语调的变化，有时是很微妙的。作者在写到哥萨克和平生活的时候，采用的是欢快的、热烈的调子，请看格里高力迎亲的场面：

> Разместились. Багровая и торжественная Ильинична отворила ворота. Четыре брички захватили по улице наперегонки.
>
> Петро сидел рядом с Григорием. Против них махала кружевной утиркой Дарья. На ухабах и кочках рвались голоса, затянувшие песню. Красные околыши казачьих фуражек, синие и черные мундиры и сюртуки, рукава в белых перевязах, рассыпанная радуга бабьих шалевых платков, цветные юбки. Кисейные шлейфы пыли за каждой бричкой. Поезжанье.

新译：

> 大家都上了车。满面红光、喜气洋洋的伊莉尼奇娜开了大门。四辆马车争先恐后地上了大街。
>
> 彼特罗跟格里高力并排坐着。妲丽亚在他们对面挥舞着一条带花边的手绢。每遇到坑洼或土墩，悠扬的歌声就要断一下子，哥萨克制帽上的帽箍红红的，制服和翻领上衣有蓝色的，有青色的，袖子上都缠了白手绢，女人的绣花头巾像散落的彩虹，花裙子五彩缤纷。每辆车后面拖着像轻纱拖裙一样的灰尘。迎亲的人马在前进。

旧译：

> 大家都坐上车去。脸色发紫的喜气洋洋的伊莉妮奇娜开了大门。四辆大车争先恐后地顺着街道飞跑起来。
>
> 彼得罗坐在葛利高里旁边。妲丽亚坐在他们对面，挥舞着

一条绣花手绢。每当车子走到低洼的地方或者高岗地方的时候，正唱着的歌声就中断了。哥萨克制帽的红帽箍，蓝色的和青色的制服和西服上身，结着白手绢的袖子，女人的绣花头巾织成的彩虹，花裙子，尘土像轻纱的拖裙一样，在每一辆车后面飘扬，这就是迎亲的行列。

原作这两小节，语句简短有力，活泼跳荡，描述着迅速展开的动作，描述着悠扬起伏的歌声和炫目的斑斓的色彩，渲染出浓厚的喜庆气氛。这两小节文字，充分体现着作者精细入微的感受力和语言表现力，新译本对此心领神会，它以热烈的语调贯通到底，有几个句子处理得很见功力："На ухабах и кочках рвались голоса, затянувшие песню"译为"每遇到坑洼或土墩，悠扬的歌声就要断一下子"，"затянувшие песню"既巧妙地处理为"悠扬的歌声"（直译为"唱起来的歌声"，但也有"绵延不绝"之意），"рвались"处理为"断一下子"，也就能收到似断实连、歌声不绝于耳的感受效果。"рассыпанная радуга бабьих шалевых платков"译为"女人的绣花头巾像散落的彩虹"，既是严格的直译，又有神采。"цветные юбки"译为"花裙子五彩缤纷"，充分利用了形容词"цветной"的丰富词义，既是"有色的"又是"五彩纷呈的"（"五彩缤纷"），把这两种意义重合一起（"花裙子五彩缤纷"），并没有违背原意，倒是更加渲染出喜庆的热烈的气氛。"Поезжанье"译为"婚礼车马队里的人"在文中是一个"主格句"，新旧译都不得不采取意译方法，旧译译作"这就是迎亲的行列"新译译为"迎亲的人马在前进"，新译保持着动势，似更符合原作的叙述口吻。

肖洛霍夫在叙述到哥萨克历史命运的变迁的时候，语调变得严峻起来，深沉起来，字里行间挟带着对旧世界愤怒的雷霆，寄寓着对哥萨克的无限关切与同情。如作者这样写第一次世界大战中的哥萨克：

На границах горькая разгоралась в тот год страда: лапала смерть работников, и не одна уж простоволосая казачка отпрощалась，отголосила по мертвому：“И，родимый ты мо－о－о－ой！... И на кого ж ты меня покинул？…”

Ложились родимые головами на все четыре стороны，лили рудую казачью кровь и，мертвоглазые，беспробудные，истлевали под артиллерийскую панихиду в Австрии，в Польше，в Пруссии…Знать，не доносил восточный ветер до них плача жен и матерей.

Цвет казачий покинул курени и гибнул там в смерти，во вшах，в ужасе.

新译：

这一年，国境线上也在忙着播种痛苦：死神忙着抓捕男子汉，到处都有披头散发的妇女在哭灵，在呼天抢地地号叫："哎呀，我的亲人啊……你把我撇下，叫我靠谁呀？……"

亲人将头颅抛向四面八方，亲人在洒鲜血，亲人眼睛紧紧闭上，长眠不醒，在炮火哀鸣声中，腐烂在奥地利、波兰、普鲁士……大概东风也不能把爱妻和慈母的哭声送进他们的耳朵了。

哥萨克的花朵抛弃了家园，毁灭在死神怀抱，毁灭在虱子群和恐怖之中。

旧译：

这一年在国境线上的收获是一片残酷的痛苦：死神把能工作的人给捉走了，许多光着头的哥萨克妇人向阵亡的人告别，絮絮叨叨地说着："哎，我的亲人哪！你把我扔下，叫我依靠谁呀？……"

亲人把头颅留在四面八方，亲人流尽了鲜血，眼睛呆呆的、永眠了的亲人在炮火的哀悼声中，在奥地利、波兰和普鲁士……腐烂掉。大概东风也不能把妻子和母亲的哭声吹送到他们的耳边了。

哥萨克的鲜花抛弃了茅屋，在死亡、虱子、恐怖和无法排遣的思乡情绪中毁灭掉。

原文的这段文字用的是史诗式的肃穆、高亢的调子，令人想起荷马史诗中描写英雄人物死亡时的那些庄严悲壮的词句，新旧两种译本，对原文意义的理解似乎没有多大差别，其实两者的情感色彩间迥然有异。“разгоралась страда”，旧译本译作“收获”，显然削弱了哥萨克在战祸临头时的抗议和诅咒情绪，新译译为“播种”，则有帝国主义战争在为哥萨克种下祸根之意，新译本将“простоволосая”译为“披头散发的”，“отголосила мертвому”译为“呼天抢地地号叫”，也较旧译来得传神。类似的例子，还有关于哥萨克在反革命暴动中矛盾心情的描写：

Степным всепожирающим палом взбушевало восстание. Вокруг непокорных станиц сомкнулось стальное кольцо фронтов. Тень обреченности тавром лежала на людях. Казаки играли в жизнь，как в орлянку，и немалому числу выпадала “решка” . Молодые бурно любили，постарше возрастом—пили самогонку до одурения，играли в карты на деньги и патроны（причем патроны ценились дороже дорогого），ездили домой на побывку，чтобы хоть на минутку，прислонив к стене опостылевшую винтовку，взяться руками за топор или рубанок，чтобы сердцем отдохнуть，заплетая пахучим красноталом плетень или готовя борону либо арбу к весенней работе.

新译：

暴动就像草原上铺天盖地的野火一样蔓延开来。战线像钢箍一样围住一些不驯的市镇。人们心头都印上一层厄运的阴影。哥萨克就像扔铜钱赌博那样，赌自己的命，有不少人扔出了背面。年轻人拼命地谈情说爱，年纪大些的就昏天黑地地喝老酒，玩纸牌，赌钱，赌子弹（而且子弹的价钱最高），有时回家去看看，哪怕有一分钟，也要把令人生厌的步枪靠到墙上，抓起斧子或者刨子，用芳香的红柳条儿编编篱笆，或者修理修理春天干活儿要用的耙和大车，让心情轻松一阵子。

旧译：

暴动像草原上的野火一样蔓延开了。战线像铜铁的环子似的把那些不肯服从的市镇包围起来。命运的阴影像烙印一样印在人们的心上。哥萨克像赌扔铜钱游戏一样赌上自己的生命，有不少人扔出的是“闷儿”。青年人都特别欢喜，年岁大一些的人就喝老酒喝到发昏，用钱和子弹来赌纸牌（因此子弹成了无价之宝），回家去探望，就是有一分钟能把步枪靠在墙上，用手拿起斧子或者刨子来也好，就是叫心里能休息一分钟，用香喷喷的红柳条编编篱笆，或者准备准备春耕用的耙子和牛车也好。

新译本纠正了旧译本一处明显的误译“Молодые бурно любили”由“青年人都特别欢喜”改正为“年轻人拼命地谈情说爱”，更重要的，是理通了语言层次，从而理顺了文气。从“ездили домой на побывку”（新译译为“有时回家去看看”，比较传神）起，新译把哥萨克对和平生活的向往和士兵及庄稼汉一身二任的本色，表达得淋漓尽致：“чтобы сердцем отдохнуть”译为“让心情轻松一阵子”，也妥帖入微，因为它惟妙惟肖地刻画出哥萨克在特殊处境下特定的精神状态。这里有着尖锐的对比：反革命暴乱，使哥萨克心烦意乱、惶惶不知所之，他们没命地谈情、喝酒、赌博，都是在发泄无名的怨怼，而一旦置身于和平劳动生活中，哪怕是一分钟，也能让他们烦躁不安的心灵，得到慰藉。哥萨克对军事暴乱的反感和对劳动生活的向往，根源在于他们一身二任的特殊身份，他们是好勇斗狠的军人，又是勤俭的庄稼汉。可惜的是，在旧译本里，这样丰富的内蕴，是很难体味出来的。

《静静的顿河》的叙述语调，不但适应着题材的需要在不断变换，也因为反映着作者主观的情感态度，而显得多姿多彩。书中有些章节抒情意味浓厚，有时叙述径直转变成抒情插笔，如果把这些片断截取下来，简直就是一首首散文诗。我们还是看一看作者是怎样抒发他对多灾多难而又难舍难分的顿河草原的无限深情的吧：

Степь родимая! Горький ветер, оседающий на гривах косячных маток и жеребцов. На сухом конском храпе от ветра солоно, и конь, вдыхая горько-солёный запах, жуёт шелковистыми губами и ржет, чувствуя на них привкус ветра и солнца. Родимая степь под низким донским небом! Вилюжины балок, суходолов, красноглинистых яров, ковыльный простор с затвердевшим гнездоватым следом конского копыта, курганы в мудром молчании, берегущие зарытую казачью славу... Низко кланяюсь и по-сыновьи целую твою пресную землю, донская, казачьей, не ржавеющей кровью политая степь![1]

新译：

故乡的草原呀！带苦味的风一股劲儿地吹拂着马群里的骒马和公马的马鬃。干燥的马鼻子都被风吹咸了，马闻着又咸又苦的气味，觉得嘴上有风和太阳的味道，就吧嗒起那光溜溜的嘴唇，并且不时地叫上几声。低低的顿河天空下的故乡草原呀！一道道的干沟，一带带的红土崖，一望无际的羽茅草，夹杂着斑斑点点、长了草的马蹄印子，一座座古冢静穆无声，珍藏着哥萨克往日的光荣……顿河草原呀，哥萨克的鲜血浇灌过的草原，我向你深深地鞠躬，像儿子对母亲一样吻你那没有开垦过的土地！

① 这是1965年瑞典皇家科学院院士安德斯·奥斯特林为授予《静静的顿河》诺贝尔文学奖所作的授奖辞中引述的一段原文，并称《静静的顿河》是一部名副其实的“长河小说”。

旧译：

亲爱的草原！把成群的骒马和儿马脖子上的鬃毛吹得直往下倒的苦风。干燥的马脸上被风一吹发出了咸味，于是马就呼吸着这种又苦又咸的气味，用像缎子一样光滑的嘴嚼着，嘶叫着，觉得嘴唇上有一股风和太阳的滋味。在低垂的顿河天空下面的亲爱的草原！山沟、干涸的溪涧和红色黏土土沟的泥底，遗留着已经被草遮没的马蹄痕迹的茅草大草原，神秘地沉默着的、保存着哥萨克的光荣的古代堡垒……用哥萨克的鲜血灌溉过的顿河的草原，我要恭恭敬敬地向你致敬，我要亲你那还没有开垦过的土地！

原文中这段插笔出现在米沙·柯晒沃依因参加红军而被哥萨克村民大会强行罚往马场牧马的时候。米沙思念着革命队伍，只有故乡的草原陪伴着他，能暂时解除他的孤独和苦闷，他对草原的美也分外敏感。这段插笔既是对米沙内心世界的剖示，也是作者在直抒胸臆，他本人也是一个顿河哥萨克——顿河草原的儿子。不用说，这段插笔蕴含着浓郁深永的诗情。

新译本也正是以诗的语言译述这段感人肺腑的草原颂歌的。在第一句呼告语“故乡的草原呀”之后，用平静的语气描绘了草原上悠然自得的马群，这是眼前的景物。第二句呼告语“低低的顿河天空下的故乡草原呀”，把人们目光引向远处，出现了广袤的草原景色，与其逐渐激越起来。译者将汉语特具的量词重叠，“一道道的干沟”“一带带的红土崖”“一座座古冢”既准确译出了这几个名词的复数意义，又造成响亮的音节，表现出递进式的、急速扩展着的激动心情。最后面的一句原来是一个长句，译者从语音节奏考虑，将它处理为第三个呼告句：“顿河草原呀，哥萨克的鲜血浇灌过的草原”，由此衬托出一个充满激情的诗句：“我向你深深地鞠躬，像儿子对母亲一样吻你那没有开垦过的土地”这样译述，适当调整了语序，使情感抒发得更为酣畅。

我们在文章开头说过，小说的叙述语调是不易把握、不易移译的。特别像《静静的顿河》这样的鸿篇巨制，其语调之丰富多变，有时简直出乎意想。然而，力冈同志的新译，却在这方面基本做到了传神达情。他认为成功的文艺翻译有赖于两个基本条件：敏锐的审美感和细腻的文思。在这两方面，他都力求一丝不苟。正因为这样，早在1961年，他就以《查密莉雅》的优秀译文闻名于国内译界。这部译作曾先后十次收入多种文集和丛刊，并选入《〈世界文学〉三十年优秀作品选》。其译述之忠实可信，语言之流畅优美，有口皆碑。《静静的顿河》，更倾注了他两三年的心血，标志着他译作的新水平。

新译《静静的顿河》是一个重译本。金人同志的最初译本，距今已有五十年之久，他自己的重译工作，也是三十年前的事了。金人同志作为《静静的顿河》第一位全译者，他的译本有许多优点和独特的历史地位。现在，我们将新旧译本做出比较对照，并不意味着对旧译一概抹杀，我们的比较，只是为了说明：几十年来，我们俄语文学作品的汉译工作，确实有了长足的进步，有了明显的提高。我们整个翻译界和广大读者，都会为此由衷感到高兴的！

（原载《中国翻译》1988年第2期，署名昱雄）

实践论美学的更新与拓展

——评《美学引论》[①]

20世纪90年代，历史唯物主义的实践论美学，在深入的反思中进入自己的更新期。一些人对它的怀疑、驳难或否定，西方现当代美学的全面引进，从外部催动这一更新；而它在理论上的原创性和涵摄力，则是这一更新得以实现的内在依凭。实践论美学并不如某些人所断言，“已经走完了自己的路程”，相反，它正以不竭的理论生命力，不断为自己开辟未来。

在这一学术背景下，《美学引论》（后简称《引论》）的出现，便有着双重意义。一方面，它以历史唯物论基本观点方法的严整性坚定性，以理论更新的力度和拓展的幅度，引来支持者的关注；另一方面，它以对各种批评意见的应答而带有论辩色彩，而为怀疑者、否定者所无法漠视。

《引论》为实践论美学贡献了一个全新的逻辑框架。它以作为“历史-文化”现象的审美现象为研究对象，认定美学的任务就在于透视审美现象的历史过程、审美活动的实际行程，进而揭示审美现象的本质规律。为此，作者设置了别具一格的逻辑程序，即以审美客体与审美经验的结合部——审美对象（审美意象）为起点，做内外双向的逻辑延伸。向外，推及审美客体，对其审美价值属性做定性分析，进而探求深层根源，把握美的本质；向内，转向审美主体，对其审美心理结构、运行机制做动力学描述，归结为审美个性，展开为审美的欣赏、批评与创造，落实为审美教育。双向延伸，重在分析；由此而进，考察审美文化和审美起源，侧重在综合。一为共时态横向展开，一为历时态纵向追溯，立体交叉，成为

① 《美学引论》，杨恩寰主编，辽宁大学出版社1992年版。

整个框架不可或缺的组成部分。

这个框架所呈示的，是一个“系统权变的开放的美学体系”。审美既是“文化—历史”现象，它就不能离开整个社会文化及其历史发展来考察，而要充分揭示它和物质文化、精神文化诸多领域的联系和关系，充分估计由此引起的共时与历时的诸多变量，它与非审美活动之间相互过渡相互转换的诸多环节。在确定审美活动的特征、行程、实质和效应时，既从整体文化的不同系统、层面上去细心抽离各自的审美成分，以纳入审美活动自身系统做井然有序的分析，又保持着与整体文化血脉相通的回路，使之有可能返回现实的文化生活中去，发挥它指导现实审美活动的实践功能。显然，这是一个宏大而又富于活力的开放体系。

开放的体系，要求采取系统权变的观点方法。《引论》作者坚持一元化的方法论基础（历史唯物论）和研究方法的多元综合应用，做得颇为自觉，颇为圆熟。作者清醒地估量了美学作为一个学科的哲学与科学的双重性质，自觉地以哲学思辨统领其他方法，使之彼此支撑，相得益彰。方法服从对象。在审美现象这一庞大繁复的对象面前，唯有哲学思辨，才能在宏观上勾画出整体系统面貌；而只有借助于相邻学科的具体方法，才能对它做分体的乃至细部的审视。某一局部，某一层面，适合用什么方法，就用什么方法，因事制宜，灵活应变。“权变”而不失“系统”，犹如树之有根、网之有纲，建基于历史唯物论的美的本体论便是这个系统的根与纲。正是通过哲学与心理学、艺术学、教育学、文化人类学等学科方法的交叉应用，各局部又能上升到哲学层面做出阐释，从而不断返回到本体论的原点，显示了理论体系的完整性和逻辑一贯性。设若作者尤其是主编的思辨力有所不逮，相关学科的学养不够丰厚，都决难建构这样的理论体系。

《引论》作者在引进国内外现当代美学的观点方法时，也显示着自己的开放性。凡所引进，他们都一一全面审视过、评估过，做过精严的选择。如引进苏联美学以阐明客体的审美价值属性，借助现象学美学以诠解审美对象，汲取动机层级论以分析审美需要，运用接受美学而论述审美欣赏……都能分寸有度，恰到好处。其吸取借鉴之稳健老到，说明作者已摆脱简单移植的幼稚病，更非摭拾他人片言只语或一味借取以代创造者所可比。

方法论如此，理论上的创新又当如何呢？作为一部基础理论著作，《引论》作者力求兼顾宏观把握和微观实证，分体的、局部的创见所在多有，不遑一一论列。而最有价值的理论创新，则在它关涉美学全局的几处基本论述。

首先是对美本体的探讨。美的本原和本质，远非某些人所设想，是什么“假问题”，而是美学不容回避的问题。即便在西方今日，依然如此。从物质感性的实践活动，寻求答案，这是实践论美学的共识。但《引论》作者对这个问题的论析，却有独特的角度、独特的逻辑。他们紧紧抓住美与审美的形式情感两元结合何以可能这个关键性问题，突出地从物质生产的造型活动获取解答。美的规律便是物质生产造型的规律；自在的自然形式被改造为人化形式，就是原初的美；凝聚着活的劳动的自由形式，便是美的本质。《引论》以其对形式问题的重视，对形式与情感融合统一的历史必然性的深刻论证，自立一说。西方美学历来有形式论一派，抓住了美的一端，但都难以回避形式和情感（或称意味）如何结合和为什么能够结合的问题。归因于神意、心灵、天赋，都不如从物质生产造型活动做历史发生学解说来得合理。遗憾的是，国内当代美学对美的情感形式两元及其关系，研究尚嫌薄弱，形式的探讨，尤待深入。《引论》的有关论证，显然具有补裨救弊的意义。时下有些论者，往往撇开形式或造型问题对实践论美学提出驳难，他们建构自己的“后实践美学”，也往往对形式与情感的关系掉以轻心，这是一种疏忽，然而对美学来说，又是致命的疏忽。因为这个问题一旦成为盲区，就无异于面临理论的陷阱。

对审美经验做动力学的整全描述和阐释，是《引论》又一理论创新。审美经验现象广泛存在于社会、自然界和精神生活领域，贯串于审美活动的欣赏、批评、创造各个环节，而又始终活跃于个体心理之中，既广大，又精微，有它难以捕捉的动态性、多变性、微妙性。以往的研究，或则局限于心理经验描述，难免失之浮泛；或则抓住某一两项机能，片面铺张扬厉，如“格式塔”美学之特重知觉，表现说之特重情感与想象，精神分析学之特重深层动力，似均难得其全。如何从纷乱中理出头绪，多变中见出条理，而又不失其动态生命，确系一大难题。可喜的是，《引论》作者于此有重大突破，他们在细心的语义分析的基础上，将审美经验设定为由审美需要、审美能力、审美观念（理想）三者整合而成的动态系统，“需要”作为内在生命对形式、结构、秩序的感性欲求，为审美注入动力；“能力”作为工具性的机能系统，实施操作；“观念”作为意象范型和价值取向，对审美进行调控。其中，需要和观念理应一致，但实际上却常常不一致。两者常见的矛盾冲突，使机能系统处于两面夹击的境会，影响着各种机能的不同组合和比例配置关系。这种设定，使审美主客体相遇时，主体心理的受动与主动、感性与理性、意识与无意识、个体与群体、积淀与超越的诸多关系，得到新的有说服力的解释。这种设定，也使审美心理多种机能有可能作为一种结构被纳入总的动力系统得到定位分析和功能分析，从而得出以往罗列描述所未能得出的新结论。感知与情感更多地体现着审美需要的动力性和选择性；想象和理解更多地体现着审美观的先导性和规范性。审美情感在整个结构处于重要地位，它既是动力、中介，又是价值效应。因而，审美情感乃是审美经验的核心和本质所在。《引论》将审美经验的本质表述为一种自由愉快，并就这种心灵自由展开哲学与心理学的双重论证。审美个体的心灵自由，并非“纯个性”“纯感性”的自由，不是个体感性生命的盲目冲动，而是自然与人的对应合一，感性与理性的交融统一，是主体文化心理结构完善化的表征。它可以超越现实，甚至进入形上之境，却同样是人类实践的历史成果。所以，尽管审美经验是个体的经验，但这个体，仍是特定历史论条件下的个体，而非与世隔绝的孤立的单个人。审美个性作为个体审美心理结构稳定特征的总和，尽管有不可重复的独特性，仍必然这样那样地通向群体审美的历史具体性，乃至全人类审美的共同性。这类论述，既是作者审美经验论的逻辑延伸，也是对所谓实践论美学只讲群体不讲个体、只讲理性不讲感性、只讲现实不讲超越一类责难的反拨。

90 年代以来，审美文化研究成为美学一大热门。作为对社会转型期审美价值观急剧转换的理论应对，这一研究实出于历史所需。但由于理论准备不足，许多人闻风而悦之，却对这一研究的对象、范围、任务、方法不甚了了，这对美学学科是极为不利的境况。有鉴于此，《引论》特辟专章，予以论列，其论述之全面精警，至今无出其右。作者以历史唯物论审视文化现象，参考文化人类学和文化哲学的既有成果，将文化归结为人类生活样式，审美文化则是文化的审美层面。审美行为方式、审美价值观念体系、审美产品系列共同构成审美文化结构，存在于物质文化、精神文化、制度文化三个主要领域。审美文化运行机制，作者则表述为以审美文化产品为媒介的生产（创造）与消费（欣赏）的辩证统一过程。审美生产是其运行的起点，审美产品则是由生产转入消费的媒介，审美消费是其运行的终点，它意味着产品的审美价值的实现，既是运行的完成，又是再运行的开始。这一论析，以强大的宏观涵摄力，勾画出审美文化生产与消费的巨型系统，尤见精彩。审美文化机制的运行，必然产生相应的功能效应。其直接功能，即审美文化为其他文化无法替代的特殊功能，在于通过满足人类的审美需要而陶冶和塑造个体的自由超越的精神境界，锻炼与优化个体的心理机能，共同培育一种审美的人生。审美文化的间接功能，即一般文化功能，则在于促进技术、科学、伦理、制度、器物的提高与发展。综观上述所论，可以分明觉察出，这是对实践论美学本体论和审美经验论在整体文化研究领域合理的逻辑推演，既拓展了实践论美学理论内涵，也为审美文化研究者提供了可供借鉴的理论模式和基本规范。

《引论》在美的本体论、审美经验论和审美文化论上对实践论美学的更新与拓展，足以使它在20世纪90年代中国美学尤其是基础美学研究中占重要的一席之地。这自然不意味着它完满无缺，不容讨论。相反，在若干重要的理论环节上，即使是作者自己也清醒地看到还存在疑难。如涉及美的本质的客体自然属性与审美属性是什么关系？审美起源如何描述，其发生标志是劳动、是巫术，还是艺术？就都是难点。而依我个人意见，有关审美价值意识的观念、趣味、理想三分，逻辑上是否融贯，是否可用审美态度以取代审美观念？强调审美个性是审美的个体性、特殊性与共同性的统一，很对；但对个性的变异、创新如何丰富特殊性和共同性甚至引起后者的变迁，是否也得投以必要的注意？似都值得考虑。

美学是很年轻、很不成熟的学科，它是“问题之林”。学术需要争论，美学尤其需要争论。但争论需要遵循一个起码的规则，即先要把对象看清，把对方的基本观点与方法弄懂。有人根本不了解历史唯物论同时是历史辩证法，随意割裂物质与精神、自由与必然的辩证关系，声称“现实是必然的领域，超现实的领域才是自由的领域，审美则属于后者，它是超现实的精神创造”。试想，如果现实只是必然的领域，现实中人，随时随地只能像动物一样匍匐于必然律支配之下，那就说不上人的主体性，所谓精神创造，超现实的自由，一切都无从谈起。若用这样的观点批评实践论美学，岂非隔靴搔痒？当然，在所有理论问题上，每个人都有选择自己看法的自由，但同时总得做出必要的论证。如果人们真想建立起取代实践美学的“后实践美学”，那就必须在美学理论的基本问题上比实践美学论证得更好一些，至少要胜于《引论》。

（原载刘纲纪主编：《马克思主义美学研究》〔第2辑〕，广西师范大学出版社1999年版）

不求名高　务切实际

——读《中国近代文学大辞典》

孙文光主编的《中国近代文学大辞典》，新近由黄山书社出版。这部集百余名学者智慧、精心编撰的大型专题辞书，将以它知识性与学术性兼备的鲜明特色，赢得学界和广大读者的热心关注。

全书有周详的编纂构想。它凸显近代文学作为传统文学结束与现代新文学滥觞的过渡性质，大致断限于1840 — 1919 年，又适当上溯鸦片战争前，稍及五四运动后，试图从作家作品、理论批评、文学运动、研究历史四个角度展示中国近代文学全貌。

本书仿照《中国大百科全书》体例，设立近代文学概述性条目和若干重点条目，组织国内所涉领域有代表性的专家撰写，保证了全书的学术水准。这类辞目的释文，史料与解说并重，一般都在二三千字左右，反映了本学科的最新成果。本书顾问季镇淮先生新撰“近代文学”总条，释文达4 000 字，不啻一篇精要专论；作为本书顾问的一批知名学者，分别撰写了“近代散文”“近代诗”“近代词”“近代戏剧”“近代骈文”“近代文学理论批评”“近代文学研究”等概述性词条。有关作家作品的重点词条，也大都出自著名专家之手，其中不少是声望很高的老一辈专家，都展现了各自学术专工，包含着各自的独到见解。这些辞目，构成全书主干，使本书学术分量，愈益见重。

本书专设“近代文学研究”一大类，全面展示本学科进展的历史与现状，对学科建设大有助益。近代文学研究工作，迄今未满百年，在20 世纪二三十年代，由胡适、鲁迅启其端，郑振铎、阿英继其绪，初步基础虽奠定较早，但学科地位却迟到五六十年代之交始行确立。80 年代以来，这一学科领域的研究工作才得以全面展开，为适应研究工作需要，本书列有自 20 世纪初直到 1992 年主要的研究家、研究著作与史料、研究刊物、研究机构和历次全国性会议等专门辞目，以提供尽可能详尽的信息资料，使学科概貌一目了然。这无疑会推进本学科研究的深入进展。

涵盖面广，信息量大，也是本书特色之一。作家类辞目，除近代文学知名作家、理论家、翻译家、编辑家外，还酌情选入了若干有关的政治家、思想家、画家、藏书家、演员、艺人等，以助读者深入了解近代文学的政治思想与文化艺术背景。作品类辞目，包括各种总集、选集、别集、专书与单篇，对一般尚少研究的楹联、书信、日记等作品，也酌列专条，广予介绍。值得一提的是，日记类列有“近代日记文学”总条，选收“林则徐日记”“郭嵩焘日记”等计60种，其释文全部出于以专研日记文学闻世的陈左高先生手笔。本书还特辟篇幅转载了管林、钟贤培等同志合编的《中国近代文学大事记》，选载此项资料，同全书设有笔画、音序、分类三种检索目录一样，体现着编者处处为研究者和读者着想的良苦用心。

《中国近代文学大辞典》卷帙浩繁，总计4 500多条辞目，参与撰写者百余人。令人欣慰的是，本书主编谨以其业师季镇淮先生“不求名高，而务切实际”的嘱咐为宗旨，历时10年，兢兢业业，不避繁难与苦辛，终于出色地完成了此项工程。只要看一下10年进展的时间表，就可以大略知道，本书编纂工作是何等踏实细致：1986年，提出初步设想，为辞目筛选与确定，在同行中反复征集意见，费时3年；组织人员撰写至截稿又费时3年；统稿、发排至成书又是3年。待本书问世，屈指整十个年头。十年辛苦，功在一书。以这样郑重的态度，不计辛劳地对待辞书编纂工作，在目下辞书越编越不令人满意的局面下，尤其令人钦敬。

（原载《中国图书评论》1998年第12期）

编后记

这本论集里收入的，是业师汪裕雄教授历年来所撰写的美学、文艺学相关论文。除了已出版过的三本美学著作《审美意象学》《意象探源》和《艺境无涯》之外，裕雄师生前公开发表的文章，基本上都收在这本文集里了。

我在本科阶段和研究生阶段，学习美学的指导老师主要是汪裕雄教授和王明居教授，从此以后他们便成为我的终身导师。至先生去世，我与裕雄师结缘 31 年。本科阶段，裕雄师给我们上“美学原理”课，并且指导了我的本科毕业论文；硕士期间他作为导师，又给我们上“审美心理研究”课，逐步将着眼点落实到审美意象。受他的影响，我们师徒间逐步形成了一个共识——中国美学以审美意象为核心。

裕雄师早先主要研究俄罗斯文学。这次文集中所收的《青春的旋律——〈查密莉雅〉赏析》和《译贵传神——读力冈同志〈静静的顿河〉新译本》反映了他对俄罗斯文学著译的见解。1967 年，他从复旦大学文艺学研究生毕业，开始了他的文艺学、美学研究生涯。1980 年，他去北京师范大学参加了被誉为美学界黄埔一期的全国高校美学教师进修班，结识了杨恩寰等同道，从此，裕雄师开始专事美学的研究与教学。在全国美学讲习班里，朱光潜先生的桐城口音不少人不能完全听懂，他还和童坦一起整理、记录了朱光潜先生《怎样学美学》的讲座录音。

在多年的研究中，裕雄师尤其重视方法论意识。在中国现代美学中，朱光潜先生偏重于“哲学-心理学”方法，宗白华先生则偏重于审美的感悟和体验。朱、宗两位在方法论上是互补的。裕雄师先后认真研读了朱光潜先生和宗白华先生的著作。从参编《美学基本原理》开始，裕雄师受朱光潜先生方法的影响，先是研究审美心理，后来在研究审美意象中强调中西融通，写出了《审美意象学》一书。文集中收录的三篇研究朱光潜美学的论文，主要反映了他对朱光潜美学方法的学习、反思和借鉴。对于朱光潜先生晚年多次自况的“补苴罅漏，张皇幽渺”的文艺心理研究方法，裕雄师做了深入的阐述。他珍视朱光潜美感经验研究的遗产，珍视他对“意象”和“物乙”的探讨，推崇其继承传统和借鉴西方的态度与方法。另外，他在《关于审美心理研究的“哲学-心理学”方法》一文中，也尤其推崇朱光潜先生，强调哲学美学与心理学美学的统一。

裕雄师后期着力研究了宗白华的美学思想。他尤其推崇宗白华以西方近代哲学为参照系对中国传统美学思想进行发掘和阐释的方法，指出宗氏从艺境范畴出发进行跨文化的哲学沉思，重视情感与形式、空灵与充实、创造与欣赏的探讨，将审美境界视为人生的最高境界。裕雄师将宗氏灵动的“流云”诗的创造与他的艺境探索相结合，来把握他的系统美学思想。宗白华借德国的他山美学之石，攻中国传统美学之玉，以寻求中国未来美学发展的道路。裕雄师高度重视传统美学所弥漫的生命意识，重视律历哲学对宗白华的影响，指出宗白华对周易象数、魏晋风度、山水情趣等方面的关注，构成了宗白华美学思想的独特风貌，并从中揭示出宗白华与朱光潜美学思想差异和互补的一面。裕雄师论述宗白华美学思想的现代品格和终极意义，目的在于倡导美学界应当继承宗白华的美学方法，继续向前探索。

裕雄师用力最勤、贡献最大的，是他的意象理论。每次见面，他念兹在兹的就是意象问题，差不多到了入神的境地。他先后从审美心理和文化哲学等角度展开对意象的研究，前期更多地继承朱光潜先生，侧重于中西比较，后来则更多地继承宗白华先生，并立足于传统，从文化哲学角度进行意象探源，重视体验，并于1992年获得国家社科基金的资助。《审美意象学》和《意象探源》两书分别获得教育部人文社科优秀成果奖和国家社科基金优秀项目成果奖，前者侧重于论，在中西融汇中阐述意象基本理论，后者侧重于史，依托中国传统文化资源考较意象源流，一论一史，纵横交错。前者寻求中西之间的共同点和结合点，以西方美学为参照，按现代观点阐释中国传统的美学思想遗产，进行中国美学的现代化重建。后者对意象的源流分析是在整个文化学广阔的背景中进行的，从文化领域向审美领域和艺术领域层层递进，勾画出中国意象审美化历史进展的轨迹。总起来看，裕雄师的美学理论以“意象”为中心，立足于本民族辉煌的审美与艺术的历史成果，同时引进西方现代哲学、美学、心理学成果，融入到中国美学的“意象”范畴之中。他对于中国美学范畴现代化重建道路的探索，是一次有益的拓展和创新。他为中国传统美学的现代化重建，提供了宝贵的经验。

裕雄师的马恩文论研究也有着自己的特色。在文集中收录的4篇相关论文中，裕雄师认为，马恩文艺观是他们思想整体的一部分，是一个科学的体系。他既反对当时对马恩文艺观的轻薄否定，又反对固守马恩思想的教条。他先后从文艺本质论和莎士比亚化的现实主义文艺观等方面加以论述，要求珍视马恩文艺观的宝贵遗产，反对那种把马恩文艺观看成断简残篇的言论。他强调马恩文艺观在理论上和方法上的严整性，重视继承和发展马恩文艺思想的重要性。

裕雄师还为研究生开设了“康德美学导引”课，留下了一份见解精辟的讲稿。研读这份文稿，对于初学者，可以加深对康德美学的理解；而对于美学研究者，则同样富有启发性。裕雄师从西方美学体系建构的历史背景中展开康德美学研究，解释了康德作为西方美学承前启后的建构者的成因，把康德美学的阐释奠定在康德哲学体系的整体基础上，从三大批判的结构体系来看待康德美学特殊的桥梁作用。他还立足于中国美学建构的视角，分析康德美学在中国近代以来美学建构中的作用。他对康德美学目的论考察的重视，展现了其独特的人文视角，认为康德哲学的最终目的在于构建其人类学体系，从而把“自然目的论”视为理解康德美学最终旨归的密匙，强调人作为终极目的，可以与自然成为和谐的整体，并认为在此层面上可以与中国传统美学形成对话的可能。在文稿中，他简要地勾勒了中国近现代以来重要美学观点中的康德镜像，提出康德哲学的逻辑起点是“人是什么”这样一个人类学的问题。另外，《康德美学导引》对康德美学概念的解读也富有新意。例如他说：“如果说纯粹美的美感是一种‘知性-情感’结构，那么，依存美的美感便属于‘理性-情感’结构。这种结构形成的就是审美理念和审美理想。”从康德美学出发，裕雄师让审美意象的内涵带有了现代性的意味。

另外需要提及的是，据我所知，上海人民出版社出版的《美学基本原理》第一版第二编美感部分，系由裕雄师执笔。光明日报社1987年出版的《审美教育》一书，其中“美育的年龄特征”“建筑园林与美育”“戏剧与美育”“电影、电视剧艺术与美育”四章由裕雄师撰写，并负责全书的通读和统稿工作。

裕雄师敬畏学术，虔诚地对待学术。他在研究过程中呕心沥血，富于激情，倾注生命于学术研究中。他一丝不苟，重视研究思路的缜密，以唐人卢延让《苦吟》中所说的“吟安一个字，捻断数茎须”的精神推敲文义，重视句子的节奏感和韵律感，重视语言表达的流畅。他曾多次对我称颂朱光潜、宗白华、闻一多和何其芳等人文章的语言表达。这种严谨的治学态度和精益求精的治学精神，永远是我的楷模，让我终生受益。

可惜天不假年，裕雄师走得太早了。在他豪情满怀、准备继续大干一场、研究宗白华的专著《艺境无涯》一书垂成之时，甲状腺癌开始袭扰他的身体。他从此只得告别心爱的学术。他从65岁查出甲状腺癌，在与病魔抗争了10年以后，刚刚75岁就离开了我们。他的一系列研究计划都还没有来得及去做，留下了一批读书和研究的笔记。现在我读着他的论集，追忆过去几十年的种种往事，感慨良多。我们今后所能做的，就是继承他未竟的志业，认真学习裕雄师的著述，继承他的敬业精神，把美学的研究深入下去，做出更大的成就来，告慰于他的在天之灵。

本文集的编选，得到了安徽师范大学文学院领导和校出版社侯宏堂副总编的大力支持，裕雄师的部分弟子承担了文稿的收集、输入和校对等工作，责任编辑房国贵先生付出了辛勤的劳动。在此，师母朱月生老师及其子女，对大家的辛勤工作表示深深的谢意。

朱志荣

2015年9月6日于沪上方寸斋